閩臺歷代方志集成・福建省志輯・第7册

福建省地方志編纂委員會　整理

[弘治]八閩通志（六）

（明）陳道修，（明）黄仲昭纂

明弘治三年（一四九〇年）刻本

社會科學文獻出版社

社會科學文獻出版社

弘治三年（一四九〇）刻本

（明）黃仲昭 纂

[弘治]八閩通志（六）

福建省地方志編纂委員會 整理

閩臺歷代方志集成·福建省志輯·第7冊

八閩通誌卷之七十四

宮室

漳州府

龍溪縣

風月樓在府治右宋開禧中通判留筠重修瑞鵲堂因刱樓於其上取平分風月之意爲名郡守毛宻詩君家自是爲霖手何止平分月與風

南樓在府治南舊爲州南城門樓宋淳熙五年郡守趙綢重建慶元二年郡守傅伯成更名南樓淳祐九年郡守章大任累石爲基更新刱建

喜雨樓在府城中舊土城上舊名留觀閣宋郡守黃啓宗改爲觀南樓嘉定間郡守趙汝譡禱雨獲應因改是名教授敖陶孫書額

譙樓在府治西南累石爲基高二丈許而樓於其上宋嘉定中郡守方銓重建元時火漳州路令史李藺孫重建 國朝洪武初復火正統間又重建

雙門樓

在譙樓前百步許宋時建　國朝永樂中重修前有亭題曰漳南壯觀成化十八年燬

齊雲閣 在府治西北開元寺之西宋蔡襄詩紫閣青梯壓翠岑春愁秋思共登臨雨嵐供眼橫千仞星漢垂簷直半尋忍別朱欄真俗吏獨棲疎掴紙仙禽當年人事多奇尚擬托巖扃息此心淳祐間郡守黃朴更新之扁其門曰紫閣青梯取襄詩語也

飛躍閣 前有方池廣二十五丈神物潛焉每雷雨晦冥或噴水上柱間舊名知化宋元祐間改曰化龍淳祐間郡守黃朴改今名

御書閣 在泮池之左宋紹定間知縣傅天驥建

經史閣 在泮池右宋淳祐間知縣陳子植建郡守李韶書扁上三閣俱在縣學內

飛鳧閣 在縣治左宋紹定間知縣蘇應衡因舊重修

溪光閣 在縣學之右有龍祠龍井龍亭

瑞鵲堂 在舊通判廳之東舊名風月宋熙寧九年通判柯述賑活饑民有二鵲棲其廳事比述去任鵲送之遂不復至紹興十七年通判林安宅與賓客會有飛禽中箭自戶入哀鳴且剔服就

獲安宅命去其箭傳以藥釋之猶若有所詐然安宅爲物色所射之人破其詧俾更業遂飛翔而去淳熙閒通判李訦更名異鵲後更今名

平易堂在府治後圃宋郡守方來建取平易近民之義并作詩

自隱堂在名第山唐周匡物有詩

同樂堂在府治內宋慶元間郡守趙伯逿建扁曰安靜嘉定中郡守趙汝譖改今名

瑞蓮堂在同樂堂之左宋端平中郡守趙以夫建

尠堂在府治內宋郡守方銓建堂之後舊鑿池蒔花歲久蕪穢郡守趙汝譖命植梅數百株政暇領客遊賞亦勝槩也

清心堂在舊通判廳宋寶慶間郡倅黃宦建

歲寒堂宋紹興間縣令陸竑建

不欺堂宋嘉定五年縣令陳士會建士會爲銘有曰魯論內省中庸謹獨聖有格言敢不佩服上二堂在縣治內

修教堂在縣學大成殿後舊在殿東偏嘗易名玉振宋嘉熙間縣令黃師雍遷今所仍其舊額郡守李韶書

明德堂舊曰明善宋嘉熙三年教授陳太章易今名郡守李韶書

道

源堂宋淳祐六年郡守方來以朱文公嘗守郡郡人北溪陳淳執經從遊爲門人高弟令教授陳光大闕講堂之東爲屋四楹祀之中塑文公像旁塑北溪像以配取其授受之語名堂通判徐明叔爲記上二堂在龍江書院

水雲館在府治東南隅俯瞰大溪群山環列拱揖蓋一郡勝處也宋郡守傅伯成章大任皆因舊重修館後有亭扁曰喜雨

梅雪齋在府城內　國朝林弼建以爲讀書之所

宣詔亭　**頒春亭**上二亭在雙門之左右俱宋時建

君子亭在府治後舊爲復軒宋郡守朱文公建後爲月臺臺後爲隱室其象員覆之以茅環堵穴窓窓櫺隨其方刻卦象公餘閱書史於此後廢郡守趙汝譡即舊址爲亭扁曰君子亭之外鑿池築二臺南北對峙中作茅亭下作假山汝譡有詩云吟行小泓曲意象闊蹬須更上層臺上霜天淨翠屏

九區亭在府治前宋郡守朱文公建後守方來重修

交翠亭在府治東郡守方來建來有詩云濂溪窓外草茸茸生意春融

我①意同爲甚此園多翠草也因曾識紫陽翁觀其詩可以見其名亭之意矣又有遠觀艮光清心三亭俱來所建

狀元亭 在府治内舊名同樂郡守陳撲建以舘其婿曾從龍開禧間權郡事倅章太任改今名

仰高亭 在府治西子城舊基舊名西山爽氣後改西眺又改舒嘯宋郡守方來修之更其扁曰仰高蓋以寓景仰文公之意也

中亭 在府治後圃宋郡守方來建來自為銘有曰矧我吏道係民修舒恪此一念貫彼萬殊萬家讙囂其孰能紀執要御詳曰中而已忠恕有訓絜矩有方中以布政云何不臧②上二亭今廢

先春亭 在府治内宋郡守李彌遜建

亦佳亭 嘉定四年郡倅黃之傳建之傳詩云小亭新築亦佳哉花木無多手自栽若謂其棠安敢比清陰留與後人來

小有亭 寶慶三年郡倅黃官建上二亭在舊通判廳

瑞荷亭 在府學内宋乾道元年泮水中有荷四葉同幹③因以名亭

白雲亭 在府城中開元寺宋蔡襄有詩

澤露亭 在府城中宋李亨伯

校注：①我　②臧　③榦

守邕管遭母憂不許解官亨伯五上章哀請而後許明年甘露降其家庭栢上因名張商英鄒浩陳瓘俱有詩

月淵亭在府城中舊淨衆院

南閩達觀亭在齋雲閣山頂郡守黃朴建又闢其後為亭曰流翠曰揖深丘以通碧玉千峯亭

壽譽亭舊子城雲霄門之址也紹定間郡守李勳建士大夫之南遊者館焉

湖心亭在東湖舊有亭二曰東湖曰水閣後水閣壞中有亭曰綠護曰道院曰夢月曰茅亭曰八角亭寶慶間郡守方淙重新之

碧玉千峯亭在舊龍江書院之後宋郡守危稹建扁曰登高後守黃朴以犯高東溪姓名易其扁曰碧玉千峯弁為詩宋李負幾

浴沂亭在舊龍江書院外門隆壽山之右搆亭池中扁曰浴沂其前又有一亭曰化龍

觀政亭在縣治内宋嘉熙間縣令趙絳夫建鼇石為池并為詩有取水觀為政之句

得仙亭在名鄕山宋蔡如松序泉人歐陽詹與吾鄉周匡物猶存實兩先生相踵而出世有元和梁仙之謎因以名亭

接官

亭在府城東洪武三年知府潘琳建弁建堂宇於亭北以為候館成化十八年知府姜諒重建

威鎮亭在碧玉千峯後山之頂重九日郡人多登高於此

天開圖畫亭在府城東鶴鳴山之巔宋尚書顔頤仲歸老所建上倚巖崖下瞰清溪風帆釣艇之微茫烟村林麓之掩映飛鳥往來晴雲舒卷宛然如晝故以名亭

龍江亭在□□都宋郡守方宗建

月波亭在一二三都鄉人周試綱建成化十八年知府姜諒重修以為巡視海道官公館

留佩亭在二十六都宋通判鄭漁代去郡人攀留漁留珮以為別後人即其地建亭扁今名上六亭俱在府城東

尚書嶺亭在府城南亭之右有庵宋尚書顔師魯建　國朝景泰中知府謝騫成化十八年知府姜諒俱嘗重建

保安亭在府城東南成化十九年知府姜諒因砌石埒以護城垣并搆此亭

秋江亭在府城內南隅元呂養浩俯龍溪建亭以其所自號而顔之曰秋江楊志行為記

序賓亭在府城□

□都**清白亭**在府城□□都**高明軒**在府城普利寺周上人軒也宋郭祥正詩周也漳南釋開軒瞰漳濱山光弁水色二物長清新**養源軒**　**壺境軒**上二軒在縣治宅堂内俱縣令陳士會立**臨漳臺**在登高山之巔瞰溪山最勝處**半漳臺**在登高山半郭祥正詩飛鬱突兀壓林立見盡臨漳一半州**嘯臺**在圓山郭祥正詩縹緲臨諸峯幔卷濃雲開秀特不可掩擎天碧崔嵬

漳浦縣

譙樓在縣城東西兩街之中宋時津前有亭二左曰①宣詔右曰班春紹興間縣令陳貫通重建淳熙中縣令楊浩然更新之　國朝正統十四年燬于兵成化七年知縣劉璧復建**淨②涼閣**在縣治西偏舊有池亭扁曰水閣宋嘉定間縣令歐賓改曰凈涼後令趙師縉又改曰風露香**絃歌堂**在縣廳東偏宋元符元年建慶元元年縣令葉才老重建才老之子佑甫為記**美報亭**

校注：①宣　②涼

在縣東宋嘉定間縣令歐賡因鑿做①生池遂構是亭久廢　國朝永樂中重建迎恩亭在縣北洪武初建成化七年縣丞羅紳重建

龍巖縣敕書樓在縣治廳事之前鳴絃堂在縣治廳事之後上樓并堂俱宋乾道六年縣令林繇建宣詔亭須春亭上二亭在縣門外之東西仁會亭在縣南宋開禧二年縣令趙汝勉建旨山亭西爽②亭上二亭俱在東獄祠

長泰縣譙樓宋紹定三年燬於寇縣令鄭師申重立郡守李韶書額環珠樓在縣治南興賢坊元至正中建琴堂在縣治之東偏舊名德逸宋縣今③丘織之建嘉定五年縣令苗子孟來修改今名并為記製錦堂在縣治內之西舊名道愛縣令王孝恭改今名嘉靖亭在縣治前舊名宣化宋紹定三年燬縣令趙崇秘重建改今名清安亭在縣之宅堂瞻巖亭

校注：①放　②爽　③令

在縣治之左舊名志民縣令鄭師中以其前對天柱山故改是名

熙春亭在儒學東元至正中建又有正陽亭在縣治南

雙清亭在佑聖宮旁宋縣令吳茂建壁間有詩云葛巾竹杖閑來此好是心清跡亦清

仁智亭在縣東依山瞰溪取仁者樂山智者樂水之義宋嘉定間縣令王自強建黃孟求為記

笑梅軒在琴堂之後

覽勝臺在縣治內之北舊名小蓬萊縣令趙師申改今名郡守黃朴書又有不欺齋讀書室

南靖縣

侍郎亭在縣南清寧里三平山唐王諷自吏部侍郎謫守漳浦郡嘗訪僧義中於山中故山有侍郎亭亦三平山十一奇中景也

峰蒼亭在縣北習賢里岑蒼嶺之嶺①景泰五年知府謝騫重修

汀州府

校注：①巔

長汀縣

謝公樓在府治南唐張九齡詩謝公樓上好醇酒二百青蚨買一斗紅泥乍①擘綠蟻浮玉盌纔傾黃蜜剖**環翠樓**在卧龍山下宋時建**南樓**在府城上宋郡守陳軒詩誰跨崇墉更起樓捲簾平視四山頭田間草煖牛呼犢巢底巢成鵲避鳩**道山樓**在府治後正北舊名北樓樓之下爲熈春堂陳軒詩南極星邊人望闕北山樓上客思家府治又有雅歌樓依光樓覽勝樓俱宋時建**悠然樓**在府治東舊通判廳又有堂曰寸碧軒曰君子亭曰橫舟曰歲寒曰鄰江風月俱宋時建**蓬萊閣**在府治內又有如心道愛二堂俱宋時建**雲驤閣**在府城上東南隅上接龍山下瞰龍潭或調②有滕王閣氣象舊名青陰後改延清又改集景樓提刑劉嶠改名雲驤閣郡守吳南老又改雙清郡守陳瞱復改今名宋郡守陳軒詩瓦流雙澗碧簾壓亂山青**鎮山堂**在府治內宋紹興十四年郡守陳定國建**翠山堂**在卧龍山麓宋寶祐中郡守胡太初既闢舊郡圃因撫前

校注：①乍　②謂

寺①陳曄東山堂詩常留綠野春光在之句扁其門曰常春堂在廟之西北隅前有方沼教授陳一新為記又有時和歲豊②之堂賞靜軒仰高快哉二亭香遠臺俱宋時建

冊香亭在縣圃又有萬雪亭絃歌書院俱宋時建

蒼玉亭在蒼玉洞群石中前有方池宋宣和中建陳軒詩我愛汀州好山川秀所鍾閣前橫瀉水亭畔列奇松端平間郡守李曄重建長汀丞王九萬為記

翠微亭在蒼玉洞群石之巔宋乾道間郡守謝知幾建紹定間郡守李曄重建後燬

橫翠亭在東禪寺中門之左宋郡守陳粹建山光野色橫在目前上三亭俱在府城東

水月亭在府城南舊須條門外宋寶慶間郡守林岊築堂三楹扁曰雅正為郡士麗澤之所自為記紹定間郡守李曄重建改今名遠亭翠椰紅蕖景物殊勝王九萬為記

寅湖亭在府城東北宋嘉定間郡守汪端中命長汀宰錢厚建寶祐中郡守周晉重建

拂雲軒在府學右舊教授廳內又有瞻前認芙香二軒築名亭③藂綠樓俱宋時建

校注：①守　②豐　③叢

蓉臺 在縣治宋時建

寧化縣

顧豊①樓 在縣治內又有勤政堂書林悠然亭在縣南街之左擄②城瞰溪龜陰如農三亭俱宋時建

昇仙臺 在縣西龍上下里相傳隋義寧間劉熊二道士修煉於此白日昇天居人遂築臺列③二像於石壁

上杭縣

盟鷗閣 在縣東

武平縣

讀書堂 在縣西宋李綱詩靈洞水清仙可訪南巖木古佛同居公餘問佛尋仙了竊得工夫剩讀書

清流縣

觀瀾亭 在縣東洪武末建上杭④龍津下俯漁滄大溪橫於前群峯峙於後為邑人游觀之所

校注：①豐　②據　③刻　④抗

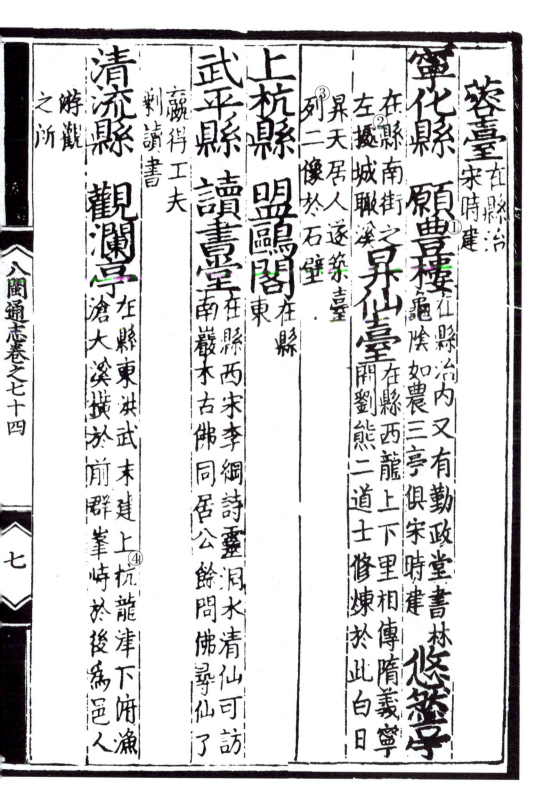

連城縣

皆山樓在縣治內又有道愛堂三異堂立翠亭義松亭松芳亭月林亭愛蓮軒不欺室俱宋時建今廢

清溪閣在擢桂橋畔宋淳祐中縣令顧應奇重建

悠然閣在在城里石門巖之前上二閣俱縣東

迎恩亭洪武三十四年知縣葉普建

總宜亭在在城里石門巖之前宋紹興中縣令黃犖建　國朝洪武間邑民沈彥和募衆重建上二亭在縣東

歸化縣

鎮遠樓在縣治前成化十九年知縣賴永正等建

真源堂在縣東瀨水坑宋元祐間建

四賢堂在縣東興善里幹溪宋儒楊時族居龍湖市與其友羅從彥遊從往來于此　國朝成化初里人揭文俊因搆堂幷李侗朱熹祀之扁曰四賢堂以爲子弟講學之所

石泉堂在縣西永安鋪後元至正間建

醒心亭在縣治西儒學後成化八年知縣郭潤建

接官亭在縣治西永樂間建

永定縣

紀功亭 在縣西卧龍山麓成化八年知縣王環建亭而豎碑其中以紀一時討賊①立縣之功

接官亭 在縣治西成化十八年知縣王環建

延平府

南平縣

雙溪樓 在府城東

九峰樓 在府城西橋頭上二樓俱宋時建元至正中廢其址爲城垣

清遠樓 在府城南宋時建元至正二十年改爲靈官閣今廢

市隱樓

步雲閣

俱在府城外溪東宋吳儀建今廢

垂虹閣 在府治內

聞猿閣 以其望聞猿洞故名或云閣初成嘗有二猿啼於南嶺因以名之

冷風閣 面仙山俯劍潭登者有出塵之想宋王以詠詩劍水落霞晴熨綠釣峯新月夜梳鬟上二閣在府治南

劍歸閣 在府治北宋李綱書碑尚存

尊經閣 又名極高明宋郡守鄭椿建　國朝正統九年知府王彪改建藏經閣按

校注：①賊

延平學校志以爲鄭椿建而宮室志又以爲郡守李文淵建未知孰是

環演閣 在尊經閣旁又有衍山魁星二堂遥碧軒肅容亭俱宋時建元至順二年郡守文富撤肅容亭建思誠堂 國朝洪武三年知府唐鐸改魁星堂爲文昌祠永樂十七年知府方幬改環演閣衍山堂遥碧軒爲教官廨舍

御書閣 在禮殿之後講堂之前宋紹興十一年郡守李文淵建嘉定十四年郡守陳宓重修元至大四年教授揭祐民重建改名寶章樓 國朝正統九年知府王悉毁之以其址爲明倫堂前埇道上二閣俱在府學内

青熙閣 在稅務前元時廢

雙溪閣 在府城外劍津上宋陳瓘詩歲久漫傳龍變化潭深惟覩劍鋒鋌廖挺詩餘波下作雙溪水只欠休文八味樓

妙峯閣 在府城東黯澹院前對高峯舊有宋蔡襄題字及李孝彦章書賈青詩溪聲難外意草色雨中深客意自南北山光無古今

清心堂 **平理堂** 上二堂俱在舊州治之左宋時建其址今爲延平衛右千户所

紫

氣堂　怡顏堂上二堂俱在舊州治之左元改建司獄司　招衍堂以衍仙山得名

時清堂上二堂俱在舊州治之右宋時建　國朝洪武元年改建營房　衍仙堂在舊州治①㨿山之阜溪山環繞一目可盡有登覽之勝　九峰堂在延平衛之後堂面九峯山故名永樂間指揮同知王鼎臺建　六桂堂在鼇灘宋仁宗朝范迪簡父子六人相繼登進士第因以名堂陳瓘詩公家冊祉六枝芳冷笑燕山竇十郎　眉壽堂宋漳州守張憲武之母壽九十宣和間膺封誥因名其堂今廢上二堂在衍仙下里　詠歸堂在崇德里宋隱士邑人吴儀建楊時詩微吟曳雙屐踏破蒼苔紋歸歟自樂只此意將誰論點狂聖所與聊欲繼餘芬　黃裳宅在府城東隅三魁坊今廢　羅從彥宅在羅源里後徙沙縣瀨溪源羅源故址子孫世居焉短墻矮屋石②徑蔬圃過者興嘆　李侗宅在崇仁里樟林子孫散徙故址為樵牧之區上二宅在府城南　溪山偉觀

校注：①據　②徑

亭在舊州治内宋真德秀記曰延平擬①山爲州軍士②判官廳處山之半後就崇阜前挹大溪溪之南九峯森羅雄峙天表廳事之西故有小亭對溪山最佳處因名僊觀

仰高亭在府學前正統十一年知府王髭建

九峯亭

雲深亭上二亭在玄妙觀前

聚星亭在縣治後元至正中廢

閑雲亭

化城亭上二亭在興化寺前

東門亭在府城東洪武元年建俗呼接官亭永樂十四年圯於水正統五年府通判李默重建

西門亭在府城西嘉應廟下

南溪亭在府城外水南遊者可攬溪山之秀

北門亭在府治北門外元至正間圯故址猶存

共樂亭在石巖之巔宋特建元至正中廢其址爲城垣

老圃亭在吳儀所居咏歸堂之前楊時詩睠懷經綸手治此一畝居知子非隱淪聊以寓壯圖③其西北山麓又刱二茅亭一亭植梅二株扁曰暗香一亭種竹數百竿扁曰虛心上二亭時亦有詩

洞雲亭洪武間改爲盤詰所今廢

校注：①據　②事　③圖

上三亭俱

畫屏軒 宋蔡襄舟宿延平津詩畫屏曾倚孤舟看今日孤舟宿畫屏

野軒 宋黃庭堅賦謂軒如村落因名

越王臺 在府城北百丈山相傳漢越王築

釣臺 在府城南遷喬里宋吳儀漁釣其上有石刻釣臺二字在壁

將樂縣

楊時宅 在縣北遵道坊時卒於宋紹興五年不久宅廢為民業嘉定二年郡守余嶸出①帑金贖回立祠庭中□撥田以贍其後後守陳宓董洪相繼修葺寶祐五年邑令林式之重修湯漢為記二十一年兵燬故址猶存

鍾翠亭 在縣治後龍山求樂十七年千户徐斌建

接官亭 在縣東龍池都

南門亭 在縣治南隅

義茶亭 在縣西隆安都洪武十三年道人張子儀建先是里人王夢得偽造楮幣子儀密得其狀白于官夢得伏辜 詔賜子儀白金二百五十兩弃籍夢得家貲悉畀之子儀因以賜金構亭入田二十六畝俾守者歲收其租市茶以施行旅

金谿亭

校注：①帑

在縣南石壁山之巔洪武十九年僧行澈建登之者一覽可窮溪山之勝

校獵臺在縣南相傳越王之子建此校獵故名

尤溪縣

拱秀樓在縣治右以毓秀峯襃拱于前故名

環翠閣在縣治左上一樓閣俱正統十四年燬于寇

清泰堂在縣治左

節愛堂在縣治右

臥雲堂在縣治七都雙峯山之旁昔有逸人創以為藏修之所今廢

勝芳亭　愛蓮亭　忘機亭　冷風亭　勝槩亭　野意亭　溪月亭俱在縣治內今廢

去思亭在縣東永豐門外元達魯花赤來達有善政及滿去民作亭刻石命曰去思

國朝景泰三年亭燬碑刻猶存

沙縣

湖山佇觀樓在縣治內宋時建

覽輝閣　晚對閣　集

鳳閣　借凉閣　挹爽①閣　西池閣上六閣俱在縣治内宋時建今發

凝翠閣在太史溪上宋李綱謫官居此綱詩登臨縹渺出塵寰疑是神仙晝不關宴樂②鐏罍在天半嬉遊歌吹落人間

步瀛閣在縣治東舊尉司之前瀕溪

觀風閣在翔鳳橋之南宋元符初邑令謝濬建

七峰閣在興國寺前對七峯因名宋元符間廢

枕碧閣在九都廣成菴東麻宋大觀元年邑令王瓘建上二閣俱縣東

盈光閣在縣西二十二都鄉人遊覽之所

環秀閣在惠應行祠之左昔人憩舉者多謁賽於此

魁星閣在惠應行祠之右

凌虛閣在碧雲宮下

觀瀾閣在真隱峯下宋元祐八年建

③涵清閣在朝陽妙高兩峯之間上五閣俱在縣溪南

琅溪閣在縣東南八都琅溪岸

鄧公希宅

張若谷宅

黃履宅上三宅在興義坊

曹輔宅在洛陽里高沙廢爲民業

校注：①爽　②鐏罍　③涵

已上四宅俱縣東

羅畸宅在和仁坊

陳瓘宅在勸忠坊宋嘉定二年郡守余嵘訪遺跡得舊屋三間與廢補弊仍揭以了齋之扁肖瓘像於中遣永福簿陳①开奉祠上二宅俱縣西

鄧肅宅在縣東南洛陽里鄧墩

仰高亭在縣治正廳之右洪武二年建爲官僚遊憩之所

水深亭在縣治之東池上

環翠亭在縣治東南凝翠峯之前

湧泉亭在儒學講堂之右

瓊山亭永樂十二年儒學教諭張善建

潄玉亭上二亭在洞天巖之右

棲碧亭在二十二都

清隱亭在二十三都新嶺上四亭俱在縣西

碧雲亭　桂華亭　凝翠東亭　凝翠西亭　環秀亭　真隱亭　妙高亭　朝陽亭上八亭俱在太史溪南七峯上

一覽亭在縣溪南虎丘上宋給事張致遠詩三寺樓臺烟霧裏一川蘆葦畫圖中

校注：①开

順昌縣

紫雲閣在水南都宋元祐中縣令俞備建建炎間燬于兵紹興十四年縣令詹好禮重建乾道九年縣令董居安重修元季復燬于兵

業秀閣在步雲之西宋乾道九年縣令董居安建

雲巖閣在石豆都宋紹聖中縣令吳睿建上三閣俱縣南

世綵堂在縣西晴安都宋寥①剛所居之堂也剛世享眉壽相繼見曾玄孫作堂扁曰世綵當時士大夫皆賦詩以歆羨之紹興六年詩集經高宗御覽因名曰御覽世綵堂詩

美事堂宋南劍州倅廖遲建遲剛之子也初高宗覽世綵堂集而諭剛曰昨見鄉家世綵堂詩集可謂人間美事剛既没遲乃於所居之東搆堂扁曰美事識天語云

廖剛宅在縣西晴安都高峯之陽

瞻雲亭在縣治後元至正三年縣尹曾崇仁建

使星亭一名德星在縣治西中祀土穀神

活水亭在縣治西北洪武七年因知縣張縉開渠遂搆亭

釣玉亭在縣南石豆都晉慶院後舊有池如偃月宋紹聖中縣令吳睿作亭

其上名月池紹興五年邑人余良弼葺而新之改今名

石臺在縣治北甃石爲之上有石闌

永安縣

臨津閣在縣治北二十六都固發渡口元至正二十二年建爲行人待渡之所

瑞峯堂在縣東宋嘉定中建

繼忠亭在縣南門外唐田王廟前洪武二十三年建景泰三年邑人蔡巖從等重建

梅齋在縣北二十五都黃楊巖之下宋鄧肅建

邵武府

邵武縣

望江樓在府治東城上下瞰長川萬境畢呈

敕書樓在府城西大乾廟內奉藏宋累代封福善王誥勑

平翠樓在府城東北石鼓顯應廟前宋元祐五年縣令王裕民建自爲記曰峯環溪帶萬象一日①沙州②起伏流波廻沂③奔赴崖岸雨餘而烟雲四披木落而松栢獨茂故曰平翠元黃清老詩晴嵐帶霧纈④秋色脩竹過雨鳴寒泉

保釐閣在府城東石岐山水南豐應廟朝

校注：①目　②洲　③泝　④秋

前

翠微閣在府城南福山元黃鎮成記曰山爲樵郡勝遊之嵒山之僧爲閣以延賓客扁曰翠微明幽勝也

雅歌堂在府治內宋時建郡人黃希旦詩池上堂新搆公餘此雅歌陽春誰與和明月夜相過

安淮堂在府□□□□宋理宗以制置杜果有安淮功御書以賜既歸老因以表其居第之堂

新美堂在府城西靈泉南峯即今西塔山宋元祐間郡守方澤建澤詩冊䕶鮮鮮郡郭西簷牙高啄翠雲齊地形舊壓重城峻天勢初開疊嶂低晚市浮烟生萬瓦曉窓寒月度雙溪庭前便是青松路豈似桃源使客迷

育英堂在府學內宋淳祐中建教授方澄孫爲記

採芹亭在府城外水北舊儒學前宋時建郡守方岳詩亭與樵嵐一①樣新詩書不受世間塵清風明月來無盡不在溪山只在人

濯泉亭在府城東宋少卿朱蒙正建朱文公書扁蒙正詩云風浪江頭正激湍小亭溪上水平寬濯纓不作彈冠想一曲滄浪釣雪寒

海棠亭在縣治內宋張仕遜宰邑時嘗即廳

校注：①樣

訟之所手植海棠因以名亭後登台袞邑人封植以比甘棠

會景亭在府城西登高山宋時建前觀井邑萬瓦鱗次左瞰清流右臨碧①巘為一郡偉觀

清風亭在惠應廟後成化十二年知府馮叅建

紫雲溪亭在府城北紫雲溪上郡士詹藥圃建元翰林黃清老記曰溪上遠山多蒼崖紫石望之如雲然故名

熈亭在斯美堂西北宋郡守李勉建

樵溪清發亭在興元峯下

文會軒在府學東廡後正統間訓導葉興建名會文成化二十年知府劉元重建改今名

聽雨軒在福山元黃清老讀書之所

瑞榴軒在縣學内宋為郡學時講堂之旁有榴一株士人每觀其結實之數以占科第凞寧三年樹杪結雙實差大附枝亦有結雙實者凡十有四是歲廷試葉祖洽上官均果名在一二何與京與捐兄弟暨郡登第者凡十四人時人因目為瑞榴咸淳五年縣令張湘建軒元至正間縣令孔克俊重建 國朝永樂十四年圯於水明年知縣蔣忠復建祖洽詩已分

校注：①巘

挂葉爭雲路不負檐花結露枝

城南小隱在丹臺山之陽元總管鄭鉉建為藏脩之所鉉號水①壄應龍四世孫也

越王臺漢越王無諸遊獵之所故址猶存嘗有牧童於土中得瓦有羅紋鴈翅之狀叩之鏗然有金石聲宋黃希旦詩荒臺枕古丘伊昔越王遊輦路今何在淒涼草木秋

熙春臺在登高山頂舊在山半宋至和中知軍張師中建元祐間郡守方澤夷其山頂徙臺其上後廢宋黃通詩萬家雞犬環四面城池沼木落烟蒼蒼天低雲杳杳戴式之詩近水樓臺隔雲現隣峯②鍾磬出林幽

釣魚臺在熙春臺西北

平楚臺在登高山之麓其地今為祭玄道院上四臺俱府城西

雙女臺在府城東玉堂香巖寺後詳見③貞烈志

泰寧縣

文昌閣在儒學明倫堂後

魁星亭在文昌閣後宋慶元二年縣令趙時④館為葉祖洽鄭應龍相繼大魁作

留雲亭在縣西梅口保挽舟嶺上

南谷亭在縣南南

校注：①壄　②鐘　③貞　④綰

禪寺前宋鄉應龍歸休日建理宗書南谷二字賜之

建寧縣

水明樓在縣治北　清輝閣在儒學畔　濬川閣①在縣治東鎮安橋畔舊名圓應縣令廖邦傑改今名　來儀閣在鳳山　平遠閣在縣南灘江之濱　西峰堂在縣東武調保　流綠亭在縣治北　魁星亭在儒學門左　江月亭在縣東臨灘江　野渡橫舟亭在縣東街　灘城亭去縣一里　跨鰲亭在東山絕頂下瞰何潭　斗角亭在何潭堤上宋淳祐十二年縣令廖邦傑建上三亭俱在縣東　練江亭在縣南青山之上　復道亭在北街顯武坊　青雲亭在青雲嶺旁上二亭俱縣北　越王臺在縣北藍田保百丈坳相傳閩越王無諸游田於此因築臺故址猶存

光澤縣

鍾秀樓在交溪邑主黃孟府建　玉虛閣在縣西止馬　半空煙

校注：①濬

雨亭在縣南雲巖山上宋時建頗有佳致

瑞竹亭在縣尹廨舍宋上官均以言事謫宰邑晴有竹生于庭一根四餘十八節人以爲瑞元至元二十四年朱萬初由館閣出尹有惠政竹復生因搆亭扁曰瑞竹進士建安雷機爲記

環翠亭在坑頭市

玉佩隱居在縣西蓮花山下後唐光州人鄭璩①以僕射鎮茲邑北②居于此元至正間其玄孫良③貢搆隱居之所扁曰玉佩翰林杜本爲記

興化府

莆田縣

譙樓在興化衛前之東宋太平興國八年知軍事段鵬翀建紹興六年經狂卒縱燎知軍事劉登重建層樓翼張置更漏鼓角於其上揭軍額於其下左爲宣詔亭右爲班春亭後圯國朝景泰間巡海叅政李顒重建

望壺樓在舊郡治內宋紹興二十八年郡守韓彬建以壺山名

萬卷樓在府城東北尊賢里延壽溪唐徐寅所居也徐氏有聯句云壺公山下千鍾粟延壽溪頭

校注：①壉　②卜　③貴

萬卷書徐氏復遷壺山下梅龍故云**尊經閣**在府學大成殿西**登瀛閣**在府城東北望江里巖嶠昭靈朝蘇直爲記**眠雲閣**在蔡溪巖傍**通遊閣**　**宴寂閣**上三閣在府城西北廣業里**儒雅堂**舊郡治小廳也宋天聖六年知軍李餘慶建鄉貢進士陳安國爲記後更名儒雅隆興二年郡守劉韞又更名平理乾道五年郡守何稱復舊名**桂籍堂**宋崇寧四年郡守郭重建追考至道以來郡進士題名刻石置堂上軍學教授胡份爲序宣和七年郡守廖剛立石續記堂舊在大廳之東後①徙十小廳之北**和簡堂**宋紹熙元年郡守趙彥勵建堂之後曰思無邪齋**三瑞堂**宋天聖六年郡守李餘慶創扁曰清心紹興二十年有五色雀集于大廳榕木之上芝草産于後圃麥秀兩岐郡守陸渙因更名三瑞**壺山堂**在舊郡圃內初名望山亭郡守陸渙更名五芝亭林光朝爲記乾道間郡守張允蹈又更名壺山堂堂之後有臺曰流觴其東又有臺曰

校注：①徙于

見遠①蓋亢蹈所刑也淳熙初郡守潘疇更名龢風

流化堂 在舊通判廳之東宋通判莊華名□其

志喜堂 在舊通判廳之右通判周必達以喜雨名其西南隅有望壺臺已上七堂俱在舊郡治內今廢

無氈堂 在軍學西教授廳之右舊名無隱齋乾道間教授陸琰更今名堂之東又有冷軒

尊德堂 在郡學禮殿東北宋淳祐中郡守楊棟建以勵劉彌邵彌邵卒黃績繼之

思賢堂 在舊莆田縣前即今縣學泮池之北也舊有亭臨水曰水亭唐乾符五年建宋咸平中薛奎作邑增闢為堂更名夢草後廢宣和間知縣呂之材即其舊址而增築之扁曰思賢蓋以奎入參大政民思之故云又為亭於池之南曰鑑亭跨城作榭曰觀稼乾道十年知縣林介重脩越明年知縣李宗甫繪簡肅之像於堂

徐復宅 在府城東二十里按艾軒與守書但言在城東二十里不言其處復賜號冲晦處士老于杭之萬松嶺南渡後故宅猶存

蔡襄故居 在府城南忠惠坊內

扶春館 在舊郡治

校注：①遠

宅堂後舊以酴醾名翠香亭乾道元年郡守張允蹈更今名後後敞一軒北向曰山人方丈

正已齋在儒雅堂之西廡舊名學古郡守潘疇更今名自隸額

強爲善齋在舊通判廳之左偏通判周必達名

靖共亭在舊郡治小廳之後天聖六年郡守李餘慶創名式宴淳熙元年郡守潘疇更曰北窓十三年郡守朱端學改今名

手詔亭在①蕉門外宣化坊之南

嘉禾亭在舊縣治後園園有古木樛曲如龍狀宋知縣丘鐸因以名亭

慨然亭在府治西宋衎衙之後

使星亭在府治北里許宋紹興十一年郡守楊大任建

望海亭在梅峯之上由共樂臺循城西偏數百步而至面勢豁然蒼莾②無際正字方翥爲記

將迎亭在烏石山之南旁有一山亭居其下故以北亭名之

綠野亭在舊寧真門外二里許宋殿中侍御史鄭伯玉歸田時所作郡守俞希孟命以是名今伯玉祠堂即其址也

龜紋亭在府城西北龜紋嶺上爲遊人憩息之所

遠香亭

校注：①譙　②莽

在縣學內洪武間知縣任益築臺於薛公池中而亭其上扁曰詠歸成化二年知府岳正改今名

章公亭在望海門外章公斗門橋之上元至正十二年建俗呼浴花亭

潮信亭在熙寧橋之西宋靖康二年郡守張讀建亭臨白湖風靜波平壺山倒影于此紹熙二年郡守趙彥勵重建

民信亭在熙寧橋之東靖康二年建上二亭俱廢

濯纓亭在景得里國清塘上宋淳祐間里人林國鈞建

接官亭在拱辰門外俗呼第一亭宣德間縣丞葉叔文建爲送迎之所

果滿亭俗呼第二亭元至正十四年建上二亭俱東廂

褒豐亭在延興里俗名第三亭元至正十五年建

鼓樓亭在奉谷里海濱

此心亭洪武二十年里人宋怡齋建

郤金亭在南哨景泰間都指揮僉事王勝提督海道有惠以及於人後聞其被薦將北上乃相率裒金贐之勝悉郤不受因爲立亭道左扁曰郤金上二亭在武盛里巳上十亭俱府城東

四覽亭在永豐①塘上俯瞰塘水宋崇寧

校注：①豐

四年郡守郭重建淳熙九年郡守林元仲斥亭前隙地之半創艾軒祠紹興二年郡守趙彥勵重建今廢

闗王廟前亭永樂十一年通判董彬重建

錦亭洪武七年建上三亭在南廂

蕭陽亭在文賦里今瀨溪鋪是迄上四亭俱府城西南

至止亭在孝義里

清寧亭在①湴江清寧橋宋紹興二十三年建

蘸綠亭在囊山寺前正統十二年重建上二亭在延壽里

使華亭在常泰里舊名延壽亭右驛路也宋建炎二年建臨溪之西②曝布高可百尺先輩徐寅之別墅在焉翁①綿詩云走清奔碧月瀉溪勢與晴江遠接連沙草翠侵驅馬路岸花紅濕釣③漁船烟生遠岸收寒雨風起高梧咽暮蟬徐氏舊居人識否渡南溪下白雲邊

常思亭

阜民亭在松嶺之上永樂二年興化縣知縣吳旭建上二亭在廣業里已上六亭俱府城東北

致爽軒在舊縣治內即今府治也宋知縣元伯涇建并為記

共樂臺在府治後州峯之巔郡城中登眺最勝處也初

校注：①涵　②瀑　③魚

名共樂亭蔡襄詩云庭有美音非獨樂含當炎暑有多風山川形勢闌干下井經追遊月色中宣和六年郡守廖剛重修更亭曰臺後有軒曰岸幘亦曰後樂臺前數百步有亭曰平遠又曰①兢秀隆興二年郡守劉韐牓其門曰芳非谷淳熙九年郡守林元仲重修即臺之東偏牓曰供矚

仙遊縣

大隱樓 在縣治舊尉廳之東宋時建舊名見山縣尉周端常改今名并為記又尉廳之前有爾軒西有海林軒梅林之北有思賢堂縣尉黃巖孫為記堂之前舊有熙春臺循臺而北有環秀亭郡人陳宓書扁

望秀樓 在縣治廳事之西

叢樓 在舊興化縣宣化橋之上宋隆興二年縣令陸楠建林光朝為記

齊雲樓 **横翠樓** 上二樓在縣北興泰里舊興化縣治

平政堂 在縣治廳事之後

平易堂 在平政堂之後舊名清心軒又名捎末後改名五柳上二堂俱宋嘉熙間知縣姚渦重建

道愛堂 在縣治廳事之西宋嘉定十二年知縣許伯詡

校注：①競

寶祐四年知縣趙與泌重建

吏隱堂 在舊興化縣治廳事之西縣令丁大容詩白馬嶺頭回首處黃紬被裏報衙時貞成吏隱神仙地往往宦遊人未知

澄心堂 在舊興化縣北山之巔上二堂俱縣北興泰里

迎仙館 在縣東九仙門外東塘之側唐為迎賓館其外有迎賓①□鄭士良為記宋崇寧三年知縣錢聞重建更名十洲亭寶祐元年知縣趙崇遷修更名迎仙館中有愛香亭四年知縣趙與泌復修更名九仙館卓得慶為記國朝永樂十年縣丞寧保倡邑人張得宏林以昇重建復名迎仙

裒華館 在縣西功建里宋淳熙元年建

登瀛館 在折桂里宋淳祐元年建

皇華館 在舊興化縣治之西陽上二館俱縣東北

移風廳

游聖亭

日新亭

中鵠亭 上廳并亭凡四處在儒學內宋咸平五年縣尉段仝建

色笑亭 在儒學內宋時建亭之前舊有皂莢樹每值認歲樹所生莢輒應舉人之數因名之曰瑞莢堂紹定六年知縣黃登改②含

校注：①亭　②今

名愛香亭在縣治東圃錦香徑之中循愛香而北又有亭二曰橫琴曰製芙循製芙而南有臺二曰清越曰玉照皆宋時建其所謂東圃即舊梅圃也

鸞棲亭 樂香亭上二亭在縣治舊主簿廳之左右舊名高士綾壁俱宋主簿林攜建後改今名

恩波亭在縣治西二百步舊西塘之側塘久為邑民侵築宋乾道四年知縣趙綱釐正之濬①為放生池而作亭其上是歲瑞蓮生因名亭曰瑞蓮淳祐三年知縣蔡次傳重建易今名今廢

俞潭亭在香田里宋紹興元年建 國朝洪武十五年重修歲久而圮景泰元年龍華寺僧可成重建

錦井亭在常德里元至正二年建 國朝洪武三十四年修

里尾亭在圻桂里大溪北岸石馬橋上流里許

白泉亭在香亭里景泰元年里人李伯讓募衆建上四亭俱縣東

大濟亭在善化里大濟嶺前宋紹興末剏建 國朝景泰四年里人鄭週募衆重建

龍首亭在仁德里元元眞②一年建以龍華寺之路由茲亭而

校注：①濬　②貞

入故名

歸仙亭在善化里歸仙嶺上洪武二十年建

屏山亭在文賢里屏山之下成化八年里人翰林檢討鄭紀肇建上四亭俱縣西

僊溪亭在仙遊橋南宋紹熙八年建國朝永樂十年修景泰七年重修

滄浪亭宋天聖二年建

雙林亭其地有温泉故立亭為遊人盥①濯之所宋寶祐六年建元至正五年修國朝成化年間里人重建扁曰日新所

仙嶺亭洪武元年建上三亭在永興里已上四亭俱縣南

風亭亦名楓亭在太平橋之北宋淳熙二年元至正二年俱嘗修之國朝成化十年驛丞曾欽復修

馬嶺亭元末龜塘黃景德建國朝洪武三十年修天順六年里人林吉軒等募衆重修今為楓亭驛迎送使客之所

錦嶺亭正統間里人鄭彥輝募衆建

濯纓亭在楓亭太平橋之北正統元年里人鄭萬②五秀募衆建

藍嶺亭在楓亭之南三四里許天順七年里人募衆修

清潭亭在濯纓亭之南數百步成化十一年里人户部

校注：①盥　②王

郎中陳遷撕建忝①稌亭在塔斗山下後洋瓏中成化十一年里人封户部主事陳德通倡衆剏建上七亭在連江里長嶺亭宋咸平二年建國朝永樂四年重建天順二年象峯僧無外募衆修南埔亭洪武間建以地而名成化間里人募衆重建上二亭在香田里已上九亭俱縣東南

宦遊亭　雙桂亭　惠政亭在惠政橋之上使星亭　十里亭在舊興化縣治之南卜里故名鯉湖亭上六亭在縣東北興泰里今俱廢鳳頂亭在縣西北興賢里九座寺鳳頂峯下宋寳祐二年建

福寧州

本州

棲碧樓在四十三都宋里人黃館建館有詩窓松分芳飼綠簾②捲夕陽紅幽鳥管絃脆遠山圖畫同光風霽月樓在儒學内宋咸淳七年知縣李季可建林塘堂在干

校注：①黍　②簾捲

都大姥山唐林嵩讀書之所也清遠亭綠猗亭瑞蓮亭因泮沼有雙蓮之瑞而名上三亭俱在儒學內元大德十一年州知事沈仲祥建繡谷亭在建善寺前息心亭在東門外永樂八年邑人募衆重建桂枝亭在赤岸唐觀察使李騭爲進士林嵩建駐屐亭在昆田里鐵障山下宋時里人程氏建爲遊息之所上四亭俱州東岡溪亭永樂十四年邑人募衆建迎恩亭在教場之右正統六年知縣項智建九里亭在溫麻①里宋德祐間建上三亭俱州西接官亭在州治南南峯嶺下永樂十四年知縣秦海建

寧德縣

迎鳳樓在縣東一都觀瀾亭在南壇之旁公館之後下瞰池塘蓋唐屬於學而亭亦爲學建也故以觀瀾名超覽亭在靈溪寺之西舊名晴暉後改今名宋淳祐十二年知縣徐夢②發重建憇亭在白鶴嶺之半宋樞密曹輔建國朝成化十五年縣丞潘旋重建驂③

校注：①麻　②夢　③驂

鸞亭　蹲鶴亭上二亭在白鶴嶺旁宋嘉定間縣丞王克寬建　天峰亭在白鶴嶺之嶺①宋淳祐十二年知縣徐憙發建已上五亭俱在縣東一都　楓嶺亭在二十二都洪武二十年官源黃伯源建　石壁亭在二十三都正統四年道士陳靈中建上二亭俱縣西　應石嶺亭在縣北六都元大德五年建

福安縣

飛鳧閣在重金山之麓　錦屏堂在縣治西四旁環植海棠五千餘株故名　玉春堂在衮山之東堂左右環植梅花已上閣堂九三所俱淳祐八年知縣林子勲建　桂鄉亭在舊市易阜之北　依仁亭上二亭俱在黃崎鎮今發　衮峰亭在縣治後山頂爲縣僚登眺之所　平遠臺在縣城南山水環遶爲邑勝處上亭臺九二所俱宋淳祐間知縣林子勲建

校注：①巔

八閩通誌卷之七十四

八閩通誌卷之七十五

寺觀

緇黄有廬昉於後漢而東南郡縣猶未有也自吳孫權始建建初寺於江東建洞元觀於方山而後寺觀始蔓延諸郡以及於閩歷晉宋齊梁而始盛又歷隋唐以及僞閩而益盛至于宋極矣名山勝地多為所占紺宇琳宮羅布郡邑自二氏較之佛氏之居視老氏又十八九焉洪惟

我

太祖高皇帝剏制立法自非古有賜額為

國祝釐者悉令歸併郡縣並限僧之名數而復禁

其私度私剏使之自廢今之存者特千百之十

一耳然不考其已廢者而併載之則

聖神之見度越前代帝王之遠孰得而窺之哉乃誌

寺觀

福州府

閩縣　開元寺在靈山之西舊屬懷安梁太清三年置舊名靈山尋改大雲唐初改龍興開元二十六年改今名寺之後有芝山故復扁其門曰芝山會昌中汰天下寺州存其一即此是也宋天禧中災

慶曆三年合開元莊嚴二寺之地重建更名開元莊嚴禪寺 國朝為祝聖之所中有平懷堂

普光塔寺 在府城東興其崇坊內宋熙寧五年建舊有塔五級 國朝洪武間增為七級宣德間徙建於寺西百步許上二寺俱府治東

萬歲寺 在九仙山之西唐天祐元年王審知建五代梁賜今額內有定光塔金粟臺

南法雲寺 五代唐清泰元年爲閩建初名地藏通文寺宋祥符間賜今額

國朝宣德中內使卓廣梁重建

法海寺 在九仙山之西北羅山之下五代晉開運二年建名興福院亦名羅山寺宋祥符中改今名政和中改為神霄宮宣和初改為女貞觀建炎初復舊內有放生池我

國朝初有司以儲軍器正統二年重建上三寺俱府治東南

鼓山湧泉寺 在鼓山里唐建中四年有龍現于山之靈源洞因建寺鎮焉王審知嘗命僧神晏居於其中而傾其國資以給之乾化五年改為鼓山白雲峰湧泉院中有華嚴臺妙峰閣一多菴癡坐軒憨睡室無盡門總名曰華嚴 國朝復改

為寺宣德初重建雲門寺在南洋嶼宋嘉定間建中有吸江亭石蓮　國朝永樂間太監鄭和重建石泉寺洪武三年建上二寺在江左里衡山寺在江右里唐景福二年建海文殊寺在嘉登里大乘愛同寺在東山梁大同六年置大乘寺十二年置愛同寺唐大中十一年合二寺為一因名宋元祐中許將請為功德院中有夜光臺神僧室鑑淨軒放生池文殊般若寺唐景龍四年建咸通中賜額曰東山文殊般若寺　國朝成化七年重建寺之山舊産金沙上二寺在瑞聖里華嚴寺在浦頭宋太平興國八年建即地藏塔院也其地本唐翁承贊之弟①有晝錦亭押鷗池寶月寺唐乾寧初建宋乾道六年陳誠之請為功德院攺曰廣因報先　國朝永樂元年重建東禪寺在白馬山舊名淨土唐武宗時廢為白馬廟咸通中撒②廟為寺號東禪淨土寺中有放生池　國朝成化三年重建攺名東禪寶降禪寺地藏寺唐乾寧元年建上四

校注：①第　②撒

寺在易俗里**太平興國寺**在光俗里舊名咸通般若寺宋太平興國四年賜今額**靈洞寺**在至德里唐咸通四年建**龍瑞寺**唐天復元年建國朝天順二年重修**雲林寺**宋紹聖三年建上二寺在永南里已上一十五寺俱府城東**妙峰寺**在仁峰里妙峰山之嶺宋建隆元年建**梁山寺**在還珠里**枕峰寺**宋建隆元年建西峽渡之南驛道往來候潮之所國朝正統九年重建**吉祥寺**宋景祐元年建國朝成化間知府唐珣建上二寺在歸義里已上四寺俱府城南通上寺凡二十四所俱存**祥光龍華寺**梁時建**華林寺**陳天嘉中建上二寺在鼓山里**祥光延祐報恩寺**在桑溪里**圓明寺**在易俗里**方山寺**在光俗里陳天嘉元年建有賈島章敬碑銘**瑞迹寺**在開化里唐咸通元年建上六寺俱府城東**報恩光孝寺**在時昇里宋崇寧二年建政和初改天寧萬壽禪寺紹興

閭累毀今名有李鋼所撰毀粵銘頭陀萬壽寺在嘉崇里宋至治二年建興福藏寺在還珠里白鹿寺在精善里白鹿山之榕溪唐元和四年建誅茅之日白鹿適至咸通中因賜今額前有白鹿亭上四寺俱府城南唐興寺梁天監元年建佛力寺梁普通五年建閩光寺梁大同二年建陳碁寺塔林寺上二寺俱陳①大建元年建香林寺隋開皇十年建上六寺見舊記已上寺凡一十六所俱廢九仙文殊院唐景福二年王潮建嘉福院宋大中祥符四年建圓明院在九仙山之南五代周顯德五年建內湯院在府治東北宋嘉祐間建有溫泉上四院俱存報慈崇恩經院在開元寺東宋太平興國六年置後併入開元寺九仙天王院宋天聖元年建九仙育王院宋嘉祐二年建有海月堂郡守程師孟有詩安福院在丁戊山唐咸通十三年建五代梁乾化二年

校注：①太

王審知建木塔七級俗呼新塔妙嚴院在東南隅宋天禧四年建有縣春亭上五院俱廢已上九
院俱在府城中彌勒院在桑溪里唐時建又光德里亦有彌勒院宋天聖九年建妙相院
在鼓山里飛泉院唐武德元年建巒居院五代唐天成元年建甘泉院宋政和四
年建又開化里亦有甘泉院唐開元元年建招善院宋慶曆六年建香爐院五代晉天
福二年建雲巖院五代周顯德六年建上六院在合北里香巖院五代唐天成元年建
清福院宋熙寧七年建保福院宋嘉定中建又嘉崇瑞聖還珠三里各有保福院重
雲院元至正二十年重建上四院在江左里清勝院在嘉登里宋元符二年建東報
恩院五代晉天福十年建資福院宋建中靖國間重修又易俗嘉崇西集三里各有資福院
興善羅漢院宋天禧中建東峰資聖院宋熙寧二年建又方岳里亦有東峰

院宋明道二年建瑞林院宋元豐①元年建上五院在孝義里聖泉院唐景龍元年建
寺舊名法華先天二年立今額有多寶塔御書堂放生池靈泉院唐咸通二年建又光俗里亦有
靈泉院永和院五代唐天成元年建報慈院五代晉天福元年建寶峰院宋乾
德二年建華嚴院宋景德四年建眠雲院宋慶曆五年建閩山塔院宋慶曆七
年建普賢院慶曆八年建鳳山院上一十院在瑞聖里順峰院唐咸通九年建
三昧院唐中和五年建東報國院唐天祐元年王審知為昭宗建名報國資聖院東
林院五代梁開平二年建又光俗里亦有東林院五代梁開平中建無量壽院宋乾德二
年建楞嚴院宋建德五年建同慶院宋開寶三年建舶塔院開寶七年建號舶塔
天王寺有寶雞亭以東望金雞山故也崇福院宋太平興國三年建崇壽院宋咸平元

校注：①豐

年建羅漢院　福林院上二院俱天禧四年建　多寶院宋景祐四年建南
報國院　廣福院上二院俱宋治平四年建德慧塔院宋元符三年建觀
音院宋大觀二年建又古山永北光德至德永慶欽仁六里各有觀音院瑞聖院宋天禧二
年建已上一十八院在易俗里國德院唐景龍三年建清涼院唐咸通五年建又永南里
亦有清涼院五代晉天福五年建上二院在光俗里廣明院　光啓院唐光啓二年建
佛頂院又端聖里亦有佛頂院俱宋慶曆八年建上三院在至德里崇林院在官賢里
宋治平三年建靈山院梁大同元年建泗洲院宋開寶七年建廣福院　西
方院上二院俱宋康定元年建西坊塔院宋康定二年建龍臥院宋嘉祐八年建
上六院在仁惠里石湖院唐廣明二年建天王院宋太平興國元年建又歸善高詳二

里各有天王院鷲峰院宋熙寧三年建上三院在永北里保聖院在開化里宋元祐四年建巳上六十二院俱府城東玉泉院在時昇里宋景祐二年建超功院陳大①建元年置高蓋院唐咸通七年建上二院在仁豐②里聖跡院五代梁貞明二年建釣龍臺院宋淳化四年建中有達觀亭蔡襄有詩碧光亭程之邵有詩彌陀院宋開寶二年建又官賢里亦有彌陀院 國朝洪武間以其址為白湖鋪也興聖院宋靖康元年重建上四院在嘉崇里河口彌勒院在高惠里宋乾德二年建報恩堂院五代梁貞明五年建隱峰院宋紹聖二年建興福藏院龍山院隆興院上六院在還珠里瑞峰院五代晉天福元年建又易俗里亦有瑞峰院宋建隆二年建寶積院宋天禧二年建鄭峰院天禧間建新興院上四院在西集里靈湖院宋雍熙二年建

西巖院雍熙四年建　五仙觀音院唐天寶二年建　紫微院宋天聖三年建

新興院　文殊院宋景祐二年建上六院在方岳里　香靈院在永慶里宋大中祥符元年建　應天院五代周廣順四年建　三峰院宋元豐八年建上二院在清廉里

西林院在靈岫里唐咸通中建　大悲院咸通七年建　開化院咸通八年建

應瑞院宋開寶八年建上三院在紹惠里　寶林院宋乾德二年建　廣濟院宋太平興國七年建　福聖院唐大中十二年建　釋迦院五代晉天福四年建　報恩院

福興院　應聖院　瑞雲院上八院在欽仁里　靈谷院在積善里唐開成二年建　崇壽院在歸義里已上四十院俱府城南　真隱院在永北里唐光化二年建院近西峽往來者多憩焉有止堂　銀峰院　興福文殊院唐太中元年建

上二院在高詳里已上三院俱府城東南通上院凡一百五所俱廢

淨業尼院在府治東南秀實坊五代梁貞明六年建

崇慶尼院宋雍熙元年建上二院俱存

九仙資福尼院宋元祐五年建上二院俱府治東南

法林尼院在易俗里梁大通元年建閩之尼院自此始

栖隱尼院在瑞聖里又光德里亦有栖隱尼院五代唐同光四年建

報恩尼院在孝義里又嘉崇方岳二里各有報恩尼院

寶林尼院在孝義里

棲林尼院宋紹興中建

崇聖尼院宋元豊①二年建

南法林尼院宋政和中建上三院在官賢里

水陸尼院在嘉崇里宋元豐元年建

福興尼院

新興尼院上二院在還珠里

松峰尼院在歸善里宋宣和七年建已上一十二尼院俱廢

大悲菴在孝義里宋太平興國五年建

新尼菴在求福里

慈氏堂在還珠里已上菴堂凡三所俱廢

校注：①豐

九仙觀在府治東南初郡人謂九仙烏石兩山左弼右強乃建觀于九仙山之巔時宋崇寧三年也號天寧萬壽紹興間改為報恩廣孝尋復改廣孝為光孝政和間尚書黃裳增建樓閣元至①政初改為九仙觀國朝永樂間太監鄭和正統間內使柴山左布政使周順俱嘗修建成化十八年鎮守太監陳道復修建一新郡人王孜詩漢唐興廢猶昨日滄海茫茫天一碧西風杯酒須盡歡當時九②鯉成陳迹觀有石刻古記一篇大槩謂有金埋於于山但其文類讖諱語莫曉所謂

玄妙觀在府城東門外宋大中祥符三年建名天慶觀元元貞元年改今名國朝洪武二十四年併為叢林

泰和觀在府城東易俗里三昧山下廢

中山嵩嶽崇福行宮在府治東南岳臨坊內丁戊山巔之南

太華宮在光俗里

玉虛堂在臨清河邊元至正間建又府城南時昇里亦有王虛堂元大德九年建

雲霄堂在陽縣前元叅政魏天祐建上二堂在府治東

真武堂元至

正間建

北斗堂永樂六年建上二堂在府治東北**混元堂**在光俗里元大德間建

玄元堂在府城南紹惠里元至正二年建

侯官縣

神光寺在烏石山之麓唐大曆三年析南澗為金光明院七年改為大雲會昌間廢太中三年監軍孟彪搆亭鑿池其間號南莊明年捨為寺又明年賜今額　國朝兩經回祿隨復建成化十九年鎮守太監陳道重建

仁王寺在神光寺之右五代晉天福三年偽閩連重遇建　國朝洪武間修有雨花閣橫山樓尋燬天順七年重建

南澗報國寺在神光寺之左梁大通六年建唐寧二年王審知撤天王殿改號南澗護國天王以其在南澗之旁故名又有淨勝軒　國朝景泰三年災成化十九年鎮守太監陳道重建

石塔寺在南澗寺之東唐貞元十五年德宗誕節觀察使柳冕造石塔賜名貞元無垢淨光五代晉天福六年王延羲重建　國朝永樂宣德景泰成化間俱嘗

修建地平瑜珈教寺在烏石山之北元至元十七年建國朝正統間鎮守奉御來住重修景泰六年奏改名法禪寺俗呼地平堂彌勒寺在釋迦寺東已上六寺俱在府城中怡山西禪長慶寺舊號信首隋末廢唐咸通八年重建尋改名清禪又改延壽又改長慶宋景祐五年勅號怡山長慶寺中有奎華閣紫翠亭放生池　國朝宣德二年重建正統間相繼修建一新楞伽寺唐大曆六年建上二寺在一都石松寺宋大中祥符三年建國朝成化九年重建奉先寺梁乾化三年建龍窟寺唐乾寧元年建國朝成化三年重建上三寺在三都安元寺在五都宋景祐二年建國朝正統三年修上六寺在府城西精嚴寺在七都唐長興二年建有妙觀亭獨露庵金界亭盤陀石金剛窟清凉臺月華庵華峰亭緑陰亭喜見亭俱宋元符間建

國朝洪武間重建靈隱寺在八都唐咸通二年建上二寺在府城南仙宗寺在五六都五代

唐同光二年建後燬元至正二十三年重建有曆峰亭白鶴嶺洗鉢池曇花磴樞松閣金鷄岩卓錫泉垂蘿徑號八景禪林寺在六都五代唐天成五年建上二寺在府城西南雪峰崇聖禪寺在二十八九三十都唐咸通十一年建乾符二年賜號真覺宋太平興國三年賜號崇聖有鼇山閣枯木菴留香堂文殊臺白雲堂卧雲堂乘雲基臺超山報國寺在十三都隔大江沿浦而入有孤阜超然突起故名元泰定初建南禪寺在十四都五代梁乾化二年建新興寺唐中和元年建香林寺五代晉天福六年僞閩建上二寺在二十四都靈峰寺在三十五都宋慶曆七年建上六寺俱府城西北巳上二十二寺俱存大溈寺唐中和五年建宋大觀①間余深請爲墳菴應真寺唐光化二年建西報恩寺唐天復三年建松山寺末山寺俱五代晉天福四年僞閩建求隆寺宋開寶元年吳越錢氏建香嚴寺

校注：①間

宋淳化元年建顯報寺宋祥符元年建觀音臺寺宋建炎三年建上九寺在一都唐安寺陳天嘉二年建開元寺宋景祐四年建顯慶寺宋慶曆六年建上三寺在草市都雲居寺唐乾符五年建鴻恩寺唐廣明元年建隆安寺宋淳熙元年建上三寺在三都雙峯寺在四都唐咸通五年建六年賜號護聖禪院宋紹興三十一年以為樞密富直柔功德院號崇因薦福妙峯寺洪山寺上二寺在①都巳上一十八寺俱府城西棲雲慈峯寺在七都唐乾寧元年建佛座寺宋元祐元年建幽林寺宋大觀三年建上二寺在九都巳上三寺俱府城西南雲峯寺唐建中初建石門興福寺唐光啓三年建明山寺宋天聖二年建寶慶寺宋慶曆三年建上四寺在十二都仁王寺在十二三都宋慶曆八年建樂山寺晋太康元年建象峯寺梁太清元

校注：①二

年建石泉寺宋乾德三年建上三寺在十四都皂龍寺五代晉天福二年為閩建囷山廣福寺天福四年偽閩建上二寺在十五都南山寺在十九都唐光啓二年建鄧山寺在二十五六都宋治平三年建金砂寺在二十七都宋建炎三年建鎮國寺在三十四都唐中和元年建靈塔寺在十一都晉太康三年建唐武德二年賜額已上一十五寺俱府城西北通上凡三十五寺除大溈妙峰洪山靈塔四寺久廢其餘三十一寺國朝洪武間併為叢林今漸次俱廢寶峰寺在甘蕨洲明空寺劉宋昇明三年建妙果寺齊永明三年建臨江寺梁天監三年建花山寺梁大通四年建上五寺俱見舊記趙宋時已不存矣南報恩寺在南澗寺南唐太中十一年以隙遊亭之地剏寺并塔七級咸通中敕號神光塔院曰報恩塔院周朴詩風雲會處千尋險日月中時八面明閩之浮屠始於蕭梁高者三百尺至衣篋

之者峻按相望乾符五年巢寇焚殄無遺其後王審知父子相繼刱建凡七塔宋謝泌詩云城裹三山千

簇寺夜間七塔萬枝燈國朝兩經回祿隨復建併入南澗寺**上生院**唐大中六年建中有放生

池**千福院**唐乾光三年置**延祥院**五代晉天福五年置本閩之郵館宋紹興五年徙驛

水軍因以為延祥寨**釋迦院**宋天聖四年建上五院俱在烏石山**育王塔院**在右一坊

閩王時建**龍山院**宋端拱二年建**開化院**宋景祐四年建上二院在府治西**萬壽**

院在府治南隅五代晉天福元年王繼鵬以太平宮改建**祖堂院**宋開寶四年建**道清**

天王院五代梁乾化二年建上二院在府治西南**法祥院**在府城南閩山宋建隆初建

佛國院宋太平興國二年建**雲林院**宋天禧二年建**興福院**天禧五年建**翠**

峰羅漢院宋天聖五年建**普遍院**上五院在草市都**應真院**唐光化六年建

西羅漢院唐乾化二年建
西觀音院五代梁貞明六年建
太平興國院宋太平興國元年建
報親院宋大中祥符元年建
極樂院宋天聖元年建
清泉院宋景祐四年建
東觀音院宋慶曆三年建
報國東院
石山院宋熙寧元年建
永壽院宋大觀元年建
長汀院宋崇寧二年建上一十二院在一都
羅漢功德院唐太中十三年建咸通六年賜額
廊廻院唐咸通五年建
吉祥院宋大中祥符九年建
報先院宋至和元年建
保慶院
瑞林院上六院在二都
安元院在十二都宋治平中建
保福院在十二三都宋天聖三年建又十九二十一二十二都三十一二三都亦有保福院俱府城西北
仰月院在十二三都宋慶曆八年建
南禪院五代梁乾化三年建
林洋院宋開寶二年建
南峰院
資福院又二十八九三十都

三十一二三都亦有資福院薦福院上五院在十四都龍泉院唐麟德元年建三
峰永寧院唐咸通二年建羅洋院五代晉天福九年建怡山院宋開寶①元年建
上四院在十六七都慈恩院宋景祐二年建歸宗院靈峰院上二院俱宋慶
曆間建萬畄院宋至和三年建廣福院延慶院翠峰院上七
院在三十五都已上四十二院俱府城西資聖院唐大中十一年建奉天院五代梁乾
化二年建香積院梁貞明六年建歷山院宋天禧元年建白蓮院上五院在三都
鴻恩院在三四都唐廣明元年建白雲院五雲院上二院俱唐天復三年建
積善院唐光啓二年建中峰院光啓三年建禪林院五代唐天成五年建保
聖院宋熙寧八年建寶林院宋景祐二年建上七院在五六都福勝院唐太②中十

校注：①寶　②大

三年建

新安院五代周廣順元年建

靖安塔院宋大中祥符元年建

圓慶院宋皇祐元年重建

靖安院宋政和四年重建上五院在七都

安德院唐太①中初建

新興院唐咸通中建

靈源院宋嘉祐中建上三院在八都

報恩院在九都宋至和元年建又府城西北二十五六都亦有報恩院宋慶曆三年建已上二十二院俱府城西南

龍龕院宋太平興國七年建

溈山竹林院宋乾德五年建上二院在十一都

福山院唐咸通九年建

羅漢院五代唐長興四年建

慈雲院宋皇祐元年建

凌霄院宋元豈②八年重建上四院在十五都

龍丘院在十八都宋大中祥符五年建

應山資福院五代漢乾祐中建

淨名院宋開寶九年建

興化院宋太平興國六年建

龜峰院宋政和元年重建

福鐵院上六院在十九都

雲頂院五代梁貞明二年建

雲

校注：①大　②豐

際院宋太平興國元年建福興塔院宋康定元年建黃洋院　福興院
雁湖院上六院在十九二十二十一二十二都應天院五代周廣順二年建廣壽
院宋景祐二年建福聖院上三院在二十三都鄧山院宋治平三年建彌陀院
宋熙寧三年重建上二院在二十五六都方山院五代漢乾祐元年建鋤洋院　華
嚴院上三院在二十七都禪林院宋天禧三年建延壽院宋治平中建觀音
院　西林院　興福院又二十四都三十四都俱有興福院上五院在二十八九
三十都保安院宋慶曆四年重建法雲院　保壽院上二院在三十一二
三都寶積院五代唐同光三年建崇慶院五代漢乾祐三年建崇壽院宋開寶七
年建東林院宋治平中建龍瑞院　瑞雲院　普賢座院

清涼院　西林院上二院俱宋天聖間建　瑞林院上一十院在三十四都

報國院宋熙寧元年建　妙峰院　南際院　福山塔院　佛頂院　廣因院上六院在三十六都已上五十一院俱府城西北　西法林尼院在府治西南宋崇寧二年建　崇福尼院　資福尼院又十二都亦有資福尼院宋慶曆七年建　西崇福尼院宋大觀三年建上三院在一都　興福尼院在十二都宋天禧三年建又七都亦有興福尼院五代唐清泰二年建　新興尼院宋至和二年建

靈石尼院宋政和三年建上二院在十四都　觀音尼院在三都宋元豐八年建

靈泉尼院在八都宋景德四年建又二十四都亦有靈泉尼院　神安尼院唐乾符元年建　雲峰尼院上二院在三十一二三都　南際尼院在三十六都　廣林尼

院　飛泉尼院上二院在二十七都　鷹福尼院在二十三都　雪峰庵在府城南隅福星坊內乃侯官雪峰崇聖禪寺廨院也成化十八年鎮守太監陳道重建　壽山庵在七都陳大①建元年建　紫極宮在府治南聚英坊內之此②唐乾寧五年建　沖虛宮在府城西西禪寺之南按舊志梁王霸父曾自齊時渡江入閩居西禪善黃老術霸自幼亦好之嘗於怡山之南鑿井有白龜吐泉煉藥既成能點瓦為金是歲閩中斗米千錢乃鬻金運米以濟貧民後以所餘藥服之旬日蛻去唐貞元中觀察使李若初嘗登樓西望有五色雲當其宅遂建沖虛宮塑任敦董奉徐登及霸像為四仙祠偽閩王延翰重建

懷安縣　乾元寺在府城北隅越山之南麓晉太康三年建初名紹因唐乾元三年賜額今其址為軍營　華林寺在越山之東麓宋乾德二年郡守鮑修讓建號越王吉祥禪院有環峰亭

校注：①太　②北

絕學寮勝會亭國朝宣德六年重建正統九年右叅政宋彰奏請今額

北法雲寺 在府治北五代周顯德四年建宋祥符八年賜今額其址今為軍營

大中寺 在府城西南隅內有小山曰鐘山梁普通二年建隋改為鴻業寺唐上元中更名福唐寺太中四年賜今額有定慧塔五代唐開平中王審知建

太平寺 本開元寺地五代唐同光元年王審知建宋屢燬隨復修建建炎三年勑奉安濮安懿王神主遂以其寺之半為嗣王行府紹興五年因以為外宗正司今福州中衛乃其故址地也

慶城寺 在獅橋之東北本僞閩王延羲之第五代晉天福間建為永隆金身羅漢禪寺宋祥符三年賜今額國朝洪武十三年重建上二寺俱在府治東北

靈光寺 在府城西一都宋建炎四年重修中有鳳凰池

安國寺 在二都始曰龍丘唐會昌間廢乾寧間王審知復之中有篋經臺放生池

昇山靈巖寺 陳天嘉三年建唐興元間賜額

賢沙寺 在昇山之下五代梁開平

元年建紹興間丞相朱倬請為功德院賜額敎忠崇報 國朝永樂七年重建

鳳池寺五代漢乾祐元年建二年賜鳳池報恩額宋紹興八年以爲顔門下岐焚脩之塲改顯忠嗣慶額中有華藏閣上三寺在三四都已上四寺俱府城北

劒池院在越山劒池之上唐元和十四年建

保壽院宋乾德五年建

越峰羅漢院宋太平興國中建上二院在府城北隅已上三院俱存

天宮院在越山五代晉天福四年建宋改為西外敦宗院

靈山天王院在城東隅宋皇祐三年建

隆慶院在城東北隅

薦福院宋天聖四年建今爲左衞上四院俱廢

泗洲院在府城西一都又五六都十一都亦各有泗洲院

偃峰院五代梁乾化二年建

香燈資福崇福院唐同光三年建

太平山地藏院同光四年建

白龍院五代晉天福元年建

保福院五代周廣順二年建

閩山院宋乾德四年建

西峰

院宋寶元元年建馬鞍山地藏院宋開寶二年建興聖院宋慶曆三年建靈
源院慶曆五年建螺峰院宋嘉祐二年建資福院　北天王院
興慶院宋開寶七年建仙宗塔院宋天聖二年建南塔院宋皇祐元年建秀
峰院皇祐四年建大慈院宋元豐三年建鳳山院　洪福院唐太和三
年建鹿苑院宋崇寧五年建資聖院宋開寶九年建報先院宋元祐五年建菩
提院宋元符二年建資國院　觀寂院上二十六院在二都金華院唐大
順三年建崇福院宋太平興國二年建藥師院宋開寶八年建慈峰院　普
明院宋開寶三年建寶峰院　普聞院宋太平興國二年建白蓮院
蓮花院唐大順二年建林陽院五代唐長興二年建興福院宋開寶四年建大

仙宗院宋雍熙四年建
報恩院宋大中祥符八年建
鹽山院宋慶曆八年建
資聖院宋熙寧三年建
保福院宋紹聖三年建上一十六院在三四都
幽居院唐廣明元年建
興國院
隱峯院上二院俱唐天復二年建
清涼院唐光啓元年建
廣平院唐天祐四年僞閩建
大林洋院五代晉天福元年僞閩建
瑞雲院天福三年僞閩建
祥雲院天福四年僞閩建
慈雲院
奉慈院上二院宋太平興國七年建
鷲峯院宋天聖二年建
萬安院宋嘉祐元年建
長生院宋元豐三年建上一十三院在十六七八九二十一二都
九峯院唐大中二年建
東林院唐咸通三年建
小資福院唐大順三年建
五臺院唐光化三年建
靈峯院五代唐同光三年建
翠微院五代唐天成元年建
崇福院
三峯院上二院宋太平興國三年

建又古蕉溪屯及府城東北五六都亦各有崇福院丁山院宋元祐二年建瑞雲院宋政
和二年建興福院翠雲院保福院上一十三院在二十二三四五都已
上六十八院俱府城北清流院唐太和三年建建興院宋元豐四年建觀音院
又九都十都亦有觀音院上三院在七八都鷲峯院唐太和八年建白泉院唐天復二
年建大善院保壽院五代晉天福六年偽閩建彌陀院宋開寶二年建香
燈地藏院龍安院宋慶曆元年建彌勒院宋嘉祐三年建保安院
宋紹聖二年建上九院在九都十都南山院唐太和十年建興義院五代晉天福八年建
建瑞院上三院在十一都吉祥院唐咸通六年建棲隱院五代漢乾祐三年建
雲居院周顯德三年建普濟院宋開寶四年建重林院宋天禧元年建三明

院宋熙寧六年建上六院在十一二都已上二十一院俱府城西南石泉院在越王山之北石壁峭立泉出其下唐元和中建院于泉側勅號石泉又府城西南楊𡸣里亦有石泉院華嚴院宋開寶七年建堯山院資國院五代晉天福三年建西峰院翠林院唐太和三年建新興院慶安院壽山廣應院唐光啓三年建芙蓉院唐太和中建咸通中賜咸通延慶禪院額宋改太平興國額資聖院唐天復四年建瀑布院五代梁乾化二年建靈峰院五代晉天福九年建羅漢院雲際院上二院俱宋元豐七年建前觀音院後觀音院五雲院秀峰院資福院中興院上二十一院俱在府城東北五六都廣明欝林院唐廣明元年建香溪石峰院五代唐天成元年建龍興院五代周顯

德元年建號仙宗後改今額寶勝院宋建隆二年建報先院法雲院
宴雲院雲林院上二院俱宋太平興國三年建淨安院仰山院
慶雲院閩王捨花園剏建後廢宋皇祐元年復建西臺院宋淳化五年建般若院
宋元豐六年建上一十三院在十三四五都嵩山院五代梁乾化元年建白雲院宋端
拱元年建薦福院宋皇祐二年建西靈院上四院在十一二三四五都巳上一十七院俱
府城西北景星尼院在府城內東北陳①大建二年建崇林尼院在府城西九都十都
宋紹興二十年建保安淨居萬定尼院五代梁乾化三年建釋迦尼院
宋元祐八年建觀音尼院宋嘉祐二年建新②興尼院上四院在二都報恩尼
院又府城西北超勝里亦有報恩尼院③米雍熙四年建靈石尼院上二院在二十二三四五

校注：①太　②興　③宋

都。巳上六院俱府城北

雲溪尼院在十一二都。五代唐長興二年建。

祥山尼院在九都十都。宋元祐八年建。

資福尼院在七都八縣①。崇寧二年建。上三院俱府城西南。

曇山尼院宋崇寧五年建。

香林尼院上二院在十三十四十五都。

西林尼院在三十四五都。上三院俱府城西北。

烟霞女真觀在府治東子城坊。

冲真道觀在府治西登雲坊內。元至正二十年建。國朝正統初知府張徽修，成化十六年知府唐珣重修。

虛夷觀在府治北中瀆越峰之陽。五代唐長興二年建。宋嘉定二年趙汝會重建虛夷堂于越王山之巔，今俱廢。

佑聖宮在府治西新營巷內。

迎仙道院宋時迎玉蟾真人于此，故名。嘉定二年賜今額。

西河道院在冒壽坊內。元大德九年建。旁有玄壇祠。上二道院俱府治西。

太清堂永樂九年建。

朝真堂在小鼓樓。洪武二十八年建。上二堂在府城東北。

校注：①都

長樂縣 觀音寺在縣東隅唐咸通四年建 天王寺在縣西隅唐大中七年建有天王閣 資壽寺在九都宋太平興國二年建 光嚴寺在十三都陳大①建九年建上二寺俱縣東 西峰寺在六都五代梁開平二年建 嘗陽寺在七都唐咸通六年建有山月堂陳刘有詩 竹林寺在十二都唐大中十一年建中有安適軒又有三十六菴宋慶曆中併為寺菴遂廢 靈峰寺在十九都唐大中七年建寺有石洞里人嘗見龍乘雲而歸因號龍龕山靈峰院八年賜額陳襄詩天柱支南極蓬山壓巨鼇雲崩石道險潮落海門高客館聞鼇②鼓秋風憶蟹螯凭欄望鄉國千里楚江歌張徽詩雲蒸洞穴秋成雨泉落亭除夏結冰湛俞詩萬里碧光晴望海一堂幽響夜聽泉陳玨詩石洞雲歸春雨足海門月上夜潮生林迥詩門前紅日海千里池上白蓮山四隣僧子耶詩松巢鶴雪千年在竹引溪風六月寒上四寺俱縣東南 巖泉報恩寺唐天復二年建 靈山

校注：①太　②鼉

寺在二十一都唐咸通五年建

皇恩寺在二十三都梁太清元年建

碁山寺在二四都唐咸①五年建

祥雲寺在方安里唐光化二年建

崇信寺在太宏里唐咸通二年建上六寺俱縣東北已上一十四寺俱存

靈隱寺在九都梁大通二年建

縣山寺梁大同五年建

興國寺陳大建五年建

靈芝寺唐永泰元年建上三寺宋時已廢

甘泉院在縣西隅五代晉天福九年僞閩建

資聖院在縣西隅宋太平興國八年建寺之南有石澗如船俗呼石船資聖院

龜石泗洲院在十都宋太平興國元年建

泗洲院唐大中六年建

地藏院宋建隆元年建上二院在十三都

龍宮院唐乾符三年建

廣順院五代周廣順元年建

北觀音院宋太平興國二年建上二院在舊綋歌里已上六院俱縣東

新安院五代唐同光元年建

靈握院唐廣明元年建

秀峰院五代唐長興二

校注：①缺"通"字

年建中峰院宋端拱初建上四院在四都南棲林院唐中和元年建阮山院唐中元二年建南崇福院五代晉天福二年建東菴院宋太平興國四年建乾元院保福院上二院俱宋太平興國七年建已上六院在五都新成院在十八都唐大中十三年建大溪新豐院在十九都宋淳化二年建南陽院唐景福元年建寶林院宋太平興國二年建初名棲林治平中賜今額靈臺院太平興國八年建上三院在二十都己上一十五院俱縣南南觀音院唐咸通四年建南福興院唐天祐二年建小門院五代晉天福二年建瑞峰院五代周廣順二年建靈源院宋開寶二年建極樂院宋太平興國元年建南甘泉院宋太平興國二年建報先院宋端拱二年建上八院在八都建林院唐永泰元年建龍泉院唐大中十三年建興國

院唐大順二年建福安院唐天祐二年建上四院在十一都法潤院梁太清元年建

光澤院唐天寶二年建上二院在十二都五雲院唐大中間建鴻慶院宋建

隆元年建華藏院宋開寶九年建報恩院宋太平興國九年建上四院在十七都靈

光院在舊海濱里靈鷲院上二院俱唐咸通九年建寶藏院宋太平興國三年建

上二院在舊昆由里福興院唐咸通二年建南崇信院咸通八年建淨林院

五代梁乾化二年建幽林院五代晉天福二年偽閩建三峰院西崇福院

上二院俱五代漢乾祐二年建靈山塔院宋開寶三年建上七院在舊崇在里已上二十八院在

俱縣東南雙峰院唐咸通五年建資福院五代唐清泰二年建北崇福院五代

晉天福十年建妙峰院五代漢乾祐二年建越峰院宋太平興國七年建上五院在二十

一都靈瑞院在二十三都唐天祐二年建上六院俱縣東北已上寺院凡六十一所俱廢禪林尼院唐咸通八年建棲林尼院五代晉時建上二尼院在十三都金砂尼院在十一都唐咸通五年建永壽尼院在舊昆由里宋開寶三年建南山塔菴普照菴上二菴在西隅東華觀在縣治北東偏宋開寶元年建萬壽道院在縣東南十七都宋宣和六年建國朝成化十八年重修一新

連江縣

龍臥寺在欽平平里隋仁壽三年建國朝正統四年重建寶積寺在二十七都宋嘉祐二年建國朝正統元年重建永盛寺在二十九都宋嘉祐二年建國朝正統初重建龍興寺在嘉賢下里宋建隆初建國朝景泰四年重建上四寺俱縣東大中

玉泉寺在清河里玉泉山隋大業元年建有玉泉巖國朝永樂二年將成化五年復修北

禪寺宋天禧三年建護國天王寺唐大中二年建國朝宣德五年重建崇壽
寺宋天聖四年建國朝宣德七年重建上三寺在欽平上里已上四寺俱縣西石門寺在縣
南新安里唐中和元年建寶應寺在仁賢里唐乾寧三年建國朝正統元年重建清洋
寺五代周廣順元年建國朝景泰三年重建龍漈報恩寺唐乾寧元年建國朝景泰四年
重建上二寺在賢義里已上三寺俱縣北光化寺在保安里唐乾寧元年建報國寺在安
德里上二寺俱縣東北西林寺隋大業二年建安善寺陳至德元年建建寧寺
梁大同二年建藏寺陳天嘉六年建雙林寺隋仁壽元年建已上五寺見舊志宋時已無所
考寶相院宋皇祐元年建①彌陀院上二院在欽平下里大柘院在二十九都宋
太平興國中建興教院宋太平興國元年建澄巖院宋天禧三年建延安院舊號

校注：①建

崇福院宋嘉祐二年改賜今額慈雲院上四院在安慶里東寶安院在求貴里五代
唐同光三年建舊名永安廣應院唐乾寧三年建東招慶院宋開寶元年建龍濟
院宋嘉祐二年建上三院在嘉賢上里地藏院宋政和三年建寶壽院宋皇祐元年建
上二院在嘉賢下里已上十三院俱縣東北天王院在欽平上里五代周顯德三年建陀
嶺院唐咸通二年建僧道堅植松千株以蔭行人尋移洋門嶺又剏雲際院亦植松八百株義
安院唐大順中建長生院五代梁貞明二年建興慶院寶巖院上二
院俱五代周廣順元年建西興慶院宋建隆元年建先在小灣山大中祥符五年移建白石山
廣順院宋太平興國元年建石橋院宋天聖元年建西白蓮院宋慶曆元年建
上九院在清河里西招慶院唐大中三年建靈山院五代晉天福元年建上二院在

中鵲里寳山院在安仁上中里唐光啓二年建已上一十五院俱縣西保福院宋乾德四年建新泉院宋景德四年建上二院在新安里白蓮院在安慶里宋建隆元年建上三院俱縣西靈泉院宋康定元年建西瑞巖院宋乾德四年建國興院宋慶曆元年建淨居院舊號白巖宋嘉祐二年改今名逍遙院唐大中元年建寳峯院五代唐天成元年建北山院心法華院上八院在安仁上中里寳林院在中鵲里唐大中六年建天宮院宋元豐元年建寳月院宋政和二年建法林院上三院在賢義里西保安院唐中和元年建東禪莊院宋元祐七年建長明院宋建中靖國元年建上三院在仁賢里已上一十五院俱縣北資壽院在縣東南欽平下里宋開寳三年建東靈應院唐乾符五年建湧泉院唐廣明元年建瑞雲院五代

唐同光元年建上三院在建興里賢沙院唐大中元年建仙宗院五代唐同光四年建

羅漢院宋開寶元年建東寶福院宋乾德四年建永興院上五院在保安里

淨安院舊名祇洹寺梁大通元年建唐咸通中更是額月華院唐大順三年建報慈

院宋慶曆元年建上三院在安德里峽山護國觀音院唐元和四年建彌勒

院隱峰院上二院俱宋開寶三年建已上三院在集政上里通上一十四院俱縣東北

大明院五代晉天福四年建瑞峰院宋天禧四年建雲峰院宋元祐二年建小

洄院宋慶曆四年建清涼院宋天聖四年建感應院上六院在光臨里西靈

應院在安定里唐乾符三年建靈峰院在中鵠里五代梁貞明二年建廣化院在鳳

凰山唐乾寧元年建藥師院五代晉天福中建五峰院宋明道二年建上三院在仁賢

里已上一十一院俱縣西北　東禪林尼院　崇慶尼院　興善尼院上三尼院在縣東欽平下里　西禪林尼院在縣治西欽平上里　瑞林塔尼①在縣北安仁上中里　河山菴元至正四年建國朝永樂二年重修　塔菴宣德八年重建上二菴在欽平下里　福巖菴在永貴里元至正四年建　淨居菴在安慶里宣德元年重建　普照菴在二十六都　海潮菴在二十七都永樂二年建上六菴俱縣東　寶華巖菴唐大中元年建國朝永樂十七年重修　觀音塔菴唐大中初建　駝嶺菴唐咸通二年建上三菴在縣西清河里　永恩菴在縣南安慶里洪武二十二年建　巍峰菴在縣東北保安里宣德八年建　真如菴正統三年建　中際菴上二菴在縣西北光臨里　瑞光堂　獨覺堂　瑞雲堂　龍興觀在欽平下里宋景定三年

校注：①缺"院"字

建　國朝永樂十六年修正統十四年復修**玄都觀**在永貴里上二觀俱縣東**清隱院**在縣北中鵲里元至正四年建**三僊觀**在縣東北安德里元至正十五年建**玄初道院****玄童道院**上二院在縣東永貴里**真聖道院**在清河里**雙溪道院**在仁賢里上二院俱縣西巳上三道院俱廢

福清縣

聖蹟寺在縣北隅五代唐天成五年建有靈源洞放生池**龍卧寺**在方成里唐咸通五年建　國朝永樂三年重建**瑞巖寺**在新安里宋宣和四年建　國朝洪武二十三年重建永陽林泉生詩江流闊狹潮來往山色有無雲卷舒莆陽劉熈競詩亭柱半邉危立壁石岩千仞小為門范陽李羅天章詩酒興詩狂知趣少水光山色得秋多**佛頂寺**五代間建**報慈寺**宋元符元年建上二寺在永東里巳上四寺俱縣東**靈石寺**在縣西清源里唐武宗時始建為菴

宣宗時勅精舍名翠石院，懿宗賜靈石俱胝寺額。宋天聖初復廣寺宇，中有十勝，曰仙人碑、偃松亭、竹簾軒，餘見山川志。又自香城北沿嶺十里西入有蟠桃塢、石屏，又有漱玉亭、溪光亭、散花堂、放鶴樓、待月樓、高視亭、白蓮社，俱廢。又有簷霞亭，朱文公書額尚存。

黃蘗寺在縣西南清遠里，唐貞元五年建，初名般若堂。大闢堂宇於其東，德宗賜建福禪寺額。國初重建。丁公言詩：莫言塵世人來少，幾許遊方僧到桸上。三寺俱洪武間併爲叢林。

重興寺在縣南光賢里，五代周顯德二年建，初爲菴，名大悲，至是始拓之，因改今名。旁有石高峰、石馬泉。

福興寺在化南里，宋慶曆四年建，國朝洪武二年重建。

嘉福寺在化北里下都，宋大中祥符三年建。上二寺俱縣東南。巳上一十寺俱存焉。

陳田寺在縣南江陰里白巘之巔，宋建隆元年建。

崇福寺在縣東南化比①里，宋嘉祐二年建。

水陸寺在縣西南，宋天聖四年建，寺西畷長溪，有泠泠亭。上三寺俱廢。

瑞峰寺在縣

校注：①北

東方成里宋元豐元年建
積穀寺在縣東南化北里宋熙寧中建
安善寺在安香里宋至和二年建
應林寺在靈德里宋崇寧中建上二寺俱縣西南
歛石寺唐太中四年建
天竺寺唐咸通中建後有仙屛石茶碾碾覆石上有兩膝跪碾及足指之痕旁又有汲桶痕相傳仙人碾茶汲泉之處上二寺在縣西北方興里已上六寺俱存
白沙寺宋太平興國中建
擇善寺宋大中祥符中建上二寺在永賓里
延慶寺五代唐長興間建其北有靈曜嶺因名靈曜宋天聖中賜今額山泉味冽試茶極佳其地所產茶亦勝常品
永壽寺五代晉天福八年僞閩建上二寺在新安里已上四寺俱縣東
廣平寺在縣西隅唐廣明間建
囷山寺五代晉天福間僞閩建
華嚴寺宋嘉祐五年建
鹿苑寺宋元祐中建
小香山寺宋紹聖中建上四寺在善福里
瑞峰寺宋皇祐間建
大澤寺宋嘉祐中建上二寺在新寧里

雲洞寺五代唐長興二年建靈雲寺宋至和二年建龍溪寺五代晉天福二年僞閩建靈巖寺宋熙寧八年建上四寺在求福里已上一十寺俱縣西大藍寺在潯洋里

新興寺五代周廣順元年建香燈寺宋元豐四年建上二寺在平北里觀音寺在平南里

新福寺宋紹聖間建。宋慶曆中建雙林寺宋嘉祐中建上二寺在仁壽里

南泉寺宋大觀元年建東林寺宋崇寧四年建，崇寧五年建上二寺在新豐里已上八寺俱縣西

義泉寺宋建隆元年建龍居寺宋端拱二年建龍泉寺宋元豐二年建上三寺在縣北遵義里

黃蘗塔寺在清遠里宋太平興國中建運使熊徹詩月塔影分山店北暮鍾聲落海門邊

竹浦寺宋太平興國二年建泗洲寺宋嘉祐二年建資聖寺宋慶曆七年建上三寺在臨江里

靈隱寺在隆仁里宋政和五年建有不溢泉平步臺海月菴

上又有小龍潭

應泉寺在井得里宋元符三年建

北塔寺在化北里宋嘉祐四年建上七寺俱縣東南

資福寺在安香里五代晋天福二年建

棲隱寺在蘇田里宋大觀元年建

西方寺宋治平二年建

白巖寺宋元豐三年建

上林寺宋元祐元年建

幽巖寺宋熙寧四年建上四寺在靈德里已上六寺俱縣西南

淨明寺宋開寶二年建

應乾寺宋皇祐二年建上二寺在修仁里

地藏寺在方興里五代唐清泰閩偽閩建上三寺俱縣西北已上四十二寺俱廢通上凡四十八寺俱洪武間併入黃蘗寺

石竺寺在縣西北修仁里唐大中元年建見存

湧泉寺五代時孝子林安所居宅也安嘗廬墓於此石裂泉湧閩王賜是額

龍卧塔寺宋天聖元年建上二寺在方成里

常豐寺唐景福元年建

上林寺

報恩寺宋天聖中建又縣南濤洋里亦有報恩寺

棲林寺

瑞龍寺俱宋明道

中建上五寺在新安里藥師寺唐天祐中建施水坊寺宋大觀間建白蓮寺宋紹興二十八年建上三寺在永東里已上一十寺俱縣東方樂寺陳大①建元年建東林寺宋元祐中建後塘寺宋政和七年建龍溪寺招福寺龍居寺少林寺大仵寺上八寺在新寧里東塔寺唐大中四年建感德寺宋太平興國中建文殊寺烏巖寺福興寺香山寺宋天聖元年建上六寺在清源里延壽寺宋康定二年建中峰寺上二寺在善福里興國寺宋天聖元年建中溪寺宋崇寧三年建上二寺在永福里已上一十八寺俱縣西鐘山寺陳天嘉二年建羅漢寺上二寺在仁壽里天王寺在潯洋里間居寺唐開成二年建廣濟寺宋景祐四年建上二寺在江陰里靈瑞寺唐大

校注：①太

中四年建彌勒寺宋天聖元年建大中寺宋元祐四年建羅漢寺龍水
寺三山志作流水院上五寺在福唐里護國寺唐開元中建高蓋寺宋大中祥符中
建上二寺在平南里資國寺在時和里宋太平興國中建新興寺在光賢里宋太平興
國中建本崇福院舊址翁仁凱廬墓之處也上一十四寺俱縣南鷲峰寺五代漢乾祐間爲閩
始建菴宋寶元二年升爲寺有靜軒彌陀寺宋寶元中建上二寺在縣北隅靈應寺陳天
嘉三年建禪林寺唐天復二年建雲林寺壽山寺上二寺宋寶元二年建
天福寺宋紹興中建地藏寺宋太平興國中建普賢寺宋熙寧五年建上七
寺在遵義里已上九寺俱縣北龍泉泗洲寺宋慶曆二年建觀音寺宋宣和間建上
二寺在海壇里瑞峰寺在方民里龍山之巔西有紅蓮樓上有石浮屠七級可以觀日出之處

香林寺宋建炎三年建福林寺棲巖寺上三寺在隆仁里竹浦塔
寺在臨江里靈慶寺在升得里唐乾寧二年建應泉寺在化北里宋太平興國中建上
九寺俱縣東南林泉寺陳永定元年建福勝寺唐大中四年建安福寺唐大中間
建宋嘉祐間重建有欵梅軒宋林希逸詩梅子黃時四月秋小軒流水寂①清幽山僧坐到禪機欵不掛眉
頭一點愁彌勒寺宋治平二年建上四寺在清遠里西峰寺宋寶元間建觀音
寺宋天禧四年建靈巖寺宋崇寧中建上三寺在蘇田里靈鳳寺唐大中元年建地
藏寺宋寶元二年建新福寺上二寺在靈德里靈峰寺在安香里唐景德元年建
上一十一寺俱縣西南棲隱寺宋元豐二年建龍山寺齊雲寺宋崇寧二
年建上三寺在方興里瑞雲寺在修仁里宋崇寧四年建上四寺俱縣西北已上七十六寺今

校注：①最

廢通上凡七十七寺俱洪武間併入報慈寺

應峰寺在縣西清源里唐大中間建見存

鳳林寺梁大同元年建

巖泉寺陳永定元年建

文殊寺五代梁開平中建上三寺在新安里

寶林寺在永東里陳天嘉二年建上四寺俱縣東

顯慶寺在善福里唐開元間建初名寶慶宋紹興三十年樞密黃祖舜請為功德院改名教忠顯慶

羅漢寺在清源里唐大中間建

盧山寺在永福里陳永定元年建

護國報恩寺唐乾符元年建

仙井寺唐大順二年建上二寺在永壽里

新城寺在新寧里五代梁開平四年建上六寺俱在縣西

中峰寺在潯洋里宋大中祥符三年建

報恩寺唐乾符中建

五峰寺宋天聖元年建上二寺在江陰里

龍興寺在福唐里

福山寺唐大中二年建宋鄭俠嘗讀書於此

南谷寺唐乾寧二年建上二寺在新豐里已上六寺俱縣南

仙巖寺

大乘寺

上二寺唐大中十四年建天王寺梁大通二年建初號法建唐咸通二年改是額有湖淳神
泉寺五代唐天成五年建招慶寺宋乾德二年建景祐二年賜因名招慶院額上五寺在縣
北遵義里棲林寺在隆仁里五代梁貞明二年建上資寺在井得里唐大中四年建上二
寺俱縣東南香城寺在清遠里唐中和三年建太平寺宋元祐元年建上二十五寺今
廢已上凡一十六寺俱洪武間併入靈石寺法建寺梁大通中建靈曜寺陳永定元
年建清泉院宋皇祐五年建又縣南江陰里亦有清泉院宋天禧二年建資壽院上二
院在縣西永福里妙吉祥院在縣南南匯里金峰院宋天聖二年建天福院
宋紹興十八年建羅漢院又海壇里亦有羅漢院宋太平興國六年建雲際院上四
院在縣北遵義里五峰院宋天聖四年建寶勝院宋元祐五年建永樂院上三

院在舊栖仁里國清院在拜井里無礙浴院在舊方樂南里上五院俱縣東南雲峰院在安香里宋雍熙二年建報恩院在清遠里宋康定間建應天院亦宋康定間建齋堂院在萬安里宋政和七年建上二院在萬安里上林院在蘇田里上五院俱縣西南崇慶院宋大中祥符間建興福院宋至和二年建上二院在修仁里香林院在方興里宋明道三年建上三院俱縣西北通上二寺并一十二院俱見舊志久廢大悲尼院在縣東新安里宋崇寧二年建國朝洪武二十八年重修建錦亭尼院在縣南仁壽里永樂十五年重修上二院俱存棲林尼院在永東里宋熙寧五年建觀音尼院在文興里宋天聖五年①上二院俱縣東靈尼院在縣西永福里宋天聖九年建清勝尼院在縣南江陰里宋太平興國五年建寶林尼院在縣北遵義里宋元豐四年建又縣西南

校注：①缺"建"字

蘇田里亦有寶積尼院宋建炎四年建舊在漁溪市後改作真人宮**新成尼院**在縣東南隆仁里宋乾道二年建**義成尼院**在縣西南萬安里宋祥符二年建已上八尼院俱廢**泗洲菴**在縣南南匿里**清涼菴**在縣東南海壇里五代唐清泰元年建**龜山塔堂****講堂**上二堂在縣東方樂里**泗洲堂**在縣南南匿里**普光堂**在縣東南歸化北里已上菴堂凡六所俱見舊志久廢**福眞觀**在縣東方民里海口宋元祐七年建政和二年賜額**玉峰道院**在縣治西結遷元至元二十五年建國朝永樂八年重修已上觀并院俱存**靈寶觀**在縣南二里許宋紹聖二年建宣和三年爲靈寶道院乾道九年丞相史浩重修**水南觀**在縣南新豈里又名朝元**芳林道院**在縣東文興里小孤山宋咸淳間里之林氏建於北梅亭之南畔扁曰三教堂即寒齋高士家也內有和靖寒齋祠已上觀并院各廢**佑聖宮**在縣

南時和呈元至元二十七年建

八閩通志卷之七十五

寺觀

福州府

古田縣

吉祥寺 在縣治後街宋太平興國四年建有石浮屠 國朝成化間脩

極樂寺 在縣西十二都唐天寶元年建有息見亭目①貞軒放生池 國朝永樂三年重建成化十七年修宋知縣李堪詩層崖太歷半雙壑瀑流鬬苔空緑錢死松老清陰瘦靜鶴何孤惻深蘿苦紛搆怪石人所容曲木天與壽

幽巖寺 五代晉天福五年偽閩建 國朝洪武十一年重建成化間修上三寺俱洪武間併為叢林宋章孝參詩掛崖壑似六和塔入路門如九里松遥想空庭明月夜浮圖桂樹影重重

崇壽寺 五代周廣順二年建上二寺在四十一都

寶興寺 在三十一都五代唐長興二年

校注：①真

偽閩建

禪林寺在三十六都宋景德四年建國朝永樂元年重建

秀峰寺在四十都五代漢乾祐元年建已上五寺俱縣東

牛頭寺一名大雲在一都五代唐天成元年建有白雲堂寒林軒宋程師孟詩前日閩都舊長官窮冬從此①擾征鞍牛頭寺裏千峰月水口村邊萬石灘竹葉盡來堂少燰荔枝無處地多寒明朝出境重回首依約三山馬上看張浚詩暮宿牛頭寺朝離虎節門東風知我意送我過前村

同雲寺在三都宋皇祐二年建

清峰寺在四都五代唐長興二年建

曹山寺宋開寶元年建國朝成化十八年重修

龍安寺五代周廣順二年建上二寺在七都

開寶寺宋開寶元年建國朝成化八年重建

資福寺宋熙寧七年建國朝成化間修建上二寺在八都

靈瑞寺在十都宋至道二年建國朝天順間修巳上八寺俱縣西

天王寺唐中和二年建國朝成化間修建

奉回寺宋大中祥符二年建上二寺在

十五都彌勒寺在十六都宋大中祥符四年建齊雲寺宋治平三年建上生寺
五代周顯德四年建上二寺俱國朝成化六年重建鳳棲寺宋景德四年建上三寺在十七
都寶慈寺宋政和二年建舊志有寶華寺而縣志不載縣志有寶慈寺而舊志不載疑即一寺
而字之誤也報因寺宋景德四年建國朝成化元年重建上二寺在十八都慈雲寺
在二十都宋乾德二年建瑞峰寺在二十二都宋景德間建鷲峰寺在二十三都宋元祐
七年建靈峰寺在二十四都宋太平興國二年建寶慶寺在二十六都五代唐長興
元年建雙峰寺在二十七都唐咸通元年建靈巖寺宋太平興國二年建北巖
寺宋雍熙元年建上二寺在二十八都景福寺在二十九都宋建隆二年建布金寺
宋大中祥符元年建國朝成化元年重建寶泉寺宋建隆二年建善慶寺宋崇寧二年建

上二寺俱國朝成化十四年重建巳上三寺在三十都通上二十寺俱縣北

大目寺 在縣東南四十六都唐咸通二年建國朝永樂十六年重建宋劉克莊詩寺小於諸剎山高似衆峰未寒先得雪巳夏尚如冬

鳳林寺 五代唐天成三年建

香林寺 宋景德四年建國朝成化間重建上二寺在三十五都又縣西五都亦有香林寺五代唐天成二年建今廢

長生寺 在四十三都唐光啓二年建國朝成化八年修

瑞巖寺 宋慶曆四年建國朝天順六年修

竹林寺 五代晉天福四年僞閩建上二寺在四十四都

小鳳林寺 唐咸通二年建國朝成化十四年重修

西峰寺 唐開元元年建國朝成化間修上二寺在四十五都巳上八寺俱縣東北通上寺九四十三所俱國初改為寺今皆存

廣福院 在縣坊

長興院 在三十一都宋景德二年建

興慶院 唐咸通元年建

保福院 宋建隆二年建

瑞雲院 宋慶曆元年建

上三院在三十七都**善得院**宋熙寧二年建**香泉院**宋雍熙三年建上二院在三十八都

保福觀音院宋開寶七年建**龍興院**宋乾道三年建**靈峰院**唐咸通十年建

芹泮院宋開寶二年建上四院在四十一都已上一十一院俱縣東**中峰院**在一都

大吉山資聖院唐天寶六載建名天王院宋大中祥符八年改天王資聖禪院宋林虁孫

詩①華峰跨蒼穹下有雲一壑翬飛二百秋蜂窠幾千

落靈泉際空溜宿霧臨除箔山呈萬古姿木隕十月

籜當年賢令尹神交契冥漠懷哉精魄歸永矣香火

托至今壁間詩讀者為嗟愕好事繼前志刻巖成此

閣仰看斗揷椽俯聽風入鐸晤言千載心英氣凜欲

作西南望冢頂躋攀計巳昨忽復良友同共寫襟期

樂遐登破嶙岏幽討待綽約礀礴冨蒸鬱陰翳芒紛

錯冊拜五②華君許莅他日約霜威净餘氛晴宇洞家

廓**慈雲院**宋景德四年建**興福院**宋太平興國元年建上三院在二都**龍爬院**

校注：①②華

宋慶曆元年建香峰院宋太平興國三年建應山院宋景德四年建上二院在四都永興院五代周顯德元年建聖壽院宋景德間建龍茟①院靈鷲院上二院宋景祐元年建已上四院在五都又十一都亦有靈鷲院宋天聖二年建茶亭院在七都宋乾德三年建金峰院宋乾德四年建應福院宋大中祥符八年建建福院宋熈寧七年建永福院宋慶曆五年建上四院在八都五泉院宋開寶三年建越峰院宋太平興國二年建太平院太平興國六年建靈應院宋崇寧二年建上四院在九都西峰院唐開元間建廣福院唐咸通元年建淳化院五代晉天福四年僞閩建寶峰院在黃蘗山下五代周顯德間建壽山院五代周廣順元年建釋迦院宋建隆元年建瑞林院宋至道二年建瑞應院宋太平興國四年建普門院宋元祐二

校注：①華

年建上九院在十都崇福院在十一都宋開寶三年建建隆院五代梁開平三年建降
跡院宋慶曆三年建報恩院宋景德四年建北臺院宋皇祐五年建福勝院
宋崇寧二年建上五院在十二都已上三十六院俱縣西華①嚴院五代周廣順元年建天宮
院廣順三年建雙溪院宋雍熙三年建薦福院宋景德二年建法雲院宋大
中祥符三年建泗洲院宋皇祐元年建靈洞院宋治平四年建上七院在十五部皈
依院五代梁開平四年建慈恩院宋太平興國五年建靈聖院宋大中祥符三年建
延福院宋治平三年建上五院在十六都顯德院五代周顯德三年建延壽院
宋乾德二年建上二院在十七都靈皈院在十八都宋紹聖元年建西林院宋明道二
年建翠峰院宋熙寧四年建上二院在二十都報恩院唐天寶元年建靈安院

校注：①華

唐咸通元年建清泉院宋元祐三年建壽峰院五代唐清泰元年建羅山院
清洲院上二院俱宋開寶二年建石嶂院宋嘉祐八年建上七院在二十一都慈峰
院宋乾道四年建白雲院宋景德四年建上二院在二十三都白蓮院宋開寶二年建
上洋院宋大中祥符二年建三峰院宋紹聖二年建上三院在二十七都南泉院
五代唐清泰三年建資壽院宋開寶二年建寶壽院宋開寶四年建文殊院宋太
平興國九年建上四院在三十都已上三十二院俱縣北觀音院宋慶曆元年建又縣東北四十
四都縣北二十都亦各有觀音院俱太平興國中建資福院宋太平興國七年建上二院在三十
四都廣勝院在四十四都唐咸通元年建又舊邵南里亦有廣勝院宋開寶九年建游池
院宋乾德五年建又縣西五都亦有游池院宋慶曆元年建福林院唐天祐三年建又縣南七

都亦有福林院宋開寶七年建上二院在四十五都。普賢院宋明道元年建。寶林院宋景德四年建又縣北十五都二十五都亦名①有寶林院俱宋時建。新興院宋皇祐二年建。吴洋院宋熙寧三年建。竹陰院宋元豐元年建。雲漈院宋元豐八年建上六院在四十三都已上一十一院俱縣東北。鄭洋院宋至道二年建。雙林院上二院在縣東舊邵南里。僧伽院宋元祐二年建。龍復院宋建炎四年建上二院在縣西舊和平里。崇福院宋元祐二年建。應德院上二院在縣南舊崇禮里。永安院。天王臺院上二院在縣北舊保安里。五峰報國院在舊邵南里唐景福元年建。天寶院在舊橫溪里唐開元二十九年建。淨戒院在舊保安里宋淳化二年建有凝翠閣雙溪亭上一十一院見舊志。獨峰尼院在縣東四十都五代周廣順四年建。永福尼院在縣北十六都宋景德四

校注：①各

年建

金山仙尼院在縣東北四十二都宋紹聖元年建通上九一百三院俱廢

金仙庵在縣東十四都

西竺伏虎庵在縣西十二都元至元四年建 國朝成化間修

龍石庵在縣南十三都

翠屏庵在十五都洪武十八年建

古佛庵在十七都唐中和四年建

石塔庵在二十一都上三庵俱縣北

九峰庵在縣東北三十四都

西來堂在縣治南元大德三年建

玉京觀在三十六都杉洋元延祐五年建

紫極宮在縣坊

金仙宮在縣東五里元元統二年建 國朝永樂十年修

瑞跡宮在縣西五都元時建 國朝永樂間重建

嵩山道院在縣坊元至元二十九年建今廢

醴泉道院在縣治西仙亭山下元時建

棲貞①道院在縣西南八都工芉②山之巔元延祐間建 國朝成化十三年重建上二道院俱存

校注：①真　②華

永福縣

方廣寺舊名方廣巖在縣東舊保安里五代漢乾祐二年建國朝永樂十四年重建

重光寺在縣南開平里唐大中二年建宋侍郎吳栻詩曉閣濃陰雲半嶺夜堂清影月雙溪池開今日青銅鑑砌立何年碧玉圭有放生池羅漢閣

能仁寺在縣西南舊保德里五代梁天祐二年建初名寄林唐清泰二年改名瑞峯宋政和中又改能仁有放生池

天柱觀音院唐咸通二年建

龍興院唐乾符三年建

下龍泉院

中和院上四院在舊永安里

大興院唐咸通二年建

新興院唐乾符三年建

惠安院唐光啓元年建初爲大普慈報國禪院宋大中祥符八年改今額

下資福院唐光化二年建

梅山院宋開寶元年建

禪林院宋太平興國元年建

靈源巖院

陸山院上八院在舊保安里

雲際院唐大中五年建

上龍泉院唐咸通十年建

中峰院唐中和間建

鷲峰院五代晉天福元年僞閩建仙峰院武陵巖院中觀音院上七院在舊侍亞里已上十九院俱縣東布泉院唐乾寧二年建文殊院唐光化三年建寶積院摠持院上二院五代梁開平二年建靈峰院五代梁乾化二年建延壽院五代唐同光六年建越峰院宋開寶元年建有玩芳亭善淨塔院宋太平興國九年建極樂巖院宋大中祥符二年建上九院在舊開平里北山院唐天復三年建清涼院五代梁乾化三年建鳳棲院五代晉天福二年建上三院在舊光德里三峰院唐咸通二年建棲林院咸通三年建白雲院唐廣明二年建報恩院五代晉景福元年建香林院上五院在舊新豐里高蓋名山院唐文德元年建五代唐天成中賜額宋知縣施常詩步盡千山與萬山白雲深處叩禪關曉猿夜鶴應相笑笑我勞生幾

度閑靈居院五代梁乾化四年建謝巖觀音院五代梁天成三年建閑居院

五代唐同光五年建上四院在舊平蓋里瑞應院唐廣明元年建翠峰院唐乾寧二年建

集禪院乾寧三年建侒①草院五代梁乾化三年建鳳凰巖院五代晉天福六

年建翠林巖院宋太平興國元年建上六院在舊安樂里枕煙院唐永徽元年建上

林院　上生院上二院唐咸通二年建仙巖羅漢院唐光化二年建安

仁院　下崇壽院宋太平興國二年建上六院在舊唐元里已上三十三院俱縣南

靈鷲院在龍津里五代梁開平二年建上資福院唐景福元年建香泉院唐乾

寧二年建有樂賢亭上崇壽院五代唐長興二年建大會巖院上四院在舊義仁里

安善院唐景福二年建上觀音院宋建隆二年建北林院宋太平興國八年建

校注：①佞

上三院在舊感應里香蓋院五代唐同光二年建秀峰院五代漢乾祐二年建上二院在
舊保德里資國院五代梁天祐二年建北巖院五代梁貞①明二年建上二院在舊英達里
已上一十三院俱縣西南報恩尼院唐光化二年建景星尼院宋淳化四年建保
壽尼院宋慶曆元年建上三尼院在縣南舊開平里普門庵在縣南舊唐元里三
清觀在縣治之東舊名東嶽宋端平元年改名三清觀藍田宮在二十三都有朝元閣
獅子宮在三十三都石壁臨溪峭聳百餘丈中有一穴出於天成因搆宮宇於其內上二宮俱縣
西銀鳳宮在縣西南二十九都雙峰峙立若筆架然宮後巨石上有仙人跡烏石宮
在縣西北三十五都唐末建

閩清縣白雲寺在賀恩里宋景祐三年建今爲叢林報恩普賢寺在護仁里

校注：①貞

五代梁貞[1]明二年建有放生池上二寺俱存禪林院唐咸通二年建保福院唐乾寧元
年建又縣南蓋平里亦有保福院偃峰院唐光化二年建大漈院五代梁貞[2]明二年建
象峰院五代晉天福元年建法林院宋淳化二年建觀音院宋天禧元年建上七
院在縣東安仁里仁王院唐大順二年建香山院五代唐同光二年建雲居院
五代唐長興元年建東林院宋景祐二年建鍾山院興福院慈恩
院泗洲院上八院在賀恩里寶山院唐大和元年建初名池坑後更名幽林咸
通間始賜寶山觀音院額陳園院唐咸通十四年建靈巖院五代梁乾化元年建法
華院五代梁龍德三年建中峰院五代唐天成五年建瑞林院五代晉天福元年建
南泉院五代周顯德三年建觀音院宋雍熙三年建福山院宋天聖五年建應

校注：①②貞

福院上十院在仁壽里　靈應院在宣政里宋咸平元年建　寶積院唐大中八年建
資聖院　瑞雲院上二院在居仁里　新興院　安樂院　龍
興院宋慶曆五年建又宣政里亦有龍興院　慶安院　寶勝院　名山
院　羅漢院　寶林院　普安院上九院在護仁里　鶴林院
五代唐同光元年建　寶峰院　雲際院　雲峰院　五峰院
許坑院　棲林院　中洲院上八院在金砂里　藥師院唐咸通二
年建　鷲峰院宋淳化二年建　五臺院淳化三年建　西芉①院宋治平二年建　廣
德院宋熙寧五年建　崇慶院上六院在孝順里已上四十五院俱縣西　開明院唐天
復二年建　資福彌陀院宋乾德二年建　報恩觀音院宋雍熙三年建上三院在

校注：①華

宣政里
靈洞院宋元豐二年建　崇福院五代晉天福七年建上二院在孝順里　興
隆院五代晉天福六年建僞閩帝曰瑞陽山　地藏院宋太平興國中賜額　文殊院
宋太平興國元年建天聖二年重修　資福院宋端拱二年建　積善院宋大中祥符三年建
狀元許將詩爲愛山居樂居山又憶家菊黃来日蕋梅白去時花水闊離情遠霜晴別路賖前程回首望
空指暮天霞　大悲院宋天聖九年建　報恩院　保福院上八院在蓋平里已
上一十三院俱縣南　普應院五代梁開平二年建　天王院宋大中祥符九年建　感應
院宋天禧三年建　育王塔院上四院在縣北宣政里　崇善尼院在護仁里　石
圳尼院在居仁里上二院俱縣西通上九七十三院見舊志俱廢　圓通庵在縣西宣政里
見存　北菴宋太平興國元年建　南菴太平興國二年建上二菴在縣東居仁里　興福菴

宋開寶三年建泗水菴宋景德四年建上二菴俱縣西翠峰菴宋天聖元年建雲居菴宋太平興國五年建霜峰菴太平興國四年建上三菴在孝順里紫臺菴五代晉天福五年建白蓮菴宋乾德四年建慈氏菴宋太平興國九年建石門菴宋元豐六年建大坑菴　重興菴上六菴在蓋平里巳上九菴在縣南俱廢雲津堂在居仁里正統十二年建福善堂在平蓋里宣德六年建金沙堂在金沙里宋紹興二十九年建　國朝正統四年重修雙溪堂在普覺寺前景泰三年建漳溪堂宣德八年知縣葉宗榮建上二堂在賀恩里已上三堂俱縣西通上九五堂并存芹山仙源道觀在縣南鍾山之左元末廢

羅源縣

水陸寺在東　隅即舊縣址也五代周顯德四年建　國朝洪武三十二年知縣侍

希沿脩爲公舘後圯成化三年重建爲寺内有井泉甚清冽金粟寺在臨濟里五代唐清泰二年建上二寺俱縣東應德寺五代唐清泰二年建①國朝洪武二十四年併偽叢林小雲峰寺唐大順二年建仙巖寺宋元符二年建上三寺在新順里興王寺唐大順二年建光化寺五代梁乾化二年建淨明寺宋建隆元年建上三寺在梅溪里普明寺在善化里宋嘉祐元年建已上七寺俱縣西聖水寺在蓮花峰下宋紹聖三年建中有八景门筆硯峰龍虎巖仙源泉補陀巖②王壺井金鍾潭棲雲洞眠鶴亭龍漈寺在拜井里五代唐清泰二年建上二寺俱縣南資福寺在縣北新豐下里五代唐天成五年建信安寺在縣東南拜井里唐咸通元年建翠峰寺五代梁乾化二年建龍葦③寺五代唐長興二年建上二寺在縣東北徐公里鳳山寺五代梁開平元年建觀音寺宋乾德三年建上二寺在

校注：①為　②玉　③華

舊霍口里**聖壽寺**五代唐天成二年建**龍興寺**唐咸通十三年建上二寺在羅平里**慶田寺**唐乾寧元年建光化二年賜額**白塔寺**在鐵嶂山下宋開寶二年建上二寺在舊安金里**崇壽寺**五代唐天成二年建有放生池**寶勝寺**在寶勝山中國朝宣德二年建上二寺在新豐上里**大雲寺**唐天復二年建**旃檀寺**唐廣明元年建**曹山尼寺**五代周顯德三年建上三寺在黃童下里已上一十一寺俱縣西北通上九二十六寺俱存**靈鷲院**上二院在臨濟里俱宋時建**白馬院**唐時建**西雲院**五代唐時建**三學院**宋時建上三院在招賢里已上五院俱縣東**報恩院**在新豐里唐時建**靈山院**在梅溪里五代晉時建**觀音院**唐時建又縣北臨濟里亦有觀音院五代晉時建**白塔院**塔尚存**四明院**上二院宋時建已上三院在舊安金里**靈巖**

院　薦福院上二院在新順里俱宋時建已上七院俱縣西　崇勝院在新豐里唐時
建　護國院五代唐時建　慈民院五代周時建上二院在徐公里　明安院五代
周時　福興院五代唐時建上二院在臨濟里　白雲院在安金里宋時建上六院俱縣
北　集雲院在縣東南舊安金里蓮花山麓五代周時建　神光院　仙茅院
上二院在縣東北徐公里俱唐時建　靈應院　南峰院上二院在舊霍口里　資壽
院在安金里梅嶺之東　安善院上四院俱唐時建　泗洲院宋時建上二院在臨濟里
清泉院唐時建　洪福院　報國院上三院在羅平里　西峰院在林
洋里　翠巖院在善化里上四院俱宋時建　慈恩院在梅溪里五代晉時建已上一十一
院俱縣西北　香林尼院　棲雲尼院上二院在縣東徐公里俱宋時建　靈

峰尾院在縣西北臨濟里宋時建已上三十五院俱廢　西溪菴在縣治南景泰三年重建其地溪水清泠林木蓊茂亦勝處也　梅峰菴在舊安金里宋紹聖三年建　國朝成化元年重建　紫峰菴在徐公里洪武九年建上二菴俱縣北已上三菴俱存　泗洲菴在縣東南舊安金里宋時建今菴廢　普賢堂在縣西南登高山下景泰三年重建　文殊堂在縣西①王華山側今廢　洞宮天慶觀在縣東北起步橋之北唐天寶七載建內有八仙亭

建寧府

建安縣　白雲崇梵寺在光祿坊五代晉天福中肇建於從化坊名白雲廣福宋慶曆六年改爲白雲崇梵　國朝洪武十三年以其地爲永豐庫遂移建今所　永安寺在黃②葉山之麓五代唐長興九年建初爲功德院僞閩更名永安宋元豐中復更名十方　國朝洪武間重建　③貞如

校注：①玉華　②華　③真

寺在光禄坊白鶴山之①麓元為天堂萬洪武十二年大建殿宇二十四年改今額

洪福寺在吉苑里宋咸淳六年建上四寺俱府城東

冷水禪寺在府城西將相里即舊冷水院也南唐保大間建 國朝洪武七年重建

慈恩寺在府城南登仙里宋乾道二年建巳上六寺俱洪武二十四年併為叢林

崇聖寺在吉苑里五代梁開平二年建

資慶寺在將相里宋治平二年建

靈應寺在東川里宋時建上三寺俱 國朝洪武間併入永安寺

北巖寺唐乾符四年建

保福寺宋紹興二年建

泗洲寺宋咸淳二年建

能仁寺元延祐二年建上四寺在東萇里

重興寺唐龍紀元年建

龍峰寺

報恩寺上三寺在東川石里巳上七寺俱洪武間併入②貢如寺

新豐寺宋隆興二年建

興福寺宋慶曆二年建

廻龍寺宋嘉定八年建

翠巖寺宋淳祐八年建 國朝永樂十一年重建

能仁寺舊名承天

校注：①麓　②真

僞閩時建宋至道中賜令額元大德六年重建西峰寺南唐保大間建元大德元年重建集
福寺宋嘉定八年建仰山寺元大德間建廣福寺上九寺在吉苑里永安
寺舊名永安貞①梵五代唐長興三年建歸復寺五代周顯德五年建常樂寺宋治平三
年建昭慶寺宋咸淳三年建上四寺在建寧里巳上一十三寺俱　國朝洪武間併入洪福寺
東林寺宋紹興三年建報恩寺宋嘉定九年建上二寺在吉苑里藥師寺在將
相里南唐保大間建慈恩寺宋淳化元年建文殊寺宋慶曆七年建威巖寺舊名
歸巖院宋嘉祐中建
國朝永樂十三年重建重興寺宋慶曆五年建天王寺僞閩時建資
福寺宋太平興國元年建國朝永樂十三年重建報恩寺宋嘉祐六年建上七寺在南才
里安國寺宋時建　國朝洪武七年重建泗洲寺五代周顯德中建安福寺

上三寺在安泰里**香山寺**唐會昌中建**福興寺**宋慶曆三年建**温洋寺**宋紹興二年建元皇慶間重建上三寺在東萇里巳上一十六寺俱　國朝洪武間併入冷水寺通上凢三十九寺俱府城東**曹山寺**舊名曹山廣福寺五代周顯德六年建**藍峰寺**宋乾道二年建

國朝洪武十年重建**集峰寺**宋時建**南巖寺**宋建炎二年建**藥師寺**元至正十年建**龍巖寺**元至正二年建**思善寺**元燬　國朝洪武八年重建**西峰寺**

寶峰寺上九寺在房村上里**瑞龍寺**在登仙里瞿村巳上十寺俱府城西**廣教寺**

善因寺　**清流寺**　**昭慶寺**上四寺俱在府城南泰①溪内里**卧雲寺**南唐保大中建宋爲報恩寺元攺今名**興國寺**宋時建**西山寺**宋建炎三年建**承天寺**元至正二年建**雲漈寺**　**保國寺**上二寺俱元至正四年建上六寺在登仙

校注：①泰

里雲峰寺　報恩寺上二寺俱南唐保大中建西高寺宋建炎二年建雙

溪寺　南興寺上二寺俱宋時建崇隱寺元至正四年建上六寺在桑溪外里

巳上一十二寺俱府城西南通上凢二十六寺俱國朝洪武間併入慈恩寺龍居寺　五

峰寺在黄葦①山下報恩塔寺　西塔寺　東禪寺其址洪武間改

建白雲崇蓬寺上五寺在光禄坊俱宋時建南溪寺　黎峰寺　福壽寺

泗洲寺　地藏寺　石龍寺　雲巖寺　常居寺

大佛寺上九寺在南豺②里報恩寺五代晋時建天王寺　保慶寺

普照寺上三寺宋時建觀音寺　資福寺　普田寺上七寺在東巖

里龍峰寺　靈巖寺上二寺宋時建資福寺　普順寺上二寺元

校注：①華　②材

時建①連雲寺　臨水寺　新興寺上七寺在順陽里　廣福寺五代唐時建資聖寺　報豐寺　靈集寺　崇聖寺上五寺在安泰里西巖寺　莊嚴寺　石門寺　新興寺　瑞峰寺

泗洲寺上六寺在吉苑里　安福寺在建寧里　延慶寺　廣福寺

奉親寺上三寺在川石里已上四十三寺俱府城東　西巖寺　泗洲寺

大源寺　龍池寺　聖壽寺　龍門寺　羅漢寺上七寺俱在府城西房村上里　瑞跡寺在縣南泰溪內里　能仁寺在登仙里　觀音寺

重興寺　乾峰寺　泗洲寺上四寺在房村下里已上五寺俱府城西南

蘆山尼寺在建寧里　資福尼寺在南材里　淨居尼寺在安泰里　龍居

校注：①建

尼寺在東崑里上四尼寺俱府城東通上九五十五寺俱廢

五臺山菴在府城東吉苑里元至正二年建國朝永樂二年重建

大隱菴元至正四年建

瑞興巖菴元至正間建

圭峰巖菴

竹林菴上二菴俱洪武元年建

回龍菴洪武二年建

善慶菴洪武十四年建

石鼓巖菴洪武二十四年建上七菴俱在府城西房村上里

天王堂在縣治東興賢坊五代梁開平三年建國朝洪武十七年重建

注雲堂在吉苑里宋咸淳五年建國朝洪武二十二年重建

雲峰堂在順陽里內有井其泉甚佳成化十年重建上二堂俱府城東

雲山堂唐時建國朝洪武十七年重建

東山堂洪武十三年建上二堂在府城西南房村下里

報恩光孝觀在府城東陳永定間建舊記云陳顧野王故宅也舊名白鶴後更名開元宋大觀中更名天寧萬壽紹興七年更名報恩十三年改今額後燬國朝洪

武間復建殿左有玉泉井水甚清冽九歲旱必禱雨于此

崇福道院在府城東南林里元至正間建

碧巖仙菴在府城西秦溪內里

天堂菴在府城西南秦溪外里元時建

仙雲菴在府城東北安泰里

甌寧縣

大中寺在和義坊舊名律寺唐貞①觀中建大中初賜今額舊有塔甚壯麗楊億詩鷄園開淨土鴈塔倚寒空 國朝兩燬於火一圮於水隨復建

顯親寺在移忠坊五代晉天福八年建 國朝洪武十四年重建上二寺俱府治西

雲溪寺在吉陽里南唐保大間建 國朝洪武十八年重修

靈巖寺在蘇溪里偽閩龍啓中建 國朝洪武二十四年重修上二寺俱府城西

開元寺在雲際山之麓晉太康中建初名林泉唐賜今額 國朝洪武二年重建藍靜之九日開元寺登高詩古木寒溪入翠微西風九日扣禪扉金銀宮闕生秋草錦綉山河下夕暉陛狎泉荒龍已去

校注：①貞

号蒙祠古烏空歸諸公且盡登臨興莫嘆尊前往事非**報恩廣孝寺**在紫芝坊唐時建舊名龍興宋咸平間賜額曰景德紹興間更今名國朝洪武永樂間屢嘗修建**南禪寺**南唐保大元年建國朝洪武三年重建**羅漢寺**在鐵①獅峰下僞閩龍啓間建舊名羅漢院國朝洪武十九年重建上二寺在西隅**方廣寺**在紫芝上坊洪武元年建初爲七星菴後改今額已上五寺俱府城南**吉祥寺**在北隅太平坊僞閩龍德中建於雞谷灘側南唐保大八年移建今所國朝洪武三年重建**永樂寺**在紫溪里元至正二年重建國朝洪武二十二年修已上二寺俱府城北**雙石寺**唐大順中建乾寧五年賜額國朝洪武十二年重修葺**斗峰寺**洪武三年建上二寺俱在豐樂里**楞伽寺**在禾義里洪武十五年重修巳上一十四寺俱洪武二十四年巳併爲叢林**龍山寺**在龍首山下初建於長汀名龍山福王院五代梁②貞明元年移建今所內有瑞

校注：①獅　②貞

松亭國朝洪武二十一年重建

西禪寺在和樂坊唐末建於西建門外扁曰西禪福聖宋天聖間移於今所國朝永樂間圯成化二年寺僧復即西津門外及和樂坊二故址各建屋以居

高砂寺在府城西北豐樂里宋端平二年建元至正十五年重建上三寺國朝洪武間俱併入大中寺

乾明寺在府城西敬客坊宋大中祥符間建

禪祖寺在府城西北慈惠里舊爲西菴宋崇寧元年改爲院上二寺國朝洪武間俱併入顯親寺

雲峰寺唐時建元至正十年重建

瑞竹寺唐時建元至正間重建

禪林寺五代晉天福二年建

雲際寺宋時建元至正八年重建

上藍寺宋淳熙間重建

文殊寺宋紹興二年建元至正間重建上六寺在吉陽里國朝洪武間俱併入雲溪寺

福慶寺南唐保大間建國朝洪武三十一年重建

聖龍寺宋雍熙二年建元至正二十五年重建

報恩寺宋政和二年建

大明寺宋紹

興三年建國朝洪武十九年重建上四寺俱在麻溪里大照寺南唐保大間建元至正二十三年重建興福寺南唐保大三年建國朝洪武六年重建西林寺南唐保大間建元延祐五年重建龍山寺宋嘉定間建國朝①洪武十五年重建貞珠寺宋時建國朝洪武十七年重建上五寺在高陽里瑞峰寺唐咸通元年建國朝洪武五年重建崇壽寺宋紹興元年建觀音寺宋天聖七年建雲際寺郭巖寺洪武八年重建上五寺在梅岐里已上一十四寺洪武中俱併入靈巖寺通上凡二十寺俱府城西郭際寺五代唐長興元年建西瑞寺在封山舊名西瑞相院東瑞寺舊名東瑞相院上二寺俱宋建中靖國初賜今額已上三寺在崇安里國朝洪武間俱併入光孝寺中山寺唐時建元至正五年②重建貞淨寺永興寺上二寺俱五代晉天福二年建常樂寺元大德三

校注：①②真

年重建香山寺洪武十年重建廻龍寺偽閩①時刺史許文縝扁曰三峯廻龍寺珠②源寺上四寺俱南唐保大間建③王④源寺宋雍熙三年建尚曆寺宋時建元至正十二年重建光山寺永樂二年重建普安寺隱峯寺上三寺俱宋紹興三年建楮林寺彭源寺上二寺俱宋淳祐間建寺源寺元泰定二年建慶安寺泰定三年建善崇寺逍遙寺已上一十八寺在禾義里洪武間俱併入楞伽寺雲巖寺唐元和三年建林泉寺廣福寺吳際寺上三寺俱唐乾寧三年建資福寺南山寺宋紹興三年建上六寺在禾俱里雲居寺唐乾寧三年建報聖寺五代梁龍德二年建安福寺五代晉天福二年建上二寺在禾吉里上藍寺唐嗣聖三年建雙溪寺五代梁龍德二年建極樂寺五代晉天福元

校注：①時　②④源　③玉

年建龍護寺南唐保大十三年建游源寺宋建炎三年建小資福寺宋紹興二
年建聖恩寺紹興四年建香山寺宋端平二年建上八寺在紫溪里己上一十七寺
國朝洪武間俱併入尺樂寺通上凡三十八寺俱府城北資化寺在紫芝下坊南唐保大七年建
國朝洪武十五年重建永慶寺在雲際山上舊曰雲際①末慶曆中賜今額國朝洪武十八年重建
文殊寺在開元寺右南唐保大元年建國朝洪武間重建上三寺俱府城南北巖寺
在德勝坊五代唐天成中建大悲寺寶光寺五代晉天福八年建元至正二十年
重建金山寺元至正十年建上三寺在崇安里西林寺唐會昌中建國朝洪武二年
重建天堂寺元至正十六年建開化寺至正十二年建京曆寺皜池
寺元延祐七年建上五寺在西鄉里清涼寺報國寺上二寺俱元延祐五年建

校注：①宋

雙溪寺上三寺在禾供里巳上一十二寺俱府城北**靈巖寺**在府城西北慈惠里宋淳
熙十六年建巳上一十六寺國朝洪武間俱併入羅漢寺**昇山寺**舊名朗山資慶寺南唐保大間
建宋攺今額楊億詩曾巒連近郭占勝有招提　國朝洪武六年重建**觀音教寺**南唐保大
間建　國朝永樂十四年重修上二寺在縣南紫芝上坊**報恩寺**在縣北崇安里宋時建上三寺
國朝洪武間俱併入方廣寺**大兗寺**　**深溪寺**上二寺在府城北崇安里俱宋咸淳間建
東曆寺　**西曆寺**上二寺在慈惠里俱宋大中祥符三年建**湆溪寺**僞閩龍啓
中建　國朝天順四年重建**西峰寺**五代晉天福八年建元至正三年重建**寺源寺**
元至元間重建**妙湛寺**上二寺俱宋紹興間建**靈峰寺**宋淳熙三年建國朝洪武五年
重建**資福寺**宋嘉定間建元至正元年重建**洪曆寺**宋端平二年建**天寶寺**元至

正間建上一八寺俱在府城西北豐樂里已上一十二寺國朝洪武間俱併入雙石寺天王寺在親睦坊閩王審知建慶成寺在移忠坊五代唐時王延政建上生寺五代晉時建崇福寺宋時建北禪寺宋時重建上三寺在德勝坊南禪塔寺在敎客坊南唐保大中建大源寺西林寺居福寺吳源寺上四寺在吉陽里西巖寺在家溪里幽山寺歸飯寺上二寺在高陽里馮巖寺福慶寺上二寺在梅岐里已上十寺俱府城西三塔寺舊名泗洲三塔院南唐時建梅福寺在梅仙山隨求寺在鐵獅峰下上二寺俱宋時建已上三寺在府城南紫芝坊壽山寺南唐時建福慶寺上二寺在鷄籠山下劉地寺靈巖寺琦源寺杉山寺歸林寺石龜寺興福

寺上九寺在崇安里大資福寺泔洋寺報恩寺上二寺俱宋時建董源寺彌勒寺黃壇寺保福寺龍歸寺龍安寺廻龍寺上漈寺在黃村東漈寺化成寺延福寺上十四寺在紫溪里東漈寺宋時建羅漢寺舊名壽山羅漢院北坑寺五峰寺在禾供里幽林寺大源寺峰源寺雲峰寺寶福寺上漈寺洪福寺南澗寺舊名大坑南澗寺大漈寺同源寺呂源寺永隆寺中林寺中漈寺靈感寺上一十五寺在禾義里西福寺梁源寺西林寺禪巖寺舊名巖院北坑寺蘇源寺

北巖寺上七寺在禾吉里　石櫥寺　進福寺　龍林寺　新溪寺　大源寺上五寺在西鄉里涌上五十四寺俱府城北　北巖寺舊名北巖　乾峰寺五代梁時建　報恩寺　慈雲寺　雲際寺　北坑寺　西巖寺　資聖寺　①葉巖寺　香山寺　興國寺　佛嶺寺　洪源寺上一十二寺在慈惠里　楊源寺　報恩寺　保福寺　福興寺　護國寺　曹山寺　廻龍寺　翠巖寺　居福寺　陳原寺　大悲寺　回巖寺　地藏寺　大源寺　萬曆寺上一十五寺在豐樂里已上二十七寺俱府城西北涌上九十九寺俱廢　圓通菴在縣治西歎客坊洪武十二年建　東山菴元延祐三

校注：①華

年建雙峰巖菴元至正二年建國朝永樂十五年重修五福菴元至正十年建白
蓮菴元至正十九年建東林菴元至正二十二年建躡雲巖菴元時建內祀馬
氏神仙旱澇禱之多應國朝永樂元年重修建金鳳巖菴元至正間建白雲菴洪武
五年建東林山頂菴洪武二十二年建①華光菴永樂九年建上十菴在高陽里
登雲菴元至正八年建顯祐菴洪武十五年建瑞雲菴洪武十九年建上三菴在
麻溪里福興菴宋咸淳六年建玉山菴元至正七年建西觀音菴洪武五年
建花光菴洪武二十六年建上四菴在梅岐里石塘巖菴在吉陽里洪武二十二年
建已上一十八菴俱府城西西山菴元至正元年建金盤菴元至正十七年建正
覺菴洪武四年建定光菴洪武十三年建北巖菴二所上六菴在禾供里謝

校注：①華

杈庵唐嗣聖三年建國朝洪武十二年重建黃石庵宋建中靖國間建國朝永樂七年重
建定源庵洪武三年建上三菴在崇安里聖佛庵唐嗣聖間建宋熙寧四年修紹興八
年重修擎天巖庵宋至和間建國朝永樂八年重建翠峰庵　雲巖庵
上二菴俱宋紹興間建北坪庵洪武三年建上五菴在西鄉里蔣山庵元至正七年建
禪巖庵洪武十七年建上二菴在禾吉里通濟庵元至元二年建龍潭庵元至
正二十七年建上二菴在禾義里天堂庵在紫溪里洪武二十二年建已上一十九菴俱府城
北雲巖庵宋淳熙十六年建歸宗巖庵宋咸淳二年建國朝永樂九年重修
寶石巖庵元至正二年建國朝洪武十八年重修獅子巖庵洪武三年建上四菴
在府城西北慈惠里觀音堂在府城西吉陽里永樂十一年建又府城北禾吉里亦有觀音堂洪

武五年建集福堂宋紹興三十二年建圓通堂洪武七年建玉峰堂永樂十四
年建上三堂在禾供里仁壽堂在禾吉里元至正二十二年建紫竹堂元至正三年建
西樂堂元至元二十五年建明德堂洪武十八年建上三堂在禾義里報恩堂
在紫溪里元至正十九年建西乾堂在西鄉里元至正八年建已上九堂俱府城北普菴
堂洪武十一年建明心堂洪武二十七年建上二堂在府城西北豐樂里玄妙觀在府
城西王清洞之右宋大中祥符中改名天慶元元貞①元年改名玄妙　國朝洪武四年重建凝眞②
觀在府城南通仙橋頭宋紹興間建　國朝洪武十五年重建隆興觀在府城北吉陽里元
至正元年建南昌宮在府城南紫芝坊相傳漢南昌尉梅福煉丹之所也元初建　國朝永樂
十年重建西有丹成閣玉宸道院宋熙寧十年建清眞③道院元泰定元年建集

校注：①貞　②③真

仙道院元至元二年建上三院在崇安里紫霞道院在禾義里元延祐二年建已上四院俱府城北

浦城縣

勝果寺在縣東隅漢越王餘善行宮故址也梁武帝建名崇雲寺唐改今額國朝洪武永樂宣德天順間俱嘗修建萬壽寺在縣南清湖里宋皇祐元年建元至正十五年重建

天心寺在縣治北隅皇①華山之麓宋開寶八年建國朝洪武永樂正統間屢嘗修建上三寺俱洪武間併爲叢林羅漢寺在縣治東隅唐乾元間建國朝洪武五年重修建

永安寺在縣治大市之西唐天寶十二年建國朝洪武七年重建圓通塔寺在縣治南隅元至正二年建國朝景泰四年重建應跡寺宋時建國朝宣德五年重修方廣寺元至正元年建國朝宣德五年重建上二寺在泰寧里羅峰寺元大德四年建白馬寺元至正二

校注：①華

年建上二寺在大石里巳上四寺在縣東龍堂寺唐嗣聖中建元至正五年重建清流寺唐時建元至正六年重建　國朝宣德九年復建上二寺在上原里潘源寺在孝弟里宋淳熙二年建　國朝正統七年重修上三寺俱縣南巳上十寺洪武間俱併入勝果寺南峰寺宋咸平中章德象建爲功德院中有晝錦堂刻宋仁宗御賜唱名詩嘉定間武寧尉章子仁重修　國朝洪武景泰成化間俱嘗修建曇□①寺元至正十五年建　國朝宣德五年重建上二寺在上相里資化寺在新興里洪武六年重脩上三寺俱縣西護國寺宋皇祐二年建　國朝洪武十六年重建禪寂寺宋大中祥符間建元至正二十年重修上二寺在清湖里善化寺在仁和里唐嗣聖中建元至正二年重建廣教寺在總章里宋皇祐元年建元至正十一年重建上四寺俱縣南龍歸寺在安樂里宋開禧元年建　國朝宣德四年重修建安國寺在船山里宋大

校注：①華

中祥符十三年建元至正五年重修上二寺俱縣北

松林寺在通德里宋時建 國朝宣德五年重建

棲雲寺在招賢里元至正十七年重建上二寺俱縣西北已上一十一寺 國朝洪武間俱併入萬壽寺

瑞峰寺在縣南清湖里元延祐二年建

新興寺在安樂里宋時建 國朝宣德五年重建又官田里亦有新興寺宋咸淳間建 國朝洪武十年重建

能仁寺在長樂里宋淳熙二年建舊名觀音寺尋改能仁有楊億讀書閣 國朝洪武元年重建

安國寺在太平里宋皇祐間建 國朝洪武宣德間俱嘗修建

萬壽寺在樂平里舊名漁峰唐龍紀初賜今額寺有瀑布石門菩薩巖仙人跡汙樽水簾七松壇萬石堦號八景

①華嚴寺洪武元年建正統十年重修

李山寺宋開寶八年建 國朝正統十二年重建

靈巖寺元至正二年重建上三寺在忠信里

集慶寺在永康里宋嘉定七年建 國朝永樂十七年重建

臨江寺在華嶺里

校注：①華

元至正十五年重建國朝景泰四年復建**翠峰寺**在官田里元至正十五年重建國朝正統十年重修上一十一寺俱縣北**洪源寺**在縣西北招賢里元至正十七年建已上一十三寺國朝洪武間俱併入天心寺**善政寺**在郊陽里宣德八年重建**石馬寺**宣德元年重建**滕①坑寺**景泰三年重建**翁山寺**永樂二十一年重建**黄山寺**正統十三年重建上四寺在大石里已上五寺俱縣東**西峰寺**宣德九年重建**等覺寺**宣德元年重建**齊雲寺**正統九年重建上三寺在上相里**寶明寺**宣德四年重建**國清寺**景泰三年重建上二寺在新興里已上五寺俱縣西**大同寺**在總章里宣德十年重建**延慶寺**在東禮里正統六年重建**清泉寺**在上泉里宣德九年重建上三寺俱縣南**河源寺**在登俊里正統十年重建**大姥寺**在忠信里永樂十二年重建上二寺俱縣北**寶應寺**在仁和里正統

校注：①藤

四年重建聖壽寺在仁風里景泰四年重建上二寺俱縣西南資聖寺宣德八年重建
安國寺景泰二年重建上二寺在縣西北通德里已上一十九寺按舊志俱廢今因故址重建
鳳棲寺　水陸菴寺　王山羅漢寺　淨居寺　福
興寺上五寺在東隅白雲寺　廻龍寺　①貞淨寺上三寺在南隅福
慶寺　重雲寺上二寺在慕泰里西山寺　卯齋寺　鷄籠
山寺　東山寺上四寺在泰寧里宗寂寺　龍德寺　招福
寺　仁濟寺　寶光寺上五寺在郊陽里西坑寺　苦行寺
上二寺在高泉里龍巖寺在大石里已上一十四寺俱縣東奉國寺　靈峰
寺　報恩寺　安國寺　雙峰寺上五寺在上相里龍興寺

校注：①真

廣濟寺 金峰寺 靈鳳寺 保壽寺 興福寺 上生寺 余生寺 石泉寺上九寺在新興里 香巖寺 石泉寺上二寺在永平里已上一十六寺俱縣西 清泉寺 雲峰寺 蓮江寺 雙峰寺 龍居寺 慈溪寺上六寺在上原里 安福寺 西方寺 白巖寺 永慶寺 楞伽寺 巴獸寺 洪山寺上七寺在總章里 靈鳳寺 翠巖寺 龍漈寺 地藏寺 南源寺 碧巖寺 龜峰寺 西源寺 善清寺 般若寺上十寺在清湖里 鷲德寺 石門寺 佛山天聖寺 寶峰寺上四寺在東禮里 雙石寺 龍安寺 蓮

塘寺　永隆寺　張源寺　南源寺　黄連寺上七寺在
登雲里　彌①勒寺　臨溪寺　羅源寺上三寺在孝弟里已上三十八寺俱
縣南　資聖寺　興福寺上二寺在畢嶺里　景福寺　龍安寺
黄龍寺上三寺在鴈塘里　峽源寺　偃松寺　政善寺　永
康寺上四寺在官田里　福蠡寺或云福當作覆隋時寺院例廢有僧過此見山川奇秀乃
覆蠡而去後人因即其地建院以福蠡名之楊文公
談苑又云浦城縣福羅山有龍潭是又以蠡爲羅也
未詳孰是　報恩寺　西瞿寺上三寺在西隅里　南山寺　崇福寺
泗洲寺　回向寺上四寺在安樂里　福生寺　廣福寺上二寺在
長樂里　感聖寺在永康里　東菴寺在樂平里　集慶寺在永吉里今併入長樂寺

校注：①勒

餘慶寺　山堂寺上二寺在船山里　福壽寺　西峰寺　大源寺上三寺在忠信里已上二十六寺俱縣北　崇慶寺　西禪寺　建福寺上三寺在仁和里　北巖寺　善竹寺　新漈寺　新開寺　峰頂寺上五寺在靖安里　國壽寺　瑞雲寺　張漈寺　青巖寺　南源寺　龍川寺　重興寺　永福寺　烏石寺　資福寺　興福寺　鷲峰寺　隱峰寺　黃栢寺　西隱寺上十五寺在仁風里已上二十三寺俱縣西南　中峰寺　資福寺　百丈寺　廣慈寺　瑞峰寺　白蓮花寺　瑞隆寺　湧泉寺　寶勝寺　天聖寺　普歸寺

崇勝寺上一十二寺在縣西北招賢里通上九一百三十六寺自元以來漸次俱廢

瑞隆庵在西隅洪武元年建宣德七年重建

能仁庵在南隅眾嶽行祠之左

積善庵元至大四年建國朝洪武九年重建

吳山庵元至正間建上二庵在慕恭里

圓通庵元至正七年建

妙音庵元至正二十二年建上二庵在大石里舊志云在縣北永康里

發臺庵在泰寧里元大德四年建

仁濟庵在郊陽里元大德六年建舊志云在縣南孝弟里

般若庵在高泉里元至正間建已上七庵俱縣東

大平庵在上桐里

爐峰庵

龜山庵

永聖庵

瑞應庵

慶壽庵

鸞雲庵上六庵在新興里巳上七庵俱縣西

隆興庵在東禮里

獅子峰庵

鳳山庵元至正三年建上二庵在總章里

天福庵元至正二年建

南山庵洪武三年建上二庵在清湖里

妙

知菴在登雲里元至正間建　普明菴　高陽峰菴　仁濟菴元大
德六年建郡志有此菴縣志不載上三菴在孝弟里巳上八菴俱縣南　①華嚴菴在忠信里正統
五年建　廻龍菴　夢覺菴宋淳熙中建元至正中②修上二菴在長樂里　崇慶
菴在登俊里元至正六年建國朝成化十年修　善應菴在太平里洪武五年建　百向
菴洪武九年重建　碧峰菴永樂中建景泰三年重修　萬善菴元時建國朝景泰間修
上三菴在永康里　施水菴　寶慶菴上二菴在安樂里巳上十菴俱府城北　平
地菴在縣西南仁風里　銅鉢山菴元時建　龜靈菴元至正八年建上二菴在
縣西北通德里　慶興堂在郊陽里宋皇祐二年建元至正十三年重修國朝宣德五年重建
報恩堂在大石里景泰三年建上二堂俱縣東　正性堂正統元年重建　惠日堂

校注：①華　②修

景泰二年重建上二堂在上祖里**慈濟堂**在孝弟里上三堂俱縣南**湖山堂**在太平里
元時建國朝洪武正統間俱嘗修建**三教堂**在官田里宋元祐元年建元至正間重建**高**
賢堂在縣西北招賢里宋樂二十一年重建**玄妙觀**宋大中祥符三年建初名天慶元改
今名**朝元道院**又名和豐堂元元①貟間建國朝洪武十九年重修**迎仙道院**舊羅
漢資福二寺圃地也初在布政分司之右成化十年移建今所已上觀并院俱在縣治東隅

建陽縣

開福寺在仙桂坊大潭山下唐大中初建初名咸通後改重光宋天禧三年賜今
額國朝天順二年重②順寺兩廊之後列十又八寺曰報慈曰上生曰彌陀曰釋迦曰泗洲曰天王曰③[illegible]
雀曰端像曰觀音曰普賢曰經藏曰彌勒曰報應曰文殊曰唐西曰尊勝曰羅漢曰④華嚴三門內之西又
有三寺曰天宮曰延壽曰白衣**景福寺**五代末建舊名報恩羅漢院宋大中祥符元年賜今額

校注：①貞　②建　③孔　④華

國朝永樂十三年重建

隆教寺 宋天禧二年建國朝洪武永樂間俱嘗修建上三寺在縣西隅

水陸寺 在縣南隅東晉時建唐嗣聖中重建名廣福水陸院宋熙寧三年賜名聖壽水陸乾道五年改今額國朝天順七年火成化十一年知縣項旻改為公館

靈耀寺 晉元康中建為廣福靈耀院宋熙寧三年賜名聖壽靈耀院乾道三年改今額國朝洪武宣德間俱嘗修建

東濟寺 南唐保大元年建

永興寺 舊名蓮口菴五代梁龍德元年建

安福寺 五代唐永泰元年建

洪恩寺 舊名洪因院宋開寶四年建

寶林寺 唐景福元年建上六寺在縣東同由里

安閾寺 唐景福元年建元至正二十年重建

安將寺 五代唐天成二年建

資福寺 五代梁龍德二年建

敖山寺 元至正二十六年建

大源寺 元大德元年建

靈巖寺 舊名凌巖院唐光化二年建

安福寺 唐光啓二年建

翠嵐寺 五代晉天福七

年建廣成寺偽閩通文中建金峰寺唐貞①觀中建西漈寺五代梁貞②明二年建
圓明寺廻龍寺上二寺元大德二年建已上一十三寺在崇泰里中興寺
元至正二十年建巖山寺廣福寺虎窟寺五代晉天福間建烏
峰寺宋咸淳八年建保安寺唐天祐四年建資聖寺元延祐三年建興福寺
五代梁貞③明四年建西峰寺元至正二年建建寧寺唐會昌二年建報恩寺
廻風寺上二寺俱元至元十年建福林寺資國寺宋大中祥符二年建中
化寺舊名乾興院宋寶祐三年改今額瑞峰寺偽閩龍④祐中建禪居寺唐乾符元
年建建福寺五代唐清泰元年建上一十八寺在永忠里資福寺宋元祐二年建石
門寺唐大中七年建慈濟寺偽閩通文中建西漈寺宋建隆間建宣化寺

校注：①②③貞　④啓

元延祐四年建黄龍寺五代周顯德元年建上六寺在禾平里新興寺唐乾符四年建龍興寺五代唐同光中建上二寺在嘉禾里已上三十九寺俱縣西靈峰寺在玉枕峰之麓元至大四年建國朝洪武永樂景泰間屢嘗修建資聖寺舊名雲峰唐開元中建宋天聖間改今額白雲寺舊名白雲崇果院唐蒔建宋天聖元年賜今額建宗寺五代梁乾化四年建東林寺偽閩時建宋天聖二年賜名聖壽東林院紹興二十三年改爲廣福東林寺岳山寺偽閩龍啓初建國朝洪熙元年重建護國寺宋黄①祐五年建靖安寺處士江爲故宅也元至正十五年建西菴寺元至正十五年建大悲寺舊廢洪武四年重建永隆寺舊名瑞龍院元元統二年建凌雲寺偽閩時建雲際寺南唐保大中建均安寺唐大順四年建上一十四寺在三桂里保福寺元至正十四年重建高層

校注：①皇

寺上二寺五代唐長興二年建延壽寺五代唐清泰二年建寶興寺宋咸淳八年建
西山寺五代唐長興二年建上五寺在興賢下里已上一十九寺俱縣南彌勒寺
資福寺上二寺俱唐光啓中建蕉源寺唐光化二年建五代周顯德三年賜今額福
先寺大興寺上二寺俱五代唐天成二年建雲際寺五代唐長興四年建福
山寺宋淳祐元年建石壁太平寺舊名太平院元至正三年建國朝洪武十三年重
建上八寺在崇仁德里東山寺唐嗣聖三年建妙音寺唐咸通二年建普安寺
唐咸通三年建南禪寺唐光啓二年建延福寺唐乾符二年建鹿峰寺五代梁貞①
明中建慈雲寺五代唐同光元年建報恩寺五代唐長興元年建龍際寺僞閩
時建泗洲寺新安寺上二寺俱五代唐天成元年建因果寺五代唐長興四

校注：①貞

年建

福興寺五代唐清泰元年建

崇薦寺

保大寺上二寺俱五代晉天福中建

盧山寺宋建隆元年建

靈鳳峰寺宋元祐二年建

新安寺元至大三年建

禪居寺元至正二年建

西巖寺舊名東漈院洪武元年重建上二十寺在崇文里

禪居寺唐景福元年建

西禪寺五代梁開平元年建

永忠寺五代唐天成元年建

雲林寺五代晉天福元年建

國泰寺元至正二十年重建

西平寺元至正十年重建上六寺在建忠里

如是寺舊名崇福院唐咸通間建元至正十九年重建

延福寺唐乾符二年建

硯峰寺唐景福二年建

崇福寺唐乾寧三年建

護福寺五代唐同光二年建

精舍寺五代唐天成二年建

新興寺天成三年建

報恩寺五代晉天福元年建

上文殊寺五代晉天福二年建

西峰寺宋建隆元年建

柘源寺宋天聖初建

東山寺宋咸淳元年建福聖寺舊名永興院元至正五年建上一十三寺在樂田里巳上四十七寺俱縣北南興寺唐大順元年建元至正十五年重建菴山寺五代唐天成八年建嚴峰寺五代唐清泰元年建南滐寺南禪寺五代唐清泰二年建富山寺宋端平二年建藥師寺元至順四年建東山寺元至正二十三年建靈泉寺唐景福三年建上九寺在縣東南均亭里仰山寺在高仰山之巔①元泰定元年建金鷄寺唐咸通中建普覺寺宋政和五年建元至正二十三年重建寶應寺唐咸通間建資福寺唐景福二年建靖安寺五代唐長興中建天王寺西興寺上二寺五代周顯德元年建巾峰寺元至正二年建延福寺至正二十三年建清脩寺宋元祐七年建上一十一寺在崇仁里備山寺五代晉天福元年建西林

校注：①巔

寺唐時建西滐寺宋建隆四年建薦福寺唐中和二年建觀音寺五代梁開平元年建報恩寺五代晉天福八年建東滐寺唐景福元年建後洋寺唐中和間建洪山寺永樂十一年重建慶壽寺偽閩時建西安寺五代梁龍德元年建蓋山寺唐中和三年建石床寺唐時建蕉山寺元大德元年建上一十四寺在崇政里龜山寺舊名龜山萬壽院五代唐時建國朝永樂十八年重建凌雲寺宋淳熙十二年建靈巖寺唐乾寧元年建仙巖寺五代梁貞①明二年建資國寺元大德元年建上五寺在興賢上里翠巖寺唐乾寧四年建報恩寺宋建炎五年建龍山寺五代晉天福六年建上三寺在興賢中里已上三十三寺俱縣西南天福寺唐嗣聖三年建國朝正統八年重建龍隱寺上二寺在縣東北三欄里普光寺唐乾符二年建福壽

校注：①貞

寺五代梁開平元年建 長灘寺五代唐天成間建 福田寺五代漢乾祐二年建元至正十五年重建 龍安寺五代周廣順二年建 乾光寺元至正三年建上六寺在縣西北北樂里 廣賢寺在縣西嘉禾里五代梁①貞明六年建 寶幢寺在三桂里舊名石幢院南唐保大中建 雙峰寺在興賢下里五代唐長興二年建上二寺俱縣南 貴安寺在縣北崇仁德里唐大順元年建 豐林寺在縣西北北樂里五代唐長興元年建已上五寺又廢 棲隱尼寺在縣治西隅唐嗣聖中建國朝永樂十四年圮於水 玉簾庵 聖明庵洪武八年建正統十二年重修上二庵在縣西崇泰里 半山庵在妙高峰之右成化十四年重建山腰有井其泉清洌井之傍有亭曰覽秀 龍山庵成化六年重建 寶山庵在水南永樂十四年圮於水尋徙建於山麓 古佛庵上四庵在三桂里 積慶庵元大德二年建

國朝正統十二年重修

薔楊菴 宋時建朱文公書扁上二菴在興賢下里已上六菴俱縣南

冲源菴 在縣北崇仁德里

水月菴 在縣東南蓮臺山之上洪武間重修

瑞竹菴 在興賢中里元至正十一年建國朝正統十三年重修建

龍德仙菴 在崇化里永樂元年建上二菴俱縣西南

天堂 宋寶祐三年建為邑之勝處國朝永樂十四年邑洪水為患堂之層樓傑閣屹然俱存民賴以活者數百人宣德六年重修

南山萬壽堂 上二堂在縣南三桂里

石山堂 在縣西崇泰里宋嘉熙三年建

鶴山堂 在樂田里宋嘉祐二年建

普照堂 在崇仁德里宋咸淳元年建國朝洪武十七年重建

福應堂 在崇文里元延祐三年建上三堂俱縣北

洪山堂 在縣西南崇政里

江源復一堂 在縣西北北樂里宋端平間建

東山觀 在交溪之滸宋紹興四年建國朝洪武十三年重建左有冰洲山川志以為米洲俗號沙龍右有

石巖俗號石虎下玄①貞觀在興賢下里元大德元年建上二觀在縣南高明觀在縣西崇泰里宋淳祐二年建國朝洪武十八年重修建延祐道院元延祐三年建國朝永樂十四年圯於水惟殿宇僅存混元道院元至元間建國朝永樂十一年重建上二院在縣東同由里崇玄道院在縣西關宋紹定二年建國朝洪武十六年重建龍濟道院在縣西和平里舊名白塔洪武三十二年重建仙菴在縣東同由里成化十四年建邑有水旱則祈禱於此眞君堂在縣治後登高山下②貞武堂在縣北崇文里元泰定元年建

八閩通誌卷之七十六

校注：①②真

八閩通誌卷之七十七

寺觀

建寧府

松溪縣 普載寺在縣治南隅東關里舊在皈伏里五代周廣順元年遷建今所 國朝景泰間重建 中峰寺在縣東皈伏里唐景福元年建 國朝正統五年重建上二寺洪武間俱併為叢林 崇德寺在縣西隅元至正二十二年建 羅漢寺五代唐清泰元年建 國朝正統四年重建 資壽寺五代唐天成二年建 國朝正統三年重建上二寺在縣東皈伏里 靈蓋寺梁開平元年建 國朝景泰三年重建 回龍寺宋淳化二年建 國朝景泰五年重建 安福寺五代唐長興四年建 國朝景泰四年重修 龍居寺宋開寶三年建 國朝天順五年

重建

雲巖寺宋乾德四年建國朝正統間屢葺修建上五寺在縣西杉溪里

西山寺唐武德七年建國朝天順元年重建

柳溪寺五代唐長興四年建國朝永樂景泰間屢葺修建上二寺在縣南東關里

古源寺在縣北永寧里五代漢乾祐三年建

黃陽寺宋紹興五年建

北隱寺唐乾符四年建國朝景泰間重建

杏林寺唐會昌二年建

報恩寺五代唐清泰元年建國朝景泰四年重修上四寺在縣西北慶原里已上一十五寺洪武間俱併入普載寺

華嚴寺在縣東皈伏里唐咸通八年建

靈石寺在縣南東關里宋雍熙四年建

三龍寺五代唐清泰元年建國朝景泰二年重修

資福寺齊永明七年建上二寺在永寧里

崇聖寺五代唐清泰元年建國朝景泰四年重建

碧巖寺宋咸平六年建國朝宣德八年重修

瑞雲寺舊名龍際庵景泰元年重建改今名

嵩山寺宋建隆二年建國

朝正統十一年重修上四寺在豪田里資聖寺五代晉天福二年建湧泉寺唐咸通十
年建　國朝正統十二年重建上二寺在永和里已上八寺俱縣北通上九一十寺洪武間俱併入①中峯
寺石門寺在縣東皈依里唐龍紀元年建　國朝正統八年重修大崙寺在縣北慶
原里五代梁貞明二年建雲峯寺在縣東皈伏里唐景福二年建資嚴寺在縣治西慈善
坊元至元三年建東菴寺在縣西杉溪里元至順三年建仁壽寺宋政和四年建清
泉寺白巖寺唐乾符二年建上三寺在縣北永和里石龍寺在縣西北慶原
里五代唐長興二年建平田尼寺在縣東皈伏里宋慶曆元年建已上八寺自元以來漸次
俱發石壁菴在縣南隅一名大沙菴元至正二十一年建　國朝正統元年重修瑞相菴
在縣西南隅舊志云前臨大溪乃縣之舊路也宋政和間改建今所淳熙十五年改爲東嶽行宮扁曰湛

校注：①中

虛道院元至正十四年復建庵于宮右禪巖庵元至正七年建國朝天順四年重建白馬巖庵元至正二十五年建草巖庵洪武二十年建上三庵在縣東皈伏里雲祐庵在縣西杉溪里朱源庵元至元二年建福雲庵元至正十三年建姥嶺庵元至正十七年建瑞巖庵雲際庵德慶庵一名如峯庵宋紹興七年建國朝正統八年重建普濟庵正統九年建上七庵俱在縣南東關里聖境庵在永寧里宋咸淳八年建白雲庵在永和里一名巒峯庵洪武三十年建復新庵元至正間建名天堂庵國朝永樂十九年移建于舊庵之東三百步許改今名碧峰庵元至正二十年建國朝正統五年重修天竺庵元至正二十五年建樓峰庵元至正間建國朝洪武正統間俱重修般若庵一名金竹庵洪武三十年建樓雲庵永樂十九年建國朝正

統五年重修大覺庵正統十二年建上七庵在濠田里巳上九庵俱縣北觀音堂在縣
治東大溪邊又縣治西興賢坊亦有觀音堂古佛堂在縣治西文奎坊洪武十八年建正統七
年修甘露堂在縣東皈伏里洪武二十二年建正統九年修普照堂元至正十八年建
普庵堂元至正間建國朝正統十二年重修上二堂在縣北豪田里延真觀元皇慶元
年建國朝成化十七年重建西山觀宋咸淳五年建國朝洪武十八年重建上二觀在縣西
隅文昌觀在縣西杉溪里宋景定三年建國朝洪武十五年建爲天尊堂後復爲觀正統六
年增建玉樞道院在慈善坊元至正十八年建龍津道院在杉溪里洪武四年
建山巔有①冊室扁曰圓通上二院在縣西棲霞道院在縣南東關里元至正間建國朝宣德
三年重建

校注：①丹

崇安縣

永隆壽聖寺 距縣三里俗呼三里寺唐乾寧四年陳司徒幼芳請額賜名永隆宋嘉祐中又賜額壽聖舊在邑東後遷今所

光化寺 在濯纓坊唐咸通中建于隱榮之後田宋大中祥符間遷今所國朝景泰二年增建

護國寺 在儒學之左唐大順間建于石雄里元至元間移建今所國朝洪武正統景泰間俱嘗修建

場南寺 宋慶曆四年建八年賜額上四寺在四隅里

瑞巖壽聖寺 唐廣明元年建宋熙寧三年賜名壽聖隆興初賜今額

東山寺 五代唐清泰元年建

大智寺 宋建隆元年建

靈濟寺 宋康定二年建

崇福寺 宋嘉祐八年建

延壽寺 宋開寶元年建

護安寺 唐天祐中建

太平寺 宋淳化二年建

暨歷寺 宋乾德二年建上九寺在吳屯里

烏山興福寺 唐咸通五年建

祝聖寺 五代周顯德六年建宋元祐三年賜額

定光寺 舊名圓徹唐乾寧間建宋建隆中賜今額

黎山寺唐咸通二年建大黎寺五代晉天福八年建清潭寺唐咸通二年建石龍寺界於崇安浦城二縣間宋縣令趙抃嘗因禱雨留題於此上七寺在石臼里岳山寺五代梁龍德三年建大同寺宋開寶中建報恩寺唐咸通元年建招福寺唐會昌六年建新興寺宋天聖六年建白雲寺五代晉天福二年建徐源寺宋咸平二年建雲際寺五代唐長興中建上八寺在大洋里中峰寺江源寺靈山寺唐光化二年建回向寺宋劉子翬詩淺淡烟雲裏回環紫翠間小洋寺上五寺在梅里清泉寺唐乾符六年建靈陽寺唐咸通中建高山廣福寺唐乾寧元年建南豐寺五代晉天福四年建報恩寺五代唐清泰二年建南唐李主書額宋劉子翬爲記上五寺在下梅里佛跡寺資聖寺羅漢寺興

福寺 龜峰寺上五寺在建平里 開善寺五代唐同光初建 保福寺五代梁貞明中建 林源寺 保祿寺 靈梵寺宋康定二年建 西巖寺唐大順二年建 天竺寺五代唐天成元年建上七寺在內外五夫里 興隆寺宋康定元年建 安寧寺宋景德元年建 雲居寺宋開寶二年建朱文公嘗讀書于此 簫際寺上四寺在從籍里巳上凢五十寺俱縣東 高歷寺宋明道二年建 福壽寺宋元豐元年建 西林寺唐乾寧二年建 覺惠寺宋元祐八年建 安福寺 保福寺 興福寺上三寺俱宋太平興國元年建 鳳林寺宋乾德四年建 崇興寺五代梁龍德二年建 泗洲寺 化成寺上一十一寺在節和里 石臺寺唐文德中建寺之右有福善王祠詔歲士子多乞靈於此 覩潭寺唐會昌六年建 西湖寺五代唐天成中

建歸化寺宋端平元年建龍頭寺西林尼寺上六寺在交黄伯里
泰寺唐天寶六載建王源寺天寶寺唐天寶五載建上三寺在長平里已上二
十寺俱縣西興國寺五代晉天福中建國朝永樂四年重修興福寺五代晉天福五
年建元至正間重建石堂寺在新村盤坡舊在武夷仙掌峯下五代唐天成中遷大隱巖下宋明
道間雷震石隕寺陷爲潭元皇慶六年遷建今所石門寺五代梁貞明三年建國朝永樂十
四年修峽門寺五代唐長興四年建雙門寺大雲寺在沖佑觀東南隅五
代周廣順三年建金身寺在沖佑觀西南五代晉天福四年建曹峰寺桃枝
寺上一十寺在會仙里回龍寺聖歷寺俱五代晉天福元年建保安寺
上三寺在周村里崇福寺五代唐清泰元年建長樂寺唐大中十一年建上二寺在黄

村里仙林寺　安福寺　雲居寺宋時建上三寺在將村里已上一十八寺
俱縣南永豐仁壽寺宋祥符六年建俗呼桃枝寺東報恩寺唐咸通元年建
俗呼東寺真如寺宋元豐三年建龍潭寺宋景德間建西中峰寺唐乾寧五
年建上五寺在縣北石雄里地藏寺宋治平二年建保福寺五代唐長興二年建西
方寺唐嗣聖三年建開平寺宋太平興國元年建興福寺唐咸通二年建亶
寺五代周廣順元年南唐建上六寺在縣東南豐陽里西山蘭若在貞節坊宋紹興二十三
年建國朝洪武間重建龍門庵宋時建石泉庵　東林庵宋時建東
山庵宣德十年重建丘山庵上五庵在四隅里重雲庵　西峰庵
浯州庵　壽山庵　佛座庵　七峰庵上六庵在吳屯里陶

眞庵在建平里 密庵中有泉石軒宋胡寅命名庵為邑之勝處朱文公及諸名人多題咏又有自信庵報德庵上三庵在內外五夫里已上十庵俱縣東 眞如庵 聖水庵上二庵在節和里 西山庵在長平里已上三庵俱縣西 報本庵 東源庵 萬山庵上三庵在周村里 東山庵在縣南黃村里 太白庵在縣北石雄里 聖水庵 梅山庵 一指庵上三庵在縣南豐陽里 慈濟堂在禮善坊 古佛補闕堂在美俗坊之右 十善堂在仁義坊宋時建 福惠堂 福緣堂上二堂在待賓坊之右 觀音堂在繼賢橋東又縣南周村里縣西節和里皆有觀音堂 妙應堂在美俗坊 慈壽堂在禮義坊上八堂在四隅里 清應堂在縣北石雄里宋時名白蓮堂 靈具觀在四隅里 白石觀在縣東大渾里舊名王霞萬壽宮後更今名

昇真觀在武夷觀之右道家謂之玄化洞天巖石峭立拔地千仞下銳上侈其巔林木合抱巖腰有泉一穴甚清洌大旱不竭

天游觀在六曲仙掌峯下

清微洞真觀在水簾洞上三觀在縣南會仙里武夷山

彌羅觀宋延祐五年建

元真觀上二觀在縣東南豐陽里

太清宮在里仁坊

三元宮在貞節坊上二宮在四隅里

武夷沖佑萬年宮在天柱峯下舊名武夷觀唐天寶間始建於洲渚之間僞閩增建殿宇後遷今所宋咸平間賜額元改觀為宮加賜萬年額內有持正等五院止善等一十二堂

清微太和宮在將村里武夷之九曲中有清虛堂凝雲閣宜晚亭皆勝處北上二宮俱縣南

太清道院在嶽祠之右宋紹興間建

沖和道院元時建

合真道院上二院在仁義坊

冊碧道院在澄清坊之東上四院在四隅里

南澗道院在石臼里

定應道院在下梅里

壽安

道院在內外五大里上三院俱縣東 白雲道院在節和里 雲巖道院 虛白道院 高明山冲玄道院 招仙道院 圓明道院 圓覺道院上六院在黃伯里 雲窩道院 仙掌道院 仙山道院 天聖道院 鼓子道院 雨巖道院 蒼屏道院 玄元道院 清真道院上九院在會仙里武夷山 棲雲道院在黃村里 上清道院 書堂道院上二院在將村里 龍濟道院在周村里洪武三十二年重建已上一十三院俱在縣南 集山道院 佑聖道院 洋巖道院 望仙道院 三華道院 翠巒道院祀葛仙翁元大德十年秋旱頻作禳禱弗驗里人謂仙翁奉香火歸相率懇禱不數日雷雨大

沛昱日有紅蜻蜓自北蔽天而下蝗悉掃去是歲大稔上六院在縣北石推里

真慈道院在縣東南豐陽里右有龍井

止止庵景泰元年重建

常庵

齊雲庵

山水

永樂庵

崇真庵

雲巖庵

復古庵虞伯生扁中有白玉蟾册臺

常清庵上八庵在會仙里武夷山

會仙庵在周村里

靈巖庵在瀧村里武夷一線天在馬巳上一十庵俱縣南

上真堂在縣南周村里

崇玄真館名幽徼洞天

仙遊館舊名希真館上二館在縣南會仙里武夷山

仁真精舍在縣東南豐陽里元至大二年建

政和縣

龜巖寺在縣治西宋縣尉司址也舊在黃熊山之原宋紹興元年建國朝洪武十八年移建今所成化十四年重修

報國寺在縣坊宋紹興三十一年建

報恩資福

寺在縣西東平里五代梁龍德三年建國朝洪武二十年建二十四年併為叢林護國寺五代晉天福四年建南峰寺五代晉天福三年建上二寺在感化上里延福寺唐文德中建保福寺五代晉天福四年建上二寺在感化下里定峰寺唐咸通五年建靖平寺唐咸通元年建石門寺宋紹興元年建上三寺在政和南里西巖寺在政和北里宋慶曆元年建巳上八寺俱縣東龍山寺在東衢里唐開元元年建又縣西北東平里亦有龍山寺唐會昌二年建國朝典史郭斯皇詩門對稻田千頃闊地連村市一街通雨收溪樹含晴碧日出林霞散曉紅無限詩情與禪意黃花開遍竹①離東洞靈寺宋建隆四年建花林寺宋慶曆元年建北巖寺在石後正統九年建上三寺在長城里慧聖寺舊名慧空庵元大德初建金峰寺天順二年建上二寺在東平里巳上八寺俱縣西寶巖寺五代漢乾祐二年南

校注：①籬

唐建**資福寺**五代晋天福四年僞閩建上二寺在政和南里**重興寺**唐咸通元年建**迴龍寺**五代晋天福四年僞閩建上二寺在政和西里**石龍寺**五代晋天福三年建**三漈寺**宋天聖二年建**報恩寺**宋慶曆四年建郭斯垕詩六里青山花縣近一庭瑤草梵宮深石塘魚躍開萍葉巖樹鷄棲並野禽客自往還僧自坐白雲流水兩無心又縣東南政和西里亦有報恩寺宋慶曆六年建上三寺在東攢里已上七寺俱縣南**洞宮寺**在縣東南政和西里唐咸通元年建**禪巖寺**唐末始建庵宋開禧元年改建爲寺○按舊志云唐①末邑人倪智明于琵琶原獲金觀音小像歸敬奉之乾符中黄巢寇閩執智索金像曰若斲不入則真金也乃斲其頸者二皆入賊以爲非真金遂還智後又有賊欲得之智乃②詭言像有神巢寇嘗斲其頸不入賊劫取驗之見其頸有二刃痕亦③捨而去賊非神之盖亦以爲非真金也聞者遂訛爲像實有神賊故不敢持去自是智乃創庵以妥像其子

校注：①末　②詭　③捨

德復施以田十世孫士龍又請文于陳仲弓以實其事建寧守張叔椿遂采入郡志由是人皆信之不疑而不知實妄也因附著之以袪群惑郭斯皇詩松磵日斜逢野鹿竹披雲去見巢禽上樓山色青無盡到户溪光碧轉沉

南溪寺唐開元五年建上二寺在縣西南高宅里

回龍寺在縣西北東平里唐會昌二年建已上二十八寺俱存

禪山寺

瑞雲寺上二寺在感化上里俱五代晉時建范伯與詩此境分明出世間白雲同我宿禪關侵晨踏月下山去回首白雲渾自閑

南臺寺唐時建

資福寺五代唐時建

白龜寺五代周時建

北巖寺又政和南里亦有北巖寺俱五代唐時建

保安寺

龍峰寺俱宋時建上六寺在感化下里

鳳棲寺在政和南里已上十寺俱縣東

國清寺在縣西長城里

法海寺在政和西里

福唐寺上三寺俱唐時建

遇明寺宋時建上二寺在東衢里已上三寺俱縣南

天王寺在縣東南政和西里雲山寺　雲峰寺　雲際寺　紹
福寺　龍坑寺上五寺在縣西北東平里三峰尼寺在縣南政和西里上七寺
俱唐時建已上凡二十寺俱廢妙覺庵在縣坊宋咸淳中建元至正末重建般若庵在政
和東里元至正二年建鶴嶺庵在感化上里天順六年建已上二庵俱縣東萬松庵
宋末建東林庵元大德元年建中浙庵宣德間建七星庵　龍潭庵
上二庵俱正統間建上浙山庵正統八年重建妙峰庵景泰七年建小浙庵
成化元年建上八庵在長城里普照庵宋淳化二年建師姑庵祀東梅女子詳見山川志
贊山下玄獎庵一名獎公庵一名奬山堂唐時建上三庵在東平里已上一十一庵俱縣西
五峰庵在縣南政和西里五代唐天成元年建滿月庵宋嘉定四年建福智庵

宋宣和七年建國朝洪武三十三年撤其村以修縣學其產入龜巖寺永樂元年重建

萬竹庵 宋乾道八年建元陳楠老詩青山迴望合萬竹淨娟娟寶殿晴光冷瑤階翠色妍龍吟明月夜鶴舞早秋天半聽涼風發軒欞響澗泉

佛字庵 宋宣和五年建上四庵在縣西南東衢里國朝國子助教謝坤詩落魄江湖老布衣日邊曾伴五雲飛不隨丹鳳巢阿閣來聽黃鸝歷翠微銅井日光搖佛殿湛盧嵐氣擁禪扉故人襲囊春多少容我題詩盡醉歸

紫微庵 在縣東北咸化下里宋淳化四年建

上天堂 一名白雲庵宋咸淳二年建其地有巖能吐霧俗號紫鏡謂其照映坊隅不利於縣故建堂以障之因號白雲

中天堂 宋紹興二年建國朝洪武間重建上二堂在縣北黃熊山

下天堂 在縣東門宋宣和五年建內有鳴霜樓李三省書扁

流慶堂 在縣西南東衢里宋宣和七年建

西山道院 在縣西山上塘五代唐天成元年建

玄真道院 在縣東咸化上

里元至正間建熙真道院宋景炎間建青華道院元至正間建上二院在縣西長城甲

壽寧縣

三峰寺在縣坊隅宋淳化四年建國朝永樂十三年重建西巖寺宋慶曆元年建國朝永樂十七年重建小興福寺宋淳化四年建國朝正統二年重建靈巖寺五代唐同光中建上三寺在縣西北政和里顯靈庵在縣坊隅宋淳化元年建

泉州府

晉江縣

承天寺在府治東南五代時留從效南園址也周顯德間南唐創爲南禪寺宋景德四年賜今名嘉祐中改能仁政和七年復舊元至大間建浮屠七級後悉燬國朝洪武間重建大開元萬壽禪寺在肅清門外唐嗣聖三年郡民黃守恭園有桑蓮之瑞因捨爲白蓮瑞應

道場後名蓮花寺尋改興教又改龍興開元中又改開元五代梁貞明中創東西二木塔宋寶慶嘉熙中二塔俱燬後易以石又有支院二百一十有七元季爲一賜今名 國朝洪武正統間重修扁曰第一禪林

報親崇壽寺 宋開寶八年里婦趙氏以其舅姑及夫俱亡捨宅爲寺因名紹興中郡守連南天重建元至正中燬尋復建 國朝天順間修建

福興寺 洪武十六年重建上三寺俱府治西

崇福寺 在府治東北地有晉時松四株枝幹特異舊名松灣五代時陳洪進始建寺宋太平興國中賜名崇勝又名洪鍾元祐六年改今名元至正五年火尋復建 國朝永樂景泰天順間俱嘗修建

護國永隆資壽寺 在府治北桂香坊內宋景德中陳洪銘刺漳州捨宅施田建庵爲兄洪進祈福後改永隆資壽院元賜今名

國朝永樂間重建其地先有封崇寺五代時留從效舊第也周顯德三年捨爲院名報恩後改封崇今併入本寺

水陸寺 在府治西南肅青門外唐天寶

六載罝放生池因建水陸堂於池上乾符六年郡守林①鄠始廣其堂號護國水陸院宋嘉祐中郡守蔡襄更為禪院國朝洪武間改今名

鎮國東禪寺在府城東三十九都皇山之陽唐乾符中建廣明初賜今額宋德祐及元至正兩遭回祿尋復建國朝宣德十年重修

明心寺在三十六都濯纓堂之西唐天祐中觀察判官宋騈辛晉江始建墓庵名護安寶林明心院五代唐同光三年圮於水騈子起居舍人仁魯等改卜于舊址之前灣仍立騈祠堂於其中宋嘉祐四年騈玄孫貢士理評事輸泉州司法琫等重修騈之來孫并為記國朝洪武二十三年重建明年改為寺

法雲寺在三十七都唐天祐間刺史王延彬建名棲隱宋改法雲院尋改禪苑國朝洪武二十四年改為寺

普照寺在二十八都盧應山下南唐保大間建舊名觀音院宋治平中賜名普照國朝洪武二十四年改為寺上三寺俱府城南

泰嵓寺在府城北三十九都宋紹興中始建庵號泰嵓國朝洪武二

校注：①鄠

十四年重修改為寺

法石寺在三十七都五代時陳洪進葬其妻於山之後尚宋建隆元年創寺以資冥福乾德中改為西方禪寺元易今名國朝永樂景泰天順間俱嘗修建

虎岫寺在二十都舊為眞武宮宋紹興中改為庵扁曰虎岫國朝洪武二十四年改為寺

方廣寺在六都五代時建初名白馬寺後改今名

金地寺在三十二都五代梁龍德間建王審邽扁曰薦福院宋治平間改今名上四寺俱府城東南

崇先廣教寺五代時留從效建名上方廣法宋紹興初改今名國朝永樂間重修

安福寺在龍頭嶺下唐嗣聖二年建名安福院國朝洪武二十四年改為寺正統天順間俱嘗修建

保福寺初名尊勝五代漢乾祐二年建元元統間重建改今名國朝洪武二十四年重建成化十八年重修上三寺在府城西南三十三都已上一十九寺俱存

東嶽寺、壽寧寺晉紫帽觀址也彌陀寺觀音寺文

殊寺　泗洲寺　小觀音寺　藥師寺　妙果寺
北藏寺　西園寺上一十一寺俱在府治東　棲隱寺　淨居寺又名
西禪陵巖寺內支院凡三十六上三寺俱在府治西　招福寺　善果寺
北崇壽寺　清涼寺上四寺俱在府治北　釋迦寺　兜率寺
中天竺寺上三寺俱在府治東南　香積寺　天王寺　萬壽寺
洪天錫故宅也上三寺俱在府治東北　積善寺　崇勝寺在水陸寺側　清果
寺上三寺俱在府治西南已上二十七寺俱廢　朱明院在府城西三十三都龍首山內有四
鄉堂　浯渡弘濟院在三十五都宋季建國朝永樂間重修　空相院在十九都靈秀
峯下舊名棲真五代梁開平中重建易今名　國朝
永樂間重建內有夌霄塔七佛塔方外亭遶龍泉青

①違池濯足池待月橋君子石盤陀石靈龜洞海潮庵

西資院在十四都卓望山宋季建國朝天順三年重建上三院俱府城南

玉泉廣濟院在府城北四十一都五代時晋從劾與朱文進交兵於此殺傷甚衆從劾遂即其地作數區葬之名千人塚復建是院以薦冥魂

布金院在府城②東南二十四都舊名法華唐季更今名國朝永樂五年重建

定光萬安禧院在三十八都洛陽岸南舊名定光在惠安縣境宋嘉熙間郡守劉煒叔請徙今所

瑞峰院在三十七都宋端拱間建上二院俱府城東北已上八院俱存

護安院在東禪寺側

東太平院　崇壽院　彌勒院　下生院　崇恩院　報恩院

國田院　龍湖院　菩③巖院　吉祥院上十一院在三十九都

資福院在三十六都

清深院在三十七都

永福院　鴻福院上二

校注：①蓮　②東　③嚴

院在三十八都已上一十五院俱府治東慈恩院在十九都定林院在三十都尊勝
院　演教院　福壽院　香燈院上四院在三十三都石塔院
在石筍江濱觀右院　廣教院　珠明院上四院在三十四都已上十院
俱府治西普門院　寶勝院　普賢院　崇報院　報慈
院　資福院　薦嚴院初名南峯極樂院　地藏院　新
興院上十院在三十五都慈恩院在三十三都又十九都亦有慈恩院上乘院
惠日院　佛壽院　棲真院上四院在三十二都悟空院在二十九
都本覺院　寶積院上二院在二十八都西方院在二十六都青蓮
院在十九都大覺六勝萬壽塔院在二十都靈水院在吳門山之陽海

惠院舊名净明。上二院在八都。已上二十四院俱府城南。報劬院在三十八都　安福院　福建院　津漯院　上三院在三十九都　石馬院　建福院　彌陀院　北報院　五峰院　報先院　中峰院上七院在四十一都　山門彌陀院一在四十一都，一在四十二都　西林院在四十二都　靈濟院　白巖院上二院在四十一二都　靈感院　瑞泉院上二院在四十四一都　慈恩院在四十二三四都　國興院在四十三都　三槙院　護國院在高巖　乾元院　淨慈院　興福院在御子峯下。上五院在四十五六都　湧泉院在四十六都　五臺院　滿覺院在四十四五六都　花山院　龍啓院　圓覺院上三院在四十七都。已上三十一院俱府城北

羅漢院在府城東南三十七都淨業院在三十二都楞枷院在三十九都
資聖院菩提院在清泉寺側已上四院俱府城西南悟空院薦福
院泗洲院寶峰院觀音院上五院在三十九都通泉院
在三十七都石門院在三十六都保福院在三十三都已上八院俱府城東北通上
九九十三院俱發三聖菴正覺菴上二菴俱元至元間建定惠菴宋德
祐間建國朝成化七年重建直指菴宋嘉定間建五塔菴元至正間建國朝正統三
年重修又府城南三十都亦有五塔菴廻龍七里菴在三十九都廻龍嶺下元至元間建
國朝永樂宣德間重修已上六菴俱府城東大乘普濟菴在忠孝坊內宋德祐元年建俗呼鉽
銘堂 國朝洪武十五年增建改今名淨住菴在招順巷元至正二十四年建國朝正統十

四年曾建禪定菴元至正二十四年建妙慶菴在永盛坊内元元統中建國朝宣德九
年重建寶林菴在進賢坊内元至正三年建國朝正統三年重建寶覺菴宋紹興中
建國朝正統二年重修妙覺菴在二十四都又府城北三十九都亦有妙覺菴已上七菴俱府
城西靈源菴在五都唐林知隱結茅爲菴讀書於此國朝永樂間重建玉泉圓明
菴宋淳熙二年建圓通菴元季建國朝永樂間重建東禪菴正統十二年重建上
三菴在二十都掌橋菴在十七八都元至正三年建愽濟菴元延祐二年建國朝洪
武永樂間重修景泰中復新之玉欄浦壽昌菴元至元間建上二菴在二十六都海
岸菴在二十六都宋景定初建國朝永樂初重修金埭菴宋慶元間建國朝正統十三
年重建上三菴在二十七都凌雲菴元元統中建惠濟菴元至元間建吳公

菴在二十八都宋德祐間建結津菴在二十九都元至元中建法濟菴在三十都元元統間建順濟菴元元統間建國朝洪武二十八年重建報恩菴元至元三年建國朝洪武六年重修龍濟菴元至元四年建國朝永樂六年里人重建上三菴在三十五都迎恩菴在三十九都正統十四年重建不二菴在十一都成化十年建已上十九菴俱府城南後菴在府城北三十九都清源山宣德正統間重修華嚴菴元天曆二年建清隱菴元至大三年建上二菴在二十二都海月菴在三十六都元元統間建已上三菴俱府城東南秀林菴在一都元至正二十六年建普慶菴在二十四都元至正元年建國朝永樂十一年重建已上二庵俱府城西南上乘菴在府治西北元至正間建國朝景泰五年重建通上凡四十一菴俱存真陽菴在三十八都呂埇菴在四十一都上二菴俱府城東

普光菴在府治西　玉泉菴　海岸菴上二菴在三十三都　草洲菴在三十四都上三菴俱府城南　無麗菴　舟峯菴　觀音菴　靈源菴上四菴在府城北三十九都　瑞光菴在府城西南通上凡一十一菴俱廢　觀音堂在行春門內成化間重建又永寧衞城內及二十五都亦各有觀音堂　龍湖堂在三十九都宋嘉熙中建國朝洪武間重建　圓一堂在三十五都元至元中建上三堂俱府城東　泗洲堂元至順二年建國朝永樂二年重建　妙因堂宋季建國朝天順間重修　清源堂元至順元年建　定應堂元季建上四堂俱府治西　靈泉堂元至元五年建　寶月堂在十七八都洪武十五年重建　般若堂在二十都元至正元年建　海雲堂在二十二都元延祐七年建國朝洪武中重建　柯坑堂元延祐中建　福海堂宋季建國朝永樂

八年重建

覲戒堂俗呼後蔡堂元季建上三堂在二十五都

善慶堂在十九都元至正元年建巳上八堂俱府城南

白雲堂在府治西南永樂十一年建通上凡一十八堂俱存

章埕

祈雨堂在三十九都

白虛堂在府城東又一所在府城西南俱在三十五都通上三堂俱廢

木龍堂在清源洞西唐進士歐陽拒嘗遊梅巖得古木根如龍因携以歸復自作贊刻于石會昌四年僧仁澤始築室其上扁曰木龍　國朝正統成化間皆嘗修建

南臺室在北山之巔唐蔡南王禱雨之所大曆間僧白雲結屋其上以居四明王子真爲書出岫無心四大字勒之於石　國朝成化間僧有惠禧者復鑿山累石建樓築室於其上扁曰南臺室上二室在府城北三十九都

雲谷室在府城東南三十七都太平山之陽宋季建　國朝正統間重建景泰三年知府胡志和禱雨於此立廳

玄妙觀在府治西南晉太康中爲白雲廟唐改爲老君祠開元中建龍興觀於祠西宋大中

祥符二年改天慶元元貞元年改今名國朝洪武永樂景泰成化間相繼增建

開元觀在紫極宮之右唐神龍初創建名龍興開元中改今名國朝景泰三年産入紫極宮天順年間重建

淨眞觀在府治北希夷坊舊爲紫澤宮宋崇寧中改今名紹興間重建

金粟崇眞觀在府城西南三十三都金粟洞唐時建國朝洪武間重建上四觀俱存

旌孝觀在通淮門內舊爲南草場宋崇寧間建名崇寧觀今産入玄妙觀

栢庭觀在仙桂坊內上二觀俱府治東南

碧虛觀在府治東北清政坊內

衍慶道院在府治西北華嚴之後

通元道院

紫雲道院上二院在府治東南已上三觀并三院俱廢

玉虛宮在府治東行春門外景泰三年重建

玉華宮在三朝元老坊內景泰三年重建

眞君宮在晝錦坊內舊在坊畔宋時建國朝成化十三年改建今所上二宮俱府治西

靈慈宮在德濟門內盖天妃祠也宋紹

興間

靈濟行宮在八都祀南唐徐知誥并弟知諤元至元間建 國朝永樂間重建上二宮在府城南

武當行宮在府城北三十九都舊天王堂址也洪武中重建

紫極宮在玄妙觀之右舊在行春門外唐天寶二年賜名紫極五代末留從効改建於迎恩館之西廡即今所也 國朝永樂天順成化間俱嘗修建

慈濟宮在育材坊宋乾道間學錄宋英患背瘍禱于漳之白礁神祠有靈驗遂祠于此 國朝洪武永樂中俱嘗修葺

祐聖宮在臨漳門內正統間重建上三宮在行城西南

東嶽行宮在府城東北三十九都皇蹟山舊附開元觀側宋紹興間始建於此 國朝正統四年重建通上凡十宮俱存

武當行宮在府城南水仙門內舊設市舶提舉司因建此宮今司移置福州宮亦廢

紫澤宮在府城北三十九都清源下洞元季廢其田產入於玄妙觀

神霄宮在府城西南天慶觀側

雷殿在府治北上二宮并殿俱廢

東嶽行祠

在府城南十一都

江南第一靈壇在府城南八都五代晉天福間建扁曰祐聖國朝正統間改今名

古玄室在府城西南三十二都舊爲禪剎正統九年有道人吳雲靜者闢其址建室以居作小冊①立於崖巔爲修煉之所

玄隱室在清源山之東舊名太公室宋季建國朝成化間重建改今名通上祠壇并室凡四處俱存

南安縣

佛跡寺唐光啓二年建國朝洪武永樂間重建

石谷寺五代梁貞明三年建元至元三十一年火尋復建上二寺俱縣東

延福寺在九日山下唐大暦②三年建寺有三十六奇其最者曰翠光亭御書閣聚秀園墨妙堂秦君亭廓然亭亂峯軒晉朝松無名木姜相臺仰高亭釣臺醉石餘見山川志

國朝洪武中重建一新

雲臺寺在三十二都初名薦福報恩禪寺元至元間改今名至正十四年火尋復建

新羅寺在二十二都宋季建國朝洪武十八年重建

教

校注：①丹　②曆

忠顯慶寺在二十一都唐天祐二年王延彬建敎忠寺於城南淮水之右扁曰南淮定空禪院五代梁開平三年移建今所宋紹興間改爲今名涼峰彌陀寺五代時刺史王繼崇葬是山其妻郝氏因建寺命僧主之宋治平中重建鳳凰寺五代時王繼業子傳懿所建①元季火尋復建上二寺在二十三都報親寺在一都宋太平興國中建元至正間賜今額已上七寺俱縣西興福寺在縣南四十都五代周顯德六年建國朝洪武中重建東林寺在四都宋慶曆中建雙林寺在五都宋崇寧中建國朝洪武元年重修已上二寺俱縣北清化院在三十六都唐嗣聖間建元至正間把惟法堂僅存南豐院在三十五都五代間建宋端平中重建西峰延壽院在二十七都唐乾寧初建元至元間重修金田南峰院在二十三都宋時爲丞相曾公亮功德院後改今名已上四院俱縣西普化院在三十八都唐嗣聖間建

校注：①元

元大德間重建**報劬院**在三十九都五代周顯德中建已上二院俱縣南**靈秀院**在七

都宋建隆二年建國朝洪武間重修**飛雲院**在八都宋德祐間建國朝洪武初重修**菩提**

院宋景定元年建 國朝永樂三年重修**新豐院**五代梁乾化中建上二院在十五都已上

四院俱縣北**祿壽院**在縣西北二十七都五代唐清泰中建宋熙寧八年重修通上寺院九二

十三處俱存**鴻福寺**在縣西三十一都五代漢乾祐中建國朝洪武二十四年併入佛跡寺

彌陀寺在縣西南三十三都五代周顯德中建宋元豐間丞祖蔡確請為功德院元季重建改今

名 國朝洪武間併入報親寺**對山南峰院**在三十三都**北巖院**在二十四都

清洋院有瀛灑堂**報劬院** **永壽院**上三院在二十一都已上五院俱縣西

白蓮院在縣南四十都鵠嶺下**報慈院**宋開寶間有僧法圓者幼喪父事母甚孝因建

庵於此迎母以養母卒哀毀幾絕從母孀居亦迎養之後請爲院因名 齊雲院上二院在十二都 建福院在亡都五代梁開平元年建 國朝洪武二十四年併入雲臺寺 棲真院在四都巳上四院俱縣北 廣福院 靈蹟院舊有五塔因名五峯巖上二院俱在縣西南三十五都 徐道菴在三十二都 母嶺菴在二十都上二菴俱縣西 泊泉菴在縣南四十三都 龍泉菴在縣北十一都 應累菴在縣西南一都通上寺院并菴①九一十九所俱廢 慈濟宮在縣西宋時建元至正中重建 鳳山宮在縣南三十六都元泰定四年建 國朝洪武三十年重建上二宮俱存 三清宮在縣西北蓮花峯下舊爲圓通菴宋淳祐中改爲三清宮今廢

同安縣 梵天寺在大輪山之阿舊名興教宋熙寧中改今名 國朝洪武九年重建天

校注：①凡

興寺在長興里佛子岡下上二寺俱縣北　夕陽寺在縣西安仁里十五都　普照寺在縣東北嘉禾里二十二都　朝元觀在縣東北慶豐門外洪武十五年重建　東嶽行宮在縣治東成化十二年重建　慈濟宮在縣治西南宋景祐間建

德化縣

程田寺在縣東靈化里五代時建初名感恩宋天禧中賜今名國朝永樂間重建　五華寺在永豐里宣德間重建　資化寺宣德八年重建　中峯寺景泰五年重建上二寺在黃認團已上三寺俱縣西南　仙峯寺在縣西小尤中團景泰四年重建　戴雲寺在新化里宋端拱元年建天禧中賜額　香林寺在楊梅上團五代特建于覩山之北宋天聖元年移建於西林二年賜額國朝宣德中重脩　天王寺在楊梅中團上三寺俱縣北已上①几八寺俱存　天宮寺　龍安寺　羅漢寺　大雲寺　觀

校注：①凡

章寺　皈明寺　洪聖寺　東林寺　相安寺　三
際寺　儀林寺　千福寺　普光寺　大興寺　翠
峰寺　長慶寺　僞山寺　登樂寺　乾福寺　湯
坑寺　地藏寺　法林寺　螺峰寺　陳平寺　重
興寺　龍興寺　香巖寺　三峰寺　寶積寺　尊
勝寺　皈聖寺　禮林寺　卧龍寺　清平寺　靈
福寺　塔頭寺　大峰寺　長興寺　中興寺　雲
峰寺　寶藏寺　福壽寺　清泉寺　妙峰菴　蒼
高菴　龍濟菴　龍首菴　雲濟菴　小溪菴　一

山菴已上寺并菴①九五十處俱發 龍山觀在縣治東妙峯山宋乾道七年建淳熙十一年重修 魁龍觀在縣治西魁龍橋之南 蓬萊觀在縣西小尤中團永樂間重建 真君宮在縣東隅景泰三年重建 顯應宮在縣西小尤中團正統八年重建 昭靈宮在縣東北東西團景泰元年重建 通濟宮景泰四年重建 困山宮永樂二十年重建 龍泉宮正統六年重建 洪坑宮景泰初重建上四宮在縣西北東西團

永春縣

太平寺在十五都唐開成二年建國朝洪武三年重修建 興善寺在十四都唐天祐二年建元至正十四年重修 白雲寺在十六都唐大中間建上三寺俱縣東 雲居寺在十一都唐大中間建 慈雲寺在九十都五代時建上二寺俱縣西 南嶽寺在十二都五代時建 惠明寺在十三都唐大中間建初名臨水後發宋慶曆中重建更今名上二

校注：①凡

寺俱縣南苔竹寺在十一都唐天成間建山居寺在十四都唐天祐間建初名石泉後
改今名宋雍熙四年火西峰寺在十六都唐咸通十年建元至正十六年火尋復建國朝洪
武二十四年併入太平寺上三寺俱縣北白馬寺在十四都唐大中二年建國朝洪武二十四
年併爲叢林雲峰寺在十六都唐乾元中始建菴尋改爲院後徙建於南巒國朝洪武間併
入太平寺上二寺俱縣東北延壽寺在八都唐大中二年建宋治平中重建巖峰寺
在十都宋紹興十一年建上二寺俱縣西北靈感寺在縣西南二十三都隋末建初名恩惠院
唐咸通間改爲靈感寺西坑菴宋德祐間建覆鼎菴元至元中建紙坑菴
元至正元年建上三菴在三都烏髻菴在七都元至正間建集福菴在十四都上二菴俱
縣西壽峰菴在縣南十二都宣德元年建聖祖觀在一都宋嘉熙中重修三清

觀在六七都元至正間建上二觀俱縣西

東嶽行宮在縣東北十四都洪武二十三年建成化十八年重建

安溪縣

清水寺在縣西北崇善里舊爲清水巖後易今名正統間重建

錢江菴在縣東正統八年重建

大石菴在縣北感化里景泰五年建

濟渡菴在縣西北來蘇里景泰元年建

東嶽行宮在縣北天順四年重建

惠安縣

金相寺在縣東三十三都五代梁乾化三年建

寂光寺在一都唐王潮墓菴也五代時留從效改今名宋王獻臣詩①覊業何勞問廢興前人樓閣後人登海山有籍歸真主雲物無情屬野僧國朝永樂中重建

宣妙寺在二十九都唐天寶間名法華宋治平間改今名端平中籍其業充學廩淳祐三年郡守顏頤仲復之

靈應寺在十九都宋天禧間建名白沙貞陽

校注：①霸

菴尋改爲頭陀寺復改今名　國朝永樂間重建

大福勝寺在二十五都唐文德中建名錦田福勝寺元季火尋復建

圓常寺在二十八都五代梁乾化中建名廣福宋治平中改今名　國朝景泰五年重建巳上五寺俱縣南

普空寺在一都舊名龍興宋大中初重建改名護國報恩治平中賜今額　國朝洪武八年重建

大普安寺五代周廣順二年建名五峯羅漢寺宋治平二年改今名

華林寺唐會昌間廢　國朝天順三年重建上二寺在五都

北舍利寺在六都洪武二十二年重建

離相寺在七都唐天祐間建舊名廣福宋治平中改今額

耆闍①寺五代晉開運元年建元至正中重建

戒香寺在十三都宋皇祐中建治平二年賜額　國朝洪武二十四年重建

大中寺在十五都唐大中初重建柳公權書額

乾峯寺五代梁貞明二年建　國朝洪武四年修建成化十年重新巳上九寺俱縣比②通上几③一十五寺俱存

龍

校注：①闍　②北　③凡

寺在三都 甘泉寺 行林寺 龍門寺 禪淨寺上四寺在四都 舍利寺 妙音寺 圓通寺 西禪寺 寶壇寺 達觀寺上六寺在六都 定心寺在十六都 甘露寺在三十四都已上十三寺俱縣東 報劬寺 宗勝寺 兜率寺上三寺在十六部 祖教寺在十七都 大雲寺 資福寺上二寺在十八都 慈恩寺 護戒寺 雲峰寺上三寺在十九都已上九寺俱縣西 青林寺 竺乾寺上二寺在一都 普利寺在二十都 慈利寺在二十五都 禪居寺在二十六都 晉惠寺在二十八都 福勝寺在二十九都上七寺俱縣南 泗洲寺在三都 普潤寺在四都 顯教寺在六都 內宮寺在十都 北禪寺 定光寺上二

寺在十一都證果寺　海惠寺　真如寺　仁王寺　演教寺　普安寺　信善寺上七寺在十二都皇覺寺　薦福寺上二寺在十三都淨業寺在十四都巳上十六寺俱縣北通上九①四十五寺俱廢上田菴在縣南二十都宋淳熙間建國朝永樂六年重建天湖菴在縣北七都宋建隆三年建元至元間重建南塔堂在縣治西宋熙寧間建堂并塔後北國朝永樂天順間俱嘗修建□②塔堂在縣治北宋熙寧六年建堂并塔國朝成化十二年重建東嶽行宮在縣治北成化間重建崇真觀在縣西南禮興里舊名奉先宋端拱元年改今名後廢產入真武殿

漳州府

龍溪縣　開元淨惠萬歲寺在府治西北唐嗣聖間建開元三十六年詔改今名

校注：①凡　②北

内有明皇銅像又有松關宋末寺燬于兵元元□①□與争慧寺合爲一賜今額 國朝洪武間扁其門曰紫芝峯宋張徽詩鑄金像出開元末檢玉書藏景祐間

法濟寺在開元寺之②在舊爲普利隆壽院五代周廣順二年建宋乾德三年移建於郡北祥符中改今名 國朝洪武間又移建於淨安院舊址③即今所也二十六年改爲講寺扁其外門曰隆壽

淨衆寺在府治西北五代梁貞明二年建元至治間重建 國朝永樂間扁其外門曰萬松峯宋郭祥正詩南州三百寺此寺最輝煥

南山報勅崇福寺在府城南南廂宋乾德間建元至正十九年重建 國朝洪武永樂間修建扁其外門曰冊④霞峯

招善寺在稅務之東嘉定間火見淳祐郡誌又廢

普賢院在府城西廂外宋太平興國三年建

淨慧院在府城西五代唐天成中建名羅漢院祥符間改今名

大巖院在一二三都元大德四年建

觀音院在十一都五代周廣順三年建

報慈院在十八都

校注：①貞中　②右　③講　④丹

宋開寳六年建迎福院在二十二都宋慶曆七年建國朝正統八年重建保民院宋紹興四年建石室院五代唐同光三年建國朝天順八年重建上二院在二十九三十都已上六院俱府城東名第院宋太平興國七年建法眞院宋乾德二年建國朝天順八年重建上二院在府城西二十一都洪福院在府城北二十三四都宋慶曆八年建已上一十一院俱存堅牢院　法華院　天王塔院　保壽院　延壽院　東下生院　清涼東院　北天王院　應瑞院　祥雲院　西天王院　上生內院　釋迦西院　香巖院　東林院　上生北院　慈恩南院　普光院　尊聖院　上方院　兜率院　廣證院　般若院

寶勝院　普香院　廣教院　保嚴院　妙樂院
報慈院　西方院　普明院　靈應院　觀音院
西峰院　保寧院　齊雲院　小崇福院　瑞明院
羅漢院　福生院　白蓮院　普賢院　北清涼院
北報先院　靈泉院　國清院　保慶院　建隆院
永興院　隆福院　洪福院　報先院　新興院
帝釋院　靈信院　瑞光院　應眞院　金仁院
普通院　白蓮院　上生院　福泉院　寶峰院
金仙院　吉祥院　福生院　方廣院　圓明院

鷲峰院　興國院　應瑞院　隆慶院　奉先院
來壽院　永陸院　興壽院　龍興院　内天王院
三平塔院　龍興院　巖福院　均慶院　名第院
彌勒院　法真院　中峰院　新恩院　保利院
隆慶院　西峰院　太平興國院　幽薊院　靈龜
院　翠峰院　金峰院　報恩院　永興院　靈慶
院　報慈院　資壽院　崇恩院　石室院　龍門
院　太巖院　靈泉院　雲嶠院　銅盤院　銅山
院　大興福院　大安福院　泗洲院　廣化院

銅鉢院　中臺院　延壽院　小崇興院　小中平
院　大莪院　法泉院　龍臺院　觀音院　正峰
院　延福院　西平院　雲居院　東林院　瑞雲
院　中峰院　西明院　西峰院　小崇福院　資
福院　大瑞峰院　東峰院　翠林院　崇壽院
大安福院　報先彌勒院　福先院　大智院　境
清院　福慶院　翠峰院　雙峰院　泗洲院　西
峰院　智勝院　九龍院　靈瑞院　供福院　儀
鳳院　禪龕院　東峰院　安福院　圓峰院　招

善院　大泗洲院　千佛院　大悲院　巖峰院　資壽院　龍臺院　資福院通上凡一百五十院俱見淳祐郡志俱久廢

緑蘿菴在西湖白蓮院宋郭祥正有詩

木綿菴在府城南十二三都宋賈似道自建州竄謫循州行至此監押官鄭虎臣殺之先有人贈以詩曰循州不似台州好何不當初早入山

玄妙觀見在府治西朝真坊内唐開元間建于漳浦名開元觀貞元間隨郡徙建今所宋大中祥符元年改名天慶元改今額　國朝洪武八年重修

東嶽行宮在府城東宋紹興二十九年建元大德元年重建

慈濟宮在府城東一二三都宋景定元年建

天妃宮在府治東北元至正間建又語嶼亦有宮

漳浦縣

興教寺在縣治北唐景福元年建宋嘉定二年重建元大德延祐間重修　國朝

正統成化間僧嘗修建

福壽院在縣東七都元至正間建國朝成化九年增建一新

泗洲塔院在縣治積善坊內宋元祐間建 國朝成化三年重建

文興院 永壽院 保安院 安德院 西林院 崇信院 資福院 普安院 重興院 太平院 隆興院 靈瑞院 瑞巖院 興教院 青陽院 朱明院 保慶院

無象庵在縣南八都舊有象出沒爲害潮守黃定爲書此扁揭於菴之楣象遂屏跡

圓應堂在縣治之北門又有上真堂

九座堂在北門之旁巳上院及菴堂九①一十九處俱見淳祐郡志

崇真觀在縣治西朝天坊內初在西門外宋時建元至正間移建今所 國朝成化十七年重建

校注：①凡

龍巖縣

報恩寺宋紹興二年建　地藏寺　東塔院有磚浮屠五級院今發上寺院①凡三處俱在縣治之東　資政院在縣治之西　南塔院在縣治之南乾道間建有磚浮屠五級與縣相對　三峰院　恩福院　藥師院上三院在縣東聚集里　小地藏院　資壽院上二院在縣北和睦里　泗洲院　靈山院上二院在縣東北集賢里已上九院俱見淳祐郡志　東嶽觀在縣治西砦山宋景定二年建元至正九年重建　國朝洪武二十三年修成化十三年重修

長泰縣

祥光寺宋乾德二年建內有真相院　國朝景泰五年重建　報親院有浮屠五級今發上寺院二處俱在縣治東南　報慈院在彰信里　福勝院在人和里上二院俱縣東　天王院在縣西人和里　長巖院在推孝里　東巖院在石銘里上二院俱縣北

校注：①凡

通上寺院①凡七處俱存

棲雲院　瑞雲院　金粟院　香燈院

紫極宮宋寶慶元年郡守危稹建　佑聖宮在縣治北今爲祝聖所已上院并宮②凡六處俱見淳祐郡志

南靖縣

安福寺在縣西習賢里元大定三年始建於清寧里至正十七年遷建今所

正峰寺在縣東南由義里宋開禧三年建

三平院在縣南清寧里

西平院在縣東南由義里元至元十九年重建

雲頂菴元時建國朝正統十三年重建

萬岫菴又名碧湖巖成化二年重建上二菴俱縣西

峰蒼菴在縣北景泰五年重修上三菴俱在習賢里

漳平縣

松山寺在居仁里

資壽院宋時建元大德二年重修國朝景泰三年重建

地藏院景泰三年重建上二院在和睦里已上寺院③凡三處俱縣④北

校注：①②③凡　④北

八閩通志卷之七十七

八閩通誌卷之七十八

寺觀

汀州府

長汀縣 **開元寺** 在縣學之左唐開元間建于舊郡後隨郡遷建于此舊有支院二十四隸列其中宋崇寧間改崇寧萬壽寺政和間更名天寧萬壽寺尋改神霄①王清萬壽宮建炎元年復今額國朝洪武初重修成化八年遷建縣學割法堂并寺右一直以廣學基宋郡守陳軒有詩溪雲影落杉松②矉簷鐸聲流殿閣寒

報恩光孝禪寺 在朝天門內五代梁③貞明間建初名感應天王寺宋政和間更名崇寧萬壽建炎間又更天寧萬壽紹興間復更報恩廣孝尋改今名上二寺俱在府治之東

羅漢寺 在府城西右廂五代晉天福間建宋紹興間重建元至正間燬于兵尋復建國朝洪武

校注：①玉　②螟　③貞

永樂間修葺一新

定光院在府治左宋大中祥符間郡守趙遂良建菴為定光徃来棲息之所淳熈間郡守呂翼之並祀定光伏虎二像於其中嘉泰間郡守陳映從郡民之請疏其顯應之狀於朝賜今額

南廨院在鄞江坊正統間燬于寇景泰三年重建成化十八年增建

東禪院五代梁貞①明間建院前有東山十景宋長汀宰李存賢詩野雲閑帶雨林木靜無風村落一溪外民田四望中劉弼詩灘聲來席上亭影落溪中石英民詩雲氣野色過松逕水帶秋聲入稻田

金泉院宋建隆間建上三院在左廂

廣福院在四保里五代時有異僧曰伏虎者駐錫於此郡人為建菴初名普護宋建隆間卒因以祀之熈寧間賜名聖壽院乾道間改今名

連章院宋乾道間建上六院俱在府城東

保安院在府城西五代閩南唐建

南山同慶院五代周顯德間建宋紹興間嘗駐戍兵於此乾道間燬遂置南寨後寨廢故址尚存今院乃舊院支剎也

金鷄院在宣

校注：①貞

和下里宋建隆間建永樂院在清泰里五代梁貞①明間建禪宮院宋乾道間建上四院
俱在府城南華②嚴院在府城東南成上里五代梁貞明間建通上寺院凡③一十五所俱存護
國塔院在府治東伏虎廨院在府城東羅漢院西峯院宋陳軒詩
疑有潮聲生絶頂晚風吹動④半巖松西方院在西峯院之右法林院初名三教薦福院更
名十方院復改今名郡守陳軒詩雲邊借榻閒僧閣松下聽泉洗客心釋迦院上五院俱在府
城西文殊院與同慶院寄邇後山之椒有定光閣隆壽院神王院招
福院梁安院臨池院福壽院長樂院龍
安院保壽院豐樂院上十一院俱在府城南感應天王院
在府城北二里許舊在府治東興賢坊內南安廨院在府城東南琴峯院在府城東

校注：①貞　②華　③凡　④動

北　龍興尼院在府城西秋成門外通上①凢二十二院俱廢　伏虎菴在左廂去城五
里有青松對植蒼翠交陰雖僻在一隅盖一郡遊賞之所也　葉坑菴今名白雲菴上二菴俱府
城東　景星菴在方湖之②測宋端平間建内有郡守李華祠　麻潭嶺菴在古貴里圓珠
山側宋端平間建上二菴俱府城南　白鶴菴在府城東南　朱紫菴在府城西北頒條門
外通上六菴俱存　金砂菴　有年菴在有年橋側上二菴俱府治東　興龍菴
在府城東北興賢門外　定光堂在府城西頒條門外通上三菴并堂俱廢　天慶觀③三興
賢門内舊名開元觀宋至道間改至道宮大中祥符間改今名　金華觀五代梁貞明間建　仙
隱觀在登俊坊觀左有放生池右有魚樂亭上三觀在府城東　黄仙人菴在府城東相傳
崇寧間郡有黄姓者得道於此故名通上三觀并菴俱存　崇貞堂在府城西清泉坊今廢

校注：①凡　②側　③在

寧化縣

光嚴寺 在縣治北洪武間重建宋①樂間脩 **慈恩塔寺** 在縣南永樂十二年燬正統三年重建塔令發上二寺在在城里 **龍山院** 在在城里五代梁開平間建舊名地藏院宋建隆間改令額 **鷲峰院** 在新村里五代晉開福間建宋運使蔣之奇詩日轉竹陰侵閣冷水流花片過門香推官藏子常詩望鷲山下疑無路行入壺中卻有天花落春巖朝帶雨月涵②秋谷夜③間泉〇一本以此院在長汀縣有所末④審 **南福林院** 宋熙寧間賜額上三院在縣南 **西隱寺** 在永豐里宋熙寧間建國朝永樂間重脩 **寶池禪院** 唐會昌間建宋慶曆間重修元至大間復修壽燬于兵 國朝洪武間重建上二院在縣治北 **寶應院** 在縣治西南五代晉天福間建宋天聖初賜額通上寺院⑤凡八所俱存 **晉現院** **臨田院** 上二院在縣東 **鷲福院** **寶塔院** **東峰禪院** **⑥蕐巖院** **報恩院**

校注：①永 ②涵 ③聞 ④未 ⑤凡 ⑥華

龍池巖院上六院在縣南　靈峰禪院　中興禪院上三院在縣北　寶
勝院在縣西南　福林院在縣東北　安福院　崇福尼院在縣東通上①凢
二十四院俱廢　金山菴在永豐里宋淳熙間建國朝洪武初重修建　中葉菴在興善里
宋端平間建　國朝天順間重建　保林菴洪武九年建上二菴俱縣東　西山菴在縣
西門外宋建炎間建
國朝永樂年間重建　苦井菴舊有泉病者飲之多愈正統三年重建　西
提菴元至正間建　國朝永樂間重建上二菴在縣西　尾庄菴宋淳熙間建國朝永樂間
重修上五菴在在城里　碧雲峰菴在興善里即今南山也宋天聖間建　國朝永樂十年重
建　興福菴在會同里宋端平二年建上三菴在縣南　梅山菴在招賢里宋淳熙間建
國朝洪武二年重建　圓照菴在在城里元至正元年建　翠峰菴在永豐里宋淳熙間建

校注：①凡

國朝永樂間重建上三菴俱縣北

普覺菴　在縣東北泉上里宋寶元初建國朝宣德間重建其地五山高聳於外一山崎立其中俗謂之五龍聚寶通上凡一十三菴俱存

東菴　在縣東

積翠菴　在縣南

神須菴　在縣南門外

大隱菴　在水南上四菴俱廢

白雲禪關　在縣東興善里

崇善堂　在縣東泉上里洪武間建

觀音堂　在縣南在城里通上禪關弁堂几①三處俱存

凝貞觀　在縣南在城里舊名上林五代唐天成中建宋天禧中改今名國朝洪武十三年重建

蓬萊仙觀　在縣西龍上下里按舊志為劉氏女昇仙之所因賜名蓬萊今發劉氏女詳見仙釋志

大玄②貞觀　元大德間建國朝永樂間重建

仙隱觀　宋政和間建國朝洪武八年重建上二觀在縣東北泉上里

佑聖堂　在縣治北正統十三年燬于冦景泰四年重建

崇貞堂　唐天寶中建元末③燬于冦國朝洪武十年重修建

三官堂　宣德

校注：①凡　②真　③末

三年建上二堂在縣南巳上三堂俱在在城里通上觀并堂凡七處俱存

上杭縣

天王寺在縣治西五代晉時建於鍾寮場號天王院宋乾道三年隨縣遷今所云①至大間改建更為寺 國朝洪武成化間俱重建

東竺寺在縣治東舊在鍾寮場名塔院宋乾道三年隨縣遷今所淳祐十一年改今額元至正中重建 國朝永樂正統成化間俱嘗修建上二寺在在城里

豐稔寺在縣西勝運里宋咸淳中建為菴元至正中重建 國朝成化五年亦重建

義合寺唐光化中建宋大觀中重建 國朝洪武天順間俱嘗修建

南華②寺永樂間重建成化四年修上二寺在縣南來蘇里巳上五寺俱存

資福寺

報恩寺在縣東北

南塔院宋至和間建 國朝洪武宣德成化間俱嘗修建

禪林院宋紹興間建 國朝永樂元年重建上二院在縣南來蘇里

西峰院在平安里宋崇寧間建元至正間修 國朝天順成化間

校注：①元　②華

俱嘗修建上寶林院在太平里唐乾符間建國朝洪武成化間修建下寶林院在在城里宋熙寧中建國朝天順元年重建上三院俱縣北弘明院在縣東北白砂里洪武三十年重建成化九年重修上六院俱存靈瑞院在縣西盤瑞院在縣南上二院俱廢德慶庵在縣治西①彌陀庵元至正初建國朝永樂成化間俱重建安仁庵宋景定間建國朝正統間重修東安庵在桸村舊在安鄉東安巖洪武二十七年遷建今所成化五年重修黃巖庵元至大間建國朝天順二年重建上三庵俱在縣西勝運里崇福庵在縣南溪南里禪林庵成化十八年修圓通庵成化六年修建上二庵在縣北平安里普應堂在縣東鍾寮②場舊名水陸院宋乾德間建國朝成化七年重修玄貞觀在縣治東舊在縣南名蟒符觀宋建炎間建國朝永樂十九年重建已上庵院堂觀③九一十五所俱存

校注：①舊名　②場　③凡

武平縣

禪果寺在縣治南門外宋淳熙間建　國朝永樂五年重建寺左舊有磬院

古山寺在豐順平里舊爲古山堂　國朝洪武十七年改建爲寺

延壽寺在高泰里

禪隆寺　思福寺　彌勒寺　興福寺上四寺在信順團里已上六寺俱縣東

禪福寺　通林寺　西峰寺上三寺在縣西立①留東里

棉洋寺宋時建　國朝永樂間重建

南山寺在干②户所南門外洪武成化間俱重建

西湖寺

均慶寺定光道塲③也初一巖欺空險僻神怪所宅宋乾德二年定光至趺坐巖中祥煙騰覆邑人異之相與葺室巖中祥符四年賜額均慶院　國朝洪武十四年併入禪果寺宋李綱詩淵山泉石有君意十里松筠生晝寒

分水寺在高泰里上五寺俱縣南

寶林寺　福田寺　太平寺上三寺在縣北大湘亭里又縣東信順團里亦有太平寺

招福寺在縣西南高泰

校注：①丘　②千　③場

里 寶福寺 福林寺在縣東南盈塘里通上九二十一寺俱存 太平興國禪院在縣東 南安廨院在縣東北 靈洞天福院在縣西門有二泉泒出蔦山翁煉丹井清徹可愛宋梁顔詩門外落將三市闐此中人是幾生修千尋古木含雲翠一泒寒泉繞檻流通上三院俱廢 屯營菴在何屯岡下相傳五代時有統軍使何姓者部武藝軍屯駐於此築城周圍二里許故址尚存 瑜珈山菴 寶峰菴上二菴在信順團里已上三菴俱縣東 伏虎巖菴 興福菴上二菴在立留東里 西湖菴在縣北歸田里 龍濟巖菴 清涼山菴上二菴在縣西南豐順平里 聖水菴在縣東南盈塘里號清涼磜通上九菴俱存 永壽菴 東流菴 棲雲菴 石獅菴 净信菴 無量菴通上六菴俱廢 白蓮堂在縣北歸郡里豐田 古

佛道場在縣東門外舊大觀菴址也通上堂并道場凡二處俱存　崇貞觀在縣治北洪武十三年建　洞元觀在縣治西舊在靈洞山下宋政和間賜額紹興間移建今所

清流縣

萬壽寺在坊郭里舊名塔院宋隆興間建　國朝天順四年重建　福壽寺在蒼盈里宋端平間建名福壽院　國朝洪武間改為寺　靈山寺在夢溪里唐貞觀間建上三寺俱縣東　永樂寺在縣西四保里　福潭寺在縣南永得里宋紹興間建通上①凡五寺俱存

恩福院　淳化院上二院在縣東　雲施院在縣西　新全院　新通院　聖恩院　永樂院上四院在縣南　永豐院　豐饒院上二院在縣西南通上②凡九院俱廢　東皐③菴宋元符間建菴在山之絕頂一石臺陡起登其上則萬山皆在目睫　金蓮菴即瀾湧巖菴也一逕縈廻而入清泉白石茂林修竹殊可愛上二菴在坊

校注：①②凡　③華

郭里福智菴在倉盈里上陽菴在永得里菴在山頂每旦先得日光上四菴俱縣東西峰菴西靈菴宋紹興間建上二菴俱在縣西坊郭里南極菴在縣南坊郭里

幽巧清①閒邑之勝處也高城菴宋祥符間建元末燬今修建一新靈龜菴元大德七年建上二菴在城北永得里閩山菴在縣東南夢溪里菴內有一竅深不可測人或以紙覆其上即飛去論者謂地氣所衝理或然也通上②凡十菴俱存東菴在縣東澤民坊瀟灑③閒寂盛夏絕無暑氣也邑人多乘涼於此南菴在縣南門外尼菴在縣東興善坊溫泉菴在縣東嵩口傍有溫泉故名已上四菴俱廢

觀音堂在龍津橋東登貞觀在觀西二里舊名上生宋崇寧間建宣和間改今額紹興淳熙淳祐間俱嘗修建東嶽行宮在縣東元至元間建已上堂觀及宮九三所在坊郭里俱存通貞院在縣東北羅村里飯④貞院在縣東上

校注：①③闃　②凡　④真

二院俱廢

隱仙堂在縣東

佑聖堂在縣治南五十步上二堂俱在坊郭里

連城縣

東塔寺在縣東隅舊名報恩塔院宋乾道淳祐間建塔改今名元季寺塔俱廢國朝洪武十二年重建

同闗寺在姑田里五代唐天成間建國朝永樂四年重建

慈悲寺在北安里五代梁貞明間建宋淳熙間重建國朝洪武十二年復建舊爲院今改爲寺上二寺俱縣東

豐稔寺在表席里五代晉天福間僞閩刺史王延政建名保福院宋泰定間改今名國朝永樂八年重建

招福寺五代唐天成間建名招福院宋嘉祐間改爲寺國朝洪武三年重建

隆壽寺五代唐天成間建初名院元至治間重建改爲寺上二寺在河源里

新林寺在南順里宋天聖間建初名院嘉定間改爲寺國朝永樂間重建上四寺俱縣南

定光寺在縣治西北隅宋乾道間建名定光菴嘉泰間改建爲寺元至正二十六年重建

寶壽院舊名東山九峰

禪院今廢

宿雲菴宋紹興間建國朝洪武十一年重建上院并菴凡二所俱在縣東在城里

西成菴宋慶曆間建國朝洪武三十二年重建

新福菴洪武十五年重建

泗洲菴洪武十七年重建

南興菴永樂四年建

安龍菴洪武二十五年建上五菴在姑田里

清泉菴在縣治西在城里元至正二十五年建國朝永樂二十年重修

圓應菴宋紹興間有僧來自漳浦結菴坐禪於此年七十卒鄉人祀之水旱有禱多應嘉定間重建名圓應國朝永樂三年重建

福壽菴洪武三十四年建

仰山菴元至正二十四年建上三菴在表帝里

龍華菴元至正間建國朝洪武二十五年重建

資福菴元至正二十六年建

深山菴永樂六年建上三菴在南順里

永隆菴永樂八年建

東山菴永樂二年建

蘭若菴元至正五年建

永福菴洪武二十二年建

福興菴永樂七年建上

五菴在河源里巴上十一菴俱縣南

北山菴宋景定間建　國朝洪武十四年重建

文殊菴元至正六年建國朝永樂十一年重建

神石菴宋咸淳六年建國朝洪武十九年重建上三菴在縣北北安里

蓮峰菴在縣東蓮峰山上

西隱菴在縣西寶成門內

法界菴

保福菴①二二菴俱在縣南

龍歸菴

東林菴上二菴俱在縣北

太平菴在縣西南南順里

海寶道場在縣東本仁坊通上七菴并道場俱廢

寶福堂在縣南南順里洪武三十一年重建

福仙觀在縣治西宋乾道間建　國朝洪武三十四年重建

玄貞堂在縣東北安里蓮峰山上洪武二十七年重建

歸化縣

淳化寺在歸下里宋淳化元年建元至正二十一年重建

羅漢寺在歸年里宋大②順元年建

興國寺元至正二年建

圓覺寺元至正二十三年建　國朝天順七

校注：①上　②觀

年重建上二寺在興善里已上四寺俱縣東覺林寺在縣西歸上里元大德元年建國朝成化十七年重建寶慶菴在歸下里宋嘉熙元年建福林菴宋淳熙二年建國朝成化十二年重建勝興菴元延祐四年建滴水巖菴元至正二年建上三菴在歸上里已上四菴俱縣東均山菴在縣東南歸下里宋嘉定十年建鶴還琳宮在縣東興善里相傳初建三清壇於羅坑嘗修醮焚楮幣有鶴自空而下銜餘燼過青山而止人以為異遂即其地建宮名曰鶴還東嶽宮在縣南歸上里宋時建

永定縣

慶清寺宋德祐元年建國朝天順四年重建萬壽寺元至正二年建國朝洪武十八年重修上二寺在縣東豐田里豐稔寺在縣北勝運里宋咸淳間始建為菴國朝成化五年重建今改為寺金谷寺元①中統間建國朝成化五年重建陞②壽寺元至

校注：①元　②隆

正間建　國朝成化七年重修上二寺在縣西南溪南里

梅山菴　在縣東豐田里元①中統間建　國朝成化二年重建

北山菴　元至正間建

龍皈菴　元至順間建上二菴在縣東北太平里

延平府

南平縣

天寧光孝禪寺　唐名廣濟宋政和六年賜名天寧萬壽紹興七年改報恩廣孝尋復改光孝元至正二十年燬尋復建　國朝永樂景泰間俱嘗修建成化二十三年復燬

普通寺　梁普通元年建舊為院今改為寺　國朝洪熙元年燬宣德五年重建上二寺在府城北隅

梅山寺　在府城東隅舊名招福宋紹興二年建為院元改為寺

西林寺　在府城東南五代梁時建宋朱文公謁李延平受學嘗寓於此

興化寺　在府城西隅舊名資壽五代唐同光元年

校注：①元

建宋太平興國四年賜名興化院元改為寺

佛智開平寺在開平里五代梁開平四年建舊名報國顯親院元改為寺國朝洪武三十年燬尋復建

西巖寺在大源外里唐寶曆二年建舊為院元改為寺國朝景泰二年重建

慈恩寺在天竺里唐貞觀二十二年建名西峰寺宋改為院元復改為寺

西崇福寺在建興里唐龍紀元年建國朝正統五年重修建

龍德寺在劍津里五代梁龍德元年建國朝景泰二年重建

西平寺在太源內里唐乾符中建國朝正統八年重修上六寺俱府城西

含清寺在余慶西里宋紹興元年建初為院元改為寺國朝正統五年重建內有含晴閣清暉堂

泰平寺在太平里唐寶曆二年建上二寺俱府城南

龍湖保福寺在保福里唐貞觀八年建宋改為院元復改為寺國朝正統五年重建

三吾寺在長安南里唐大德元年建舊為院元改為寺上二寺俱府城東南

顯濟寺在府城東

北衍仙下里唐大順二年建舊為院元改為寺寺當顯澹灘之陽灘水險悍舟過多覆溺僧無示者始結菴于此募工疏鑿湍勢稍平因以灘名寺

釋迦寺 在府城東仁州里

國朝宣德十年重建通上一十六寺俱存

羅山寺 在府城東南晉安里上二寺俱廢

塔院 在府城東仁州里舊名定光

福興院 在新興里

盧峰院 在安福里上二院俱府城西通上三院俱存

報恩院

勝光院 上二院在府城西太平里

蓮宮院 在府城北梅西里

福城院 在長安北里

善福院 在晉安里上二院俱府城東南通上五院俱廢

蓮花菴 在天竺里元至正二十七年建

圓覺菴 在塘源里永樂十七年建上二菴俱府城西今皆存

聖者菴 在府城西劍津里

雲頂菴 在梅西里舊名寂照

香山菴

大覺菴

龜山菴 上三菴在峽陽里

普應菴 在梅南里已上五菴俱府城北通上六菴俱廢

南平

玄妙觀在溪南九峯山之麓五代周顯德六年建名招仙道院宋大中祥符二年改爲天慶觀元元貞二年賜額玄妙觀 國朝洪武初①及正統末兩燬于兵隨復建内有太乙宮普化院觀之左有雲深亭瀕津有泠風閣

披雲道院在府城西隅宋寶祐六年建國朝洪武十七年重修建

東嶽行宮在府城東北隅宋紹興二年建國朝洪武初燬其址併入東嶽廟

鐵像堂宋祥符三年建以鐵鑄②貞武像祀之故名 國朝永樂七年燬尋復建正統十三年沙尤寇攻城渠魁鄧茂七見福州門上列黑色旗幟旗中隱隱見七星光一人披髮③伏劍循行其間賊衆驚懾明日遁去蓋玄武神也郡人奉祀滋謹

靈寶堂宋祥符二年建上二堂俱府城東隅

④貞武堂在府城東崇德里堂臨大溪元至正中鄉人以溪多水怪因建祠以鎮厭之

福海堂在府城東南隅正統十三年燬于兵

淳⑤貞堂在府城南隅

招仙堂在府城劍津里上三堂俱廢

校注：①及　②④⑤真　③仗

將樂縣

大施寺 在縣東龍池都，唐文德元年建。國朝洪武八年重建。

含雲寺 在縣西四山環峙，雲氣氤氳，唐時①僧結廬其中以居，名含雲。宋建中靖國間闢爲寺。國朝洪武十七年重建。

雲山寺 在縣南池湖都，唐開元二年建。元至正二十六年重建。

證果寺 在縣西南竹洲都，唐武德三年建，元至正二十六年重建。上四寺俱國朝洪武二十四年併爲叢林。

修福寺 在縣西黃潭都，五代唐同光二年建。國朝洪武三十一年重建。

普濟寺 在縣南池湖都，宋乾道元年建。國朝洪武二年重修建。

西山院 在縣東積善都，元至正三年建。

光明院 在光明都，宋乾道元年建。

瞴隆院 在瞴隆都，宋紹興二年建。國朝洪武元年重建。已上寺院凡五所，洪武間併入含雲寺。

資聖院 在縣北隅，宋紹興四年建。國朝洪武十五年重建。

報恩院 在縣東高灘都，宋乾道二年建。國福洪武間重建。

崇慶院 在龍池都，宋熙寧七年建

校注：①一

國朝洪武十二年重建莊嚴院在玉①華都宋咸淳三年建璲光塔院在水南都宋元祐三
年建國朝永樂四年重建興福院在永康都宋乾道八年建上四院俱縣南禪定院
在萬安上都宋淳祐中建長樂院在安人中都元皇慶二年重建上二院俱縣北已上八院俱
國朝洪武間併入大施寺西林院在竹洲都元至正二十六年建梁岸院在永吉都宋紹
興五年建國朝洪武八年重建上二院俱縣西天王院在蛟湖都宋咸淳三年建國朝永
樂十五年重建豐稔院在中和都元至正二十三年建上二院在縣南已上四院俱國朝洪武
間併入靈山寺善安院在縣東忠孝都宋紹興三年建望江院在縣西南子教都五代唐
同光二年建上二院俱國朝洪武間併入證果寺永福院在縣南隅新化院在縣東積善都
桃源院在桃源都善緣院在隆集都董福院在上衢都上三院俱縣西豐饒

校注：①華

院在中和都大洞玉①華院舊名玉②華大洞觀小洞寶③華院上二院在玉④華
都臨江院在隆安都上臨江院西隱院西禪院西
巖院上四院在興善都已上八院俱縣南圓光院在萬安上都保安院在隆興都
安定院在隆溪下都光啓院在上衢都上四院俱縣北隆福院在縣西北隆蔭
都通上九一十八院俱廢南⑤華巖庵在縣西黃潭都元大德元年建金⑥華庵在永康都
宋紹興二年建龍頭巖庵在玉⑦華都舊名虎頭巖宋元豐六年建縣令謝夔符重修改今名上
二庵俱縣南寶源庵在縣北萬安下都宋咸淳二年建已上四庵俱　國朝洪武間併入含雲
寺龍興庵在縣東高灘都宋端平元年建慶雲庵在龍溪下都元至正二年建五
臺庵在永吉都唐開元二年建望天庵在安仁上都宋咸淳二年建上三庵俱縣北靈

源庵在縣東北忠孝都一名靈泉庵宋嘉定十五年建已上五庵俱 國朝洪武間併入大施寺

太平庵在大里都宋紹定二年建

興福庵在興善都元至正二年建上二庵俱縣南

仙山童庵在安仁上都宋元祐元年建已上三庵俱 國朝洪武間併入靈山寺

雲臺庵在積善都宋元祐二年建

湖山庵在富谷都元至正二年建上二庵俱縣東

西竺庵在大里都宋咸淳元年建

圓覺庵在興善都元至正五年建上二庵俱縣南

紫清庵在安仁上都

小隱庵在萬安下都上二庵俱縣北並元至正元年建已上六庵 國朝洪武間併入證果寺

保寧庵 資福尼庵上二庵在縣西隅

崇福庵在縣南隅

金雞庵在金雞巖之巔

隱居西興二庵在興善都上三庵俱縣南

大靈峰庵在上澗都

隆仙庵在隆集都上二庵俱縣北通上八庵俱廢

迎禧觀在縣治東舊名福仙觀相傳梅

福嘗煉丹於此宋祥符八年建元燬于兵其址陳有定遂開爲城濠 國朝洪武二十四年徙建於演貞①道院之旁

佑聖行宮 在縣治前宋淳熙四年建 國朝永樂十年重修建

玉隆萬壽宮 在縣北龍池都一名封山道院相傳昔楊道貞②君鍊丹於山麓有小石洞曰楊貞③君洞宋慶元元年建元燬于兵故址猶存

明貞道院 在縣治東北舊名海棠洞元大德三年建 國朝永樂十年重建

烟霞道院 宋嘉定七年建

演貞④道院 宋開禧三年建上二道院在縣南玉華⑤都

明貞⑥菴 在縣治南池湖都舊名遇龍菴宋咸淳二年建

尤溪縣

保安寺 在縣東北積善坊唐乾符三年建舊爲菴乾寧四年改爲寺 國朝景泰二年重建成化十六年增建

永興寺 在縣治西畫錦坊唐天祐三年重建 國朝景泰五年復重建

吉華⑦寺 在縣治東二十二都五代梁乾化間建

求和寺 在縣東北八九都五代唐

校注：①②③④⑥真　⑤⑦華

淳熙二年建舊為院後改為寺國朝洪武年間併入在保安寺保林寺在十七都五代唐天成四

年建資壽寺在十六都五代唐長興二年建上二寺俱縣東龍泉寺在縣南二十三都唐

乾符四年建已上三寺國朝洪武間併入永興寺天王瑜珈院在縣治東儒林坊唐會昌三年

建松山院在縣東二十五都五代梁貞①明二年建三峰院在二都五代漢乾祐三年

建黃坑院在十五都新禪院在四十八都上三寺俱縣西已上五寺洪武間併入保安

寺靈源院在縣西隅登雲坊水陸院在縣南隅興文坊西林院在縣西二

都牛林院在縣南十八都文德院在縣北五十都已上五院洪武間併入永興寺靈

山院在縣東七都福興院在二都感德院②在三九都大中院在三十九

都上三院俱縣西建福院在十九都報慈院在十七都上二院在縣北已上六院洪武

校注：①貞　②缺“十”字

間併入天王院天湖院在縣治南來駟坊高峰峯頂有池觀音院在縣東北迎春門外

新恩院資善院俱在十八都定林院在十五都南山院在七都

靈感院在十二都報恩院迎福院上二院在十五都崇福尼院

在八九都靈峰院在二十都香山院在二十五都地藏院在十一都下際

院在二十一都龍安院在四十八都珠林院在二十九都吉祥院

北林院上二院在二十四都已上一十六院俱縣東羅漢院在五都舊名鶏山福

巖院在萬歲里崇興院在四十四都貞源院在四十五都廣福院在六

都小天王院在十七都鶴峰院在三十都同興院在三十五都東林

院法林院上二院在三十五都萬安院在四十七都香林院在三十七

都永隆院在七都已上一十三院俱縣西資福院在二十三都報國院在八
九都龍光院在二十七都上三院俱縣南含雲院在十三都祥雲院在十四都
崇善院在十六都淨戒院在四十都上四院俱縣北報恩院在縣西南二十九都
彌勒院在縣東北八九都東山院在縣西北四十六都鳳仙尼院在縣北十
都劍門菴在二十五都唐乾寧四年建顯跡巖菴在十六都元至正十年建上二
菴俱縣東求仙菴在七都元延祐二年建世尊岩菴在四十四都宋紹定二年建
隆興巖菴宋景定三年建三寶菴元至治三年建上二菴在七都已上四菴俱縣西西
林菴在縣東南十八都宋紹定六年建石門菴在縣東北十二都宋紹熙三年建天
福巖菴在縣西北七都元延祐二年建妙覺堂在縣西書錦坊宋紹定六年建龍歸

堂在十六都宋紹興元年建

萬壽堂在十九都元皇慶二年建上二堂俱縣東

圓應堂在七都元至治元年建

黃龍堂五代晉開運二年建

龍湖堂元延祐六年建上二堂在四十五都

瑞雲堂在四十四都宋淳熙二年建

靈源堂

普光堂宋德祐元年建上二堂在七都

會聖堂

沇水堂上二堂在三都巳上八堂俱縣西

慈濟堂在三十六都元皇慶元年建

清水堂在二十九都宋紹興二年建上二堂俱縣南

白鶴堂在縣南興文坊宋淳熙間建祀鍾呂二仙相傳①鄉人趙希彥以郡守致仕歸春三月建丹陽會忽有道人戲畫一鶴于壁道人撫掌歌舞鶴亦舞既而莫知道人所之因扁以今名

沙縣

太平興國寺在縣東凝翠峰前唐中和二年建名中興宋太平興國三年賜額李綱讁監沙縣稅嘗寓于此國朝景泰三年間重修建

雲際寺元延祐元年建國朝景泰四年重

校注：①傳

建

天王寺 在縣西北和仁坊唐中和四年建宋延祐三年建三門陳爟爲記 國朝景泰四年重建上二寺俱在縣西仁和坊

福聖寺 在縣東北隅舊名天王臺五代晉天福八年建宋天禧二年重建賜今額寺僧文彰善黃白之術因臺建塔三級後燬于兵僧端一意塔下有宿藏發之得泉一泓病者飲之輒愈 國朝景泰間重建

延福寺 在縣東二都唐會昌二年建宋給事中張致遠嘗賦拂波亭茅亭竹檻古渡花杉喬松修竹溪聲九①八詩皆寺中景也至 國朝景泰二年重建

興化寺 在二十一都舊名萬興唐中和二年建 國朝景泰三年重建

棲雲寺 在九都僞閩王延政建宋建隆三年重建賜額上二寺俱縣西

保福瑜珈寺 在縣北十五都五代周顯德五年建

龍光寺 在歸仁里

小龍興寺 在善硤園上二寺俱縣西

再興寺 在十四都

雲陽寺 在十三都

龍興寺 在十二都宋鄧肅嘗避地居此上三寺俱縣北

瑞峰寺 在一都

校注：①凡

長興寺在八都上二寺俱縣東南已上七寺洪武間併入太平興國寺興雲寺在縣西善硤團寶峰寺在縣北十一都上二寺洪武間併入雲際寺義恩寺在縣北九都寶慶寺在八都龍山寺在洛陽里上二寺俱縣東南已上三寺洪武間併入天王禪寺靈巖寺在縣北十都靈龜寺在縣東南五都上二寺洪武間併入福聖寺白雲寺在一都玉山寺一名寶山安禪寺石墨寺上三寺在五都已上四寺俱縣東洪武間併入延福寺璲林寺在二十二都上延福寺在二十三都上二寺俱縣西龍泉寺在縣東南八都上三寺洪武間併入興化寺普照寺在縣北十都觀音寺在縣西南二十一都上二寺洪武間併入棲雲寺安仁寺在十二都雲集寺齊雲寺上二寺在十三都靈峰寺在十五都靜林寺在十八都上五寺俱縣北

洪武間併入保福寺①資國寺在一都 安峰寺 唐興寺上二寺在洛陽里 資壽寺在七都已上四寺俱縣東南 大昇寺在十六都 通文寺 三峰寺上二寺在十都已上三寺俱縣北 新塔院在洛陽里 地藏院 移孝效忠院宋樞密使曹輔功德院也上二院在感義里已上二院俱縣東 興福院在縣南感義里 金峰院 湧興院 靈光院 白塔院 觀音院上五院在禮賓里 烏石院在感義里 聖興院在化劍里已上七院俱縣北 太平院 棲霞院上二院俱在縣東北 洞天巖菴在縣西和仁坊 隱龍巖菴 永興菴 長亭菴 天湖山菴上四菴在洛陽里 廣成菴在九都已上五菴俱縣東 淘金山菴在感義里 招福菴在三十一都上二菴俱縣西 太靈

校注：①資

峰菴在感義里雷霆巖菴在十八都興隆菴在十五都上三菴俱縣北福安
巖菴蓮花山菴上二菴俱縣東北化劍里楞巖堂在縣治東普慶堂
在縣西和仁坊普照堂在縣東五都如意堂在二十四都駐雲堂在三十四
都觀音堂龍興堂龍龜堂上三堂在二十七都隆興堂在二
十一都廣慶堂在一十五都上七堂俱縣西興明祖堂在縣東南八都圓通
閣在縣西二十一都宜福觀在縣溪南貞①隱峰下舊名宜福堂宋元祐八年重建淳祐十二
年改為觀玉芊②道堂在縣東興義坊元至正二十年建清和道院宋嘉熙二③年建
潛貞④道院宋端平三年建上二道院在縣西和人⑤坊冲和道院宋淳祐三年建原
和道院宋嘉定八年建玄貞⑥道院宋淳祐三年建慶龜道院宋景定四年建

校注：①④⑥真　②華　③三　⑤仁

上四道院俱在縣西歸仁里

佑聖道院在縣北感義里宋紹定五年建

白石道靖①在縣西北九都一名白石菴元延祐五年建

順昌縣

正識寺在縣治北一名天湖藏院宋隆興二年建國朝洪武三十五年重建

資聖寺五代漢乾祐三年建國朝洪武初重修

西來寺元至正二十六年建上二寺在縣治西通上三寺俱存

普慶寺在縣東石豆都

超②草寺在縣西北白水都相傳唐末有僧張姓者航海入閩至是山樂其幽勝遂駐錫焉山多虎豹蛇虺至是皆遠去既而闢田數百畝徒衆大集遂爲名藍已上③一寺俱廢

崇福院在義豐都

西峰院在西峰都

靈巖院在婁杉都

龍歸院在靖安都

彌勒院在寧安都上五院俱縣西

護國院在縣西北石湖都已上六院洪武間併入正識寺

報國院

興國院上二院在縣東石溪都

靈

校注：①藏　②華　③二

通院在長壽都長興院在水南都上二院俱縣南獅峰院在縣東南石亘都香
城院靈峰院上二院在大幹都歸宗院在壽榮都善山院在桂溪都
報恩院在富屯都觀音院在白水都上六院在縣西北已上九十一院洪武間併入資聖
寺義恩院在吉丹都天王院在石湖都上二院俱縣北禪定院在莒口都寶
興院塔院上二院在興賢都西峰院在仁壽都巖山院在桂溪都上五
院在縣西北已上九七院洪武間併入西來寺圓通院紫峰院上二院在婁杉都
寶峰院歸安院上二院在寧安都金峰院靜安院寧
安院上三院在靜安都靈山院在富屯都五代時一僧從王審知入閩久之欲雲游嶺表
道順昌逕望雲山幽峻乃嘆曰此可為終焉之計何必遠求耶遂結茅於此躬耕以自給不與物接故人

然不知其名氏福安院　廣福院上二院在廣福都　龍湖院在石湖都　資壽院　招福院上二院在長壽都已上十三院俱縣西　寶福院　證常院上二院在縣南水南都　西峰院　洞源院　資國院　安源院　勝禪院　西平院　北平院　建興院上八院在仙源都　報慈院　羅山院　福勝院上三院在松溪都已上九一十一院俱縣北　浮竹院　延慶院上二院在石溪都　寶巖院　再昇院內有山月堂堂側泓泉如鑑歲旱不竭上二院在壽榮都　修城院在冨屯都　興福院一名龍興　勝龍院　普濟院上三院在崧溪都　廻龍院在宮口都　天樂院在昏田都　資福院在石湖都　淨戒院　仰山院　嵐峰院　桐山

院　感德院　黄龍院上六院在杉溪都　龔山院　石門院
中峰院上三院在桂溪都　寶勝院在仁壽都已上一十一院俱縣西北通上九四十七
院俱發　天湖菴在長壽都洪武間併入正識寺　寶月菴在縣治西北　圓明菴
在縣西寧安都　保福菴在莒口都　福慶菴　超然菴上二菴在①畐屯都已上五
都洪武間俱併入資勝寺　圓通菴　普慶菴上二菴在縣西西峰都　泗洲菴
龍頭菴　龍潭菴上三菴在水南都　龍湖菴在石荳都　饒公菴在寧
安都　湖山菴在長壽都上六菴俱縣南　謝公菴在縣北仙源都　圓山菴在縣西南
廣福都通上九一十一菴俱廢　觀音堂在縣西婁杉都　泗洲堂在義豐都　普照堂
在靖安都上二堂俱縣西南通上三堂俱廢　東嶽宮在縣治北求樂間大尋復建　玉隆

校注：①富

道院在縣治西 玄明道院在縣西北崧溪都已上二院洪武間併入東嶽宮 重玄道院在縣治之東 紫微道院在縣西北仁壽都已上二院俱廢 朝貞①堂在縣南石亘都亦廢

永安縣

高飛寺在縣治北唐中和二年建國朝正統間重建 進福寺在縣東二十四都五代唐天成二年建 禪林寺在三十都宋大中祥符六年建 寶應寺在二十九都宋景祐四年建上二寺俱縣西 資福寺在縣南二十七都五代晉天福二年建 善集寺唐會昌元年建國朝正統三年重建 同化寺唐中和四年建國朝宣德元年重建上二寺在二十五都 栟櫚寺在縣北二十七都五代晉天福五年建國朝宣德五年重建 寶林寺在二十九都元延祐元年建國朝景泰二年重建 招化寺在三十都唐會昌元年建

校注：①真

上二寺在縣西南

上靈峰寺在縣東北二十二四都唐天祐二年建　小進福院在二十四都　延壽院在四十都宋建隆元年建　觀音院在四十一都　福巖院在四十二都上二院俱五代周廣順三年建　報恩院五代晉天福元年建　福壽院宋建隆三年建上二院在四十三都已上六院俱縣東　小祐院　新豐院唐龍紀元年建

國朝宣德八年重建

上安仁院唐景福二年建上三院在三十二都　永慶院　天蓋院　感恩院上三院在三十都　大進福院　上景福院唐貞元二年建上二院在二十八都　永安院　上保福院　恩福院唐大順間建　西明院　小天王院　新興院　東萊院　報慈院上八院在三十一都已上一十六院俱縣西　永隆院　上平院五代梁開平元

年建淳化院界永安清流二縣間翠雲院宋陳世①卿陳若谷嘗肄業於此國朝宣德四年重建上四院在縣北二十五都保寧院五峰院上二院在二十九都感應院德興院上二院在三十都巳上四院俱縣西南東山菴宋紹興元年建國朝宣德八年重建彌陀菴上二菴在縣治東秀峰菴在二十六都通仙巖菴在四十都宋天聖六年建天保巖菴上二菴在四十都通天巖菴在四十一都宋嘉泰三年建上六菴俱縣東象湖菴在縣治西五里善福菴在三十二都元至順二年建招福菴在三十一都宋德祐元年建上二菴俱縣西白雲菴在縣南二十七都元延祐元年建國朝宣德四年重建永興菴在二十五都宋咸淳元年建國朝景泰三年重建惠照菴在二十六都宋咸淳元年建國朝景泰三年重建東華②山菴西華③

校注：①卿　②③華

庵上二庵在二十五都觀音庵在二十七都已上五庵俱縣北斗山庵在縣東南二十七都宣德景泰間俱重建新嶺庵在縣東北二十五都正統十三年燬于寇石箬巖庵在二十八都宋咸淳元年建國朝正統元年重建甘乳巖庵在二十九都宋咸淳元年建國朝正統八年重建龍安庵在二十都宋紹熙元年建天臺山庵在二十九都上四庵俱縣已南觀音堂在縣治西元至順間建龍興堂在縣治北元中統三年建龍龜堂在二十七都元至順三年建瑞峰堂在四十一都宋嘉定三年建上二堂俱縣東駐雲堂在縣西三十二都元延祐四年建積慶堂元中統元年建南①華堂高明堂上三堂在二十五都東嶽行宮在縣治東百步許東嶽宮天妃宮上二宮在二十六都臨水宮在二十五都已上三宮俱縣治北西山道院在縣

校注：①華

治西二里

邵武府

邵武縣

寶嚴寺在府城光寧德坊五代唐天成二年建初名興會後改再興宋天聖間賜今額

永隆寺在府城東隅寧泰坊宋大平興國二年建

五峰寺在府城南通衢坊宋熙寧二年建

西塔寺在金鰲山唐名壽聖元大德間建塔改今名沱①曰禎詩千里雲山分遠近萬家煙樹擁高低

鷲福寺五代唐天成二年建

大覺寺宋紹興間建上二寺在熙春山之麓

回向寺上四寺俱府城西

仁壽寺宋端平中建

西菴寺五代梁貞明二年建宋黃希旦詩勝刹幽深枕縣西我來正值孟冬時雖無惠遠門堪扣寧有淵明駕可隨世態皆前朝槿色歲寒雲外老松枝伊予本是林泉客到此寧慚謾賦詩上二寺俱府城南

唐興寺唐乾符中建上

校注：①沈

官祐詩窓含遠澗千峰碧門擁蒼苔一逕深北巖寺宋宣和二年建上二寺俱府城北松偃寺唐會昌二年建安國寺宋景德三年建上二寺在一都崇親寺唐開元十五年建菩①提寺五代唐天成間建寶隆寺宋淳化元年建上三寺在三都東林寺唐泰和二年建保福寺宋端平二年建失名氏詩芳草山山②綠新泉澗澗通道人指幽處花影鳥聲中上三寺在四都香巖寺宋太平興國四年建北山寺宋紹興中建又四十六都亦有北山寺普覺寺在雞鳴峰永樂三年建上三寺在五都廣福寺在六都又十四都亦有廣福寺禪興寺在東洋連盤宋紹興二年建隆安寺宋紹興五年建報恩寺十二寺在七都又四十八都亦有報恩寺資福寺在八都唐天寶五載建寶勝寺五代唐天成二年建鷲峰寺元大德二年建上二寺在九都隆興寺在十都又二十七都四十二

校注：①菩　②綠

七都皆有隆興寺　寶福寺唐天寶四載建　福興寺唐泰和二年建上二寺在十一都
新興寺唐永徽元年建　新豐寺唐天祐元年建　彌勒寺五代唐長興二年建上三
寺在十二都　臨江寺在十三都五代唐長興二年建　慶雲寺在十四都唐天祐元年建
銘覺寺唐會昌五年建　高陽寺宋紹興中建上二寺在十五都　感德寺唐永徽二
年建　南源寺宋太平興國二年建上二寺在十六都　重興寺唐永徽二年建　安福
寺宋紹興中建上二寺在十七都　靈龜寺在十八都唐天寶五載建　雙峰寺在二十二
都唐天寶四載建　壽隆寺在二十五都宋咸淳二年建　禪居寺　靈峰寺
上二寺唐大中間建　寧國寺五代梁乾化元年建　崇興寺宋熙寧中建上四寺在二十七
都①　貞如寺　靈山寺上二寺在二十九都俱宋咸淳中建又四十五都亦有靈山寺

校注：①真

廣德寺在礦石五代晉天福元年建已上凡四十一寺俱府城東

禪林寺在四十五都元大德十一年建

龍招寺在四十六都宋祥符元年建

船坑寺宋熈寧元年建

福禪寺上二寺在四十九都

興禪寺在五十都上二寺俱宋咸淳元年建

崇德寺在五十二都元至正二十一年建

禪證寺五代唐天成二年建

積善寺宋治平中建上二寺在五十三都巳上八寺俱府城西

西峯寺唐扉元二年建

因果寺宋靖康元年建上二寺在二十九都

香林寺宋乾德元年建

三亭①寺宋紹興二年建

藥師寺宋咸淳中建上三寺在三十都

靈巖寺在三十一都

建峯寺上二寺俱唐開元中建

寶林寺唐會昌二年建

勝光寺唐咸通間建上三寺在三十二都

保壽寺在三十三都宋紹興中建

南陽寺宋天禧中建

太和寺元至正中建上二寺在三十五都

西隱寺

校注：①華

在三十六都宋紹興中建上生寺唐開元二年建超化寺宋乾德元年建上二寺在四十
八都惠林寺在白渚段唐開元元年建香社寺在靈臺坊唐會昌中建隆福寺
在尚書坊①元至正二十四年建巳上一十八寺俱府城南烏石寺在一都元大德中建②華嚴
寺在五十三都宋紹興中建上二寺俱府城北淨居寺洪武五年建西巖寺元大
德五年建上二寺在四十五都又五十三都亦有西巖寺南禪寺在四十八都五代梁開平中建
悟空寺在南禪寺左宋治平二年建上四寺俱府城西南大隱菴在府城西元至正中
建福山菴唐會昌中建上官祐詩池分小潤澄寒碧樹引垂蘿補夕陰壽山菴宋嘉
熙四年建上二菴俱府城南福慶菴元大德中建普應菴元至正二十一年建感
泉菴在三都宋紹定中建頂濟菴在五都洪武五年建連山菴宋端平二年建因

校注：①坊　②華

地庵元至順中建上二庵在六都金盤庵在七都龍山庵五代唐天成中建福果
玉臺庵元大德中建上二庵在九都雲臺庵在十都五代唐長興元年建福果
庵碧潭庵上二庵在十一都太平庵紫雲庵北杭庵
善應庵上四庵在十一都霧峰庵在十二都妙巖庵扁嶺庵上二
庵在十五都已上九庵俱元至正中建槎峰庵元大德中建壺山庵元至正一十一
年建周文通詩帝山崒嵂青摩空森森玉筍金芙蓉五雲護閣出天半綺窗繡户懸朝虹我來正值巖花
發一徑紅霞生木末振衣長嘯碧雲端聲逐天風散林樾平生放曠襟懷清胷蟠五岳無纖塵題詩屋壁
驚霹靂①字字飛作秋空雲上二庵在十七都顯相庵在十八都報德庵在十九都宋嘉
定九年建天池庵在二十一都宋至道二年建均山庵元大德中建僉嶺庵

永樂中建上二庵在二十二都回龍庵在二十四都元至正二十一年建禪雲庵宋寶
祐中建青龍庵何公庵舊名武塘上二庵俱宋咸淳中建國朝景泰二年重建
上三庵在三十九都巳上九三十菴俱府城東慈雲庵元至正中建眉壽庵永樂間建
百壽庵上三庵在四十六都景慈庵瑞應庵上二庵在四十七都俱元至正
間建羅巖庵在五十一都元至大中建銘山庵宋景定元年建羅公庵上二庵在
五十三都巳上八菴俱府城西萬靈庵在二十都舊名道人莊華蓋庵在二十九都元
至順間建天平庵在三十一都元至正中建普門庵元大德中建萬壽庵元時
建普濟庵南山庵上四菴在四十八都巳上七菴俱府城南銀堂庵在五
十一都宋紹興中建蓮花庵宋皇祐二年建萬峰庵宋嘉定三年建西來庵

圓照菴上四菴在五十三都巳上五菴俱府城北福田菴在府城東南二十九都玄
妙觀在府治東南隋開皇中建名白①鵶唐②貞觀元年改名龍興五代梁貞明間改名九龍宋改名天
慶③元年元貞元年改今名迎貞觀在府城南元大德六年建白鹿觀在四都唐乾寧中建
紫霄觀在十五都元泰定元年建槎湖觀在二十二都洪武元年建上三觀俱府城東
玉隆觀在府城南三十七都舊名天符元大德中建太清道院堂在南隅宋政和
中建舊名白蓮堂丹臺道院在府城南三泉道院在一都舊爲三皇元君道場後
改今名幞頭道院在二都④貞應道院在五都舊在會仙山正統間徙建今所
金山道院在六都元中統初建上四道院俱府城東紫陽道院在五十一都洪武中
建崇玄道院在五十三都元至元中建上二道院俱府城西巾山道院在府城北

校注：①鳩　②貞　③衍“元年”二字　④真

五十三都舊名玉隆行宮後改爲道院

阜山道院 在一都元至元初建

蒼山道院 在五十三都洪武四年建上二道院俱府城東北

玉虛道院 在四十四都宋端平中建

潭山道院 舊在鳳凰山名貞①應洪武中徙建于此改今名

壽星道院 舊爲旌②陽祠洪武初改今名上二道院在四十六都

中峰道院 在四十七都元至正中建上四道院俱府城西南

泰寧縣

普勸寺 唐天祐二年建

保安寺 宋天聖中建上二寺在縣西隅又縣東信義保縣南仁壽保皆有保安寺俱宋時建

天王寺 在縣北隅唐會昌中建

感化寺 唐永隆中建

寶蓋寺 五代唐同光中建爲菴宋紹興中改爲寺黃覆詩曲逕山隈入重扉木杪平巖垂半空蓋泉滴四時聲上二寺在朱口保

國興寺 在交溪保

大洋寺 在龍湖西保上二寺俱唐乾寧四年建

祇園寺 五代梁貞明中建

興雲寺 元延祐七年建上二寺在交溪

校注：①真　②旌

保報恩寺在龍湖西保元皇慶元年建新興寺宋建炎元年建青峰寺宋乾道四年建上二寺在龍湖東保安福寺在將溪下保元大德三年建又縣西永興下保亦有安福寺五代唐同光三年建聖恩寺在福山保五代梁貞明三年建上十一寺俱縣東瑞雲寺在梅口保五代梁貞明中建豐嶽寺唐天祐二年建丹霞寺宋政和七年建上二寺在瑞溪保資福寺在善溪下保五代梁貞明元年建臨江寺唐永泰元年建醴泉寺宋咸淳元年建上二寺在南會保感福寺五代梁乾化二年建進福寺元中統三年建上二寺在大田東保萬德寺在城坂保五代梁開平中建已上九寺俱縣西龍興寺元皇慶二年建龍德寺元至順元年建上二寺在開善下保南禪寺唐天祐二年建寶光寺五代梁貞明三年建羅漢寺五代晉開運三年建上三寺在水南保重興

寺靈龜寺仙仁寺上三寺在永興上保俱唐嗣聖間建西隱寺宋紹

定四年建崇光寺元至正二年建上二寺在開善上保巳上十寺俱縣南龍池寺在崇

化下保五代梁貞明四年建普光寺在長興保五代梁貞明三年建靈鐘寺五代唐同

光三年建唐興寺元大德三年建上二寺在福興下保安仁寺在安仁保宋咸淳七年建

巳上五寺俱縣北寶興寺在依口保宋治平元年建龍安寺在龍安保宋大觀二年建

上二寺俱縣西南善圓寺唐開元元年建護民寺宋乾道元年建上二寺在縣東北上

高保寶山菴元至元中建圓照菴元大德中建上二菴俱縣東鑪峰菴元至

元中建集慶菴寶雲菴上二菴在縣西集福菴巳上三菴俱元至正中建

小田菴宋淳祐中建上二菴在縣南巳上七菴俱在在城保天堂菴東山菴

上二菴在朱口保俱元延祐間建應①菴宋景定中建鳳林菴元至正中建上二菴在交溪保瑞雲菴在將溪上保宋咸淳七年建文縣南永興上保亦有瑞雲菴元至元中建九龍菴元至正五年建圓應菴洪武元年建上二菴在福山保蘭若菴在梅口保四聖菴在善溪下保上二菴俱元至正中建太平菴在依口保元皇慶二年建圓通菴元至正十五年建三應菴元至順二年建隆山菴元至順三年建上三菴在南會保已上十八菴俱縣西均慶菴龍鳳菴中茟②菴北山菴淸隱菴添福菴上六菴在開善下保俱元至正間建圓覺菴宋景和二年建檀香菴元至大三年建應山菴元天曆元年建集雲菴普明菴福緣菴白雲菴善應菴蟠龍菴普慈菴洪武

校注：①眞　②華

元年建上十菴在水南保西竺菴元元統中建新溪菴元至大三年建保山菴
元至元中建上三菴在永興上保惠濟菴宋嘉定二年建松山菴元大德八年建永
福菴崇福菴上二菴俱元延祐中建均菴元至治三年建清涼菴在開
善上保元延祐二年建巳上二十五菴俱縣南慶雲菴在安仁保五代唐同光中建古靈
菴在長興保宋咸淳八年建聖者菴元至元中建龍興菴元延祐二年建上二菴在
福興下保巳上四菴俱縣北龍山觀在縣治西隅宋政和七年建王坡道院在縣
西南會保宋建炎二年建

建寧縣龍興寺在鳳池坊五代梁龍德元年建極樂寺在鳳山之麓五代晉開運
三年建上二寺俱縣治西佛頂寺廣福寺上二寺俱五代梁開平二年建長吉

寺在長吉坊五代晉天福五年建上三寺俱縣治南蓮花寺唐嗣聖三年建地藏寺五代梁乾化三年建上二寺俱縣治北已上七寺俱在在城保報恩寺宋元祐中建永和寺五代梁乾化二年建上二寺在開山保崇正寺藥師寺上二寺在黃舟保壽聖寺在楚下保上三寺俱五代梁開平二年建中峰寺在武調保五代梁乾化二年建唐興寺唐中和間建連江寺宋建隆間建上二寺在赤上保聖恩寺在洛陽保五代唐天成二年建饒山寺五代晉開運元年建安福寺上二寺在赤下保招賢寺五代梁乾化二年建恩福寺五代唐天成二年建上二寺在永城保已上十三寺俱縣東香林寺在留田保五代唐長興元年建五龍寺五代唐同光二年建崇聖寺同光三年建上二寺在客坊保新豐寺在里原保唐咸通三年建又桂陽保亦有新豐寺五代唐長興

間建臨汎寺五代漢乾祐元年建龍山寺五代梁貞明間建上二寺在里心保又縣北黃溪保亦有龍山寺五代周顯德間建臨江寺在銀坑保五代梁開平二年建吉祥寺在藍田保唐天復二年建禪山寺五代唐天成四年建太平寺宋乾德二年建上二寺在上黎保禪福寺五代唐天成二年建福堂寺宋天聖二年建西隱寺唐中和間建上三寺在靜安保又富田保程陽保上查保皆有西隱寺俱五代時建巳上一十三寺俱縣西報國寺五代梁龍德二年建緣心寺五代唐天成三年建上二寺在將屯保順化寺唐中和四年建龍平寺宋開保二年建上二寺在饒村保昭福寺在安吉保宋咸平二年建龍頭寺龍歸寺五代唐大成二年建上二寺在龍下保巳上七寺俱縣南興仁寺在周平保五代梁開平元年建東林寺開平二年建報安寺五代晉開運二年建

資福寺五代晉天福八年建上三寺在藍田保。永居寺在安仁保宋太平興國三年建。新己上五寺俱縣北。東山菴宋紹興中建。濟川菴宋淳祐中建上二菴俱縣治東。新菴在縣治西宋淳祐中建。西際菴在縣治南元大德中建。青雲菴在縣治北宋紹興中建上五菴俱在在城保。廖源菴在洛陽保五代唐同光中建。聖福菴在黃册保元至正間建上二菴俱縣東。重慶菴五代梁開平中建。崇慶菴。翠峰菴宋開禧中建上三菴在里心保。新豐菴在排前保宋端平中建。妙峰菴在安吉保元至正間建上五菴俱縣西。迎鼈①觀在縣治西宋政和中建。玄元觀宋宣和中建舊名崇貞②。溪東道院元順德中建上觀弃院二所在縣治北已上觀弃院九三所俱在在城保。

光澤縣

華嚴寺在縣南五代唐天成二年建。龍興寺宋崇寧中建。普濟

校注：①鼇　②真

寺寶福寺上三寺在一都又十四都亦有寶福寺俱宋嘉定四年建北坑寺唐大通中建雙峰寺五代晉天福四年建再興寺宋乾道三年建上三寺在二都又四都亦有再興寺宋淳化四年建回龍寺在三都晉永和中建龍安寺在四都宋咸淳中建新興寺在五都又十一都二十四都皆有新興寺俱五代時建淨居寺在六都宋咸淳二年建安民寺象山寺上二寺俱宋淳熙中建報先寺宋寶慶元年建上三寺在八都雲溪寺唐咸通中建永成寺宋咸平二年建上二寺在九都惠海寺唐咸通中建南山寺宋天聖五年建白鹿寺宋淳祐中建上三寺在十都貞①應寺在十一都宋天禧中建西名寺在十二都唐咸通中建上林寺五代唐天成中建楊源寺五代唐長興中建上二寺在十三都資福寺在十四都元至正十八年建

校注：①真

東林寺在十五都五代晉天福中建
崇安寺唐會昌中建寺有八詠曰聖泉曰飛瀑曰蛟穴曰龍潭曰七楮曰八松曰萬竹曰雙柳失名氏飛瀑詩千丈垂流落遠峰紫烟照日見長虹銀河直向天邊下應與廬山絕頂同萬竹詩叢篁密蔭互縈迴野翠冥濛隱殿臺夜半啓窗看月色只疑疎雨隔山來
太平寺五代唐長興中建
長山寺宋咸淳二年建上三寺在十六都
觀音寺宋淳化中建
櫧林寺宋紹興二十一年建
邃巖寺五代唐長興元年建上三寺在十七都已上二十寺俱縣西
烏源寺在縣南十五都宋天禧二年建
仙花寺在一都宋咸淳二年建
均山寺在十八都唐大中間建
洪業寺唐天寶中建
崇化寺
聖蹟寺上二寺俱唐咸通間建已上三寺在十九都
石痕寺
梅溪寺上二寺俱唐會昌中建
清塘寺宋淳祐二年建
興福寺宋咸淳中建上四寺在二十二都

興禪寺在二十三都元至正二年建香林寺在二十四都宋熙寧元年建興寧
寺宋天禧中建臨江寺宋淳熙元年建上二寺在二十八都臨崗寺在三十都五代
唐天成二年建巳上十四寺俱縣北寶蓮庵在山川壇下宋咸淳七年建西橋庵在徐
公橋宋嘉定五年建上二菴俱縣西仙花庵在仙花里宋咸淳中建遇龍庵在二都元
延祐二年建聚雲庵元大德元年建白雲庵元至正十六年建上二菴在三都居
洋庵在十一都元大德十八年建福慶庵在十五都元至正十五年建蓮塘庵
元延祐四年建廻龍庵元至正中建上二菴在十六都天堂庵在十七都唐乾寧中建巳
上九菴俱縣西南山庵在縣南五都宋咸淳二年建觧院庵在縣北十八都宋景祐中
建龍興觀距縣一里許東山觀在十一都上二觀在縣西俱宋建隆元年建均

山觀在十八都宋元祐元年建明①貞觀在二十四都元皇慶元年建玉清觀在二十八都元延祐中建上三觀在縣北玉樓觀在縣西北二十七都宋咸淳六年建崇玄道院在隆興觀右宋景祐中建天湖道院在縣東十八都宋天禧中建西清道院在十一都元至正元年建長春道院在十三都宋政和元年建上二道院俱縣西延康道院在二十都元皇慶二年建崇仙道院在二十六都宋天禧元年建福寧道院在二十九都唐大和中建上三道院俱縣北

校注：①真

八閩通誌卷之七十九

寺觀

興化府

莆田縣

萬安永福禪寺在府治東舊二院相隣一曰永福內有浮署三級號塔院宋太平興國初置郡時建五年賜額政和中增建浮①署為五級一曰萬安水陸院舊為敬善院唐開元中建宋天聖五年賜額萬安政和中改神霄宮建炎初仍舊內有歐陽詹祠堂元至正十四年二院俱火僧霞谷請合建為一寺十五年賜今額 國朝洪武三十一年修建

報恩光孝寺在府治北梅峯俗呼講寺宋崇寧三年建賜額崇寧政和元年改天寧萬壽禪寺紹興七年改報恩廣孝寺十三年改今名內有卧雲軒徐師仁為記
國朝永樂六年重修黃壽生為記

東巖寺在府治東北烏石山

校注：①屠

宋淳化元年建有石浮屠三級元皇慶二年修吳壽爲記 國朝洪武二十年重修林環爲記舊爲院今改爲寺

雲門國清寺 在府治東北元至元十二年建大德九年修林以順爲記

①華巖寺 在府城西北舊玉澗寺北巖也黃滔詩江湖島嶼沉木落樓臺露唐大中六年刺史薛凝扁曰華②巖院十一年陞爲寺宋元豐元年賜今額舊有浮屠七級又有妙峯堂壁立軒環秀亭放生池元至正二十六年火尋復建

妙應寺 在府城西舊爲西巖石室唐僧涅槃棲隱于此宋紹聖中郡人搆庵奉之崇寧五年賜寺額元時火尋復建 國朝洪武永樂間重建黃壽生爲記元柯舉詩人在雲間行路去磬從天上送聲來 國朝林文詩山色有無雲聚散③鍾聲遠近寺東西方熙詩鳥道縈廻石徑斜翠微深處④梵王家半巖樓閣諸天近萬井人煙一望賖○按莆陽新志又有石室巖精舍元至正三年建 國朝洪武十二年修疑即此寺而重出也

石梯寺 在府城南靈川里唐乾符四年建乾寧三年賜額石

校注：①華嚴　②嚴　③鐘　④梵

捨建福禪院今改為寺

石泉寺 在南力里舊名石泉院宋乾道間陳俊①卿請為功德院賜寶忠紀孝額今改為寺

重興寺 在黄石宋乾德四年建元至正十年火尋復建　國朝正統九年重修邑人黄謙詩生平愛奇勝躋磴訪重興醉後憑欄望蘆峰雨外青

保瑞靈光寺 唐天寶二年建元皇慶元年修　國朝洪武間增建林環為記初為院後改為寺上二寺在景德里

新豐寺 在興福里五代唐天成二年建宋天聖九年修元皇統元年重建柯濟老為記舊為院　國初改為寺

福波寺 在醴泉里宋紹興間建　國朝洪武二十四年重建林環為記上五寺俱府城東南

靈巖廣化寺 在鳳凰山下梁陳間邑儒鄭露家焉俄有神人鶴髮麻衣夕見于堂請易為佛剎露拜而諾之永定二年為金仙院隋開皇九年陞為寺唐景雲二年賜額靈巖柳公權書扁黄滔有靈巖寺碑宋太平興國改賜今額內有放生池萬佛閣溪聲亭寺別為院者十為庵者百有二十而法海弗隸焉

校注：①卿

唐處士周朴詩云：白日幾離滄海底，清光先照戶窓前。又云：連雲天塹有山色，極目海門無鴈行。國朝林圭詩：鍾聲遠近躁煙裏，殘影參差亂木中。且酌清樽消白日，免教黄菊笑西風。柯欽詩：勝日尋芳出郡南，鳳凰山下駐吟驂。煙霞出沒東西塔，松栢高低百二庵。楊慈詩：一雙塔影東西見，百八①鍾聲遠近聞。方縣詩：野日收殘千嶂雨，巖泉界破半山雲。林文詩：松梢翻露歸巢鶴，洞口隨風出岫雲。

法海寺

在廣化寺西。無陳大建十四年建。五代末晉從劾重建。宋天禧四年賜法海院額。前有御書閣，藏咸平、祥符、天聖、皇祐間所賜御書。元至正十四年寺厄於回祿，僧方巖修之，尋復圮。國朝改為寺。洪武、永樂間僧希聞、雪舟、雲涯相繼修葺。正統四年寺僧慧聰增建一新，柯潛為記。

龜山福清禪寺

在文賦里。唐長慶二年始建庵，號龜洋山。咸通十三年建院。五代梁貞明中王審知改龜山福清額。中有六眸龜池、尊菜池、沈禪塔、唐薛承裕撰銘，陳禪塔、唐黄滔撰碑。國朝改為寺。景泰五年火，天順二年重

校注：①鐘

建上三寺俱府城西南

囊山慈壽寺唐中和元年僧涅槃棲隱于此乾符三年誅茅為庵四年更為延福院光啓二年王審知奏改慈壽院法堂柱刻詩云山有重囊勢門開兩逕斜溪聲寒走澗海色月流沙庵外曾遊虎堂中舊雨花不知遺識地一一落誰家法堂之西有塔曰惠薰即涅槃葬處也寺屢經回祿 國朝洪武永樂宣德正統間俱嘗修建內有十六奇曰施蚊臺放目亭蘸綠亭瑞星堂海月堂餞蛭池放光室餘見山川志又有虎溪亭蒼霞亭雲濤軒棲真軒石昇軒陳洪進蔡襄祠堂石昇上刻蔡襄所書陳伯孫詩云六合萬籟息秋林月正輝琴中彈不盡石上坐忘歸大字徑尺許又襄自題云二十年前登第初青衫羸馬褐禪居鬢毛白盡猶奔走慚愧高人得自如 國朝周瑩遊囊山寺詩云萬壑秋聲飛翠瀑一亭爽氣挹蒼霞

上生寺唐大順元年建內有黃璞祠堂元大德二年修舊名上生院今為寺上二寺在延壽里

永明寺在望江里元初建林以順為記上三寺俱府城東北

寶勝寺在府城南胡公里陳時為庵曰寶臺唐咸通中更為寶勝院　國朝洪武中改為寺妙[illegible]寺在府城西北常泰里亦名塔院五代晉開運元年建宋林大鼐詩四圍紫翠峰巒合一片冊青樓閣開後改為寺上二寺今廢已上二十寺除法海寺外俱　國朝洪武間併為叢林大雲寺元至正元年建石林寺元至正七年建寶華寺宋狀元吳叔告墓庵後改今名上三寺在合浦里萬壽寺在新安里元泰定二年建上四寺俱府城東南五雲寺在府城南文賦里五代周廣順三年建啓處士朱鄴舊居也有白蓮池失名氏詩云五雲已作黃金地一水空餘白玉花靈源寺在府城東北廣業里舊為院元延祐四年重修黃方子為記　國朝洪武二十四年改名靈源寺併為叢林上二寺俱廢觀音院在奉谷里宋乾興元年建　國朝洪武三年修地藏院在武盛里宋治平元年建　國朝永樂二年重建上二院俱府城東資聖院在谷清里宋咸

平二年建又府城東北廣業里亦有資聖院

嵩山護國院在醴泉里宋大觀元年建三年賜額

報恩香積院宋景德六年建寺東數里爲竹嶼山

上寶峰院宋皇祐六年建國朝洪武八年修上二寺在興福里

興福院在合浦里宋皇祐六年建後燬　國朝永樂十三年修

瞻聖院在新安里宋大觀四年建後賜今額　國朝柯替①詩雲淡午風輕尋幽入化城逕苔隨意綠簷竹可人情②萍破見天影江喧疑雨聲勝遊須有紀掃壁醉題名上六院俱府城東南

東塔院在廣化寺山門內之左宋時建有石浮屠五級

西塔院在廣化寺山門內之右亦宋時建有木浮屠三級　國朝成化間浮屠圯二十年僧藏谷即其址建大雄殿并新院宇

月峰院在廣化寺之左里許宋時建　國朝成化二十二年都綱文達重建

西重院在文賦里唐元和間建

國朝永樂十四年重建今圯上四院俱府城西南

景祥院在常泰里舊名玩璃院據陳巖之腹

尋遷于此內有徐黃祠堂黃嘗有詩耕罷樹陰黃犢卧齋時山下白衣求元天曆三年重修訓導李原記

國懽院唐僧涅槃之宅後施為院其父母雙塚在焉國朝永樂六年重建林環為記國泰院宋崇寧四年建國朝永樂十三年重建上二寺在延壽里崇聖院在興教里唐乾寧元年建宋元祐中重建元黃玄子為記聖壽院在永豐里唐光啓間建國朝永樂二年重建上五院俱府城東北瑞龍院在府城西北宋太平興國八年建國朝洪武二十四年修上一十八院俱存石室院有鐵浮屠九級廣恩院梁開平三年建有流盃亭為郡人遊賞之所上二院俱府城西中和院在帝山之南太平院在胡公里上二寺俱府城南翠峰院白塔院上二院在安樂里上寶林院在國清里宋皇祐元年建下寶峰院在興福里皇龍院在新安里下寶林院羅漢院上七院俱府城東南法

界院　滿月院　崇先文殊院舊名大文殊宋淳熙四年龔茂良請爲功德院賜今額　西方院　田鴈院　薦福院　西臺院　雲堂院　安養院上九院在廣化寺　東重院在文賦里　西臯院　龍鳳院上二院在新興里　西峯院在靈川里已上一十三院俱府城西南　雙峯顯祖院唐大順間建號雙峯文殊院五代梁開平四年圯於水改建于寺東里許翁承贊請賜今額有承贊祠堂宋張伯常詩煖脉勻青地上苔擁塵題柱記花開海風一夜吹山雨却送春寒入寺來　靈峯院　梅洋院　應聖院上四院在待賢里　西隱院有林氏九牧祠堂西有魯僧禪巖即舊西巖也　烏巖院　佛嶺院上三院在尊賢里　保福院在平來嶺上　廣福院在舊嘉禾里　泗洲院　繼善院上二院在興教里

九峯院在延壽里五峯院報慈院五代周顯德六年建上三院在待賓里蛟池院報恩院上二院在望江里天王院舊在青原西里宋隆興元年火遂移建於三聖堂即今所也吏部王悅為記鄭林院唐咸通十年賜額有鄭樵修史堂又有通遊閣幼住庵宴寐閣棋山院有軒面仙掌扁曰仙掌軒永寧院在望江巖之南麓香泉院瑞峯院湯泉院螺峯院祥雲院碧子院天竺院南峯院大會院資國院龍興院雙林院貴山院龜峯院兜率禪院唐大中初建上一十八院在廣業里已上三十五院俱府城東北招福院距府城里許唐天祐二年建有黄滔祠堂幽化院宋淳熙五年建龔茂良詩嶺雲西去欲催暮山雨北來渾似秋長

興院　方廣院　苦竹院上二院俱宋咸平中建　新興院　國
安院　義興院　陽巖院　碧巖院　建隆院　幽
峯院　白馬資福院　寶塔院　白巖院　報恩院
南峰院　鷲峰院　仁王院　靈隱善化院梁開平中建上
一十九院在常泰里已上二十院俱府城西北　崇福院又待賢里廣業里俱有崇福院　資福
院　北平院　林泉院　龍藏院　靈鷲院　中峰
院宋天聖二年重建　白雲院宋余越詩松花藪藪糝蒼苔墻角梧桐取次開倚徧闌干人未
去一雙白鷺破山來　薦福院　顯慶院　西林院通上九九十院俱廢　龍
泉尼院在府城西南維新里宋紹興中建元皇慶元年重修　龍壽尼院在府城東北孝

義里舊靜空僧院也宋乾德二年改為尼院元延祐四年改賜今額上二尼院俱存永和尼院
在郡城西二里許舊志永和元年建空寂尼院在府城北二里許舊淨空僧院會昌例廢宋乾
德二年更建為尼院改今名瑞明尼院在府城東南國清里雲峯尼院在文賦里
廣福尼院在新興里上二院俱宋乾德七年建觀音尼院在靈川里瑞峯尼
院上二院俱宋開寶中建郭洋尼院上五院俱在府城西南西林尼院在府
城東北廣業里卓林尼院在舊保豐里宋開寶五年建裏洋尼院在保豐里宋政
和二年建陳墻尼院嵩溪尼院宋乾德六年建中峯尼院龍
興尼院方坑尼院勵浦尼院報劬尼院已上一十
八尼院俱廢朝宗庵在蘆浦斗門之側宋紹興間建元燬于兵 國朝洪武九年重建諸

林庵元至正十年建

新庵在平海衛西里許永樂十八年指揮同知王茂重建上二庵在武盛里巳上三菴俱府城東

新豐庵在莆田里元至順二年建 國朝洪武十一年重建

永豐斗門庵在國清里宋崇寧二年建 國朝永樂九年重建

萬安庵元至正間里人朱珏施地刱建為鄉閭祈報之所 國朝成化十九年里人孫秉玉募衆重新之

幻住庵元至正二十三年建 國朝洪武五年重建上二庵在連江里

妙泉庵在興福里元至正三年建

萬松庵在醴泉里芝山宋吳世澤建中有吳氏先祠 國朝景泰元年裔孫國耀重修上六庵俱府城東南

普門庵在廣化寺放生池之左中有唐御史黃滔祠堂又莆田里小橋之北亦有普門庵元至順二年建 國朝洪武十一年修

南山庵在廣化寺西廊之後

錦亭庵舊黃涅槃施水亭也元至正三年刱庵 國朝洪武七年重建上三庵俱府城西南

果滿庵在府城拱辰門外元至正

八年建圓覺庵宋淳熙五年建有亭以憩行者萬歲庵元至大七年建國朝洪武二十四年重修泗洲庵宋紹興二年建積翠庵在尊賢里元至正三年建已上九一十八菴俱存崇恩庵　金粟庵　大悲庵　明因庵　翠巖庵　崇興庵　迎福庵　古山庵　光巖庵　東巖庵　深沙庵　內泗洲菴　普賢庵　三聖庵　天王庵　紫閣庵　羅漢庵　天台靈鷲庵宋蔡襄詩幽人去未還門戶和雲閉卓卓樹陰①員深冬泉響細寒生群鳥鳴②睛徹孤鶴唳寂寞傍山歸寫望滄溟際有羿山堂紹興三年郡守吳僖明建堂之後層林疊障隱然如羿故名曾開記云莆田登覽之勝萃於南山而此堂又兼得莆田南山之勝也堂久廢紹熙二年太守趙彥勵重建前有弄月池龍學徐林蹏泉名之書刻于石上慈

校注：①圓　②晴

氏菴　東峰菴舊爲黃滔書堂記①云庭樹雙亞今菴前龍眼根株芽蘖尚有存者　少林菴　大藥師菴　東峰白蓮菴　永壽菴　報劬菴　瑞像菴　清涼菴　下慈氏菴　廣福菴　東報先菴　東碧雲菴　永安菴　大千佛菴　瑞峰菴　崇壽菴　資慶菴　靈源菴龔茂良赴官建寧宿此題云遲回不忍去復作抱衾畱斷續雲間雨蕭騷木末秋勞生那有此漸老欲相投最愛千峯暮鍾鳴處處幽　白蓮菴　小文殊菴　尊勝菴　兜率菴　圓明菴　東釋迦菴　崇福菴　鷲峯菴　寶峯菴　小千佛菴　中嶽菴　淨土菴　大釋迦菴　金仙菴　菩

校注：①蘖

提菴　靈泉菴　奉先菴　報慈菴　慈雲菴　下
觀音菴　延慶菴　大地藏菴　崇信菴　鹿苑菴
福先菴　應聖菴　大崇勝菴　崇聖菴　松峯菴
南地藏菴　天慶菴　舍利菴　小崇勝菴　水月
菴　興福菴　西林并小地藏菴　般若并小釋迦
菴　瑞雲并寶積菴　彌陀菴　普照菴　西報先
菴　金峰菴　上生菴　天竺并義因菴　彌勒菴
南禪菴　崇安并崇慶菴　上觀音菴　報恩菴
大南峰菴　太平菴　內南峰菴　下泗洲菴　中

觀菴　西碧靈菴　寶山菴　小藥師菴　中藏菴有黄滔祠堂　上泗洲菴　戒①律菴　西巖菴　西峰菴

天宫菴　瑞泉菴宋陳瓘詩：飛練逼天象，疎櫺逗巖煙。烹茶引高士，汲此石罅泉。泉深不盈尺，潤物無波②徧百川。有盈涸是坎，常泓然。有瑞泉閣。　中峰菴在靈巖上，游為郡人登眺之所。曾開天宫記云：南山黄化寺有菴百餘區，簷楹相攀，軒檻層出。如中峯、瑞泉、天宫，皆號為絕景。有讖承祐祠堂。　六祖菴　吉祥菴　三身菴已上一百有五菴，俱在黄化寺內。

西彌陀菴　上觀音菴　淨居菴　巷頭彌陀菴　延壽菴　上靈巖菴　下地藏菴　上地藏菴　東峰菴　慈氏菴　千佛菴　東彌陀菴　上彌陀菴　白蓮

校注：①戒　②陂

菴已上一十四菴俱見舊志覺海菴在崇福里香山菴在合浦里上二菴在府城東南俱元至正間建已上凡一百二十一菴俱發集賢堂在莆田里清浦之東皐①鄉人周心鑑建爲鄉人所禱及周氏子孫講讀之所萬安堂在景德里元至順中建國朝洪武十四年重建崇福堂元至正十年建神山堂洪武十一年建上二堂在崇福里已上四堂俱府城東南忠報堂在府城東北仁得里宋紹興四年郭義重建已上五堂俱存思功堂在連江里元延祐二年建　國朝洪武二十九年修妙峯堂元延祐元年僧隆源建國朝洪武正統景泰間屢嘗修葺成化元年吳氏請爲祠堂大隱堂元延祐二年僧隆源建國朝景泰間復爲余氏祠堂上二堂在莆田里已上三堂俱發大愛巖精舍在大象峯元至元間蜀僧大愛結菴于北至正間燬于兵燹　國朝洪武二年重建郡人陳觀爲記鄭力行詩樓臺勢倚青天外鐘磬聲沉碧樹間

校注：①鄉

馴鳥迎人啼石澗，小童候客掃松關。林文 天泉巖精
詩山峙秋空千仞表寺藏蒼靄萬重間
舍在石室妙應寺之右半里許元至正二十年建郡
人鄭力久詩老桐攢空翳翠氛山連雉堞隔秋雲
到來禪榻閑相伴燈送簷花入夜分 彌陀巖精舍在大象峯後元至正二十五年建上三精
舍俱府城西 靈雲巖精舍元延祐間建中有桃花洞萬松閣七里塔慈母閣醮月池號五
奇 國朝洪武七年重建三山王偁爲記 眞淨巖精舍元至治間建惠安盧希韓爲記 南
泉巖精舍元大德二年建林雨爲記 國朝柯潛詩好山看不了倦憩白雲邊掃榻剪蕉葉烹
茶分澗泉鵶翻松影碎魚躍浪痕圓相對忘言處風清月湍天 最愛南泉好閑來叩竹關壓頭巖溜白
花底兩苔斑醉吸盃中月吟看鳥外山高人不出戶鱗得一生閑 棲雲巖精舍 竹
峩巖精舍上二精舍俱宋太平興國二年建已上五精舍俱在府城南壺公山 紫雲巖

精舍在府城北陳巖山元至正二年建國朝洪武二十六年修郡人黄雋爲記林崇憲詩驄彼紫雲巖招提深且窈躡磴忽窮探鳥道回木杪仰觀碧漢低俯視群峯小坐久澹忘機松陰下馴鳥日夕賦歸歟歌聲出雲表黄原志詩九峯青巑岏一峯更幽奇雲扃敞新霽石室涵①朝曦文盟集冠佩少長同襟期開筵俯山閣笑咏盃行遲横琴彈古調翦燭評新詩悠然澹忘塵世途空險巇

松隱巖精舍在府城東南穀城山上宋淳祐三年建元至正十六年燬于兵尋復建國朝胡隆成爲記

紫霄巖精舍在府②成東北舊曰迎福院宋熙寧五年建國朝方可學詩古徑雲根斷幽泉石罅通

已上一十一精舍俱存

文峯巖精舍在塔山宋紹興四年建

爐峯巖精舍在赤岐山前元至正二年建國朝洪武三十一年重修

湧泉巖精舍在雙髻山宋淳祐元年建已上三精舍俱廢

玄妙觀在淮寧真門外俗呼舊觀宋大中祥符二年建號天慶觀元貞

校注：①涵　②城

元元年改賜今額國朝永樂五年修林圭爲記

萬壽宮 俗呼新觀元延祐元年郡人鹽鐵使方廣翁建并給以田俾子孫甲乙住持之廣翁自爲記今道紀司在焉上二觀在府治東比①

玉虛東觀 任涵②江宋嘉定三年建國朝洪武三十一年修成化二十一年重建

福神西觀 在峬尾宋嘉祐四年建國朝永樂十一年重建上二觀在延壽里

祐聖觀 在侍賓里江口元至元二年建國朝永樂十一年修上三觀俱府城東北

祐聖道觀 在景得里黄石宋淳祐七年建國朝洪武永樂成化間屢嘗修君爲鄉人祈雨之所

紫霄洞觀 在新安里莆禧宋大平興國三年建國朝洪武二十年通判曹大德重建上二觀俱府城東南

朝元觀 在府城東北廣業里今廢

北辰貞慶堂 在府城東南連江里塔兜堂之前舊傳其地有妖怪創此以鎮之元至元五年修國朝永樂二年重修成化十九年重建

玉霄宮 在平海衛城東北永樂四

校注：①北　②涵

年百戶王烈建歲旱禱雨多應

仙遊縣

龍華萬壽禪寺　在仁德里唐嗣聖三年建有龍井龍池又有東西二塔寺之中別為院一十有一為菴七十有七宋紹興中火後復建王邁為記元元貞間重建併各菴院為一賜今額國朝洪武初重建正統十四年重修

普惠大通瑜珈寺　在養志里宋紹興二年建賜額普惠福壽禪寺國朝洪武二十六年改今名景泰間重建上二寺俱在縣西南寶幢山下

三會瑜珈寺　在縣西善化里龍山下唐景雲中建其旁為大坂洋五代時鄭元弼仕閩會朱文進篡國以言譏之黜歸仙水大坂在宋林彖春日三會寺閑行詩風搖隴麥東西浪春入郊原遠近花閒趂溪流到村曲斷垣喬木西三家溪上橫岡一逕斜成行鷗鷺落寒沙竹籬茅屋林中見髣髴孤山處士家舊有十院宋元豐五年知縣李適併十院為寺國朝正統二年重建已上三寺洪武二十四年併為

叢林

九座太平院 在縣西北聞賢里鳳頂峯之下唐咸通六年建乾符中賜額宋蔡襄書徐師仁詩云依依苔逕荒曲曲溪流急九疊乍屛張萬仞俄壁立平處地如掌仰看天佀笠林彖寓九座院即事詩沙路無泥屐齒輕薄雲籠日雨初晴林間鳥弄歌千轉溪上花開綉一綳攜僧緩步聽溪聲課僕疏筠出翠屛泉石膏肓吾自許餘生應不愧山靈短短桃花點綠荷輕輕白鳥下晴波宛然西塞江邊路只欠能詩張志和有無塵塔塔亭之外老松數十株枝幹皆垂綠茸線縷長二三尺俗呼羅漢線宋嘉祐三年火尋建縣尉黃巖孫郡人劉克莊皆有記元至元間又火至正十一年復建國朝永樂十五年重建

淨光院 在縣東常德里唐天寶元年建國朝永樂十五年修

南峰福寧院 在縣東南香田里紫帽山之左洪武三十年建景泰元年重修

太平院 永樂六年重修

龍紀院 宣德間重建上二院在縣東北興泰里

高田寧國院 宋熙寧間建有俱勝亭祥雲亭

國朝永樂十四年重建中嶽院在漯山之南麓成化十年重建上二院在縣西北萬善里已上寺院凡十所俱存水陸院舊在縣北大飛山下號咸通院後移於縣西改是額白塔院

東禪院 下生院 十王院 興福院 上生院

上方院 報恩院 粥堂院 臨水院 律院已上十院併入龍華寺

山下生院 富陽院 興善院 山寶林院

瑞巖院 保福院 兜率院 西溪院 開平院

新成院 金田院 秀峰院 天聖院 靈應院

銀臺院 白蓮院 下報慈院 上靈瑞院 仙際院 瑞雲院 泗洲院 龍堂院 金華院 北上

生院　香林院　靈山院　棲雲院　妙相院　南平院　棲眞院　香積院　雲居院　羅漢院　五峰院　長興院　安養院　建興院上九院在聞賢里　三禪院　文殊院　上資福院　崇聖院　上報慈院上三院在萬善里　安福院　瑞香院　雙嶠院　福田院　上田院　西方院上四院在善化里　因果院　上由巖院　上天王院　黄堂院　淨居院　清泉院宋林豪寓清泉院即事詩

草上濃霜泫未乾①曈曨初日破朝寒林中槁葉隨風去紅柿猶餘鳥啄殘麥隴青青水滿塘天晴墟落散牛羊霜餘更覺園林好幾許深紅間淺黄雨滴空階不斷聲夜長誰與破愁城驅除直欲煩風伯掃盡陰

校注：①曈曨

霾作好晴中峰院　西山院　國安院　北巖院　資化院　上瑞峰院　上寶峰院　上建福院　中興院　棲林院　永福院　顯親院　白石院　九峰院　下靈瑞院　香山院唐乾寧中賜額宋紹興中重建尚書孫覿爲記陽山院　下建福院　西塔院　資信院　下白巖院　黃重院　西峯院　靈泉院　下太平院　下瑞峯院　上雙林院　靈陂院　靈峰院　靈巖院　南塔院　銅山院　薦福院　新峯院　下資福院　蓮重院　地藏院　雲巖院　下寶峰院　下雙林院　三峯

院 下北巖院 田龍院 東平院 下上生院
下中峯院 龍紀院 靈鷲院 雲峰院 香巖院
崇福院 靈鑒院 西明院在慈孝里 福清院 白衣院
洪山院 下天王院 覔峯院 南院 水陸院在興
化縣南宋太平興國三年建 西林院在舊興化縣西五代晉天福間建 琴峰院
平雲院 五峰院 香山院五代梁開平中建 大悲尼院在闔
賢里 淨光尼院 薦福尼院 東林尼院 東山尼院
吳重尼院 月臺尼院 靈水尼院 靈感尼院
仙泉尼院 詮誠尼院 崇福尼院 興福尼院上一

十二院在興泰里已上一十七院俱縣東北通上九一百四十四院俱廢　雲林菴在縣治北大飛
山之麓宋政和五年建招討副使張濬墓菴也　國朝永樂景泰間俱嘗修葺　前潭菴在香田里
有亭瞰官道元元貞元年建　國朝景泰間重建　里尾菴洪武七年建成化十三年修　登
果菴洪武初建上二菴在折桂里　錦井菴　靈山菴上二菴在常德里已上五
菴俱縣東　美林菴　碧潭菴元至元二年建有亭瞰官道上二菴在萬善里　月山
菴在養志里已上三菴俱縣西　仙嶺菴在洪山之側有亭瞰官道洪武元年建　雙林
菴上二菴在永興里　儒官菴　大坂菴上二菴在孝仁里已上四菴俱縣南　南
埔菴在香田里有亭瞰官道洪武三十年建　楓亭菴在楓亭市元延祐四年建　馬嶺
菴在馬嶺上有亭瞰官道洪武三十年建成化十七年增建　法雨菴上三菴在連江里已上四

菴俱縣東南天柱菴元泰定二年建地有温泉浯溪菴元元貞元年建上二菴在縣東
北安賢里已上九十九菴俱存深沙菴　普賢菴　省菴　天王
菴　淨因菴　龍興菴　建法菴　求興菴　鴻福
菴　藥師菴　淨明菴　清泰菴　淨嚴菴　崇壽
菴　資福菴　法華菴有萍齋宋林彖隱居之所乾道間詔舉遺逸彖起家爲左
迪①公郎添差軍學教授卒遂以爲祠堂又有聽雨軒彖詩云身外無竆百不聞筭沙活計亦慵論齋餘閑
倚蒲龕瞑祇有溪聲落耳根羅漢菴　小上生菴　吉祥菴　嚴
福菴　寶樓菴　寶相菴　法因菴　陟屺菴　靈
鷲菴　龍壽菴　雲巖菴　延壽菴　中峯菴　興

校注：①功

教菴　淨居菴　明賢菴　西嶽菴　報劬菴　報
先菴　華嚴菴　地藏菴　三教菴　紫雲菴　西
峯菴　西慈菴　泗洲菴　寶勝菴　大廣福菴
南峯菴　僧伽菴　天慈菴　六祖菴　崇因菴
龍目菴　法相菴　萬緣菴　淨土菴　小廣福菴
文殊菴　釋迦菴　觀音菴　青龍菴　俱全菴
戒律菴　中方菴　中宫菴　清涼菴　七佛菴
傳教菴　寶林菴　西方菴　萬安菴　東慈恩菴
彌勒菴　天宫菴　北峯菴　千佛菴　法雲菴

妙恩庵 菩提庵已上庵七十六所元貞間併入龍華寺 洪山庵在縣坊之
左 長嶺庵 水尾庵洪武間方誠中建上二庵在縣東香田里 圓通庵
興福庵上二庵在養志里 般若庵在功建里上三庵在縣西 鳳山庵 西
峬庵上二庵在縣南永興里 望仙庵在縣西北興泰里已上庵凡八十有五所俱廢 興
明堂舊名東峬堂在翻①泥山前 集慶堂在水郊村宣德十年重建成化元年增建 鳳山
堂在留仙山後上三堂俱縣南永興里 法雨堂在縣東南孝慈里宋慶曆二年建 金石
山福神觀在縣東北里許宋建炎四年建王邁為記國朝洪武十七年知縣顧思敬重建永樂
宣德景泰成化間屢嘗修葺 何仙宮在縣北興泰里九鯉湖之上祀何氏九仙今四方人士多上
謁夢於此巨石上有册曰藥竈東西石如門鑿化龍洞三字北崇崖上鐫天子萬年四大字每字徑三四

校注：①翻

尺許湖旁有亭扁曰湖光宋人王永端建知縣吳于為記已上宮觀俱存**紫澤觀**在縣東常德里唐弘道二年建宋林光朝集云唐有紫澤觀在仙遊今謂之道觀洋**三清堂**在縣東北興泰里巳上觀并堂俱廢

福寧州

本州

建善寺在州東門外舊在溫麻縣之後名建福齊永明元年建唐景雲二年移建今所改今名大中四年賜大中建善額有放生池**瑞巖寺**在一都五代唐清泰元年建 國朝正統九年修建**小興福寺**在六都宋開寶四年建**瑞雲寺**在八都五代晉天福元年建**靈峰寺**唐中和三年建**國興寺**宋祥符四年建上二寺在十都**資福寺**唐咸通二年建**清溪寺**咸通五年建上二寺在十一都**靈應寺**在十三都五代梁貞明六年建**棲**

林寺在十七都五代晋天福三年建

資國寺在十九都唐咸通元年建巳上一十一寺俱州東

資壽寺在西門外舊①椄待菴也初在州東三十步許五代周顯德二年建名保明寺宋大中祥符六年賜今額 國朝洪武二十年改寺置福寧衛遂移今所

地藏寺在三十四都五代晋天福五年建

雙溪寺在道者巖之左舊在直符嶺宋天聖中移建今所

目連寺在三十六都五代周顯德元年建爲靈石菴宋淳化四年重建爲寺上四寺俱在州西

南禪寺在南門外五代周廣順元年建內有虎溪亭

寶倫寺宋乾興元年建 國朝永樂十七年重建○寶倫三山志作保崙

彌陀寺在大金千戶所後山舊名東寧菴洪武二十年以其址爲所公署永樂十五年千戶張得移建今所改今名以爲官僚歲節習禮儀之所上二寺在五十二都巳上三寺俱州南

延壽寺在二十七都宋建隆九年建

小雲寺在二十八都唐大中元年建上二寺

校注：①接

俱州北

大靈峰寺在州東南五十三都五代唐清泰元年建

清涼寺五代梁貞明五年建

松嶠寺宋太平興國元年建上二寺在四十四都

清潭寺隋開皇二年建

寶慶寺五代晉天福二年建國朝宣德九年重建上二寺在四十五都已上四寺俱州西南

廣花寺隋開皇二年建

天竺寺宋建隆元年建上二寺在二十四都

保安寺上三寺俱州東北

龜湖寺在州西北山頂有湖其水視潮盈縮寺有息心亭覺心橋接翠軒上二寺在二十五都俱五代唐清泰元年建通上凡三十寺俱存

瀑泉寺在一都唐咸通元年建宋崇寧元①建賜額

瑞峰寺

金剛臺寺上二寺在二一都

大報恩寺在三都

廣濟寺在五都

報德寺在六都

觀音寺在七都

安福寺在十一都

山門寺在十二都

下興福寺在二十都

馬冠寺在二十二都已上一十一寺俱州東

西禪

校注：①缺“年”字

①員泉寺在西隅 廣應寺 報福寺 惠日寺 中感寺
華嚴寺 龍居寺 崇福寺上八寺在三十六都 白蓮寺 棲
勝寺上二寺俱三十七都已上一十寺俱州西 報親寺在二十六都 靈泉寺
法林寺 萬壽寺 棲雲寺上四寺在四十一都 隆壽寺 大
建福寺 五真寺上三寺在四十一都 漳淨寺 法章寺上二寺在
四十三都 寶巖寺在五十二都已上一十一寺俱州南 明宗塔寺 小建福
寺上二寺在州北隅 聖壽寺 宣聖寺上二寺在二十六都已上四寺俱州北
地藏寺在三十九都 資崇寺在四十四都 應慶寺在四十六都 漈泉
寺 南峰寺 西方寺上三寺在四十八都已上六寺俱州西南 昭聖寺

校注：①圓

在四都天王寺在二十都象山寺上興福寺上二寺在二十四都已上四寺俱州東北寶勝寺小報恩寺上二寺在二十七都旃檀寺在三十六都已上三寺俱州西北龍潭寺靈巖寺越峰寺金光明寺靈瑞寺上五寺在舊温麻里唐福禪寺在舊柘陽里慈壽寺在安民里六禪寺報慈寺南峰寺報恩寺地藏寺藥師寺上六寺在舊萬安里觀音寺又舊遂香里亦有觀音寺龍泉寺洋門寺上二寺在舊擢秀里福生寺在望海里善積寺在新北里昭明寺在舊廉江里興聖寺禪巖寺禪林寺輝光寺上四寺見舊誌中峰尼寺在舊沿江里已上二十五寺見三山志西山尼寺在州西隅北山

尼寺在州西北隅 先化尼寺在州西四十四都通上凡七十七寺俱廢 玄妙觀在北門外元至正間建國朝天順二年縣丞宣諶重修 石湖觀在州東十都元至治間建國朝成化十五年重修 西林宮在州東二三都赤岸橋頭洪武間建成化二十三年重修

寧德縣

資聖寺在縣東五都五代梁貞明二年建宋建隆元年賜今額大曆六年重新 靈溪寺在一都宋大觀二年建 竹林寺唐咸通三年建 廣化寺五代梁乾化間建國朝成化五年重建 瑞跡寺五代梁乾化二年建 小靈鷲寺唐天復二年建上四寺在四都 大印寺唐咸通三年建 保福寺五代梁貞明五年建 衍溪顯應寺宋太平興國四年建上三寺在十都 仁豐寺在二十都五代晉天福二年建 鞫①多寺宋淳化元年建 金峰寺宋淳化二年建上二寺在二十一都 安禪寺唐咸通二年建 南峰

校注：①鞠

寺宋開寶二年建上二寺在二十二都

安仁寺唐大中元年建元至元二十九年重新

瑞林寺五代梁龍德二年建上二寺在二十三都巳上十五寺俱縣西

報恩寺在一都唐咸通九年建

永寧寺唐乾符元年建

棲雲寺唐景福元年建上二寺在二都巳上三寺俱在縣南

天王寺在一都五代晉天福七年建國朝成化六年重建教諭陳震詩青山去縣無多路芳草臨門只一僧

瑞峰寺在三都唐咸通元年建

興福寺梁大同二年建

金鄣寺唐大中八年建元大德間重建寺有盤陀石露響石烏馬石潛鱗沼雙石彝碧水簾湧金尺蒙泉井長老巖祥雲巖號十奇上二寺在四都

香林寺在六都唐天寶元年建國朝林聰詩翠擁層巒合流分曲澗深

中際香積寺俗呼際山寺唐乾符元年建六年賜香積額元大德間重建舊有神天護

雙峰寺唐元和十四年建初號九仙後改今名

靈山寺唐咸通二

年建國朝天順八年重建

資福寺宋景德四年建

白蓮寺宋太平興國七年建上五寺在八都

龜山寺唐開成二年建

安福寺唐咸通二年建上二寺在十都

甘露寺唐元和十五年建

廣教寺在十一都唐大中元年建上二寺在十一都

仙巖寺唐咸通二年建

小支提寺唐咸通九年建

布泉寺唐乾符六年建上三寺在十二都

禪寂①寺在十三都唐咸通五年建

鳳山寺在十四都唐中和四年建初名資福宋太平興國四年改為崇勝寺中有碧雲堂

太靈鷲寺在十七都宋太平興國元年建

雲門寺唐咸通二年建

瑞龍寺五代周廣順間建上二寺在十九都已上二十二寺俱縣北

應先寺在縣東北五都宋雍熙二年建

支提寺在縣西北十二都吳越錢氏建宋政和間以郡守黃裳之請賜政和萬壽寺額已上四十三寺俱存

永福寺在舊金溪里唐大中十二年建初名觀音咸通

校注：①寂

四年改爲崇壽五代梁開平四年賜今額
禪林寺在舊霍同里唐咸通二年建
同聖寺在舊水際里五代晉天福四年建上三寺見三山志俱廢
寶花尼寺在六都唐咸通元年建
北山尼寺五代周廣順四年建
寶安尼寺宋太平興國四年建上二寺在九都
太平尼寺在十二都宋開寶五年建已上九四寺俱存
玄禧觀一名恰雲堂在二十二都元大德五年建
國朝正統七年重建
鶴林宮在十二都霍童山下梁大通二年建世謂之鶴林洞天有桃花洲午日巖皆宮之勝槩也
東山宮在七都宋寶慶初建
福林宮在五都宋景定四年建爲景祐真君廟元泰定二年重建改今名鄱陽李輔詩雨過石田遥①草長春深洞府碧桃闌又云點易曉分花上露烹茶時汲石澗泉上三宮俱縣北
三元宮在縣西一都元泰定元年建
棋②峯道院元至元二年建國朝洪武二十七年修司業周賀夫爲記鄱陽李輔詩琚臺晝靜

校注：①瑤　②棋

來黃鶴石室春深長紫芝

怡雲堂元大德五年建國朝正統七年重建上道院并堂俱在縣西二十二都

福安縣

獅峰寺在二十四都唐景福元年建國朝洪武二十年重修寺有獅子峯金鷄石卧牛石鹿砲①泉雙髻峯筆架峯石梯峯環翠亭伏虎橋廣化門號十奇。三山志作西峯

資福寺在三十六都五代唐長興元年建上二寺俱縣東

棲隱寺在二十三都唐太中元年建國朝天順二年重建

棲雲寺在五十八都宋元符二年建孟充詩風收千障雨簾捲湍棲山田種樵峣上人行圖畫間上二寺俱縣西

龜湖寺在一都距城半里元至大四年主簿胡璉建國朝洪武正統成化間俱嘗修建

靈巖寺在二十都唐咸通元年建國朝成化十八年增建上二寺俱縣南

寶林寺五代晉天福五年建

報恩寺宋元符初建國朝成化十九年重建上

校注：①跑

二寺在二十五都

大凝寺在二十六都

興雲寺在舊仁風里上二寺俱宋元符二年建已上四寺國朝洪武間併入獅峯寺

曹山寺在三十一都唐景福二年建國朝成化十五年重新

保林寺宋乾德四年建國朝成化間修

青雲寺

白蓮寺上二寺俱宋元符二年建已上三寺在三十五都

仁王寺宋乾德二年建

雲林寺宋乾德五年建上二寺在舊秦溪里俱廢已上六寺國朝洪武間併入資福寺通上十寺俱縣東

興慶寺在二十三都宋開寶元年建國朝成化間建

羅漢寺在十七都宋天聖七年建國朝成化十六年重新上二寺俱縣西

資聖寺在縣南二十一都宋元符二年建已上三寺國朝洪武間併入栖隱寺

雙巖寺在縣東南舊秦溪里唐咸通中建國朝洪武間併入栖雲寺

石門寺在縣東唐咸通五年建國朝天順四年重修

崇仁寺在四都唐咸通元年建國朝成化間增建

崇

福寺在八都唐光啓三年建

棲善寺在舊歸化西里唐大中三年建上三寺俱縣西○縣志作棲雲寺恐誤

祥雲寺在舊西興里宋開寶元年建

仙聖寺在舊歸化東里宋元符二年建上二寺俱縣南

龍巖寺唐咸①建十年建　國朝宣德六年重建

南峰寺五代晉天福三年建內有鄭僉樞祠宋知縣鄭黼立僉樞名諱事蹟俱無可考不知何許人也　國朝成化十五年重建上二寺在縣北二三都已上八寺洪武間俱併入龜湖寺

龜齡寺在九都唐咸通元年建

鎖泉寺在十都宋元符二年建上二寺俱縣西

慈雲寺唐大順二年建

觀音寺宋開寶九年建上二寺在縣南二十一都已上四寺　國朝洪武間併靈巖寺

天福西林寺在縣東二十七都宋元符二年建　國朝成化間重修

五峰寺在縣南宋元符六年建　國朝永樂十年重建今廢

寶幢寺在縣西舊西興里宋太平興國元年建

寶林寺在縣

校注：①通

東南舊秦溪東里禪①寂尼寺五代梁乾化四年建中峰尼寺上二寺在縣東南舊
沿江里已上四寺見舊志俱久廢北山菴在縣北溪東接待菴在天堂山之下元皇
慶元年主簿胡璉建天堂菴在天堂山之顛永樂八年建上二菴俱在縣東南仙嶺菴
在縣西南仙嶺上觀音堂在縣治東舊陰陽學址也普光堂在縣治北之右貞慶
觀在縣東一都宋淳祐十年知縣林子勳建 國朝永樂正統成化間屢嘗修葺

丘墓

昌黎過田横之墓則取酒以吊東坡遊桓魋之藏則鼓琴而歌夫均一荒墟廢壟也而所感之不同如此亦惟其人焉耳古今丘墓之在閩者

校注：①寂

不可勝計錄其所可杲而黜其所可歌亦示勸①戒之道也乃志丘墓

福州府

閩縣

閩越王郢塜 許將墓 許龍墓翁仲石獸猶存已上三墓在瑞聖里 陳誠之墓在芳俗里寶月山 韓準墓在瑞聖里鳳丘山已上二墓俱府城東

侯官縣

林之奇墓在清泉山 林子沖墓在清泉山之右上二墓在一都 張睦墓在十都赤塘山 楊宏中墓在四都厚山巳上四墓俱府城西 陳孔碩墓 陳讜墓上二墓在府城西南九都龍湖村 康靖王墓即古麻剌國王也 國朝永樂

校注：①戒

間入貢至郡以疾卒　賜諡康靖有司營葬及春秋祭之

薩琦墓琦色目人其國俗葬埋之禮甚闊略至琦治父母之喪盡屏其俗一遵朱子家禮天順間琦卒　勅有司治葬遂爲營墓於其先塋之側上二墓在府城西草市都

懷安縣

東越王餘善塚

王審知墓在蓮華山初葬懷賢里鳳池山後改葬今所賜神道碑張文寶撰文上二墓在府城東北寧碁里

王摶墓在太平里摶唐人與崔胤並相昭宗胤素忌摶明達有謗誣摶貶朱厓回卒于此○按舊書本傳摶貶崖州司戶參軍事賜死藍田驛而舊志謂卒于此未詳

余深墓在欽德里深羅源人卒葬于此

黃璹墓在四都長箕山

黃滄墓在一都靈光山上四墓俱府城北

張當墓在三都馬鞍山翁仲石獸猶存

劉若虛墓在越城里上二墓俱府城東北

鄭穆墓在北平里

李子綱墓在沙溪山

綱即卲武李丞相也晚居候官卒葬于此上二墓俱府城西北

藍光墓 在府城東北昇山

長樂縣

趙以夫墓 在縣東十步許國朝正統中為盜所發有司為修治之

高麗王祖墓 在縣南逍遙里資壽寺山高麗王宜星之父元末任宜州判官秩滿將行忽有星墜庭院光煜煜射入是夕宜星生因以為名宜星有奇質言動大異凡兒父既卒高麗王入貢將歸國宜星願從之祇詩謁見王王器其才後王無子因以宜星為嗣

鄭性之墓 在縣西南六都阮山翁仲石獸猶存

連江縣

劉礪墓 在縣治北寶林寺東礪號在軒

李彌遜墓 在縣南新安里石門寺側

常挺墓 在縣西南光臨里張旗山

鄭昭先墓 在縣東北廣化寺後鳳凰山

福清縣

雲樵墓 在縣西南蘇田里漁溪市樵事閩王審知戰没於此

林正華墓

在方成里古龍拱辰山下宋尚書貟外郎丘與齡篆林孝子三字刻於墓石

劉砥墓在修仁里應乾寺之西原初葬長樂縣金鷄山後改葬于此上二墓俱縣東

林公遇墓在清遠里翁陂山

古田縣

張吕寧墓在縣西極樂山

永福縣

林泉生墓在縣□永福山

閩清縣

陳祥道墓在縣西賀恩里白雲山之東

羅源縣

陳顯伯墓在縣北臨濟里九龍村顯伯仕宋事蹟無可考元季墓爲盜所發得景定三年所賜詔其畧曰朕惟謀謨惟陞必資鉅碩之儒佐理綱常尤賴忠貞之士吏部尚書陳顯伯才優德贍博古通今文章足以黼黻於皇猷禮樂足以坐鎮於治道昔嘗侍講於東宮每陳政理今己力辭

於田里猶切朕心若不召卿以歸朝實則勞朕於憂衝今特授卿端明殿大學士簽書樞密院事尚俟安車以慰側席故詔

建寧府

建安縣　鄭賜墓在府城東將相里西焙

甌寧縣　曹覲墓在府城西覲仕宋死節封州歸葬于此墓上有旌忠亭　鄭鼕墓在府城南紫芝山楊時撰墓志銘墓前之左有景節堂又前有宋高宗手詔碑亭　劉珙墓在府城西豐樂里新歷之原朱文公撰神道碑　徐清叟墓在府城北禾義里祝墩　楊鎣墓在府城西豐樂里舘前街

國朝正統間有司奉勅葬

浦城縣　徐鳳墓在縣東募泰里池師原　①貞德秀墓在縣東南孝悌里株林山

校注：①真

之陽章母夫人墓在縣□□□里夫人太傅仔鈞母也舊傳仔鈞遇異人指白羊眠處為穴俗名白羊墳

建陽縣

劉處士墓在縣北建忠里處士唐孝子劉常父也

黃子稜墓在縣南三貴里考亭之李源子稜字元威仕南唐為侍御史謚曰端

祝夫人墓在崇泰里天湖之陽夫人文公母也

朱熹墓在嘉禾里九峯山下大松谷今七世鑑築室居於其旁

蔡抗墓在永忠里留田上三墓俱縣西

游九功墓在縣西南崇政里富龍窠

宋慈墓在縣東北樂田里昌茂

蔡沆墓在九峯之東原

熊夫人墓在楓林夫人劉爚之母也

熊禾墓在熊屯之橫曆上三墓俱縣西崇泰里

熊剛大墓在縣北崇任得里貴湖

胡憲墓

胡寧墓上二墓俱在縣東北樂田里龍潭坑上

胡宏墓在縣北崇文里鼓樓

嶺蔡元定墓在縣西崇泰里翠嵐視頭

松溪縣

陸宏墓在縣東五里舊志云宏仕吳為會稽南部都尉巡歷邑境覽山川之勝慨然曰吾沒當血食此土後卒柩經於此溪忽自涸舟不能進邑人異之遂即其地葬焉詳見祠廟志

陸

戩墓在縣北尊師山之麓

崇安縣

翁承贊墓在縣北新豐鄉東山原口即其故宅之後也

劉韐墓在縣東南五夫里開善寺左拱辰山朱文公拜墓詩理亂由來今古同覆車那肯戍①前蹤紛紛誤國人無數不愧丹心只此公

朱松墓在縣東寂歷山中其子熹為行狀②有云公卒之明年熹奉柩葬於五夫里西塔山而其地卑㬎③懼非久計乃奉而遷于上梅里寂歷山中峯僧舍之北蓋公之詩嘗有鄉園落日蒼茫外樽酒寒花寂歷中之句嗚呼此豈其讖耶

劉子羽墓在蟹坑張栻銘其墓其畧曰寒泓凜

校注：①戒　②狀　③濕

列喬松挺節艱危反側志士秉烈允毅劉公孤忠業業國耻家讎刻骨泣血誓不同天心焉如鐵

劉子彙墓在拱辰山朱文公撰墓表上二墓俱縣東南五夫里

杜本墓在縣南存心橋之西本字伯原號清碧兆京人後徙居武夷之平川元至正三年徵為翰林待制兼國史編修官至武林以疾歸卒葬于此　國朝藍靜之詩皓首山林草太玄鶴書徵起又歸田　一窩自得堯夫樂三策誰知賈誼賢空有墓碑臨道路更無書屋貯風煙後來仰止前修遠慨想昇平七十年

政和縣

張謹墓在鐵山謹遇賊于此連九戰弗克乃瞠目大罵為賊所害因葬焉

朱良材墓在護國寺側蓮花峰下熹之祖也上二墓俱縣東北感化下里

吳元墓在常思嶺下元仕宋為兵部尚書文天祥為書墓道之扁

邵知柔墓上二墓俱在縣西長城里

泉州府

晋江縣

王審邽墓在府城東北二十七都皇績山　留從效墓在府城南二十八都　梁克家墓在府城東北三十七都　傅自强墓上二墓俱在府城南一都磁竈村　留元剛墓在府城北四十一都福泉山下　朱鑑墓在府城西南三十三都陳坑慶雲山成化間有司奉　勑葬

南安縣

姜公輔墓在縣西九日山下吳栻詩消林黃葉墜紛紛耆老猶言別駕墳舊府光華閩隴月故鄉蕭索海南雲　傅察墓在縣西三十三都太平嶺傅山頭察仕宋爲員外郎使金不屈死節以骨歸塟　韓渥墓　蘇緘墓上二墓俱在縣北三都癸山之麓　劉安仁墓在劉店安仁南漢主襲①之祖本上蔡人從家閩中卒塟于此　傅自得墓　傅伯成墓上二墓俱在縣西三十二都雙象峯雲臺寺之旁　莊夏墓在縣東三都京塘

校注：①龔

楊四墓在鄭山　諸葛廷瑞墓在楊梅山下上二墓俱縣西十九都　曾從龍墓在縣南三十五都白石古樓村　曾用虎墓在縣西北二十一都雲峯山　趙士珸墓在縣西三十一都鵬洋岡士珸字鉅器宋高宗之從叔也累官至少師卒贈太師謚忠靖塟此　趙不慮墓在縣東三都小醬山不慮字子容士珸次子也累官至金紫光祿大夫封沂國公謚忠定　留正墓在縣西三十一都楓林山　留恭墓在縣西南三十二都下尾村　留筠墓在縣之長坡村　趙子鏐墓在三十二都祐攬安山子鏐字子金累官中奉大夫都轉運使　趙不流墓在三十都龍湖山不流字子和累官至金紫光祿大夫卒贈太師申國謚懿正上二墓俱縣西

同安縣　蘇頌墓在縣西北胡蘆山下

安溪縣 吳王墓在縣南小長泰里黃潭村塚凡三十有六葬於一山其壙皆花磚外有墓亭耆舊相傳為吳王墓

惠安縣 王潮墓在縣西南一都盤龍山麓 呂夏卿墓在縣北十二都白巖山之麓

漳州府

龍溪縣 顏師魯墓在府城南二十一都新村 陳淳墓在府城北二十三四都山北龍圖陳宓題曰北溪陳先生之墓并為誌銘○宓寰宇志作密非 王遇墓在府城南十二三都架鼓山之麓 顏頤仲墓在府城東二十七都鶴鳴鋪西 迭理彌實墓在府城東廟外表忠祠之後 國朝王禕為撰墓表 劉宗道墓在府城南十二三都櫸林鋪南宗道

卒無後友人郭惠為瘞於此題曰愛禮先生劉宗道之墓

謝璉墓在府城東二十七都三峯亭之左國朝景泰間有司奉勑葬

漳浦縣

長孫沖墓在縣東壠塘沖唐長孫無忌子仕為秘書監流嶺南卒瘞于此

陳政墓在縣將軍山之麓政元光父也唐時為諸衛將軍領兵戍閩卒瘞於此俗名將軍墓其墓有祭田至今佃人歲時祭掃按郡志元光初瘞其父母於邑之雲霄後因術士謂其有王者氣亟改瘞南靖新安里北溪社大峯山以避之後元光戰殁廟食茲士①累封王爵俗謂其役使鬼物仍遷其柩瘞於雲霄山故處其言甚不經然今二縣皆有所謂將軍墓者意其初瘞南靖後遷漳浦郡人神之故以為是說也

高登墓在縣東門外登宋人學者稱為東溪先生卒於容州歸瘞于此

阮烈婦墓在縣北門外元阮二姐夫早亡自縊而死監邑買撤都剌憐之以禮合瘞于此碑曰烈婦阮氏之墓

校注：①土

汀州府

連城縣 彭毋夫人墓 在縣東在城里龍爪陂之上相傳宋隴西郡開國侯彭孫之母塟於此 許景輝墓 在縣北北安里許坊景輝在元世保障鄉邑有功元貞間累官至臨江路總管府治中

延平府

南平縣 羅從彥墓 在羅源里黃漈宋郡守劉允濟刻志 李侗墓 在崇仁里學士汪應辰製碑銘 黃裳墓 在劍津里九坑丘村民侵其墓地碎墓碑於荊棘中識者憾之上三墓俱在府城南

將樂縣 楊時墓 在西山宋胡安國撰墓誌銘 穆肅墓 肅爲汀州刺史卒塟于此

詳見祠廟志上二墓在水南都**劉瓆墓**在金谿巖之左瓆閩王審知剖①將也詳見祠廟志已上三墓俱縣南

尤溪縣

盧琺墓在縣西其墓有二一在乾頭一在杉嶺琺爲閩將卒於寇難身首異處鄉人義而收瘞之特不能卒而爲一故有二墓焉**鄭宜人墓**在縣東興賢坊鬚溪宜人盧琺母也

沙縣

越王墓在縣東南入都越王山五代時閩越王屯兵於此而歿因瘞焉鄉人立廟墓側祀之**鄭光布墓**在縣北十三都光布唐崇安鎮將也墓碑猶存**曹朋墓**在縣東五都高砂九曲水之濱朋唐汀州司隸覊沙縣事卒瘞於此**羅畸墓**在縣西北九都**鄧肅墓**在縣東南八都**曹輔墓**墓下有院建炎二年賜額曰移孝効忠度僧守其祠墓楊時撰墓志銘**曹中墓**中輔之族弟仕宋爲秘書正字胡寅撰墓誌銘上二墓俱在縣東沙州尾

校注：①部

順昌縣

林司空墓在縣東舊正識院側有石麒麟舊志云宋判尚書省特之先世嘗宰順昌挨淵因家焉以特貴累贈至司空里人亦呼爲林長官墓按特世系父名保國大父名揆揆南唐金州刺史嵩之子仕僞閩初官永順塲南唐升塲爲順昌縣遂以揆爲令卒子孫占籍順昌司空蓋揆也舊志失考耳

廖剛墓在縣西靖安都鳳山之下剛嘗夢中作詩有家在五湖明月樓之句後塟于此其子遲過遽相繼捐樓墓下因扁曰明月樓

余良弼墓在縣南石亙都龍山之原良弼宋寳章閣直學士廣東經畧馬步軍都總管初良弼致政歸樂龍山幽勝作堂其麓爲遊息之所扁曰龍山且語其子姓曰樂哉斯丘也他日吾知所歸矣既卒其子大臨大用遂奉柩塟于此

廖德明墓在縣西靖安都

范珏墓在縣東珏死於賊鄉人爲塟於此立廟墓前祀之詳見祠廟志

永安縣

陳世卿墓在縣北二十七都世卿仕宋爲秘書少監夫人羅氏祔塟焉世卿墓

曾鞏撰神道碑羅氏墓王安石撰碑銘

邵武府

邵武縣　歐陽藴墓在府城西五十里大乾山詳見祠廟志　黄中墓在一都故縣黄氏居第之北朱文公撰墓志銘　黄中美墓在銅青山下朱文公撰神道碑銘　何鎬墓在臺溪東碭山之原朱文公撰墓碣銘并誌其壙上三墓俱府城東　呂祉墓在府城西樵嵐積善山詳見祠廟志　黄永存墓在府城東新屯　劉爚墓在三都樵屯之桂林原爚建陽人卒塟于此貞①德秀撰神道碑　龔氏雙烈女墓在王塘香巖寺後詳見貞烈志上二墓俱府城東　黄鎮成墓在金泉山龟素撰墓誌銘　陳泰墓在福泉灣國朝成化間有司奉勑塟學士柯潛撰墓表上二墓俱府城西

校注：①真

泰寧縣　越王塚在縣西五里高踰十丈相傳人觸之則有風雨之異　鄒應龍墓在縣南南禪寺左有亭曰兩谷宋趙與籌撰壙誌

建寧縣　陳巖墓在縣西　謝近古墓在縣東黃舟保近古建人也尉茲邑卒貧不能以柩歸建遂窆於此

光澤縣　李郁墓在縣水東黃嶺之原朱文公撰墓表　李方子墓在縣南五都管密村　李閱祖墓在縣東回龍源

興化府

莆田縣　鄭露墓在府城南壺公山寶勝院側　林尊墓尊贊之父也　林贊墓上二墓在府城西文賦里後人名其山曰林塋　黃璞墓在府城東北延壽里國懽寺後璞福

假官人後遷莆卒葬于此

黃滔墓在府城西北招福院後

歐陽詹墓在府城西南廣化寺北詹泉之晋江人卒葬于此

林九牧墓在府城東北興教里楓林積翠菴唐林披九子俱仕爲刺史列葬于此

徐寅墓在府城西北常泰里北神山下

陳仁璧墓在府城南壺公里壺公山

陳靖墓在府城東南安樂里蔣山天順八年詔有司修天下名臣墓十七世孫淮請於憲司撥郡邑修之

方慎從墓在府城西南南廂錦亭佛勝山

朱默墓在府城東南黃石北辰堂之前宋祥符中默五世祖觀察判官高遇異人指示葬其父漢於此後高亦附葬焉既而默死爲神封侯爵偕其弟默等俱葬此山凡十又八人時人稱爲十八大夫墓

方僑墓在府城東北興教里楓嶺下

鄭伯玉墓在石泉院後

陳卒墓在南廂杭頭靈泉北山之原

陳中復墓在木蘭陂常思山上三墓俱府城西南

方元寀墓在府城西常泰

里洋西山林積仁墓在靈隱山東岡宋棐墓在府城南赤龍嶺林光朝為銘林孝澤墓在五雲寺東北王晞亮墓在招福院旁陳俊卿墓在妙寂院前黃公度墓在楓蓮塘後人名其山曰狀元林上三墓俱府城西北宋藻墓在府城東北囊山寺西龔茂良墓在府城西南雙髻石馬山方翥墓在太平山林栩墓在花巖寺後上二墓俱在府城西北鄭樵墓在府城東北廣業里越王山下郭義重墓在府城南深瀆林光朝墓在府城西南南廂接官亭劉夙墓在壽溪之上劉朔墓在囊山上二墓俱府城東北皆永嘉葉適撰銘方耒墓在府城西北常泰里洋西山鄭僑墓在府城東北廣業里龍嶺方任墓在黃埕山劉彌正墓在府城南寶澗之原葉適撰銘宋鈎①墓在府城東南鄭山一名塔山洪咨夔為記方信孺墓在府城南三十里劉

校注：①鈞

克莊爲銘鄭寅墓在府城東北吳山丁伯桂墓在府城西石室巖下劉克莊撰銘方大琮墓在府城西南文賦里仁山大繩坑王邁徐明叔劉克莊撰行狀碑記陳宓墓在府城西下余陳巖山方大壯墓在府城西北太平山陳燽墓在烏石山東北方陳均墓在府城西常泰里玉澗社之陽林彬之墓在府城西隅劉克莊為記林雱墓在府城南惟新里龍泉山吳叔告墓在府城東南合浦里皷石山按劉克莊所撰墓銘在白杜路口黃績墓在府城西北常泰里瀨溪松峯后山劉克莊撰銘劉克莊墓在府城東北孝義里鼓樓山按洪天錫所撰銘在徐潭宋詡墓在府城西南文賦里梅峯山李丑父墓在府城東北待賢里爐峯黃仲元墓在府城西北興教里吳車方澄孫墓在府城東北白杜山方演孫墓在府城西北北山留坑李春墓在府城南永豐

塘上路右春洪武間知興化府民愛之及卒留衣冠瘞於此

林環墓在府城西常泰里駟華陂白石山之原

楊慈墓在府城西石室巖下

黃壽生墓在羅漢峯之原

陳用墓在錦亭之前

林文墓在鳳凰山之原成化十二年有司奉勑瘞上三墓俱府城西南

陳中墓在府城東南穀城山湖頭嶺

方瀞墓在府城南

翁世資墓在府城東南連江里小龜嶼之原成化二十年奉勑瘞

陳俊墓在府城西南新興里湯亭之原弘治二年奉勑葬

柯潛墓在府城東南安樂里和溫山成化十年有司奉勑瘞潛之父封尚寶少卿兼翰林院修撰①

原朴墓在潛墓西數步許先是亦奉勑瘞

仙遊縣

鄭良士墓在孝仁里飛鳳山之西南山

蔡襄墓②在連江里亦湖蕉坑

朱綬墓在孝仁里香山寺上三墓俱縣南

王回墓在縣北功建里鷄虎山

張弼

校注：①“原朴墓”应为大号字　②赤

墓在折桂里靈陂山陳可大墓在香田里東廬田山上二墓俱縣東蘇欽墓在縣西南仁德里寶幢山之麓葉顒墓在縣西善化里烏石大旗山傅淇墓在縣南孝仁里周澤竈頰之原陳讜墓在縣西林彖墓在縣東折桂里靈陂陂西鄭勳墓在縣南孝仁里香山之原王邁墓在縣東南慈孝里珠嶺葉大有墓在縣北功建里將軍山之麓王太冲墓在嘉禾里山平林義墓在縣北孝仁里大飛山下詳見祠廟志

福寧州

本州　林嵩墓在擢秀里岱村張叔振墓在建善寺之東上二墓俱州東

寧德縣　林聰墓在縣北八都成化十九年有司奉勑塋聰之父觀歷官教諭累贈右都御史先是亦奉勑塋於縣之七①都

校注：①都

福安縣

薛令之墓 在縣西里泉埔山宋嘉祐八年長溪令周尹為建亭立碑後亭廢碑亦不存

陳最墓 在縣南二十都城山

八閩通誌卷之七十九

八閩通志卷之八十

古蹟

李商隱籌筆驛之詩則亟慕武侯之籌畧蘇子瞻昆陽城之賦則深快賊莽①之敗亡夫登臨懷古其情一也而所感不同蓋不于其地而于其人焉閩蕞爾數郡在漢則為亡諸之封國在五代則為王氏之僭偽在宋則為少帝之行都皆有遺蹟而歷代城郭官寺建置遷徙之不常其故址亦歷歷俱存叢而紀之匪特以資騷人墨

校注：①莽

客之賦詠而因其迹想其人亦足以垂鑒戒也

乃志古蹟

福州府

閩縣　提舉行司在南街東舊都作院地也　通判廳宋初州置通判一員廳在威武軍門內之西紹興五年增一員始居旌隱坊之北以舊帥屬廨舍為之後通判移於威武軍之東乃以帥屬廨舍為參議廨舍　左司理院在虎節門外之左今舊籍左院巷　都務官廨舍在舊旌隱坊北　臨河務官廨在法海寺北　巡檢廳在南臺塩①倉之西後移置峯嶺遂以為閩縣尉廨　巡轄馬鋪廳在南臺橫山之西後移白田又移水口尋仍舊　臨河務在府治東南美化門內古南鎖港凡百貨舟載由此而入故置務焉　使星館在海晏門內街

校注：①辜

北

全捷指揮營在井樓門內之東隸殿前司

鐵庫在彌勒院之北舊為船場至元二十年行省右丞忙古歹造征東海船以其地狹隘拓以民田構宇其中後改為鐵庫云

舊縣治在今縣治東里許閩都坊內

監押廳在舊利涉門內之東

候官縣

將官廳即舊崇軺驛也

都監廳上二廳在舊寧越門內之西

鐵作院在清遠門內之東

迎仙館在南禪寺東宋景祐中郡守范亢建其後為轉運行司

皇華館在環①珠門外舊春風樓地也

不敎閱保節指揮第一營在金墉橋之北

都作院指揮營在浦尾金斗門之北上二營俱宋時建

亳州十翼上千戶所並在郡西門外雄邊營今候官縣草市都

亳州一翼下千戶所在郡西關外候官縣一都觀音嶺

亳州翼哈剌魯千戶所在館驛之西南隅右三廂

校注：①還

羅漢洋

毫州萬戶府鎮撫所在雄邊營上四所俱元時建

舊縣治在府城西十一都今俗呼候官市

右院巷在虎節門外之右今猶稱右院巷

懷安縣

閩越王城在今布政司北二百步餘國朝王聰詩譽龍人去山河改衰草寒鴉起暮愁

察推廳　節推廳　簽判廳俱在宋府東廊治平間移察推廳於定安門內之北元祐間建試院仍復舊

曹官廳按慶曆舊記府院在威武軍門外東偏六曹官舍附之

駐泊兵馬都監廳在府東偏職官廳之東政和中以為廉訪治所移環珠門外

監甲仗庫解舍舊在康泰門內之南後以展拓試院移醧治池南菴舍

都倉在府治西舊名西版倉今俗呼米倉巷

迎恩館在迎仙門內之北有送客亭淳熙元年始置館於門外之南為迎詔勅之所

如歸館在威武軍門外之西

威武營在威武堂教場之南

舊駐泊廣勇營之地也淳熙五年為營以居衙兵都尉營在開元寺東直巷吳置典船都尉主
謫徙作船於此其地今為民居泉山府兵左衛營在州東百步唐開元十九年置元和
八年改為毬場宋謂之東毬場威果二十四指揮營在求橋北威果二十
五指揮營在乾元寺西廣節指揮營在東泰門外之北宋熙寧六年改教閱保
節指揮為廣節上六營俱隷侍衛步軍司不教閱保節指揮第二營在豐樂門
外之南第三營在豐樂門外之北牢城營之西第四營在廣節營之東有馬雄
畧指揮營在麗景坊内之東隷本州駐泊司壯城指揮營在威果二十四指揮
營之東乾道九年改為忠順官舍後散居廂軍營牢城指揮營在豐樂門外之北已上營
俱宋時建福新二翼上千户所並在郡西北威武户營今越山之下福新一

翼中千户所亦在威武營

福新三翼下千户所亦在威武營

福新萬户府鎮撫所在萬户府西威武營内

福興萬户府鎮撫所在萬户府之内理問所

營田司在郭北宋鄭尚書府三山續志云侵占官田者許百日内自首盖以數官田也

陰陽學教授廳在歐冶池之南即宋機宜衙也

平準行用庫在譙樓南之西廉訪司右

惠民藥局在譙樓東總管府儀門之西

蒙古字學在亳州萬户府之東其學堂扁曰同文堂元貞間教授宋友諒創程雲樓爲記已上自福新二翼以下俱元時建

舊縣治初置于芋原北三十里後移于石岊亭之西

舊儒學在舊縣治之西

戰坂在府城舊縣治北十里相傳五代晋開運三年唐兵攻李仕達戰於此

陶竈在縣治北一十里按舊記五代梁開平元年閩王審知築南北夾城陶塼于此初審知令陶每塼上悉錢文後李仕達舉

國歸吳越人以為塼上錢文蓋其先兆云

長樂縣

吳航頭今縣水次是也閩中記云吳王夫差乘①般畧地至此故名

舊縣治在縣東南敦素里平川今俗呼古縣

主簿廳初在縣治南後移縣治東南

尉廳初在縣市文行坊後移縣②洽東南隅上二廳俱宋時建

鹽倉舊在臨水③□側熙寧中移置縣④□嶺口

連江縣

丞廳在縣⑤洽西宋熙寧間為簿廳崇寧間改為丞廳

主簿廳在縣治西南隅崇寧間建

尉廳宋元祐間建於縣⑥洽東南乾道間移建縣⑦洽第二門之左

鹽倉在縣西南

福清縣

丞廳在縣中門內之右宋熙寧四年建

主簿廳初在縣右□峯路口熙寧三年遷建縣門內之東□

尉廳在中門外之左

鹽倉在縣東海口□

省倉在縣門外之右

鹽場在縣治南隅西塘之西

軍寨在縣西善福里石⑧□□宋初嶼洋林氏以貲産霸⑨□方徃

校注：①船　②⑤⑥⑦治　③渡　④東　⑧竺山　⑨一

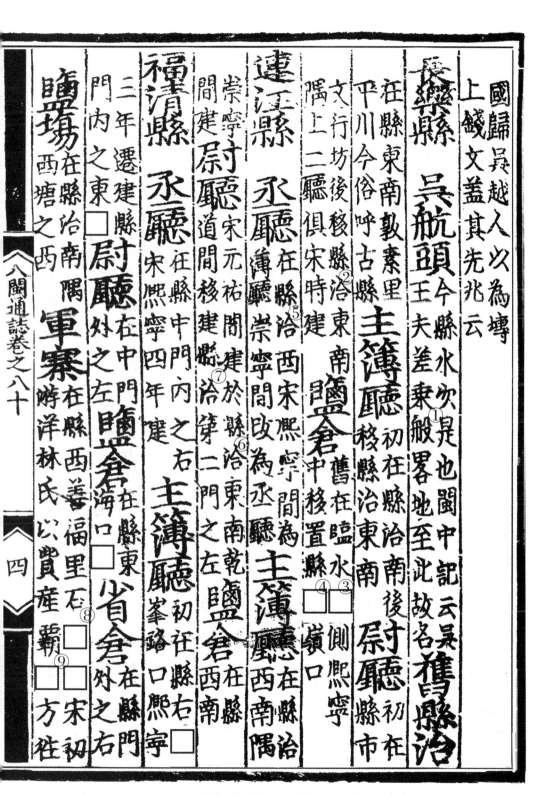

往侵犯鄰境因宿重兵於此禦之故名雩寨今傍①材猶有名虎陘者

古屯　在縣西福善里蓋②□人屯兵之所也

鼓樓　在縣南隆仁里閩王審知調兵工築海③□因刱樓於此鳴鼓角以警夜俗呼鼓樓下又有閩王祭苗墩今尚存

古田縣西溪巡檢司　在縣之西溪宋時設元因之國朝洪武十二年省

谷口巡檢司　在縣西南一都谷口舊在水口為水口巡檢司宋大中祥符五年建元時移今所□國朝洪武三年重建正統間省

監水口鎮衙　在水口元時省

水口務　宋置元因之國朝省

鳴玉驛　在縣東洪瀨灘宋景德間縣令李堪改灘曰鳴王④遂以名橋亦以名驛紹興七年縣令鄧觀移驛⑤十縣之西⑥比其地遂為民居

巡轄鋪廳　在水口宋景祐二年自南臺移置于⑦比後復移南臺

鹽倉　在水口鎮宋大中祥符五年置建炎間移置懷安今為名園圃

經總制倉　在縣

校注：①村　②昔　③隄　④玉　⑤于　⑥北　⑦此

4438

東宋建今廢為民居

永福縣丞廳在譙門內之東**簿廳**在縣東隅四十步上二廳俱宋時建**尉廳**在譙門內之西宋時建元元貞元年重建**廉訪分司**在縣治東元時建**永泰鎮**在縣東三都唐初置於今縣治大曆間改為縣乃徙建于此

閩清縣簿廳在縣南驛地也紹興二十八年自縣治徙置於此**丞廳**在縣治西**尉廳**在丞廳之西俱紹興元年重建按三山續志尉司在縣左淳祐間建寶祐元年重建豈紹興間建於縣西至淳祐間復遷創於此歟**青窰巡檢司**在安仁里元時建**稅務**在縣南濱溪元時建

羅源縣簿廳初寓水陸寺後寺災遂即其地剏建**尉廳**宋①[illegible]熙間置於縣西元元②貞初

校注：①淳　②貞

後置於侍郎黄亭舊第。**南灣巡檢司**在縣東北招賢里舊在廉山後還於此。**稅務**在縣治衮綉坊元至元十八年置。**四明驛**在縣治西二里四明寺側宋建炎三年建元至正間省。

建寧府

建安縣

東甌城在府城東南才①里漢吴王濞世子駒發兵圍東甌即此地也詳見郡名志。**古長城**在府城東安泰里五代時王審知據閩遷城於此鄉人呼其地曰党城。**福建轉運使司**在府城中建安縣治之東北宋時置以總各郡財賦今布政分司即其地也。**主管廳**今為府經歷廨舍。**幹官廨**在山棗岐下上二廳在府治東中和坊內。**茶事提幹廳**在府治東登俊坊與貢院相隣元時其地為小教場。**司法廳**在府治北舊府治西之西壕後

校注：①十

徙於舊錢監廳

檢踏廳 與司法廳相鄰即舊豐國監也上二廳元更刱為總管府庫國朝洪武十九年改建為建陽衛

觀察判官廳 今亦為建陽衛

錄事參軍廳 在府治北舊府治之左今為建寧左衛□千戶所

東南副將廳 在府治西北親睦坊今為軍營

節度推官廳 今為民居

尉廳 故址猶存上二廳俱在府治之東

建寧路類試院 在府治東宣化坊內乾道間運使沈樞即本司南門之左刱建

宋府社稷壇 在光孝觀之右唐永徽初刱建於臨江門內富沙驛之側宋慶元間徙建今所風雲雷師壇附焉淳祐中始建風雨雷師二壇於社稷之左右元時郡守勸農於此今鞠為蔬圃矣

宋縣社稷壇 在舊縣治之東今為顯佑祠上二壇俱在府城東寧遠門外

省倉

鹽倉 在山棗岐上二倉俱在府治東中和坊

學倉 在府治南崇儒坊故址猶存

合同場 在府治東登俊坊宋為郡圃後為都

監司紹興中改爲場盖批發茶引之所也威果第二十七指揮營在府治北親睦坊東壕之上舊宣毅營址也廣節第四指揮營在府城東政和門內元時更爲南營廣節第五指揮營在府治北親睦坊保節第十指揮營在府治南崇儒坊元時爲保十營上四營今俱爲建寧左衛軍營保節第十一指揮營在府治北親睦坊元爲保十一營今爲軍民居屋保節第十二指揮營在府治南崇儒坊元時爲保十二營今亦爲建寧左衛軍營豐國監營在府治東中和坊舊府治之左其址今入建陽衛壯城營在府治東宣化坊今爲廣實倉大教場在府治西和樂坊縣教場在府治東舊尉司前社稷壇後上二教場今俱爲軍民居屋党口寨在府城東東長里埃①竹寨在府城南登仙里黄孫寨在安勿村下里赤岸寨在登仙里上二

校注：①埃

寨俱府城西南已上四寨俱宋時置元時廢

舊司獄司在府治東南從化坊宋紹興間建國朝洪武間為司獄司景泰間遷入府治內其地今為民居

建寧左衛倉三所一所在宣化坊一所在中和坊府學之後一所在親賢坊黃華山

建寧右衛倉三所一所在宣化坊今改建為布政分司一所在德政坊上二衛倉俱廢

甌寧縣

古郡城在府城南覆船山下詳見城池志

司戶廳在府治西北陞華坊初在府治西南大中寺門外後以其地建蘄王廟遂徙于此即舊醋庫為之元時改建為御史衙今廢

路分廳

帳司廳

都作院上二廳并院俱在府治北孚惠坊

常平

提幹廳在府治西明德坊

監合同場官廳在建溪門內

左翼軍統制衙在臨江門內

兵馬監押西廳在臨江門外平政橋側上二廳并衙凡四所俱府

治西南兵馬監押南廳在大中寺門右其地今入於寺舊縣治丞廳
簿廳尉廳俱在府治北①太平坊內今爲建寧右衛倉舊社稷壇在府治西舊縣
之右富沙驛在府治西南臨江門內初在平政門外曰富沙館紹興十年郡守郭東移建於城內
尚書坊隆興間郡守陳正同始移建於此水吉驛在府城西北禾占里宋時建元至正間發豐
樂驛在府城南豐樂里後改爲豐樂鋪行用庫在府治西南和義坊元時建　國朝洪武
人②年重建永樂七年省都稅務監稅務上二務俱在府治西平肆坊保節
第十三指揮營在府治西南威武門內論③秀坊元時爲保十三營保節第十
四指揮營元時爲保十四營上二營今俱爲建寧右衛軍營都作院指揮營
元時爲武宣王廟今爲居第上二營在府治北孚惠坊寧節指揮營在府治西北西濠之

校注：①北　②八　③掄

上元時爲軍營

左翼軍營 在府治西南臨江門内上二營今爲軍民居壘

水吉都巡檢寨 在府城西北禾吉里故址猶存

水西寨 在府城西敬客坊宋紹興二十年吉陽里杜八子聚衆竊發泉州駐劄將官咪敏平之乃留百人駐東禪院尋移于水西顯新寺

浦城縣

越王行宮 在縣東隅漢越王餘善建今爲勝果寺

丞廳 在縣治東

簿廳 在縣治西真德秀爲記

尉廳 在縣治東北一里許

監稅廳 在縣治東南百餘步上四廳俱宋時建元廢其址今爲民居

邑務 在縣東隅宋將建今爲民居

臨江驛 在縣南清湖里今改爲臨江鋪

大湖驛 在縣西南入和里今改爲大湖鋪

漁梁驛 在縣西北樂平里漁梁山側其地高峻多寒故諺云無衣無裳莫過漁梁宋蔣之奇詩道上風蕭雨林間雪壓霜無衣無褐者何以過漁梁

盆亭驛 在縣西北安樂里兩山高並而驛居其間舊名細泉村鄉人隨泉勢

作曲堰數十處其狀如盆秦漢有盆亭里上四縣俱宋時建

臨江鎮在清湖里

僊陽鎮在縣西長樂里宋時建并設監官紹興初祖秀實奏罷之

吳山司在縣東慕泰里爲閩辦官往來居止之所

鹽倉在縣治東

盆亭倉在縣北安樂里上二倉俱宋時建廢址猶存

東倉在縣治東

西倉在縣治西

醋庫在縣門外之左宋時建今廢爲民居

保安寨在縣西北船山宋時建設土軍巡捕

西安寨在縣西新興里宋紹興中查源洞草寇竊發因設兵鎮之

臨江寨在縣南清湖里亦因查源洞而設每季差訓練官統兵往來更戍

靖安寨在縣西南靖安里舊名襄洋寨宋乾道四年設指揮一員統之

載初寨在縣東北登俊里宋紹興五年因上湖詹村盜起立寨備之

官田寨在縣北官田里宋慶元五年諸郡寇發鄉民乞撥水西兵禦守

建陽縣

大潭城在縣治西隅其地四山①壞抱昔閩越王因山勢築城以拒漢下瞰溪潭故

校注：①環

名元至正二十七年平章陳友定復因故址增築之周圍大約三里高二丈廣七尺環遶縣治東西南北爲四門今發

閩王城 在縣北崇文里相傳閩王審知築城於此其中殿基猶存今土阜周廻隱隱如城外有水田環繞蓋城壕池故土人呼其地爲王殿村爲城村詳見山川志寶蓋洲

沙寨 宋特因唐石上中下三里地遠民悍置寨於木平里以控制之宜和初遷今所

麻沙鎮 上寨及鎮在永忠里

后山河泊所 在崇泰里洪武十六年建正統六年省上寨鎮并所俱縣西

弓手營 在縣西隅大潭山下元時設爲數閱之所今俗呼後營

松溪縣

松源鎮 在縣東皈伏里即舊縣也宋開寶間遷今治故址猶存

簿廳 在縣治比舊有丞廳在縣東平政橋之右後省丞置簿兼行丞事而丞廳亦燬于兵遂以翊峯堂爲簿廳詳見宮室志

尉司 在縣治西偏舊在簿廳之左宋開寶間建紹興二年燬于兵後縣尉楊雲壹建於此

舊址今爲吏舍

舊縣舍三所 一所在縣治內一所在東平鄉一所在善政鄉上三所俱宋時建故址猶存

使華館 在縣市南宋紹興中知縣林敏元建元季廢其址今爲民居

宋社稷壇 在縣南宋特建元季廢故址猶存

建新寨 在縣治西興賢坊元初建爲屯軍之所廢址猶存

郢復寨 在縣治南一里許元初建爲屯軍之所國朝洪武二年以其地爲山川壇

梓亭寨 在縣北七十里即處州龍泉縣松源鄉之地界龍泉遂昌松溪政和四縣境宋時建元廢隷龍泉縣後廢

鹽倉 在縣中門外西偏宋時建元廢其址今爲縣獄

崇安縣

魏王①成 在武夷之南按武夷志魏王子騫築城于此故名其地爲王城

丞廳 在縣治西興賢坊之右元初省其②址今爲民居

尉廳 在興賢坊營嶺之南內有甲仗庫永樂間以其地建射圃今廢爲民業

鈐轄廳 在營嶺之左故址今爲射圃

主學廳 在營嶺之南故

校注：①城　②址

址今為儒學廚庫

巡檢鎮四所一所在縣南豐陽里黃亭一所在縣東外五夫里七市一所在縣東北石臼①里墟頭上三鎮元季廢一所在縣西南將村里星村洪武初改為星村巡檢司十四年省已上四鎮俱元至大四年刱置

武夷驛在營嶺之左宋紹興間建

楊家驛在縣北石雄里

分水驛在分水嶺

赤石驛在縣南會仙里

鎮守衙宋鈴②轄廳故址也元特為二奕千戶③議軍政之所今為學之射圃

皇華館上衙弃館俱在營嶺之左

新附奕

歸復奕二奕今為城隍廟

閩王寨在分水嶺

閩王戰場在縣東上梅里舊為閩王習戰之地

醫學在縣治東澄清坊元元貞間縣尹楊靚建中祀三皇像後有明理堂至正間燬于兵其址今為民居

學倉在縣治西興賢坊儒學之右

酒務在縣治前宣化坊之左上倉弃務俱宋時建今廢

鹽倉在縣治西縣令王齋建元改為架閣庫今廢

銅庫在營嶺常平倉

校注：①臼　②鈐　③戶

內元改為際留倉**簿書庫**在舊簿廳之左其址今為文定書院**省庫**在縣治西縣令王齊①興建今廢

政和縣

福建廉訪分司在縣治後**丞廳**在縣治西百餘步宋時置後改為使華館今龜巖寺即其址也**簿廳**在縣治東後改為省倉今故址猶存**尉廳**在縣治西舊丞廳址也初在縣東五十餘步宋紹興中以其地改造縣學乃遷建於此後又遷建於舊學之址遂以此為使華館今龜巖寺即其地也**稅務**在舊使華館之西宋時置建炎二年省**關隸鎮**唐末王潮建於天王寺北宋咸平中陞為縣鎮徙於李溪東十里今十七都鎮前是也**鐵山營**在縣東北感化下里唐招討使張謹屯軍之所**東際營**在縣西南高宅里唐御史中丞李彥堅屯軍之所**建新寨營**即今城隍廟地**鄧復寨營**即今城隍廟前地上二寨俱元都元帥僉事彭

校注：①興

廷堅屯軍之所

苦竹寨 在縣西建界政和松溪二縣之間

泉州府

晉江縣

刺桐城 五代時留從效重加版築傍植刺桐環繞宋呂造詩閩海雲霞繞刺桐往年城郭為誰封鵶鵲啼困悲前事荳蔻香消減舊容其木高大而枝葉蔚茂初夏開花極鮮紅如葉先萌芽而其花後發則五穀豐熟丁謂廉問至此賦詩云聞得鄉人說刺桐葉先花發始年豐我今到此憂民切只愛青春不愛紅

南外宗正司 在府治西南忠厚坊宋崇寧三年置于南京靖康之變徙京口建炎中自越移明尋移泉州始至時宗屬三百四十有九人元改為清源驛今為織染局

市舶提舉司 在府治南水仙門內舊市舶務址宋元祐初置後廢崇寧初復置高宗時亦罷而復置元季廢置不一國朝洪武間仍置成化八年移置福州

貢院 在府治西肅清門內宋自乾道以前

皆試士于頖宮是歲郡守王十朋始以部使者館爲貢院嘉泰間郡守倪思嘉定間郡守真德秀皆嘗增建中有從事堂校文舍萬桂堂光華坊嘉賓亭彌封謄録所狀元井元至正十七年改爲清源站國朝洪武九年改爲晋安驛

睦宗院在府西南襲閃坊清果菩提二寺故址也宋建炎中南外宗正司徙泉因建睦宗院於此嘉泰三年郡守倪思以其狹隘別創於府治西北居賢坊

左副新制土軍萬戸府在府北泉山門外元至元間以殿前司左翼軍隸於府復創土軍以益之乃立營建署於州之後門萬戸赤干遷建今所國朝洪武初歸附調其軍隸山東寧海衛府署故址猶存

殿前司左翼軍統制廳在府城東三十九都宋以東禪護安太平龍湖報慈五院隙地合建營寨設統制廳以領之元至元中以其軍隸左副萬戸府尋廢

節度推官廳在府治西譙樓門右內有軒下瞰蓮塘扁曰納①京王十朋詩有客遊蓮②詔開軒更傍涼淳祐中林希逸重建扁

校注：①凉　②沼

曰水木清華元改爲總鎮撫所**脫木孫衙**在府治西忠厚坊內元至元中建以司讖祭非常**宗學**在府治西南舊睦宗院門之東宋紹興初建中有宣聖廟崇教堂宗強升賢立愛懷德四齋故址今歸清果普提二寺**雜造局**在府治東元時建即宋廢提舉司故址也今廢**清源驛**在府治西南忠孝坊內元時以宋宗正司改建至正九年監郡偰王①立重修後廢僅存懲勸所自新齋改爲織染局芙蓉堂天寶池今入水陸寺**市舶務**在府城南鎮南門外元改爲雜造局**稅務**在府城南二十五都塘市元時建國朝洪武六年徙于三十五都車橋村吏爲稅課局今廢爲本局收課之所**石井鎮巡檢司**在府城南八都安海市元時建國朝洪武二十年徙于同安之陳坑故址猶存**彭湖巡檢司**在府城東南三十五都海島中元時建國朝洪武二十年徙其民於近郭巡檢司遂廢**港邊巡檢司**在府城南二十都元時建國朝洪武二

十年徙于十六都之深滬故址猶存

來遠驛 在府城南三十五都車橋村永樂三年建以館海外諸國之來貢者成化八年提舉司移置福州驛遂廢

宋州社稷壇 在府治西南淨明坊內宋時建初以風雨雷師附祭嘉定十四年郡守宋均復別建風雨雷師壇於仁惠坊內東倉之隙地元因之後俱廢今淨明坊故址悉爲民居東倉故址併入府治

宋縣社稷壇 在玄妙觀南今爲民居

石井鎮 在府城西南久廢

牧馬地 唐柳冕以閩爲六朝牧馬之地宋天聖中向純嘗提點福泉興化養汲海鄭興馬

南安縣

尉司 在縣治東北宋紹興間建內有甲仗庫閱武亭京仙堂安靖堂豫軒清肅軒元至元間燬故址猶存

稅務 在縣東三都鵬溪宋初設宣和間始置監官元移於金雞故址尚存

石井巡檢司 在縣西四十都下坊村宋紹興間置元徙於晋江安海市故址尚存

連河巡

檢司在縣南四十六都洪武初設二十年徙于同安之峯上故址尚存沃口驛在縣北十六都鄭山宋初設後廢都巡寨在縣東三都潘山宋紹興間置元至順間徙于盧溪橋改爲盧溪巡檢同①國朝洪武二十年徙于惠安之獺窟嶼今盧溪故址尚存

同安縣石鼓寨在縣西南宋靖康間建以禦山寇故址尚存射圃在縣西北慶豐門外宋紹興二十五年監稅曹沇建朱文公爲記故址尚存

德化縣舊儒學在縣治東南詳見學校志舊址猶存稅務在縣治西洪武二年改爲稅課局移建縣治東

永春縣舊儒學一在縣東十四都一在知政橋北詳見學校志故址猶存

安溪縣大寨在縣東南永安里縣後寨在縣北鳳山腰上二寨唐季剏後廢故址

校注：①司

猶存

惠安縣

舊縣治在縣北六都龍蟠嶺下後徙于螺山之陽故址尚存

舊儒學在縣治西登科山之陽①詳見學校志故址猶存

尉司在縣治北壯猷坊內

稅務在縣治北壯猷坊內宋時建國朝洪武二十年徙于縣治北登龍坊之右宣德十年省故址猶存

皇華驛在縣治東宋時設元元貞中徙于縣南名賢坊之內故址尚存

沙格巡檢司在縣北十都洪武二年建二十年徙於八都峯尾村故址尚存

塗嶺巡檢司在縣北十三都元元統二年建國朝洪武二十年省故址猶存

漳州府

龍溪縣

通判廳在譙門內之西

添差通判廳即舊迎恩驛改建

福建

路鈐司在府治東即兵馬監押廳舊址 軍事判官廳在懷恩門外西街初在雙門內之東與推官廳相直紹熙間即其地為迎恩驛乃移建於此 軍事推官廳在雙門之內 錄事參軍廳在懷恩門外判官廳之右 司理參軍廳在司戶廳之右政和間背有井露零其疑 司戶參軍廳在判官廳之左 司法參軍廳在司理廳之左

海口鎮收海道商稅之所 威果第三十三營在子城之東 廣節第七營在子城之北 保節第十八營在子城西北 保節第十九營在子城之東 保節第十營在子城東北 殿前司左翼軍寨在府城西北 四縣同巡檢寨在府城西黃林保 中栅寨在中栅保已上俱宋時建 省倉在子城內東北隅 鹽倉在清漳門內前有池曰鹽倉池① 軍資庫在鼓門內直北 公

使庫在設廳西九州之器用儀從藏焉淳祐九年郡守章大任撤而新之

酒庫在州儀門內之南

甲仗庫在設廳前西廊

稅庫在縣東廊

節制司備安二庫左庫在譙門樓下之西右庫在子城慶豐門內之東郡守方來既請置大池寨於漳汀界養軍士百餘人以防盜寇乃陞郡帑八萬貫聽民質之以其息贍軍

殿前司二解庫一在東庫一在西市

科舉司在郡廳之東南初在架閣庫後以其地為僉廳遇詔歲則截吏舍為之淳祐九年郡守章大任建於今所

外教場在子城外之東

內教場在州廳東有止戈堂郡守趙汝譜立

殿前司左翼軍教場在寨外西湖名閱武堂淳熙十三年統領黃揚祖建

船場在南城外東柵尾

竹木場在南河水次

貢院在子城名第州門內宋將建小

學桂庄宋嘉定四年郡守傅壅撥西峯院址歲直二百一十八貫九百四十四文省以相士子西行之費

平湖桂

庄宋端平初郡人顏耆仲以私帑餘萬楮置漳浦縣田地曰雲霄保曰使田歲入錢四十五萬八百有奇又新陂洋未盤之田種可百餘斛盡以為平湖社庄別置庫於天王院以餽鄉士之試于禮部者竹溪林希逸為記

蒲葵關在府城西南二十一①郡漢時南越置比關唐嶺南節度使楊發詩南盡封鄣見好山蒼蒼挂嶺類商顏誰憐後夜思鄉處白草黃茅舊漢關

貢珠門在府治北郡守王晁貢珠表亭云宋大中祥符六年三月龍溪民立顏於九龍溪網魚得珠一顆圍濶三寸七分又有七珠顆如七曜次七曜者不可勝數於是列表以進因改城北門曰貢珠門

漳浦驛在府城東唐李德裕詩明朝便是南荒路更上層樓望故鄉楊發常袞皆次韻

漳浦縣

故漳州城唐嗣聖初置州於漳浦縣南八十里開元初移治李澳川即今漳浦縣雲霄驛也

南詔城在縣南三都舊為南詔場又為②沿海巡檢寨元至正中右丞羅良命屯官

校注：①都　②沿

陳君用砌石為城以備不虞後為南詔縣驛

赤湖城 在縣東十五都元季季志甫作①亂巨族曾仁禮率衆築此城故址尚存

丞廳 在縣門内之東宋嘉定三年縣丞趙汝澈修縣令陳舜申爲記淳祐八年縣丞陳楷重建

簿廳 在縣門内之西宋嘉熙四年燬淳祐十年縣令陳子植重建

尉廳 在府城之北環珠門外宋嘉定中尉薛舜庸修嘉熙三年尉項公澤重建其廨之南有教場按此乃漳浦縣尉廳也而云在府城之北恐誤

懷恩縣 在縣西南六都去縣二百里唐嗣聖間置屬漳州開元末廢爲鎮入漳浦

龍巖縣

西砦 在縣西門内有山突起宋紹定三年縣令趙性夫築土城於其巔可容千餘家寇不能犯淳祐九年縣令趙宗櫟甃之以石邑人號曰趙公城元至正二十一年達魯花赤鎖住間增闢縣治遂合而爲一今東嶽廟及通靈廟即其址也

丞廳 在縣治譙門内西隅

簿廳 在縣後西

校注：①亂

隅

尉廳在縣西資政院之右舊在縣治鼓門內東北隅宋淳祐間遷建于此教場在縣倉之後

鹽稅務在縣西南隅

縣倉在縣治之右

大池寨在龍門里東坑保宋淳熙間建

虎頭嶺巡檢寨

大池巡檢寨在縣西

駐車驛在縣西登龍橋之東宋嘉定間建

登龍驛在縣南橋之西南有廨可以休行客

長泰縣

簿廳在縣治之右宋紹興間合丞廳為一

尉廳在簿廳之右去縣治百步

行衙在縣治之南

鹽庫在縣廳之前

武安館在縣治東南

使星館在縣之東二十里後發凡送迎皆寓虎渡橋庵

桂莊嘉熙間縣令鄭師申根括絕產田積三年所入以助舉人之費名曰桂莊在縣尉呂橋為記

南靖縣

故南勝縣一在縣西南礬山之東一在縣西琯山之陽

儒學在縣西琯

小之陽元至正十六年隨縣遷于雙溪故址猶存

古靈巡檢司在縣西小溪社

汀州府

長汀縣

古城在府城西五十里舊古城團五代時王延政築城於此以備江南兵今號古城

舊州城在府城東五里名東坊口昔郡治自上杭長汀村遷建于此郡守陳軒詩五百年前興廢事至今人號舊州城草鋪昔日笙歌地雲蒲當年劔戟營

新羅城在府境晋置唐置汀州寰宇記開元末新羅縣令孫奉先晝坐廳事見神曰吾新羅山神也今從府主求一牛為食奉先請以羊豕代牛神怒於是癘疫大起奉先亦病亡

使院在府治儀門之左

僉廳在子城之內

通判廳在府治東八十步初在舊須條門外宋元豐間遷建今所

判官廳在府治東南門下

推官廳在府治東登俊坊

錄事廳在子城內譙樓之西

司理廳在府治西崇福

坊正街

司戶廳在府治東福壽坊

司法廳在判官廳之右

教授廳在府學之右

兵馬押監廳在府治西崇福坊城隍廟左後改捌州廂

添差南兵馬都監廳在府治西崇福坊

添差東兵馬都監廳在判官廳之左

訓練禁軍廳即廣節指揮營也

商稅廳在府治東福壽坊正街務隸焉

舊縣基在府城福壽坊舊傳置州東坊口時置縣於此

縣丞廳在縣西尉廳之左舊在縣西青紫坊正街縣令仕鄭遷建于此而以舊址為縣倉

縣尉廳在縣西

巡轄廳在舊頒條門外

貢院在府治東北興賢門內舊在縣治之東宋紹興二年郡守趙充夫遷建于此郡倅趙善晤詩天約開雲結嫩陰苦無詩酒懶登臨一聲鷄唱日初午滿地花寒秋已深

作院在府治東開元寺西

商稅務在府治東麗春門內

宋風師壇

雷雨師壇在府城西通津門外社稷壇之左

宋縣社稷壇在縣西一里舊志云在縣南富民坊後徙建于此

淩波營在府城東鄞河坊按江南野史南唐時許諸郡競渡每端午官給綵牌校殿最勝者標賞皆籍其名後主因蒐為水軍號淩波軍此其故營也

牢城第六指揮營在府治東橫岡嶺上寧節指揮營附焉

廣節第八指揮營在府治東

保節第二十指揮營在府治西

任節第二十一指揮營在府治東

威果第三十五指揮營在府治西

屯駐軍寨在府城南三里宋建炎間楊掠亂後贛梅冦屢發朝廷遣大軍討捕駐劄城中紹興十四年始剏寨處之改隸左翼軍

河田市寨在府城南青太里宋嘉定間郡守鄒非熊以其地市井闤闠剏寨以彈壓之

都教場在府城東三里又名都①議場宋乾道間郡守晁子健剏建

上寶場在縣治西②百二十步

筏口場務在府城西南八十里

合同場在府

校注：①試　②拔

治東正街推官廳之左後改爲賣鹽場又改爲慈幼局

省倉 在府治南廣儲門內宋紹興初重建

鹽倉 在軍資庫後舊在軍資庫內

軍資庫 在府治西

興賢莊 宋嘉定七年郡倅黃大全買章得之羅六十田捌置官籍其租以助諸貢士之願計偕者各莊倣此

萬桂莊 宋嘉定十四年郡守傅康籍没纓田捌置

伏虎庵 在府城東三里青松對植蒼翠交陰雖僻在一隅盖一郡遊賞之所

寧化縣

縣丞廳 在縣治西北

主簿廳 在縣治後舊在縣治左遷建於此

縣尉廳 在縣治東北隅上三署俱宋端平間縣令趙時舘重建

南平寨 在縣南鄉潭飛漈宋紹定六年招捕使陳韡奏移黃土寨於此

北安寨 在縣東招賢里宋紹定六年招捕使陳韡奏移苦竹寨於此

商稅務 在簿廳東

鹽倉 在縣治東廳前

上杭縣　舊州在縣北十五里長汀村昔郡治嘗自新羅徙于此舊址猶存　鱉泌舊縣在縣東北白砂里宋至道二年徙縣于此　語口市舊縣在縣北在城里宋咸平二年徙縣于此　鍾寮場舊縣在縣北平安里宋天聖五年徙縣于此　丞廳在縣治南宋乾道七年縣丞何鎬因民壘葺之　簿廳在縣治東　尉廳在縣治西　梅溪寨在縣東梅溪口

永興場在縣東五十里　通利場在縣南六十里　金山場　利濟場

龍山場　石門場　語口場上七場俱宋時建今廢　諸邑官錢庫　稅務在縣治西三十五步　鹽倉在縣治西

武平縣　丞廳在縣治西　簿廳在縣南文明坊舊在禪果寺東偏後遷于此　尉廳在縣門內弓手營教場附其右　三摺溪寨在縣東五里舊在溪西汀贛梅三州界首後梅州奏

罷止隸汀贛二州紹興①刱燬于寇移寨于此

屯營庵在縣東何屯岡下舊傳五代時統軍使何姓者嘗部武藝軍屯駐於此築小城周圍二里許故基猶存

鹽倉在縣治西

商稅務在縣治西

清流縣

丞廳在縣治東二十步

主簿廳在縣治東北隅

尉廳在縣治西

鹽倉在縣廳東

貢士庄宋寶祐六年縣令林昌泰林應龍擬楊皋蕭應龍李七六田刱置林應龍自爲記

連城縣

主簿廳在縣東贍巖館舊在縣西後遷于此

尉廳在舊縣南遷於東塔之側宋淳祐間縣尉李務行仍建於舊址

舊儒學在縣東南尉司舊址詳見學校志

金雞場

呂溪場在縣南河源里

郭家山場在縣南三十里

寶成場在縣南南順里

鹽

校注：①初

倉在縣西　北團寨倉在縣此①北安里　免役庫在縣西廓　稅務亦在縣西廓

萬桂庄宋嘉熙二年郡守戴挺撥陳第四陳丙娘楊祖遠陳十六陳巖歸田刱置主簿張應夘爲記

歸化縣

子城在縣治西元末平章陳友定因隣邑有警築城以障鄉閭周迴里許故址猶存

黃楊巡檢司在縣東歸下里宋紹興間建今廢　平章寨在縣後市空燕山之巔元末福建行省平章陳友定立柵屯戍於此故址猶存

永定縣

上杭場在縣東豐田里唐大曆間始置場于此詳見沿革志　興濟場

端利場　嘉興場　浮流場　錦豐場上五場俱秇②宋時刱

梓保在縣北太平里南唐徙上杭場于此詳見沿革志　蘭省庄在溪南里宋嘉熙四年縣

校注：①北　②藝

令謝觀國撥興化鄉王七一田翔

延平府

南平縣　廢鐔州五代時王延政以求平鎮為鐔州尋廢　廢酒務在府治東宋嘉祐以前延平行榷①酤之法置都酒務後發其址為龍津驛驛亦廢　宋州風師壇在府城西　雷雨師壇在府城北　宋縣社稷壇在縣治西　風師壇　雷雨師壇上二壇俱在縣西北　中軍帳在府城西北田坑廣節營後山乃凭高望遠之處宋紹興初築　廣節營在田坑廣文葉武以萬餘入從間道入冦郡守張巒建此以為斥②堠招捕使陳韡重建濟橋之內　保節十五營在招福坊　保節十六營在建安門內　保節十七營在仰愛堂側上三營俱府城東　平城營　寧節營上二營俱在府城西登俊

校注：①酤　②堠

坊

威果營在府城西北田坑上七營俱宋端平二年郡守董洪建

黄墩關隘在府城西二十五里

麻洲頭關隘在府城北梅岐里東都

鹵水嶺寨在府城西長沙上里背山枕溪上下壁立萬仞路僅通步險巇數折宋招捕使陳韡嘗寨於此

鵝鼻頭尖寨在府城北考亭嶺上十二峯平地聳起高十餘丈中有捷路直通郡城中軍帳後道峽陽前通溪源諸處脫有隣警則屯兵於此以候望焉

湖頭寨在府城東十里面溪背山前建浮梁宋建炎中張徹入寇郡守張鏞設伏於此射殺之浮梁以廢

陽門寨宋元豐三年建隸劍浦縣左翼軍

桐嶺寨在府城西梧桐嶺宋嘉定七年提舉劉允濟建

嵢峽寨在嵢峽鎮上宋元豐三年建

弓兵營在府城將順門外宋嘉定五年郡守陳宓縣尉張元簡建越二年壞於洪水端平三年郡守董洪縣令趙希綮重建

延平鎮在劍津北岸五代時王延翰置都鎮屯駐閩城兵卒王延政僭

號於建安召歸轄[1]下改置鐔州**廢西鎮**延平舊有四鎮郡西門對岸謂之羅源鎮口自鎮口而南十五里地名羅源其舊鎮也南平縣西四十里沙縣順昌二水合流處為西津鎮南平縣東鬱灘范廸簡所居地為東津鎮今嵢峽巡檢司為靜江鎮**廢船場**在溪南玄妙觀東後為南園**省倉**在府治西子城**鹽倉**在省倉之南上二倉俱宋時建**小常村**在府境宋時叛卒楊勍寇南劍州道出于此掠一民婦欲與亂婦誓死不受汚遂遇害棄屍道傍賊退入為收瘞屍所枕籍處跡宛然不滅每雨則乾晴則濕削去則復見覆以他土其跡愈明

將樂縣

高平苑在縣南六十里乃越王校獵之所建安記云越王畋於將樂野岸高平苑**廢鏞州**王延政以將樂為鏞州尋廢**廢綏城縣**在縣西鄉晉隆安間置隋省唐初復置後併入邵武縣**宋風師壇****雷雨師壇**上二壇俱在縣西**瀨口關**

校注：①轄

在縣東高灘都宋紹定三年汀寇①丘文直合晏頭陀數千人嘗擾此以拒王師招捕使陳韡帥諸軍奪其關郡守黃埒挺身入賊壘諭以禍福賊遂降

黃土寨 在縣南興善都宋慶元二年以其地介清流二縣境民俗頑②捍特置寨以備之元廢國朝洪武元年復置十三年以與清流明溪寨密邇遂省

萬安寨 在縣北宋元豐元年置寨營亦在縣北

弓兵營 在縣城內

省倉 在縣治東

北

鹽倉 在縣治南

萬安贍軍倉 在萬安寨上三倉俱宋時建

葛坡 在縣南五里古冢纍纍相望故老指為葛王塚相傳西晉末有葛將軍失其名因世亂擁兵自擾僭稱王號既沒多設疑塚後人發之擴中多金磚

落星穴 在縣北門晉義熙中有長星墜其處忽成一穴占者謂五百年後當生大賢邑人因以德星坊名其地宋楊時寔生於此人以為應

尤溪縣

宋風師壇 在縣西門外

雷雨師壇 在縣東門外

郡城關

校注：①丘　②悍特

在縣後崇嶺之巔，宋建炎二年范汝爲入寇，邑人闕縣西城内涫坑沿山崇嶺北接高源嶺南抵小村即嶺巔置砦以爲衛。寇之支黨自沙縣焦田來犯，至此爲土兵所害。

弓兵營 在縣治右，宋元豐三年建。

沙縣

舊縣治 在縣東十里古①鋼場對岸，今呼爲故縣。

錢監 在縣北三里，舊傳爲鑄錢之所。

商稅務 在縣治□魁星巷口，宋時建，國朝洪武間省。

七峯驛 在郭内。

同爵驛 在縣□四十里。上二驛宋時建，元因之。

舊鼓樓基 在縣治後山之西北三里，今俗呼鼓樓坪。

宋風雨壇

雷雨師壇 上二壇俱在縣西。

洛陽口寨 在縣東南八都，宋元豐三年置，設巡檢彈壓，撥泉州龔虎飛熊軍兼士兵戍守。

沙陽鎮 在縣治東興義坊，宋改爲儒學。

崇安鎮 在縣東九都，五代時置，相傳山洲即鎮之舊址，今崇安洲。

洛陽口鎮

校注：①銅

在洛陽寨前宋元豐間置

省倉　鹽倉上二倉俱在縣治東

浮流贍軍倉在縣西浮流寨巳上三倉俱宋時建

順昌縣

土城在縣北久發壕塹猶存

宋風師壇　雷雨師壇上二壇俱在縣東北

龍壇在縣南門

煉丹壇在縣西興賢都梅仙山漢梅福煉丹之所有細石圓如藥丸名石藥壇上累石為塔危若累①卯風雨漂搖弗顛墜也人指以為仙蹤

弓兵營在縣治西

同巡寨在縣西又名士兵寨宋元豐元年置寨營去縣百步許

石湖寨在縣西北石湖都地勢寬袤可容千餘家南唐保大中左散騎常侍張彥成領兵置寨于此故址猶存

鷄科嶺唐嗣聖四年分撫州南鄉將水口為鎮即今縣治

省倉在縣治南宋時建

永安縣

黃楊寨在縣北舊名巖前寨宋嘉定十七年郡守趙汝追以其地險遠而民悍惡

校注：①卯

權宜置寨以備之紹定四年招捕使陳韡撥翼虎飛熊軍充寨兵元至元中置巡檢 國朝洪武元年改名黄梅寨巡檢司十四年省

龍口寨 在縣北舊隸沙縣宋慶元四年置幾北鄉寨左翼軍屯戍

大陶寨 在縣北元至元中置

蓮花寨 在縣東五里山形如蓮花周圍壁削一小徑至巔僅容行一人宋元之季鄉人多避冦於此 國朝正統十三年沙尤冦發鄉民避居賴以獲全

邵武府

邵武縣樂野營 在府城東三十五里建安記越王無諸以七百里山澗之地畋獵①縱樂故邑有樂野宮其地今爲民居

烏坂城 在府城東北建安記昔越王拒漢築城六此其一也

通判廳 在府治東

僉判廳 在府治西

司法廳 在府治東南元改爲醫學上三署俱宋時建

達魯花赤廳 在府治西

推官廳 在府治東南隅

監司行署 在府治南

校注：①獵

録事司在府治西**司獄司**在府治東**蒙古學**寓縣學前之舊書閣**官醫提領所**在醫學西上七署俱元時建**尉司**

樵川站上二署俱在水北元時建

楊坊寨在府城東北五十里**拿口寨**在府城東八十里**同巡寨**在縣南五十五里上三寨俱宋紹興二年建元改爲巡檢司 國朝洪武十一年省**萬石倉**在熙春山麓宋時建

貢士庄宋有內庄外庄後清凉臨江二寺所占**登雲庄**①床咸淳中郡守廖邦傑撥漿源沒入田朔會三年所入津發不由學而貢者**行用庫**在府城南隅 太平坊元時置後燬 國朝洪武八年復置尋省**白鼠村**在府城南父老相傳此村昔嘗有白蛇白鼠相②闘因名亦名白諸

王氏石銘宋洪邁夷堅志邵武人危氏者大觀二年瘞其親於郡西塔院傍踰月雨過視墳側有③痕掘之得銀杯二銅水缶及鋭銘一又得埋銘石其文曰瑯琊王氏女江南熙載妻丙申閏七月瘞在

校注：①宋　②闘　③痕

石城西諸器皆依古制慶精巧非世工可及

泰寧縣

樂野宮（邑志云在縣西隅今為民居）高平苑（在縣南昔越王無諸校獵之所）

縣丞廳（在縣治東）主簿廳（在縣治西）尉廳（在縣治東南）梅口寨（在縣西三十里宋紹定五年統領劉純分忠武軍於此以鎮羅源①筋竹之寇）朱口寨（在縣東三十里宋紹定中設元改為巡檢司後廢）省倉 鹽倉（上二倉俱在縣治西南今為吏舍）省庫（在縣治東南）

建寧縣

舊縣治（在今縣治西南三里許）丞廳（在舊縣左宋政震午有記）主簿廳（在舊縣治北吳七德有記）尉廳（在舊縣東胡雲龍有記）尉司 上營（在簿廳前）下營（在舊縣北）朝京館（在縣西）綏城驛（在縣西熊家嶺黃震有記）鳳山驛

校注：①筋

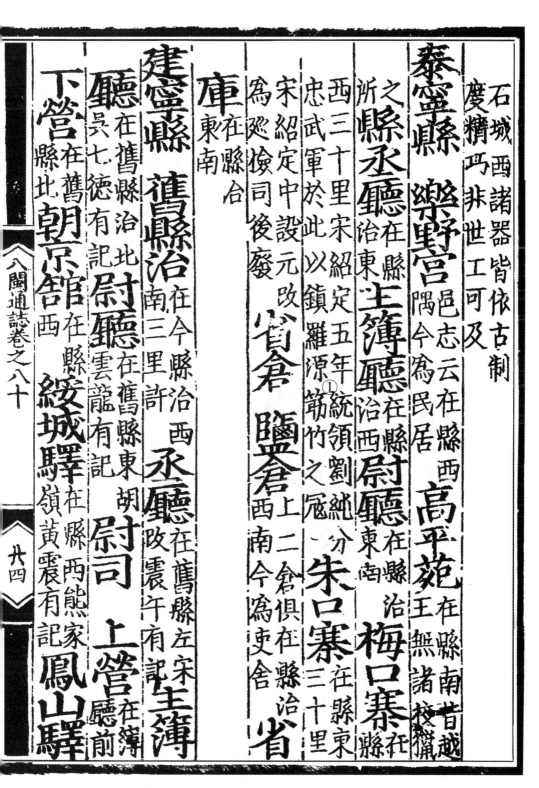

在縣東濉江驛在縣北街洛陽驛在縣東洛陽橋都溪驛在縣南都溪保羅
漢寨在縣治舊北門宋乾道四年張浚奏移汀州駐劄右翼兵屯戍以禦何白旗之寇永平
寨在縣西新城保即羅源節竹寇區也宋紹定五年設軍口寨在縣東南赤上保宋紹定五年
設元改為巡檢司將屯寨在縣東南將屯保宋鎮將謝望駐兵於此巢隔在將屯保唐陳
巖率民兵於此禦巢寇為隔絕不能進故名演武場在縣西一百二十步淮軍米倉
在縣治之北惠寧倉在縣北省倉在縣治西永安倉在縣西里公保永安寨傍
贍用鹽倉在縣治西舊鹽廒之南鹽廒在縣治西後廩庫經制庫
上二庫俱在丞廳省庫在縣廳西偏武備庫在縣治右廊
光澤縣尉司在縣治西稅務在縣治東上二署俱宋時建鐵牛關在縣北二

十七都唐廣明間設今屬大寺寨巡檢司分守

興化府

莆田縣　舊郡治 在府城東北廣業里遊洋宋太平興國四年建八年遷治於莆田遂以為興化縣治　國朝正統間省按遊洋志云郡志謂縣治乃林居裔故居今考之光祿陳鑄西林院記云名茂發始以貲武斷鄉曲侵擾鄰封及敗尚遷此土太平興國四年遣偏師伐之且諭以不死遂率衆降因置軍焉

判官廳 在行衙之東大觀元年建今為民居

軍院 在行衙之西偏初在舊行衙之東録事參軍廨舍附焉乾道七年議剏貢院遂遷于此

司理院 在譙門外通衢之西司理廨舍附焉

司法廳 在善俗坊新路之東尋廢淳熙初剏為省馬院後又廢為民居

丞廳 在舊縣門之西偏距今府治內初以都巡檢廨為之尋與主簿廳兩易乃徙于此廳之右有雙梅堂後更名①賀壽

校注：①眉

主簿廳在舊縣門内之東偏初在縣門内之西後改建于此尉司在舊寧真門外教場弓手營翼于東西巡轄廨舍在望京門外以北門鋪為之迎仙倉在迎仙驛之東貯近附二里人户冬苗以便迎仙寨土兵糧給舊興化縣省倉在縣治之西常平倉附焉市務在縣郭西門側簿兼主之已上倉務在府城東北廣業里威果指揮營在軍教場之西隸侍衛步軍司廣節指揮營在子城之東壁熙寧二年名教閱保節指揮六年更名廣節指揮不教閱保節二十四指揮營在朝天坊内不教閱保節二十五指揮營在擢秀坊内壯城指揮營紹興二十年置於肅清門内淳熙二年改為忠順官舍乃後于二十四指揮營之後牢城指揮營在望海門①内義海坊通衢之北教場在貢院②之南東接薛公池西瞰威果指揮營中有閱武亭宋宣和四年知軍事張穆建紹

校注：①衢　②閱

熈①二年郡守趙彥勵重修更名其亭曰整暇又一所在府城西北常泰里去城四里許俱廢

貢院 在擢秀坊内葡②自置郡以來每三歲詔舉進士俱試於學宮尋徙于行衙即舊轉運廨舍也其後就試之人益衆紹興十年復遷于城南廣化寺九歷十有二舉而公私兩病之乾道七年郡守何偁始議改剏即移行衙軍院于郡治之東偏斥其地經始之俄罷淳熈二年郡守姚康朝增闢保節二十五指揮營地之半益其基建焉陳俊卿爲記

東驛 在懲義坊郡治東第二衙之左

西驛 一曰待賢驛舊在擢秀坊其沘入貢院遂移置于行衙門内之東偏

迎仙驛 在府城東北待賢里唐爲待賓館

龍門 在舊縣治東南故事大比郡歃鹿鳴既乃謁令令置酒畢由龍門而出率以爲常

監鹽倉廨舍 在延③壽里涵頭

同巡檢廨舍 在迎仙市

巡鹽廨舍 在縣東南新安里繫參澚

校注：①熙　②莆　③涵

仙遊縣丞廳在縣南二十五步舊爲仙溪館後改爲遲軒館崇寧三年增葺爲丞廳廳之南有南館　尉司　教場在縣西南隅今發　風亭舖在縣東南連江里太平驛側貯旁近人戶冬苗以便繫蒙參寨土兵①糧給　鹽倉在縣東南太平驛側　稅務在縣東丞兼主之已上俱宋時建

福寧州

本州舊縣在州南四十一都安民里今州人猶稱古縣　丞廳在縣治大門之內　簿廳在縣東門之內　尉廳在縣東門之外上三廳俱宋時置　蔣洋巡檢司在九都洪武二十年移于大篔簹　桐山巡檢司在十七都洪武二十年移于水澳上二司俱州城東　西②白巡檢司在州城南五十三都洪武二十年移③干青灣　厙溪巡檢司

校注：①糧　②臼　③于

小瀾巡檢司　鹽田巡檢司 上六巡檢司俱元時置

溫麻驛 在州城西門外距州五里

鹽田驛 在州城西

倒流溪驛

饒溪驛 上二驛在權秀里

白琳驛 在蓮香里

桐山驛

分水驛 上二驛在廉江里已上五驛俱州東○通上七驛宋乾道元年設元初廢

分水嶺關 與溫州平陽縣接境今猶號軍營

疊石關 上二關在州東廉江里偽閩立以備吳越

營頂關 在州南安民里霞浦山前有小嶼跨海與大山接其中可容數百人宋紹興間海寇朱明兇焰可畏鄉人屯此以捍禦之賊不敢犯

後溪關 在州治北柘洋里偽閩立宋時建賊范汝為寇鄰境群盜乘機竊發欲由政和掠長溪邑大姓王褒等率衆據隘守關賊至知有備遂取道古田以歸上四關俱元初廢

省倉 在縣之東南

經總制

庫

米價庫 上二庫在縣東已上倉庫俱宋時建

蕭門鎮 抵溫州界

風伯壇

在縣西明宗山下

雷雨師壇在縣東北龍泉山下

寧德縣

稅課局在縣治之東三百步許

峬村稅課局在縣■七都上二局倶洪武元年設後省

三縣寨在縣東三都宋初建于三嶼元豐初移置于蚝崎山界福寧福安三縣間故名洪武二十年移于福寧之松山

寧川驛在舊簿①廳西

飛泉驛舊在縣西南二都後移置焦門峽紹興間以風濤險惡罷

省倉在縣東

省役庫在縣西

福安縣

尉司在縣鼓樓之右元時建

辜②嶺巡檢司在縣南飛鸞渡口宋時置

漁洋巡檢司在縣北九十里洪武三年建景泰六年省○按三山續志元時有漁溪巡檢司在十九都咸村疑即此也

下邳驛在縣東秦溪東里

黃崎驛在縣西南秦溪西里宋時建

黃崎鎮在縣南一百五十里唐僖宗時置宋熙寧五年復置崇寧三年鎮官龐珣創收稅亭

校注：①簿　②辜

市易庫嘉熙四年罷

税糧場在縣南三江口閩王審知置東轄溫麻港西轄童境港中轄甘棠港宋熙寧五年行市易法以風濤險惡商舟艱於駐泊乃移置黃崎

白沙務在縣南二十五里宋紹興二年置尋罷

税課務在縣西南三里洪武三年建宣德間省

際留倉在縣西

八閩通誌卷之八十一

祥異

祥異之見未有不由於人也漢東海孝婦以寃死郡枯旱三年于公辯其寃太守殺牛自祭孝婦冢因表其墓天立大雨夫以一人之枉直而祥異之徵其速如此況一省一郡一邑之政有得失而不足以致祥異之徵乎然竊聞之徵之休咎猶卦之吉凶占者有德以勝之則凶可為吉無德以當之則吉乃為凶故德足勝妖則妖

不足慮匪德致瑞則物之反常者皆足為妖妖不自作人實與之是以為政者不以祥異為休咎亦勉於德而已矣閩諸郡祥異凡前代載籍所紀及近代見聞之可信者皆足以垂示鑑戒不可棄也乃志祥異

福建布政司（諸史所紀祥異凡統言福建者悉志於此）

唐

大曆二年秋福建水災

建中三年六月福建大旱井泉竭人暍且疫死者甚衆

貞元六年夏福建道疫

太和二年福建進瑞粟二十莖

開成五年夏福建蝗疫

大中二年七月福建觀察使殷儼進瑞粟十莖莖有五六穗

五代唐

長興四年閩地震按通鑑綱目初閩王審知性節儉府舍皆庳陋及延鈞僭偽大作宫殿極土木之盛尹氏發明曰延鈞以弒逆得國遂至僭竊又驕淫不道綱目書閩地震者明他國無預閩地獨震也未幾兵亂繼作遂至不得其死天之告戒果可忽哉夫以區區蕞尔之境而天戒猶若此况奄有四

海者
哉

宋

天聖四年九月壬申閩諸州雨水壞民廬舍

元祐八年福建海風駕潮害民田

大觀三年福建旱

紹興二年春福建饑斗米千錢餫饟繁急民益艱食令憲臣移廣粟以賑　六年春福建饑令帥臣部使者振粟勸分且漕廣粟以助

隆興二年正月福建諸州地震

乾道三年八月霖雨閩禾麻穀粟多腐　六年夏福建

路旱福漳建三州為甚
淳熙十一年福建旱　十二年福建饑亡麥令守臣賑粟
十四年福建旱振之　十六年五月福建大霖雨
紹熙二年四月福建路霖雨至于五月　五年九月雨
至于十月福建亦苦雨
嘉泰二年六月福建路連雨至于七月丁未大風雨為
災
開禧元年福建旱
嘉定八年閩旱　十四年閩旱福州為甚　十六年閩

亡麥禾　十七年五月福建大水建寧南劍尤甚七月丁酉朔命福建路監司賑恤被水貧民

紹定三年福建蝗

嘉熙四年福建大旱

淳祐七年福建水　十一年閩旱

寶祐元年閩旱

咸淳十年閩中旱　冬十月閩中地震

德祐元年三月閩中地復大震

元

元貞二年福建饑賑粟有差

至正十四年福建大旱

福州府

唐

貞元十二年大水　十七年劍池水赤如血

宋

太平興國八年二月知福州何允昭獻芝二本

至道二年四月福清縣雨黃黑豆又長樂太平二鄉雨黑豆皆堅實異常

景德二年八月福州海上有颶風壞廬舍

大中祥符元年十二月懷安縣龍眼樹上紫芝連理

二年正月荔枝樹生連理芝二本　四年四月古田縣僧舍竹一本上分三莖　五年十二月侯官縣山上生芝草五十四本閩縣望泉寺生芝草十本　七年四月獻芝草二本

皇祐元年七月生芝一十二本

政和二年福清縣龍首橋溪流暴溢忽深數丈有物翻騰波浪間蕩居民數百家時儀曹林摯及其弟鑿挈家寓於文興亭俱沒

紹興十八年六月候官縣有竹實如米飢民採食之

二十年八月冲虛觀皂莢木翠葉再實　二十九年

七月戊戌水入城漂閩侯懷三縣田廬官吏不以聞

憲臣樊光遠坐黜

隆興二年大旱首種不入自春至八月

乾道二年三月丙午夜福清縣石竹山大石自移聲如

雷石方可九丈所過成蹊纔四尺而山之木石如故

淳熙四年五月庚子大雨水至于壬寅漂民廬數千家

五年六月戊辰古田縣大水漂民廬圯縣治市橋閩

月乙巳暴風雨夜作福清縣及海口鎮大水漂民廬官舍倉庫溺死者甚衆　十年八月霖雨自己未至于九月乙丑　十三年冬十月甲戌火　十五年水

紹熙二年五月己酉朔水浸附郭民廬懷安候官縣漂千三百餘家古田閩清亦壞田廬　十一年四月不雨至于八月

嘉泰二年七月水害苗稼丙午古田縣水漂官舍民廬甚衆溺死者二百七十人　三年四月瑞麥生　是年十一月甲午火燔四百餘家

嘉定四年十月辛卯福州一夕再火燔城門僧寺民廬千餘家死者數人　九年五月大水漂田廬害稼十三年饑人食蕨根　十六年秋大水壞田稼十五六　十七年五月大水漂水口鎮民廬皆盡候官縣甘蔗砦漂數百家人多溺死　是年秋颶風大作壞田損稼

景定四年颶風　十一月福州火

咸淳十年長樂福清二縣大旱

宋季時書錦坊有賣米者一夕雷震死其家三人大書

屍上凡九字 其文曰兴口月六戾口月六亘時盜起民貧至有買糠充飢者雷擊之家賣米則先賣以水賣糠則和以木查雷所書九字人不能識有好事者書于萬壽塔柱以詢知者有一老過之曰但於其中直貫一畫則成文矣蓋謂米中用水糠中用木查也按羅源縣志所載如此而不著年月姑附于此

元

大德六年饑五月丁巳賑以糧一萬四千七百石

至正四年大旱自三月不雨至于八月 是年夏秋大疫 十四年大饑人相食 二十三年正月連江縣有虎入縣治 二十四年七月白晝獲虎于郡城西

二十七年十月丙辰雷雨地震十二月庚午又震有聲如雷

國朝

成化十三年火燬還珠門及民廬數百家　十六年長樂縣十八都昆由里地平突起小阜高三四尺人畜踐之輒陷鄉人聚觀以爲異明年復於其左湧起一山廣袤五丈餘是年大疫傍近居民病死甚衆嚮聚觀者悉罹其禍　十八年七月癸巳長樂縣大雨至八月丁酉朔漂禾稼壞公私屋宇先是半占山裂時十

一年也至是崩壓居民廬舍死者二十有七人連江縣亦於七月甲午風雨惡甚至八月戊戌洪水橫溢縣治學宮倉廒壇壝及民舍田禾俱為所壞溺死者百二十人牛畜穀粟漂沒不可勝計　十九年六月庚辰大風雨拔木發屋壞公署民廬不可勝計環城敵樓戰屋摧毀殆盡閩侯官懷安長樂連江福清羅源永福閩清九縣濵江近溪屋宇夷蕩尤甚田疇禾稼崩陷推流過半官私舟船漂沒萬數民溺死者千餘人

二十年十二月戊寅夜地震有聲　二十一年自三月雨至閏四月終不止溪水泛溢湧入城市閩侯官懷安古田連江羅源閩清永福八縣漂流官私廬舍浸沒倉粮文牘渰溺人畜傷害田稼不可勝計繼復大疫死者相枕藉　是年十月丁未地震起自西北有聲　二十二年春旱五月以後大旱禾稼薄收連江古田二縣疫十無一二寧者　是年六月己卯夜地震九月丙寅夜又震　二十三年春旱無麥秋大旱無禾

建寧府

晉

太康八年十二月癸卯建安雷電大雨

元熙元年建安人陽道無頭正平本下作女人形體

唐

大曆二年水灾

貞元十二年大水

嗣聖九年蝗

唐時建陽縣時寺山有雙松連理又有雙竹產於興下里

威懷廟外樹柯中邑人因呼其地曰蓋竹建人方言蓋與怪同音疑所謂蓋竹當爲怪竹也按郡志所載如此而不著年月姑附于此

宋

淳化三年十二月建安軍城西火燔民舍官廨等殆盡

至道二年七月溪水漲溢入州城壞倉庫民舍萬餘區

天聖四年六月丁亥大水詔賜被災家米二石溺死者官瘞之

寶元元年自正月雨至四月不止谿水大漲入州城壞民廬舍溺死者甚衆賜死傷家錢有差其無主者官

差祭之

至和五年三月崇安縣嘉禾一本九十莖

治平四年秋地震

熙寧元年三月大雷雨州民楊績所居之西有黃龍見下有一木如龍而形未具七月大雷雨復有龍飛其下及霽木龍尾翼足皆具歸合舊木宛然一體明年繪圖像以進

政和四年八月州境竹生米數千萬石　是年木連理

乾道四年六月旱　五年七月丁巳瑞應場大際山裊

等山暴水湧出漂民廬溺死者甚衆
淳熙四年五月庚子大雨至于壬寅漂民廬數千家
十五年水圮民廬
紹熙元年十二月大雪深數尺查源洞寇張海起民避
入山者多凍死戊中海寇浦城縣焚五百家　二年
二月庚寅朔大風雨雹仆屋殺人三月癸酉大風雨
雹大如桃李實平地盈尺壞廬舍五千餘家禾麻蔬
果皆損五月戊申水
慶元六年五月大水自庚午至于甲戌漂民廬害稼

嘉泰二年七月水害苗稼丙午建安縣漂軍民廬舍百二十餘丁未山摧覆民廬七十七家

嘉定二年十一月丁亥政和縣火燔百餘家　十一年旱　十七年五月大水浸平橋入城

淳佑十二年六月大水冒城郭漂民廬死者甚衆

景定元年建陽縣嘉禾生一本十五穗詔改建陽爲嘉禾縣按宋史改建陽爲嘉禾縣而縣志則曰唐石里産嘉禾邑人因改其里名曰嘉禾里旣改縣名幷改其里也

元

後至元元年饑

至正三年秋浦城縣民家豕生豚二尾八足　十一年

十一月浦城縣雨黑子如稗實　十九年四月己丑

甌寧縣有星墜于黌山前其聲如雷化爲石

國朝

正統五年政和縣民范奴田產嘉禾異畝同穎一莖有

二穗三穗四穗者凡十有餘本

成化十六年九月壬戌暮有大星若奔自西南流于東

北其色赤其形長其尾如炸其聲如雷數刻始沒

十九年五月戊戌浦城連日驟雨庚子西南鳫塘等六里山水汎溢高三丈餘山崩地拆漂民廬百三十家壞橋梁十又三處淤民田三十八頃有奇溺死者四十人　十九年二月甲子夜火燔軍民屋宇百六十三家　二十一年夏霪雨山水驟溢建安甌寧建陽三縣鄉市民居多爲所壞瀕溪聚落屋宇表蕩尤甚田苗淤沙人畜有溺死者

泉州府

貞觀二年蝗　二十一年八月海溢

宋

至道三年五月甘露降

咸平三年二月甘露降

天禧五年三月甘露降

治平四年秋地震

熙寧二年八月大風雨水與潮相衝泛溢損田稼漂官私廬舍　十年饑

紹聖三年粟一本五穗八穗

紹興三年七月水三日壞城郭廬舍

崇寧元年旱

乾道三年五月火　是月丙午大雨晝夜不止者旬日

淳熙元年十二月丁巳火燔城樓及五十餘家令有司賑恤

十一年四月不雨至于八月　是年亡禾令守臣賑糶貸種

嘉定九年大水漂田廬害稼　十六年秋大水壞田稼

十五六

元

至元二十七年二月癸未也①震　六月己丑大水

校注：①地

泰定元年十一月州南安饑賑糶有差
元統元年六月霖雨溪水暴漲漂民居數百家
至正九年七月庚寅大風雨永春縣南象山崩壓死者甚衆　十年十月乙酉安溪縣候山鳴　十三年七月雨白絲丁卯海水日三潮　十四年大旱種不入土人相食　二十六年七月丙辰同安縣大雷雨三秀山崩

國朝

成化十八年七月甲午永春縣大雨至八月丁酉洪水

泛濫淤田疇圮橋梁壞官私廬舍瀕溪民居漂沒尤甚民亦有溺死者　二十一年自春徂夏積雨連月晋江同安永春德化惠安五縣田廬禾稼多為所壞　二十二年春旱五月以後大旱禾稼薄收　秋復旱九月丙寅地震　二十三年春旱無麥秋大旱無禾

漳州府

唐

開元十三年十一月朔漳浦縣梁山祥雲現絢爛亘百里彌月而止

天寶八載漳浦縣民鍾文定獲白鹿牝牡各一送都繪
圖以進

宋

咸平二年十月山水泛溢壞民舍千餘區州民黄拏等
十家溺死

治平四年秋地震

熙寧十年饑

崇寧元年旱

政和七年二月十二日甘露降于司理院雙梅上光爍

射日味甘如飴三日未晞

紹興四年春威惠廟燕堂中山茶葉上下吐兩花如龍爪一本五出一本八出青緑色而有異香　十四年靈芝三莖産于郡學戟門之東楹　十六年有瑞蓮同帶異萼産于郡學直舍前之池中　十八年漳浦縣崇照鹽場海岸連有巨魚高數丈割其肉數百車至剜目乃覺轉鬣而旁艦皆覆又漁人獲魚長二丈餘重數千斤剖之腹横人骼膚髪如生　京房易傳曰海數見巨魚耶①人進賢人踈

校注：①邪

隆興二年大旱首種不入自春至于八月

淳熙十年九月乙丑大風雨水暴至州城半没浸八百九十餘家　十一年四月不雨至于八月　是年亡禾令守臣賑粟貸種

嘉定九年五月大水漂田廬害稼　十六年秋大水壞田稼十五六

紹定元年龍江書院仰高堂產瑞芝九莖色如截肪

淳祐九年祠山廟戟門前桂樹上花一簇十有四莖間五葉狀如紅梅

元

至治三年九月水

泰定三年九月水

國朝

正統十年十一月癸未地日夜連九震鳥獸之屬皆辟易飛走山崩石墜地裂水湧公私屋宇摧壓者多凡百餘日乃止龍巖長泰南靖漳平亦然

天順五年五月戊午夜風雨大作墜石拔木洪水氾溢漂人畜甚衆東門內外譙樓皆圮龍溪縣鴻山崩松

木陸陷漳浦縣漂人畜尤甚　七年七月疾風暴雨北溪洪水淹漲平地深五丈許柳營江橋亭漂沒無遺

成化九年四月有大鳥止郡庭榕樹上身色青灰翅黑觜足淡紅頭髻高丈餘舒其翼盈二丈攫紫背白鷺而吞之知府張瓚射中其頸飛去復來為弩人射死　十年七月戊午夜暴雨連霆山崩水湧洪潦奄至城垣幾沒人物漂蕩浮屍蔽江圯南門石橋二間壞富民廬舍不可勝計　十二年大旱踰半載八月中旬

龍溪縣七都下坂社有物若雲片亂墜形類猴猿相拏援長一二丈初則活動少頃消滅 十八年秋八月甲寅夜火燔雙門樓及公私廬舍數百區 二十一年自春徂夏積雨連月龍溪漳浦龍巖漳平南靖五縣田廬禾稼多為所壞

汀州府

宋

治平四年六月進桐木板二有文曰天下太平

元祐五年嘉禾生三十六穗

紹興十七年州羊無角　是年以盜妨農令郡縣賑粟貸種二
十三年六月生蓮同蔕異蕚者十有二
淳熙十一年四月不雨至于八月　是歲亡禾令守臣賑粟貸
種十四年三月辛未水漂百餘家軍壘六十餘區
十六年大水浸民廬千五百餘家溺死三千人
紹熙二年三月寧化縣連水漂廬舍田畝溺死二十餘
人
嘉泰二年七月水害苗稼丙午上杭縣水圮田廬民多
溺死

淳祐十一年八月甲辰山水暴至漂人民

元

後至元五年六月庚戌長汀縣山蛟出大雨驟至平地湧水深三文①餘沒民廬八百餘家壞民田二百餘頃溺死者八千餘人戶賑鈔半錠死者一錠

至正四年夏秋大疫　十四年大饑人相食

國朝

成化二十一年夏霪雨山水驟溢長汀清流歸化寧化上杭永定連城七縣鄉市民居多為所壞瀕溪聚落

校注：①丈

屋宇夷蕩尤甚田苗淤沙人畜有溺死者　二十三年七月戊午夜疾風迅雷擊破預備倉氣樓欽柱燔米七百餘石

延平府

宋

太平興國七年七月江水漲壞居民廬舍一百四十餘區

至道三年州民劉相妻産三男

景德四年六月山水汎溢漂溺居人

乾興元年麥一本五穗

天聖四年六月丁亥大水壞官私廬舍千餘區溺死者百餘人（詔賜被灾家米二石溺死者官瘞之）

皇祐四年九月有禾一本雙莖二十穗

元豐元年五月木連理

元祐初順昌縣瑞粟一本十二穗　六年順昌縣瑞粟一本三十九穗

元符元年禾一莖九穗

紹興十八年秋尤溪縣雨黑雨

乾道四年順昌縣槎溪祥雲彌布大雨至田間水隨雲湧上高三十餘丈東流百餘丈皆澄潭視之蒼然有神物變化其中

淳熙四年五月庚子大雨水至于壬寅漂民廬數千家

十六年九月大火民居存者無幾

慶元六年五月大水自庚午至甲戌漂民廬害稼

嘉泰二年七月水害苗稼丙午劍浦縣圯三百五十餘家溺者衆

嘉定九年七月甲戌沙縣火燔縣門官舍及民廬一千

一百餘家有死者令郡邑賑恤之十七年五月大水圯郡治城樓郡獄官舍城壞民避水樓上者皆死淳祐十二年六月大水冒城郭漂室廬死者甚衆宋時尤溪縣有陳油妻產二子肢體異而胸腹相連屬驚異不敢舉按郡志所載如此而不著年月姑附於此

元

至正元年順昌縣嘉禾生一莖五穗　四年夏秋大疫六年八月己巳火燔官舍民居八百餘區死者五人

國朝

成化二十一年自三月雨至閏四月終不止溪水泛湧高十餘丈舟楫由城上往來害田傷稼壞公私屋宇瀕溪民居漂蕩尤甚溺人畜不可勝紀所轄諸縣皆然　二十三年八月甲戌夜火延燬四鶴西水二城門樓并公署民廬佛寺凡千餘區十一月己未夜廣豐倉火燔倉之文牘并米廒八間延及預備倉米穀

邵武府

宋

天聖四年夏六月大水壞廬舍溺人詔賜被災家米二石溺死者官瘞之

秋九月雨水壞民廬舍

天禧四年三月甘露降

治平四年秋地震地裂泉湧壓覆州郭屋宇兵民死者
甚衆

乾道三年秋八月霖雨禾麻菽粟多腐　六年旱　是
年泰寧縣有爵飛鳴立死于瑞寧佛刹香鼎先是紹
興初是也有雀立死于丹霞佛刹之鼎皆羽孽也釋
子因釋其妖謂之羽化

淳熙十二年饑亡麥　十六年夏五月大雨

紹熙二年夏四月霖雨至五月　五年秋九月雨至十月

慶元六年春大旱井泉竭疫死者甚衆

嘉泰二年夏六月雨至于七月

開禧元年水

嘉定十四年旱

紹定三年亂二月庚申蠲福建被盜州縣租稅一年夏四月丁巳臣僚奏乞下福建諸路總漕會司應被寇州郡合解諸司錢物比之常年期限並展一季

淳祐七年春正月戊寅水詔淮浙發運司給米二萬濟建寧邵武諸州被水之民

夏六月己酉旱 秋七月癸酉詔賞福建路監司州郡所申官民之家濟糴者凡九人補轉官資有差 十二年水 秋七月庚寅以諸路水災令學士院降詔遣使分郡賑恤 秋七月辛丑大水冒城郭漂室廬人民死者以萬數 徐清叟奏水退之後貧民無以為生亦有自經溝瀆者聞帥臣漕臣發楮米以賑之乞與除豁後悉得蠲

德祐元年大疫民亡者幾半

元

至元元年大旱饑 四年夏六月大雨水入城郭平地二丈漂沿溪民居殆盡 秋八月大旱 五年秋七月邵武光澤縣大水

至正四年夏秋大疫八月旱　五年饑　六年秋九月
戊午地震翌日地中有聲如鼓夜復如之　十一年
冬十一月大雨震雹雨黑黍如蘆穄　十三年秋邵
武光澤二縣隕霜殺稼　十四年大饑人相食　二
十二年春三月邵武光澤大水

國朝

洪武十七年大饑
永樂十四年秋七月邵武光澤二縣大水冒城蕩廬舍
溺男女萬餘八月大疫

正統九年饑至冬十一月地震　十四年秋大疫死者
以萬計
景泰六年饑
天順二年夏四月光澤縣大水　四年夏秋疫
成化二年疫　十年春正月地震有聲　是年旱稼穡
不成　十一年夏四月諸邑大疫至冬方息　十二
年夏秋大旱　十七年夏大水　十九年饑　二十
一年夏霪雨山水驟溢邵武建寧泰寧三縣鄉市民
居多為所壞瀕溪屋宇夷蕩尤甚田苗淤沙人畜有

溺死者

興化府

宋

太平興國八年九月太平軍（尋改今名）颶風拔木壞廨宇民舍千八十區

雍熙四年十二月甘露降羅漢峰前五松

端拱二年八月郡民劉政震死有文在胸曰大不孝

淳化四年正月知軍馮亮獻芝草

咸平九年紅橋連理又黃橋附桑枝而生

熙寧十年饑

元祐五年莆陽志作元祐庚申考之於史元祐紀年無值庚申者惟五年則值庚午蓋午與申字相近而悞也風大作海居之民漂蕩萬數

崇寧元年旱

大觀四年十二月二十二日雨雪徧山皆白荔枝木皆凍死

紹興二十年四月飛觴臺之東南有芝草如嬰兒之拳者越旬日本茂而實滋其大盈尺小者亦或數寸輪囷秀出不可名象芝之初生其色如塗金旬日如凝脂

又如渥丹後一變隱然如紫暈今亡

隆興二年囏食（令守臣及常平使者賑之）

淳熙中仙遊縣九座山古杉木末生花氣如蘭　五年閏六月乙巳暴風雨夜作漂民廬有溺死者　十一年亡禾（令守臣賑粟貸種）

紹熙四年七月海風害稼

嘉定九年五月大水漂田廬害稼十五六

元

至正十九年三月連日雨雹　二十五年十月壬申地

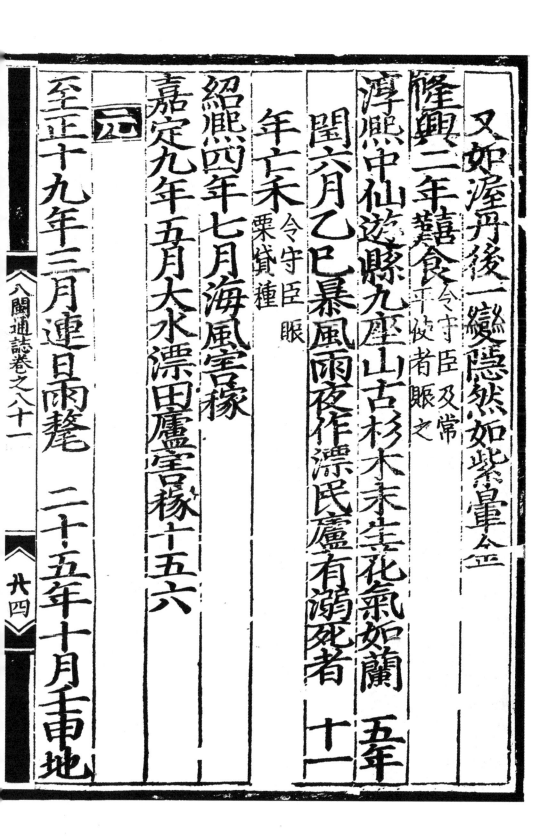

震有聲如雷

寶祐三年六月仙遊縣南橋溪上魁星祠前溪中湧出開元錢居民取之錢背有閩字或福字

國朝

景泰二年春夏大旱溝渠盡涸斗米至二百錢　六年夏復大旱人民艱食

天順三年城北依山諸村落虎為害傷人畜以數百計白晝數十人同行亦有被傷者山中數月幾絕人跡

柯潛詩嗟哉山君何大惡一嘯生風捲立壑磨牙快作劍鋒寒縱有英雄不能搏舉頭為城尾為旗咆哮

盤人如喃徑東村少婦哭夫慟西村老翁哭子悲玄雲冥冥日色暮林下無人敢行路安得賢守宋均來斂跡藏威渡河去

成化八年虎復爲害傷人畜不減天順三年之數 十二年夏秋大旱原田壟拆晚禾不成 十五年虫傷早禾米斗百錢境內至無可糴者 十九年夏颶風大作海水汎溢害田禾穀價騰湧斗米直百餘錢 二十一年自春徂夏大雨連月莆田縣田廬禾稼多爲所壞 二十二年春旱五月以後大旱禾稼薄收 是年夏六月己卯地震有聲秋九月丙寅又震 二

十三年春旱亡麥秋大旱亡禾是冬潮人載穀鬻販于莆舳艫相連至于明年夏不絕穀價因之而平民賴以濟

福寧州

宋

大中祥符五年寧德縣支提山石上生芝草十五本

淳熙十年八月霖雨自己未至于九月乙丑大風雨水暴至長溪寧德縣瀕海聚落廬舍人舟皆漂入海

元

至元六年春二月州大水溺死人民

國朝

成化二十一年霪雨連旬洪潦泛溢州境及福安縣田稼多為所傷　二十二年春旱五月以後大旱禾稼薄收寧德縣疫十無一二寧者　是年夏六月己卯地震秋九月又震

八閩通誌卷之八十一

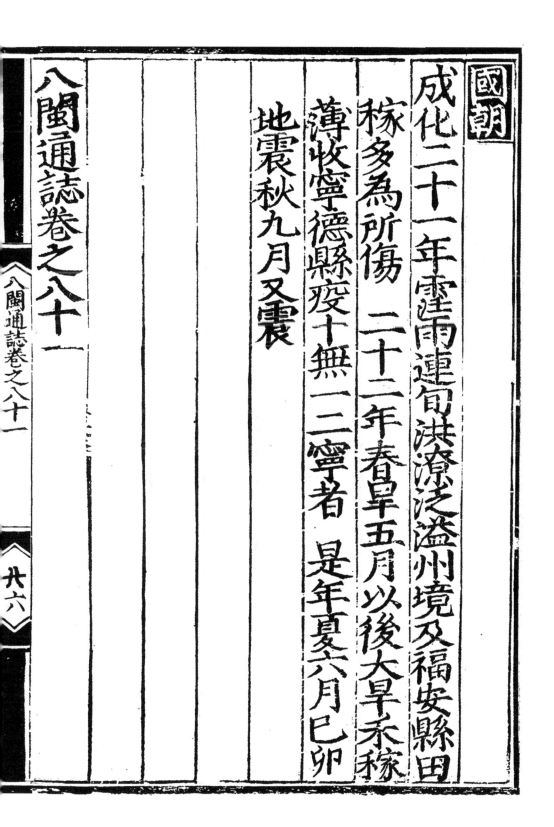

八閩通誌卷之八十二

詞翰

閩雖僻在一隅然而偉人碩士績行著焉於是
乎有
列聖褒獎之
宸章高山大川靈秀萃焉於是乎有風人品題之騷雅
方岳郡邑政教出焉於是乎有名公紀述之文
詞嗚呼
聖訓彰彰昭回雲漢閩之臣庶固當佩服欽誦以自勵

矣若夫先正之所品題紀述者皆足以明物理植世教閩之人士亦烏可以不知哉乃志詞翰

福州府

宸章我

太祖高皇帝諭福建承宣布政使司參政魏鑑瞿莊詔二道

今年仲夏勑卿南行又抵仲秋而彼中政令得失杳無知者卿郡之籍民也如民焉殊於民者何至於學焉而閭里曰儒如儒焉已而超於儒者云何乃至於尚志焉故官於朝然不及考而遷調之於功未見惟志於業未見惟勤即今職於炎方其所轄者甚衆且入閩之地剌盡南海勢控諸番古今居是者君子焉小人焉弊贓焉人情焉珠玉焉翡翠焉金銀焉束帛焉子女焉賢人焉桀人焉忠君焉愛民焉

脩身焉篤孝焉高名不朽焉沒身絕嗣焉其焉焉馭于焉而又同焉卿其審擇焉力行焉功名遂而身家全矣

朕觀上古天下之治亂在於君臣能馭不能馭耳若君能則馭臣下以禮法臣能馭吏卒以體上故治由此矣若君罔知所以馭臣下臣亦無知以繩吏卒故亂由此而始矣或云吏卒小人其於治亂何干然雖小人凡施小詐動傷國政所以為亂始若吏卒守分民無枉擾則民安矣所以朕嘗下令入於條章者正欲使上官馭吏卒動以禮次嚴之以法若吏卒之徒背理而違法者繩以死地無論此今已入條章久矣人皆貪官動為下人所持縱有吏卒縱橫安敢誰何所以國政無施天下之民受枉治愈弛而亂愈生由此也朕嘗切恨若為官布政權無馭吏卒之威則諸事不成蓋吏卒能為股肱爪牙若馭以得法諸事辦集方今有職者孰能為此忽九年秋丞相奏福建兩參政致極刑於一老吏朕聞當哉若不如律者數加捶死有何他論故往諭之今後凡有不如律者如是

近行者尤加急治勿
令欺侮方稱是官

勞福建衛指揮勅　八閩之地曠民好嘯聚九守此者非
智勇者不易今卿當此方面之重必
晝夜籌策撫善繩頑則
爲將之能者也戒愼之

賜張以寧詩并序　朕聞歷代賢君必有賢臣能事其主
者居則規諫有方出則能示威德以
撫四夷漢之陸賈□□於南越馬援持書於竇融是
也朕居江左十有六年思慕此等之臣終未得至快
快於心自即位之初特遣翰林官知制誥事張以寧
與薄牛諒使安南初未知其懷抱何如去後今年實
封來奏朕再三覽之喜不自勝以寧至彼其王已行
長逝彼國人請授王印於世子我以寧言此吉禮非
凶事也今爾國有喪况來文伊先君之名非世子之
名降之非禮也爾國當遣使往奏聽依大禮於是國
人從之令使者至如以寧實封之言朕思安南僻在
外夷瘴煙甚重古人以爲要荒聖人不君之地賢者

不嶙之處恐瘴煙乖其體故耳今我臣以寧抱忠貞
之氣奮古能使之風執之以大義守之以法使安南
復命而後降印又安南國中人民官屬以我中國揖
爲大禮見人長揖爲禮畢爲我以寧能評之以禮使
彼國中今行稽首頓首之拜觀其所以我以寧非獨
抱忠貞而能使其其事者速能化夷行中國之禮可謂
智哉於戲抱忠貞之氣奮守節之剛非生性之自然
歷練老成愚夫猛士可乎使之善者以寧也綴詩以
勉之句雖不聯朕本非儒文之不深事述其事耳
以寧初使聞說西南瘴似烟林叢草木有蛇蛟承差
不避言君命自是前賢忠義傳得以寧實封嶺南南
又海南邊惟有安南奉我天使者往還多議說瘴雲
埋樹若堆煙民人跣足爲鄉禮斷髮衣袍似野禪話
到異方人異處老臣何日得來前念以寧涉江海我
臣奉命之冊徼驛路迢遞渡幾河野宿聽猿題夜月
朝看狸走疾巖阿風塵未紀何囬日取性觀山世態
多晴朗好瞻紅日勝但陰驅逐片雲過離馬乘舟涉
大洋風號帆挂幾尋檣巨鼇聞詔衝前浪淵底雄鮫

翊駕航舵轉水鳴聲霹靂蚌開珠擁海雲光我臣勁
節遐方靖好把冊衷奉上蒼念以寧入重山御初奉
命便前奔道路崎嶇實慘蒐千尋樹杪猿飛走萬壑
風生瘴氣昏日暮鳥啼人不到月沉象吼夜還溫何
時化作中原地風俗流行禮樂敦使者登山日進程
崎嶇石徑動人情鳥啼深樹聲接耳獸立幽陰未識
名太古以來燕不到至今人往獸無驚峰頭一點無
科木駐馬觀來四海平慎言卿因國事往期年應是
朝同世子賢語善久知人道是話非雖壯遠無邊也
知周廟三緘口猶恐臨時不自然彼處受封王即位
但將詩慶便迴旋戒財海濱邦國寶多珠勿為區區
化作迂此去爾家豐俸祿好將方寸向前圖功名千
載誠難得一失應須目下汗記得黃金乘夜送四知
不納却來誣保身華林江狹水湍流為問民人是幾
秋水色紅黃民性獷山主巨獸象為頭我臣至彼還
脩養豈被南方瘴氣愁彼國有人依禮待卿當歸告
甚崇優論張制誥今世子守嚴安南世子性惟賢志
行將來必備全初附能尊中國禮訃音來報朕心憐

以寧休作殊邦看萬里神交是宿緣更把聖書深道與直教素服衣三年□□洪武三年四月□□日

太宗文皇帝御製洪恩靈濟宫碑

朕惟自古英賢生爲名臣著庇民之功沒爲明神贊天地之化鼓動流盪行乎兩間以蔭福斯民禦災捍患歌枯吹生濯濯洋洋如在其上如在其左右蓋非智慮所可得而測也詩曰神之格思不可度思矧可射思其此之謂歟惟

九天金闕明道達德大仙顯靈溥濟真人江王

九天玉闕宣化扶教上仙昭靈博濟真人饒王其功德充溢蓋若是已神南唐之冑生有民社之勳沒錄仙班之籍伯仲齊美華萼聯芳領職

上天燿靈下土呼吸響應電邁風行下民是冒父母其依慈祥仁愛物賴以寧乃者朕躬弗豫用藥百計罔底于效神默運精靈翊衛朕躬頃刻弗違隨叩隨應屢顯明徵施以靈符天醫妙藥使殆而復安仆而復起有回生之功恩惠博①矣盛矣朕揆德涼薄何由獲玆永懷神德曷其能忘海深嶽峻其焉有極蓋有功

校注：①溥

必報國之恒典是用祝冊加封神號伯曰清微洞玄沖虛妙感慈惠洪恩真人仲曰高明弘靜沖淡妙應仁惠洪恩真人舊號俱如故大新廟宇亢奕軒豁稱神所棲晏勑有司處㓗香火春秋祭祀歲易時衣給洒掃五户表朕惆愊答神鴻庥雖然神功之厚而報賚之薄神固無責於報否在朕心不能已矣夫天地之德曰生神體天地之道彌亮化機出幽入明翕張歘忽遨遊太清監觀四方濟利群生功在霄壤昭昭若此固有不可得而名言者乃彰神績勒于貞①石樹之于廟垂示無窮并系以詩曰

天産英靈爲世傑出入幽明猶一覢生著勳勞保毗粤沒爲明神崇偉烈芒芒海甸倚芘樾雨暘寒燠調以□冬無凌競②夏無暍冷氣遠殄靡颶颶下稌高黍歲穰穰祟驅掃不祥走妖蠥晨鍾暮鼓樂髫耋阜彼鰲峰峻且巀嵲蜿蜒廻抱天造設春蘭蕙芳秋菊馥寒泉白石漱清潔神之遊兮羽葆翳飛雲翩翩道幢節欻來忽往靈儼儼呼吸響應速以偈濟利溥博無時偈四時報享繁献酹衛朕之力疇與埒維矢銘心與刻

校注：①貞　②兢

冑書思著德勒堅碣垂示萬古昭
日月　永樂十五年五月初一日

題咏

登釣龍臺 唐韓偓 無柰離腸易九回強攄懷抱立高臺中華地向城邊盡外國雲從島上來四序有花長見雨一冬無雪郤聞雷日宮紫氣生冠冕試望扶桑病眼開 元雅琥 自古甌閩國富雄南環不與職方通江流禹畫縱橫外山入秦封蒼莽中逐鹿兵還神器定屠龍人去釣臺空海門日落潮頭急何處繁華是故宮 國朝王偁 高臺遠挽大江流江上雲屏宿靄收才子揮毫春作賦商人爵酒晚移舟空潭龍去山河改古殿雲寒劍戟愁莫向此中多感慨漢家陵樹已先秋○按瀛奎律髓以韓偓詩爲登南神光寺塔院作

隣霄臺 僧惠崇 平臺屹峯巔去天不盈尺雲來隱巉岩雲散露形迹長笑視大荒煩襟盡冰釋不知身世遠但覺乾坤窄一勺滄溟浮萬家烟樹隔解衣恣盤礴謝我山水癖極目送斜暉寥寥海天碧

游鼓山 宋蔡襄 郡樓瞻東方嵐光瑩人目秉舟逐早潮十里登南麓雲

深翳前路樹暗迷幽谷朝鷄亂木魚晏日明金屋靈
泉注石竇清吹出篁竹飛毫劃峭壁勢力忽驚觸捫
蘿躋上峯太空延眺矚孤青浮海山長白挂天瀑況
逢肥遯人性尚自幽獨西景復向城淹留未云足

遊鼓山大頂峯

宋黃餘

登山如學道可進不可已懸
崖更千仞壯志須萬里平生石鼓懷
獨酌靈源水峩峩大頂峯欲往輙中止今朝復何朝
擊楫渡清泚好風縱西來縹渺吹遊子褰裳陟危巔
萬象皆俯視東南際大海日月旋磨蟻烟雲隔洲渚
歷歷猶可指城中十萬家囂雜不到耳郊原與塵市
瑣碎如聚米同来皆良儔酌酒共歡喜深林更叫嘯
盤石恣徙倚摩挲陳公碑歲月為我紀更持未後句
歸以銘石几

元帖木兒

肩輿直上白雲梯古刹林頭是
深路欲迷絕頂一聲長嘯罷海天空闊萬山低

荔支干①

宋楊朏

曾觀荔枝圖幾費丹青粧能紅能紫
荔木車亦能綠不能寫得天然香曾讀荔枝譜品品
堪第一較量滋味論高低大抵聞名不如實我疑貪
牢推化工安排百果分番紅杏梅桃李不足數先教

校注：①宋

碌碌隨春風錦囊玉液相渾淪百果讓作東南元別有真香與真色一時分付荔枝軒

三山九日 元黃鎮成

九日南州尚滯留高風寒鴈獨登樓①自憐白髮難爲客欲買黃花只負秋南國美人鸚鵡賦北庭公子鸘鷞裘不愁大地風霜苦更擬吹笙過十洲

遊大帽山 國朝高廷禮

靈境秘絕頂石旁秋氣多秪疑列仙居俯視飛鳥過群島落天鏡玉盤浸青螺相期謝塵鞅歸臥此巖阿

遊囊

釜山玉華洞 國朝林鴻

真仙構靈宅洞府何嵌空入洞可十里流水咽其中陰島濕花露石門度松風怪石變萬狀尋源竟無窮有時起雲霧微逕又不通觸目極杳靄遊心但鴻濛路盡忽有天容光瀶空青蜒出風露外了然心目醒幽興殊未己又還宿雲扃終悲向朝市塵鬓秋星星

紀述

福州州學經史閣記 宋朱文公

福州之學在東南爲最盛弟子員常數百人比年以來教養無法師生相視漠然如路人以故風俗日衰②士氣不作長老憂之而不能有以救也紹

校注：①樓　②士

熙四年令教授臨卭常君濤孫始至既日進諸生而告之以古昔聖賢教學之意又爲之①餙廚饌葺齋館以寧其居然後謹其出入之防嚴其課試之法朝夕其間訓誘不倦於是學者競勸始知常君之爲吾師而常君之視諸生亦閔閔焉唯恐其不能自勉以進於學也故嘗慮其無書可讀而業將病於不廣則又爲之益置書史合舊爲若干卷度故御書閣之後更爲重屋以藏之而以書来請記其事且致其諸生之意曰願有以教之也予惟古之學者無他明德新民求各止於至善而已夫其所明之德所止之善豈有待於外求哉識其在我而敬以存之其亦可矣其所以必曰讀書云者則以天地陰陽事物之理脩身事親齊家及國以至於平治天下之道與凡聖賢之言行古今之得失禮樂之名數下而至於食貨之源流兵刑之法制是亦莫非吾之度内有不可得而精粗者若非考諸載籍之文沉潛參伍以求其故則亦無以明夫明德體用之全而止其至善精微之極也然自聖學不傳世之爲②土者不知學之有本而唯書之

校注：①餙　②士

讀則其所以求於書不越乎記誦訓詁文詞之間以鈎①聲名干祿利而已是以天下之書愈多而理愈昧學者之事愈勤而心愈放詞章愈麗論議愈高而其德業事功之實愈無以逮乎古人然非書之罪也讀者不知學之有本而無以為之地也今觀常君之為教既開之以古人斆學之意而後為之儲書以博其問辯之趣建閣以致其奉守之嚴則亦庶乎本末之有序矣予雖有言又何以加於此哉然無已而有一焉則亦曰姑使二三子者知夫為學之本有無待於外求者而因以致其操存持守之力使吾方寸之間清明純一真有以為讀書之地而後宏其規密其度偱②其先後本末之序以大玩乎閣中之藏則夫天下之理其必有以盡其纖悉而一以貫之異時所以措諸事業者亦將有本而無窮矣因序其事而并書以遺之二三子其勉之哉凡閣之役始於慶元初元五月辛丑而成於七月戊戌材甓傭食之費為錢四百萬有奇則常君既率其屬輸俸入以首事而帥守詹侯躰仁使者趙侯像之許侯知新咸有以資之至於

校注：①釣　②循

旁郡之守趙侯伯璜十二邑之長陳君珏等亦以其力来助而董其役者學之選士楊誠中張安仁蕭孔昭也

閩縣學記 元程鉅夫

閩爲縣自隋始縣有學自宋慶曆始學在九仙山之麓鬻民地爲之廟成於熈寧方尹叔完脩於崇寧莊尹誼至元戊寅燬焉越五年剏禮殿又五年剏西齋苟完不旋踵而敝門逕欲蕪土非無志往往畫於力不足元貞①二年春教諭韓君挺特寔来以興復爲已任謀於予乃諭縣官勸學子協力圖之鳩工度材脩廢補闕繚以亘簷護以闌楯②新像設繪從祀而廟始嚴會講有堂易桷與瓦置二齋設小學而學始備以至門垣階序墁甃漆丹悉如式於是故老来觀讙謂前所無有諸生詣予徵記董子曰設庠序以化於邑然則邑學古庠序也所以明人倫也人而不倫則物矣科目興月書季攷姑③設利禄廢靡使從豈道德果盡信哉攷明倫之說爲書生常談其於化民成俗之意奚甚閩爲福附庸非深山窮谷比士風之盛五百年于此矣科舉廢後生無所事聰明日以放恣詩書而刀筆衣冠而

校注：①貞　②楯　③始

皂隸小有材者溺愈深，居近利者壞愈速，不能不①路先儒之憂。天朝嘉惠學校，隸名者復其身，德行文學必繇此選，是學校重矣。況邑於民尤近哉！今堂宇新，士習盍與之俱新。讀書窮理，必思聖人所謂教者何事，充而仁義禮知之性盡，而君臣父子兄弟夫婦朋友之職求無愧於為人，由一邑之善士為一國天下之善士，庶幾庠序不徒設，道德可盡信，且以解先儒溺深壞速之憂，是惟明時崇儒重學之意，而亦司教化之責者所望於斯邑之士也。尚勉旃哉！韓君，故孝廉孔惠公之子，家學有淵源，故於斯文篤意如此。

道山亭記

（宋）曾鞏

閩故隸周者七，至秦開②其地，列於中國，始并為閩中郡。自粵之太末，與吳之豫章，為其通路。其路在閩者，陸出則③陀於兩山之間，山相屬無間斷，累數驛廼一得平地，小為縣，大為州，然其四顧亦山也。其途或逆坂如緣絙，或垂崖如一髮，或側徑鈎出於不側之谿上，皆石芒峭④癹，擇然後可投步。負戴者雖其土人，猶側足然後能進。非其土人，罕不躓也。其谿行，則水皆自高瀉下，石錯出其間

校注：①蹈　②末　③阨　④發

如林立如士騎滿野千里下上不見首尾水行其隙間或衡縮繆糅或逆走旁射其狀若蚓結若蟲鏤其旋若輪其激若矢舟泝㳂①者投便利失毫分輒破溺雖其土長川居之人非生而習水事者不敢以舟楫自任也其水陸之險如此漢嘗處其衆江淮之間而虛其地蓋以其㥦②多阻豈虛也哉福州治候官於閩爲土中所謂閩中也其地於閩爲最平以廣四出之山皆遠而長江在其南大海在其東其城之內外皆涂旁有溝溝通潮汐舟載者晝夜屬于門庭麓多桀木而匠多良能人以屋室鉅麗相矜雖下貧必豐其居而佛老子之徒其宮又特盛城之中三山西曰閩山東曰九僊山北曰粵王山三山者鼎趾立其附山蓋佛老子之宮以數十百其瓌詭殊絶之狀蓋已盡人力光祿卿直昭文館程公爲是州得閩山嶔崟之際爲亭於其處其山川之勝城邑之大宫室之榮不下簟席而盡於四矚程公以謂在江海之上爲登覽之觀可比於道家所謂蓬萊方丈瀛洲之山故名之曰道山之亭閩以險且遠故仕者常憚往程公能因

校注：①沿　②陿

其地之善以寓其耳目之樂非獨忘其遠且險又將①抗其思於埃壒之外其志壯哉程公於是州以治行聞既新其城又新其學而其餘功又及於此蓋其歲滿就更廣州拜諫議大夫又拜給事中集賢殿脩撰今爲越州字公闢名師孟云

勉齋書院記

元 貢師泰

至正十九年冬十月福州始作勉齋書院明年秋八月告成丁亥廉訪使者率郡大夫士行釋奠禮己丑經畧使李公國鳳謁祠下用便宜署今額以儒人張理爲山長執事者間具本末請記于貢師泰曰書院徧天下而閩中爲盛大率祠徽國朱文公②師弟子居多若延平武夷考亭建安三山泉山龍溪雙峯北山之屬皆是也勉齋先生寔文公高弟獨無專祠頭非蒞政者之缺歟昔者僉事張引貢圖經始以調官浙東不果經歷孔訥鋭意作興以拜南臺監察御史又不果未幾行部閩廣適郡士林祖孟祖益請以太平公輔里故宅一區爲學③官數位面陽廣輪合制遂倡成之而廉使贍思丁副使元奴僉事亦憐真必剌的納劉完者鄭潛經歷晉理蒙古知事

校注：①抗　②師　③宮

黃晉顏帖木兒照磨傳①居信叶心相事議若出一且移鄭君董視而佐以屬史王蘭焉行省平章普化帖木兒聞之亟發白金五十兩及租田一百五十畝奇以給以贍於是即舊以圖新拓隘以增廣禮殿中崇象聖人之燕居祠宇旁峙嚴先生之祀事堂曰道源著師友之授受也閣曰雲章以鄭君正字端本時所得皇太子書麟鳳龜龍四大字刻置其上也堂後疊石山曰小鰲峰不忘先生讀書精舍之名也齋左曰疑道右曰尊德棲士有舍待賓有靜燕休有室更衣有次庖湢庫庾各有其所重門衙衙魯廡翼翼職以方池度以石梁其周九百八十四尺奇東西廣九十尺深視廣之四雄規偉觀穆然靚深然後斯道之統有所尊而講學之士知所向矣帷子之學蓋亦得於先生者請文諸石以紀其成顧師泰荒陋何足以知此然竊聞之斯道也伏羲神農黃帝堯舜禹湯文武周公之所以為治孔子顏氏曾氏子思孟軻氏之所以為教不幸而變於管商慘於申韓雜於荀揚暴於鞅斯傑②裂破碎於毛鄭賈馬王范之徒幸而唐之韓

校注：①傅　②磔

愈氏能以所得著之原道之書然其於性也主三品
於仁也專博愛則猶未免於不詳不精之失焉至宋
全盛濂溪啓其源伊洛遡其流度江再世文公始集
諸儒之大成使千載不傳之道復明於天下後世可
盛矣哉于時門人弟子聰明卓越固不爲少然求其
始終不渝老而彌篤者先生一人而已先生因劉子
澄一拜文公於屏山之後即慨然以斯道自任聽風
聲於壘頭對孤燈於天曙其堅志苦思爲何如也自
是得執子壻之禮從登廬阜涉彭蠡過洞庭望九疑
宦游淮江湖湘吳越甌閩間不惟口傳心授於師門
者愈久而愈博而其所見名山大川淵深高厚皆有
以助夫精微廣大之學矣是故徵諸事業則城安慶
禦漢陽最爲偉績著之方册則四書通釋儀禮通解
尤爲有功蓋先生有志於斯□□以陸沈下官不能
大行其學固可深慨然聖賢墜緒非文公無以明文
公遺書非先生無以成則斯文吾道確乎其有所歸
矣先生沒其傳之著者在閩則安齋陳氏信齋楊氏
在浙則北山何氏江以西則臨川黃氏江以東則雙

峰饒氏其久而益著者則西山真氏衍義諸書允今經帷進講成均典教皆出先生講論之餘也嗚呼先生之道傳之後世先生之書行乎天下孰不想慕其高風漸被其餘澤況鰲峰箕山之間雲煙蒼莽神氣流行慨然肅然儼若有見乎其位聞乎其容聲者乎書院之作其有功於世教豈曰小補云哉遂記不辭

先生諱榦字直卿御史瑀之第四子累官至大理寺丞轉承議郎致仕勉齋其自號云

建寧府

題咏

東溪泛舟 唐李頻

登岸還入舟水禽驚笑語晚葉低衆色濕雲帶煩暑落日乘醉歸溪流復幾許

游昇山 宋楊億

層雲連近郭占勝有招提宿霧蒙金像飛泉濺石梯鍾聲空谷答塔影亂雲齊千騎時來此幽尋獨杖藜

游武夷山 宋陳襄

萬疊層巒接遠空瑞雲晴藹氣溶溶高於泰華五千仞秀出巫山十二峰蕙帳曉寒孤鶴怨桃源春盡落花穠鸞凰一嘯最深處仙客樓臺

有幾重揚億靈嶽標①貞牒孤峰入紫氣藤蘿暗仙穴
猿鳥駭人群白道千年在懸流萬壑分漢壇秋蘚斂
曾祀武夷君揚時函關崤嶮走秦鹿天下並逐爭羣
雄抉雲翔空鼇足折黔黎竄伏如寒蛩武夷山深水
清泚避世猶有高人蹤龍泓東注海波涌玉女翠擁
秋雲鬆赤霄真骨寫虛壁通泉凡筆慙非工藏舟浮
梁跨絕壑隱見似與天漢通當時雞犬不復見窠岩
依舊煙霞籠我来秋抄月既望尚有幽菊埋榛叢天
容洗淨雨新霽雲幕四卷清無風掀蓬進棹窮異境
注目想見流殘紅回船杖履躡幽徑松竹窈窕環琳
宮翠琬温辯耀華衮金牓大字纏蛟龍自憐病骨掛
塵②網幔亭高會何由逢解衣歸卧玉鎖碎仰看明月
穿踈蓬又和李倅韻濃淡煙鬟半雨晴溪光初借晚
霞明鼇頭湧出三峯秀天漢融成一鑑清枌社有誰
藏舊③諜實雲無處問遺聲幔亭寂寞仙何在勾漏丹
砂早晚成李綱宴罷虹橋絕世氛曾孫誰見武夷君
更無帟幕空中擧時有笙竽靜處聞猿鳥夜啼千嶂
月松篁寒鎖一溪雲洞天杳杳知何處翠石蒼崖日

校注：①真　②網　③牒

欲曛劉子翬四薄溪流漾翠岑東風一舸縱幽尋慢
亭落日笙簫斷毛竹連雲洞府深似有碧雞翔木抄
誰將丹鶴寫巖陰裨仙可學非身外多少游人浪苦
心朱文公分韻得瑆字秋聲入戶殘暑不敢驕起
趂汗漫期①雨袂天風飄眷焉此家山名號列九霄相
與一來集曠然心朗寥棲息共雲壑追尋喚漁②船一
水屢縈回千峯轡岧嶤蒼然大隱屏林端聳孤標下
有雲一壑仙人久相招授我黄素書贈我英瓊瑤芽
茨幾時見自此遺紛囂蔡沉才既非時須性本愛岑
寂决策名山游幽隱遂成癖春風百花紅秋月千嶂
碧煙霞結綢繆猿鳥自嚋昔乘閒撫深曠過武夷作
噴薄轟鐵笛笑挹天柱峰高寒幾千尺
朱文公弄舟緑碧③間棲集靈峰阿夏木紛已成流泉
注鶩波雲翻瞀蒼茫高城轡嵳峩眷言羽衣子悦仰
日婆娑不學飛仙術纍纍丘冢多宋李[illegible]丹崖石
氣凝高秋碧溪上引天河流金堂石室不可到玉棺
莓苔生古愁懨人昔乘紫雲去白馬摇鞭在何處茫
茫塵世那得知幔亭空記當年事君不見茂陵松竹

校注：①兩　②舟　③澗

已蕭踈乾魚擠祭同亭祠

武夷七詠

宋文公

天柱峯　屹然天一柱雄鎭幹維東抵說乾坤大誰知立極功

洞天　絕壁上千尋隱約巖棲處笙鶴去不還人間自今古

畫鶴　誰寫青田質高超鴈鶩群長疑風月夜清突九霄閒

仰高堂　面勢来空翠哦詩獨好仁懷人今已矣誰遣棟梁新

趨貞亭　危亭久已傾抵有頹基在何事往来人不知容鬢改

大小藏巖　藏室岌相望壐編何莽鹵欲問伯陽翁風煙迷處所

冊竈　仙人推卦節煉火守金冊一上煙霄路千年亦不還

武夷九曲櫂歌

宋文公

武夷山上有仙靈山下寒流曲曲清欲識箇中奇絕處櫂歌閒聽兩三聲　一曲溪邊上釣船幔亭峯影蘸晴川虹橋一斷無消息萬壑千巖鎖暮煙　二曲亭亭玉女峯插花臨水為誰容道人不作陽臺夢興入前山翠幾重　三曲君看架壑船不知停櫂幾何年桑田海水今如許泡沫風燈敢自憐　四曲東西兩石巖巖花垂露碧㲯毿金雞叫罷無人見月滿空山水滿潭　五曲山高雲氣深長時煙雨暗平林林間有客無人

識欵乃聲中萬古心　六曲蒼屏繞碧灣茅茨終日掩柴關客來倚櫂岩花落猿鳥不驚春意閑　七曲移船上碧灘隱屏仙掌更回看却憐昨夜峰頭雨添得飛泉幾道寒　八曲風煙勢欲開①樓鼓巖下水縈迴莫言此處無佳景自是游人不上来　九曲將窮眼豁然桑麻雨露見平川漁郎更覔桃源路除是人間別有天

武夷精舍雜詠并序

宋文公

武夷之溪東流九曲而第五曲為最深盖其山自北而南者至此而盡聳全石為一峯拔地千尺上小平處微戴土生林木極蒼翠可玩而四隤稍下則反削而入如方屋帽者舊經所謂大隱屏也屏下兩麓坡陀旁引還復相抱抱中地平廣數畝抱外溪水隨山勢從西北来四屈折始過其南乃復繞山東北流亦四屈折而出溪流兩旁丹崖翠壁林立環擁神剜鬼刻不可名狀舟行上下者方左右顧瞻錯愕之不暇而忽得平岡長阜蒼藤茂木按衍迤靡膠葛蒙翳使人心目曠然以舒窈然以深若不可極者即精舍之所在也直屏下兩麓相抱之中西南向為

校注：①鼓樓

屋三間者仁智堂也堂左右兩室左曰隱求以待棲息右曰止宿以延賓友左麓之外復前引而右抱中又自為一塢因累石以門之而命曰石門之塢別為壘其中以俟學者之群居而取學記相觀而善之義命之曰觀善之齋石門之西少南又為屋以居道流取道書真誥中語命之曰寒棲之館直觀善前山之巔為亭回望大隱屏最正且盡取杜子美詩語名以晚對其東出山背臨溪水因故基為亭取胡公語名以鐵笛寒棲之外乃植楥列樊以斷兩麓之口掩以柴扉而以武夷精舍之扁揭焉經始於淳熙癸卯之春其夏四月既望堂成而始來居之四方士友來者亦甚衆莫不歎其佳勝而恨他屋之未具不可以久留也釣磯茶竈皆在大隱屏西磯石上平在溪北岸竈在溪中流巨石屹然可環坐八九人四面皆深水當中科臼自然如竈可爨以瀹茗凡溪水九曲左右皆石壁無側足之徑唯南山之南有蹊焉而精舍乃在溪北以故凡出入乎此者非魚艇不濟總之為賦小詩十有二篇以紀其實若夫晦明昏旦之異候風

煙草木之殊態以至於人物之相羊猿鳥之吟嘯則有一日之間恍惚萬變而不可窮者同好之士其尚有以發於予所欲言而不及者乎哉精舍琴書四十年幾作山中客一日茅棟成居然我泉石仁智堂我懃仁知心偶自愛山水蒼崖無古今碧澗日千里隱求齋晨窻林影開夜枕山泉響隱去復何求無言道心長止宿寮故人肯相尋共寄一茅宇山水為留行無勞具雞黍石門端朝開雲氣擁暮掩薜蘿深自笑晨門者那知孔氏心觀善齋負笈何方來今朝此同席日用無餘功相看俱努力寒棲館竹間彼何人抱甕靡遺力逢夜更不寐焚香坐看壁晚對亭倚節南山巔郤立有晚對蒼峭矗寒空落日明影翠鐵笛亭何人轟鐵笛噴薄兩崖開千載留餘響猶疑笙鶴來○名亭之義說見宮室志釣磯削成蒼石稜倒影寒潭碧求日靜垂竿茲心竟誰識茶竈仙翁遺石竈宛在水中央飲罷方舟去茶烟裊細香漁艇出載長烟重歸蓑片月輕千巖猿鶴友愁絕棹歌聲

題報恩寺　宋趙抃

松檻寒聲竹鎖陰梵宮蕭洒稱行

吟庭前花意自榮落門外山光同古今夜榻近軒孤月滿曉鋤尋藥亂雲深中間若了休休事不信歡愁解到心

游紫雲巖天然庵　宋劉詵

萬疊青山入畫圖最高高處着浮署薄雲弄日明還暗小雨飛空有却無山鳥避人疑俗駕道人好客點雲腴我来一笑忘塵慮倒載歸歟日欲晡

金斗源瀑布　劉子翬

路窮巖瀑樹①爽氣淨塵紛溜險時依壁源高半隅甃入池驚練蠹斕石聽雷分椄勝多幽侶節聲破蘚紋

題將軍巖　劉子翬

昔年棲險人何在髣髴棲臺杳靄間事去長空飛鳥沒時清宴坐一僧閒霜秋石壁黃金樹月夜雲濤碧玉灣杖策時來訪奇絕漁樵幽興自相關

訪胡籍溪宅　劉子翬

寂寂臨湖臺湖風爲掩門鳥聲幽谷樹山影夕陽村好事長留客雖貧亦置樽平生枯②淡意去此與誰論

游百丈山分韻得雲字　宋文公

執熱惓煩蹈駕言起宵分隨川踏曉月度嶺披朝雲攀緣白石梯拂拭蒼蘚紋噴薄驚快覩琮琤喜先聞奇哉此精廬

校注：①掛　②枯

耿然隔塵氛諸公肯同來定并俗子群求日坐清樾短章策奇勳慨然念疇昔聯裾已荒蹟中路忘磬折寸心謾絲棼准應泉石韻三生有餘薰兹①游獲重尋十載心氤氳他年訪舊躅山靈莫移文

西山

卜居

宋文公

卜居屏山下俯仰三十秋終然村墟近未愜心期幽近闢西山西際谷開平疇茆茨十數家清川可行舟風俗頗淳朴曠土非難求誓捐三徑資往遂一壑謀伐木南山巔結廬北山頭耕田東溪岸濯足西溪流朋來即共懽客去成孤游靜有山水樂而無身世憂著書俟來哲補過希前修兹焉畢暮景何必營②菟裘

游瑞巖次韻

宋文公

踏破千林黃葉堆林間臺磴鬱崔嵬谷泉噴薄秋逾響山翠空濛晝不開一壑祇今藏勝槩三生疇昔記曾來解衣正作留連計未許山靈便却回

雲谷二十六詠

宋文公

雲谷

寒雲無四時散漫此山谷幸乏霖雨姿何妨媚幽獨

南澗

危石下崢嶸高林上蒼翠中有橫飛泉崩奔雜奇麗

瀑布

峯回危③逕轉舞練忽千尋不爲登山倦躊躇秋澗陰雲

校注：①游　②菟　③逕

關白雲去復還黃塵到難入只有澗水聲出關流更
急蓮沼亭亭玉芙蓉迥立映澄碧只愁山月明照作
寒露滴杉逕南起雲關口縈紆上草堂天風發清①籟
山月度寒光雲莊小丘横翠几層嶂復嵯峨繹来開
来看巖姿此處多泉硤入關但平田後此得清響何
必問真源神襟一蕭爽石池兩崖蒼峭石護此碧泓
寒秋月来窺影驪珠吐玉盤山楹山楹一悵望恨此
雲迷谷仙人不可期縹緲雙髻綠藥圃長鎖斸靈根
蒔此泉下圓珍劑未須論冊蒐已堪煮丹泉山高澤
氣通石竇飛靈液默料谷中雲多應從此出西寮畬
田種胡麻結草寄林樾珍重無心人寒棲弄明月隱
菴憶昔屛山翁示我一言教自信久未能岩棲冀微
效草②蘆青山繞蓬廬白雲障幽户卒歲③聊自娛時人
莫留戀懷仙西望多奇峰北瞰獨仙府欲致武夷君
石壇羅桂醑揮手山臺一揮手從此斷將迎不見一塵
中事惟聞打麥聲雲社自作山中人卽與雲爲友
瀟雨紛紛無勞三奠酒桃蹊澗裏春泉響種桃泉上
頭爛紅紛委地未肯出山流竹蔦④悄蒨桃蹊北蕭槮

校注：①籟　②廬　③聊　④俏

竹塢深不堪秋夜求風雨助悲吟

漆園

舊聞南華仙作吏①漆園裏應悟見割憂嗒然空隱几

茶坂

擕籝北嶺西采擷供茗飲一啜夜窗寒跏趺謝衾枕

絕頂

當年赫曦臺移治在茲嶺寥廓無四隣三光疑倒影

北澗

土断川亦分北下成陰澗秀石得佳名服膺吾敢慢自注云澗有仁義石

中溪

南下東嶺阿云是中溪道巖樹變樛枝石田悲蔓草

休菴

別嶺有精廬林巒亦幽絕無事一往來茶瓜不須設

題風泉亭

朱文公

澗谷居求久高情未云酬茲焉發天祕始造寒岩幽上有茂樹陰下有清泉流結亭倚蒼峭鑿磴窮嵌丘翠壁自屏立青蘚亦環周揭來一憇求夏凛若臨清秋仰空韻笙竽俯檻鏗琳球幽聽一以會悠然與神謀遐哉超世心暇日聊②娛憂笑問車馬客誰能此淹留

游密庵分韻得絕字

朱文公

閩鄉饒奇山仙洲故稱傑巍然一峯高復踰衆山絕傳聞極目覔天水遠明滅萬里倏往還三光下羅列我來發孤興徑欲躋嵽嵲病骨竟支離何當攀去轍

過胡文定公書堂

校注：①漆　②聊

宋·蔡杭　入門認碧溪，循流識深源。念我昔此來，及今七寒暄。人事經幾變，寒花故猶存。堂堂武夷翁，道義世所尊。永袖露雨手，琴書賁丘園。當特經行地，尚想笑語溫。愛此亭下水，炯若玻璨盤。晴看浪花湧，靜見潛鱗翻。朝昏逝日月，俯仰鑑乾坤。因之發深感，倚檻更無言。

西山

蔡沈　紫荊相依倚，綠篠自蒙密。秋蘭澗中花，山果路邊實。沿崗引霜藤，臨流坐寒石。日暮陰崖開，雲收遠山出。疎籬尚存菊，荒庭舊垂橘。絲桐想虛堂，簡策見靜室。俯仰今幾時，漫然已陳跡。摩挲蒼苔痕，殘齒不可識。

文公故宅

①[illegible]元晉夫　峩峩雲谷山，淼淼滄洲水。中有宅一區，過者視闕里。文獻尚可徵，豈不自魯始。載詠鄒氏書，千載若為俟。

採蕨行

國朝黃裳　皇天養民山有蕨，蕨根有粉民②争掘。朝掘暮掘山欲崩，救死豈知筋力竭。明朝重擔③尚溪澗，濯彼清④冷去泥土。夫舂婦濾呼兒炊，饑腹雖⑤亢不勝苦。棠陰諸公知不知，朝夕思餐醲與肥。賑饑無策未足怪，胡忍剝我民膏脂。嗟予忝為斯邑宰，致民多饑欲誰罪。見尔奔波心甚慙，立馬無

言頻生泚①但頌皇天憐爾苦五日一風十
日雨雨順風調五穀登藪根淵山長不取

紀述

重修建寧府學記

宋　真德秀

寶慶紹元之初年，天官尚書葉公以顯謨閣學士出牧建安清心飭躬以洽以教期年民各遂于理顧瞻頖宮寔維本原風化之地繇慶元後曠弗克脩垂三十祀曰予奉天子命寔來固欲為國毓材以俟舉選如寶壁②玉如護掎桐惟學攸居其可弗餝③廼命屬役於僚吏之能者而以郡博士董之先葺大成殿次及十六齋又次及于三賢堂然後增辟小學起孟秋甲辰迄九月甲寅功用以成於是學正葉端甫等書来俾識④厥事某於鄉邦為後進誼不可以先長者遂請辭而端甫等書再至論勉邇力既弗獲終辭則誦所聞以告曰諸公所為命僕者豈欲相與講明為學之大指⑤歟夫格物以致知昔者聖人示人之正法也請以繕脩之役明之今之學校非昔之學校乎昔之圮陋者今屹焉以完昔之闒闟者今煥焉以新非以脩之之功故耶學者之於學亦若是而已矣蓋受

校注：①泚但　②璧　③飭　④識　⑤指

中以生萬善咸備猶此宇之本閑且麗也私欲①洇焉
邪詖滑焉②猶其漂揺於風雨漫漶於垢氛而侵朽以
弊也一日③自克私勝而仁存一念知悔善章而咎泯
又如圮陋者之可以復完闇黷者之可以復新也夫
忠信篤敬學者立德之基剛毅木訥學者任重之實
而辭章④華縟特藻飾之美耳聖門教人具有本⑤末故
曰行有餘力則以學文亦何異基址之固而後棟梁
可施棟梁之安而後丹雘可設也蓋繕脩一役耳而
為學之理具焉自是推之則凡天下之事事物物即
器而道已⑥存由粗而精可見知至之功不難進矣雖
然學豈徒知而已蓋學聚問辯而必以居行繼之傳
學審問而必以篤行終焉斷斷乎不易之序也易中
庸之旨不明學者始以口耳為學講論踐履析為二
致至其甚也以利欲之心求義理之學以理義之說
文利欲之私而去道愈邈矣然則致知力行交勉並
進豈非學者用功之至要哉又豈非賢邦君所望於
吾州之士者哉若夫賦役之力調度之目在浦城縣
故府可覆此不書公名時字秀發括蒼人

校注：①洇　②猶　③自　④華縟　⑤末　⑥存

學重建文宣土①殿記　楊②時

周道衰陵夷至于戰國干戈日尋帝王之迹熄而典章文物淪喪無遺矣孔子於是時窮爲旅③人無所用於世退而刪詩書定④禮樂而先王所以爲治之道煥然著在方冊使後世有考焉論其功謂賢於堯舜豈虛語哉故廟食百世世雖天子之尊北面而奉之爲道之存非以是爲榮觀也國家慶曆中詔天下郡縣立學是時陳公先生亠⑤以經術德義爲一時儒宗適主縣薄⑥孜孜以教育人材爲務乃與其令謀即縣之東南隅築宫於其上以延後學邑人徐翹營殿於其中不脩不陋哉三舍行堂廡一新至建炎初爲賊火所焚而殿得以獨存春秋無以奉祀事紹興三年冬縣令吳侯來視事之始歷告諸神祠獨吾聖師無瞻依之所喟然嘆曰今老佛之徒猶知嚴事其師而吾徒獨不知之恥於是慨然有建立之意不數月召邑之諸生劉壽吳元賓吳震⑦全疇相與董其事經始於四年中夏落成於秋七月良材堅甓增於前用人之力與夫塑繪之王⑧其費無慮百餘萬人樂輸之不爲屬既而

校注：①王　②楊　③旅　④定　⑤襄　⑥簿　⑦震　⑧工

邑之士蕭顗以吳侯之①青走吏詣予求文以爲記予
爲之言曰學之廢久矣②欧淫邪遁之辭盈天下士溺
於所習寘行而已予嘗③丂之周官司徒以知仁聖義
忠和六德教萬民夫仁與聖孔子不敢居而先王以
是教萬民者蓋天地萬④物一性耳無聖賢知愚之異
故顏子曰舜何人也予何人也有爲者亦若是孟子
嘗曰人皆可以爲堯舜故學者必以聖人爲師猶之
射者棲鵠於侯以爲的惟巧力具然後能中巧而不
至至而不中蓋有之矣然不爲之的則莫知孰爲中
否也司徒以仁聖教民蓋亦棲鵠之義與之爲的耳
然仁之爲仁聖之爲聖必有在矣學者未知仁聖之
所以爲仁聖雖有學猶虛器也世之論者以謂仁者
愛而已矣蓋未嘗究觀孔子之言耳知孔子之言仁
則聖亦從而可知矣夫蒲城之爲邑蓋東南賢士大
夫之材藪英材輿稟出而擢高科登膴仕進秉鈞軸
者世有人焉吳侯用心於此非徒飾其祠以誇耀之
也蓋欲邑之士肆業於其中者⑤既其文茹其實必得
而身行之以趨聖賢之域然後爲學之成也故弁以

校注：①書　②詖　③考　④物　⑤溉

告之

睦亭記 眞德秀

嘉定十四年六月丙山精舍成明年五月作新亭於池上而命之曰睦亭客有問者曰夫睦家庭之事也子以名斯亭何哉予曰古者合族而祭事已必有燕私焉祭所以尊尊而燕所以親親其義一也予之為是精舍也以吾王父與吾先人之丘壟在是也有精舍焉以奉吾王父先人之丘壟而春秋饗祀無以為會吾宗族之地是知尊尊矣而未知親親也凡人所為薄於宗族者以其不知所出之本一也誠知其所出之本一則雖由衰焉而功由功焉而緦由緦焉而至於無服譬之巨木百圍支葉扶疏而根幹則一夫豈容以異觀哉然予之所以為是者非為今日慮也自吾之曾王父有子一人焉是為吾王父王父有子二人焉是為吾先人若吾叔父吾叔父不幸無後而有子者惟吾先人焉吾之兄若弟是也吾之兄不幸蚤世而吾與叔季氏僅存蓋相倚以為命者夫焉得而弗睦耶予之所以為是者為後人慮也蘇公有言吾之所與相視如塗人者其初兄弟也兄弟之初一人之身也今自吾之子

與兄弟之子降而爲從兄弟自吾之孫與兄弟之孫降而爲再從兄弟屬一降則恩爲之一衰又自是而降則親盡服窮而塗人矣吁親未盡服未窮而塗人焉今之俗皆然也況於親之盡服之窮而不塗人耶此吾所以惠乎後之人也今爲精舍於斯欲吾子子孫孫欽奉其先之祀又爲亭於斯欲吾子子孫孫畢其先之祀而相與會聚於斯亭勸酬歡洽之餘追念本始而知其所祖之一則服屬雖遠而情不至於踈情不至於踈則恩不得而絕庶其免於祖視爲塗人也茲吾所望於後之人也客又曰子之爲慮則至矣然吾觀世之有田以具粢盛有埊以賑塋域者不爲不多矣而能保之以傳于後者甚寡又將何以爲計耶曰此非予所能知也雖然有一焉夫自吾一家而觀之則吾之昆弟宗族同一體也自天地而觀之則凡與吾並生於穹壤間者皆同一體也以吾尊祖睦族之心推之凡其有田以具粢盛有埊以賑塋域者猶吾心也吾其忍以貨與力取之耶吾而不忍於人人亦將不忍於我矣此予之可知者其所不可知者

奚庸過計為哉客曰然遂次其語為睦①亭記

夢筆山房記

宋魏了翁

世傳江文通為吴興令夢人授五色筆繇是文藻日新今浦城縣故吴興也縣故有孤山里人因以夢筆稱之鄉先生楊文莊公嘗讀書其間比歲真希元於山之麓得數畝地藝卉木營闔廬為息遊藏修之所既為文莊識其事又以書抵了翁曰子為我發之了翁每恨由周而上聖賢之生鮮不百年蓋歷年彌久則德盛仁熟故雖從心所欲罔有擇言皆足以信今貽後詩三百聖賢憂憤之所為者十六七六藝之作七篇之書亦出於歷聘不遇凡皆坦明敷暢日星垂而江河流也聖人之心如天之運純亦不已如川之逝不舍晝夜雖血氣盛衰所不能免而才壯志堅始終弗貳曷嘗以老少為銳惰窮達為榮悴者哉靈均以來文詞之士興已有虛驕恃氣之習魏晉而後則以纖文麗藻為學問之極致方其年盛氣強位亨志得往往時以所能譁世眩俗歲滔月邁血氣隨之則不惟形諸文詞衰颯不振雖建功立事蓄縮顧畏亦非復盛年之比無他

校注：①睦

非有志以基之有學以成之徒以天資之美口耳之知才驅氣駕而為之耳如史所書任彥升丘靈鞠江文通諸人皆有才盡之嘆而史於文通末年至謂夢張景陽奪錦郭景純徵筆才不逮前人①才命於氣氣稟於志志立於學者也此豈一夢之間他人所得而予乎窮當益堅老當益壯而他人亦可以奪之乎為此言者不惟昧先王夢祲之義亦未知先民志氣之學由是夢筆之事如毛元琳紀少瑜李巨山李太白諸人史不絕書而杜子美歐陽永叔陳稜常庶幾知道者亦曰老去才盡曰詩隨年老曰才隨年盡雖深自抑損亦習焉言之不知二漢時猶未有是說也希元用力於聖賢之學今既月異歲殊志隨年長其自今所資益深所居益廣則息游藏脩於是山也其必謂吾言然矣睿聖武公年九十五作抑之詩曰相在爾室尚不愧於屋漏鳴②呼為學不倦如比③才可盡而志可蹟乎既以復於希元又以自儆云

西山書院記 元虞集

建寧路浦城縣真文忠公之故居在焉其孫淵子言其族人用建安祠朱文公之

校注：①夫　②嗚　③此

比築宮祠公相率舉私田給凡學於其宮者而請官爲之立師江浙行中書省上其事朝廷題之名之曰西山書院列爲學官實延祐四年四月也是年天子命大司農晏翰林學士承旨某譯公所著大學衍義用國字書之每章題其端曰眞西山云書成奏之上常覽觀焉昔宋臣嘗繕寫唐宰相陸宣公奏議以進其言曰若使聖賢之相契即如臣主之同時識者以爲知言由今觀之宣公之論治道可謂正矣然皆因事以立言至於道德性命之要未暇推其極致也公之書本諸聖賢之學以明帝王之治據已然之跡以待方來之事慮周乎天下憂及乎後世君人之軌範蓋莫備於斯焉董仲舒曰人主而不知春秋前有讒而不知後有賊而不見比雖未敢上①比於春秋然有天下國家者誠反覆於其言則治亂之別得失之故情僞之變其殆庶幾無隱者矣公當理宗入繼大統之初權臣假公之出以定人心既而斥去之十年復召首上此書當時方注意用之未幾而公亡矣詩云人之云亡邦國殄瘁公再出而世終不獲被其用豈

校注：①此

非天乎庸詎知百年之後而見知遇於聖明之時也然則公之祀豈止食於其鄉而已乎蓋嘗聞之工師之爲巨室也猶必有尺度繩墨之用樸斵締構之制未有無所受其法者也爲天下國家其可以徒用其才智之所及者哉今天子以聰明睿智之資然能自得師尊信此書以爲道揆況衆人乎學者之游於斯也思公之心而立其志誦公之書而致其學聖朝將得人於西山之下焉不徒誦其言而已也

建陽縣學藏書記 朱文公

古之聖人作爲六經以教後世易以通幽明之故書以紀政事之實詩以導性情之正春秋以示法戒之嚴禮以正行樂以和心其於義理之精徵①古今之得失所以該貫發揮究竟窮極可謂盛矣而揔其書不過數十卷蓋其簡易精約又如此自漢以來儒者相與尊守而誦習之傳②相授受各有家法然後訓傳之書始出至於有國家者歷年行事之迹又皆各有史官之記於是文字之傳益廣若乃世之賢人君子學經以探聖人之心考史以驗時事之變以至見聞感觸有接於外而動

校注：①微　②轉

乎中則又或頗論著其說以成一家之言而簡策所載篋櫝所藏殆不勝其多矣然學者不欲求道則已誠欲求之是豈可以告此而不觀也哉而近世以來乃有所謂科舉之業者以奪其志士子相從於學校庠塾之間無一日不讀書然問其所讀則舉非向之所謂者嗚呼讀聖賢之言而不通於心不有於身猶不免爲書肆况其所讀又非聖賢之書哉以此道人乃欲望其教化行而風俗美其亦難矣建陽板本書籍行四方者無遠不至而學於縣之學者乃以無書可讀爲恨今知縣事會稽姚侯耆寅始斥掌事者之餘金鬻書於市上自六經下及訓傳史記子集凡若干①卷以充入之而世儒所誦科舉之業者一無得與於其間諸主②既得聖賢之書而讀之又相與講於侯之意而知所興起也来謁予文以記之予推姚侯之所以教其人固可書矣而諸生之所以承侯之意者亦當得書也抑予猶願有告焉諸君讀侯之書其必有以通諸心有諸身而無徒爲是書肆者則庶幾無負於侯之教而是邦風俗之美亦將有以異於往詩③

校注：①干　②生　③時

矣於是敬書其說使刻石而立諸其廡以俟

考亭書院記

宋熊禾

周東遷而夫子出，宋南渡而文公生，世運升降之會，天必擬大聖大賢以當之者，三綱五常之道所寄也。道有統，羲軒邈矣，陶唐氏迄今六十二甲辰，孟氏歷叙道統之傳，爲帝爲王者千五百餘歲，則堯舜禹之於奠①也，湯尹之於伊毫②，世文武周公之於岐豐也。自是而下爲霸爲強者二千餘歲，而所寄僅若此，儒者幾無以藉口於来世。嗚呼，微夫子，六經則五常三王之道不傳；微文公，四書則夫子之道不著，人心無所於主，利欲持世，庸有極乎？七篇之終，所以大聖人之居而尚論其世者，其獨無所感乎？嗚呼，由文公以来又百有餘歲矣。建考亭視魯闕里，初名竹林精舍，後更滄洲。宋理宗表章公學，以公從祀廟廷，始錫書院額，諸生世守其學不替。龍門方侯逢辰灼見斯道之統有關於世運，故於此重致意焉。歲戊子，侯爲郡判官，始克修復，邑令古澶郭君瑛又從而增闢之。乙巳，侯同知南劍郡事，道謁祠下，顧謂諸生曰：居已完矣，其盍有所養乎？書院舊

校注：①冀　②亳

有田九十餘畝春秋祀猶不給侯將捐田爲倡郭君適自北來議以克協諸名賢之胄與邦之大夫士翕然和之合爲田五百畝有奇供祀之餘則以給師弟子之廩膳名曰義學田初省府以公三世孫朱沂克①書院山長既歿諸生請以四世孫朱椿襲其職侯白之當路仍增弟子員屬其事於邑簿汪君蒙且以書來曰養可以粗給矣而教之不可以無師也謂予猶逯有聞律與前貢士魏夢牛分教大小學蓋有甚歉然者既又屬予記其事其將何以爲詞重惟文公之學聖人全體大用之學也本之身心則爲德行措之國家天下則爲事業其體有從順仁義中正之性其用則有治教農禮兵刑之具其文則有小學大學語孟中庸易詩書春秋三禮孝經圖書西銘傳義及通鑑綱目近思録等書學者學此而已今但知誦習公之文而體用之學曾莫之究其得謂之善學乎矧曰體其全而用其大者乎公之於考亭也門人蔡氏淵嘗言其晚年間居於大本大原之地克②養敦厚人有不得窺其際者蓋其喜怒哀樂之未發早聞師說於

校注：①②充

延平李先生者體驗已熟雖其語學者非一端所敬
貫動靜之旨聖人復起不易斯言矣嗚呼此古人授
受心法也世之溺口耳之學何足以窺其微哉公之
修三禮自家鄉至邦國王朝大綱小紀詳法畧則悉
以蜀之門人黃氏餘日曰如用之固當盡天地之變
酌古今之宜而又通乎南北風氣損文就質以求其
中可也使公之志克遂有王者作必來取法矣嗚呼
古人為治之大經大法平居既無素習一旦臨事惟
小功近利是視生民亦何日蒙至治之澤乎秦人絕
學之後六經無完書若井田若學校凡古人經理人
道之具盡廢漢猶近古其大機已失之矣當今治宇
一統京師首善之地立冑學興文教文公四書方爲
世大用此又非世運方升之一幾乎邵氏觀化所謂
善變之則帝王之道可興者以時考之可矣誠能於
此推原羲軒以來之統大明夫子祖述憲章之志上
自辟雍下逮庠序祀典教法一惟我文公之訓是式
古人全體大用之學復行於天下其不自茲始乎今
公祠以文肅黃氏榦配舊典也從以文節蔡氏元定

文簡劉氏爚文忠真氏德秀建安武夷例也我文公體用之學黄氏其庶幾焉餘皆守公之道不貳其緒公也實甚宜公以建炎庚戌生於劍之南溪父吏部韋齋先生仕國也公藴經世大業屬權奸相繼用事鬱鬱不得展道學爲世大禁公與門人益務堅苦泊如也慶元庚申殁于考亭後十年庚午疆埸事起又六十七年丙子宋亡公之曾孫浚以死節著嗚呼大聖大賢之生其有關於天地之化盛衰之運者豈可以淺言哉夫子之六經不得行於再世而公之四書乃得彰著於當代公之身雖詘於當時而公之道卒信於其後者天也過江来守州文獻欲盡自左丞覃懷許公衡倡明公學家誦其書人尊其道凡所以啓沃君心栽培相業以開治平之原者皆公餘澤也方侯朔義學東平袁君①壁適以臬事至閩訪求公後裔浚二子林彬于省長南溪建安二書院奉韋齋及公祠又以考亭乃公舊宅懇懇爲語諸生小學入門之要尤以師道不立爲憂既而金華陳君舉司文吳會爲冑學②徵藏書致尋文獻且欲於此繼成公志以復

校注：①璧　②徽

六經古文爲屬誠鉅典也而必有竢焉天運循環無往不復欲觀周道舍魯何適主學一脉亟起而迓續之則天地之心生民之命萬世之太平當於此乎在侯之功不亦遠乎侯世以德顯其仕閩以化爲政道南七書院皆其再造也考亭西北偏有山曰雲谷晦菴在焉亦爲之起廢汪君於山之麓爲門以識之九公之墳宅悉從而表樹焉庶乎知爲政之先務矣精舍剏於紹熙甲寅前堂後室制甚樸寶慶乙酉邑令莆陽劉克莊始闢公祠今燕居廟則淳祐辛亥漕使眉山史侯季溫舊構也書院之更造惟公手剏不敢改棟宇門廡煥然一新邑士劉熙實終始之義學之剏興宋奕黃樞首帥以聽華慈孫葉善夫趙宗叟盱江李廷王與有謀焉而厚帑庾完堅茨以迄于成則虞子建劉實也賢勞皆可書時提調官總管燕山張仲儀教授三山黃文仲助田名氏悉書石陰

崇安縣學田記 朱文公

崇安縣故有學而無田遺大夫之賢而有意於教事者乃能縮取它費之羸以供養士之費其或有故而不能繼則諸生無

所仰食而往往散去以是殿堂傾圮齋館蕪廢率常更十數年乃一聞弦誦之聲然又不一二歲輒復罷去淳熙七年今知縣事趙侯始至而有志焉既葺其宫廬之廢壞而一新之則又圖所以爲飲食久遠之計者而未知所出也一日視境内浮屠之①耤其絶不計者凡五曰中山曰白雲曰鳳林曰聖曆曰暨曆而其田不耕者以畝計凡若干乃喟然而嘆曰吾知所以處之矣於是悉取而歸之於學蓋歲入租米二百二十斛而士之肄業焉者得以優游卒歲而無乏絶之慮既而學之群士十餘人相與走予所居之山間請文以記其事曰不則懼夫後之君子莫知其所始而或至於廢壞也予惟三代盛時自家以達於天子諸侯之國莫不有學而自天子之元子以至於士庶人之子莫不入焉則其士之廩於學官者宜數十倍於今日而考之禮典未有言其費出之所自者豈當時爲士者其家各已受田而其入學也有時故得以自食其食而不仰給於縣官也歟至漢元成間乃謂孔子布衣養徒三千而增學官弟子至不復限以員

校注：①籍

數其後遂以用度不足無以給之而至於羅夫謂三千人者聚而食於孔子之家則已安矣然養士之需至以天下之力奉之而不足則亦豈可不謂難哉蓋自周衰田不井授人無常產而爲士者尤厄於貧反不得與爲農工商者齒上之人乃欲聚而教之則彼又安能終歲裹飯而學於我是以其費雖多而或取之經常之外勢固有所不得已也況今浮屠氏之說亂君臣之禮絕父子之親淫誣鄙詐以毆誘一世之人而納之於禽獸之域固先王之法之所必誅而不以聽者也顧乃肆然蔓衍於中國豐屋連甍良疇接畛以安且飽而莫之或禁是雖盡逐其人奪其所據而悉歸之學使吾徒之學爲忠孝者得以無營於外而益進其業猶恐未足以勝其邪說況其荒墜蕪絕偶自至此又欲封植而永久之乎趙侯取之可謂務一而兩得矣故特爲之記其本末與其指意所出者如此以示後之君子且以警夫學之諸生使益用力乎孚之所謂忠且孝者職其事者又當謹其出內於①薄書之外而無龠合之私焉則庶其無負乎趙侯之

校注：①簿

教矣趙侯名其材甚髙聽訟理財皆辦其課又有餘力以及此諸使者方上其治行於朝云

崇安縣五夫社倉記

朱文公

乾道戊子春夏之交建人大饑予居崇安之開耀鄉知縣事諸葛侯廷瑞以書来屬予及其鄉之耆艾左朝奉郎劉侯如愚曰民饑矣盍爲勸豪民發藏粟下其直以振之劉侯與予奉書從事里人方幸以不饑而盜發浦城距境不二十里人情大震藏粟亦且竭劉侯與予憂之不知所出則以書請于縣于府時敷文閣待制信安徐公嘉知府事即日命有司以船粟六百斛泝①溪以来劉侯與予率鄉人行四十里受之黄亭步下歸籍民口大小仰食者若干人以率受粟民得遂無飢亂以死無不悦喜歡呼聲動旁邑於是浦城之盜無復隨和而束手就禽矣及秋徐公奉祠以去而直敷文閣東陽王公淮繼之是冬有年民願以粟償官貯里中民家將輦載以歸有司而王公曰歲有凶穰不可前料後或艱食得無復有前日之勞其留里中而上其籍於府劉侯與予既奉教交明年夏又請于

校注：①泝

府曰山谷細民無蓋藏之積新陳未接雖樂歲不免出倍稱之息貸食豪右而官粟積於無用之地後將紅腐不復可食願自今以來歲一斂散既以紓民之急又得易新以藏俾願貸者出息什二又可以抑僥倖廣儲蓄即不欲者勿強歲或不幸小飢則弛半息大侵則盡蠲之於以惠活鰥寡塞禍亂原甚大惠也請著爲例王公報皆施行如章既而王公又去直龍圖閣儀真沈公度繼之劉侯與予又請曰粟分貯民家於一守視出納不便請放①古法爲社倉以儲之不過出捐一歲之息宜可辦沈公從之且命以錢六萬助其役於是得籍坂黃氏廢地而鳩工度材焉經始於七年五月而成於八月爲倉三亭一門牆守舍無一不具司會計董工役者貢士劉復劉得輿里人劉瑞也既成而劉侯之官江西莫府予又請曰復與得輿皆有力於是倉而劉侯之子將仕郎琦嘗佐其父於此其族子右修職郎玶亦廉平有謀請得與并力府以予言悉具書禮請焉四人者遂皆就事方且相與講求倉之利病具爲條約會丞相清源公出鎮茲土

校注：①倣

入境問浴①予與諸君因得具以所為條約者迎白于
公公以為便則為出教俾歸揭之②楣間以視來者於
是倉之廢事細大有程可久而不壞矣予惟成周之
制縣都皆有委積以待凶荒而隋唐所謂社倉者亦
近古之良法也今皆廢矣獨常平義倉尚有古法之
遺意然皆藏於州縣所恩不過市井惰游輩至於深
山長谷力穡遠輸之民則雖飢餓頻③死而不能及也
又其為法太密使吏之避事畏法者視民之殍而不
肯發往往全其封鐍遞相付授至或累數十年不一
訾省一旦甚不獲已然後發之則已化為浮埃聚曩④
而不可食矣夫以國家愛民之深其慮豈不及此然
而未之有改者豈不以里社不能皆有可任之人欲
一聽其所為則懼其計私以害公欲謹其出入同於
官府則鉤校靡密上下相遁其害又必有甚於前所
云者是以難之而有弗暇耳今幸數公相繼其愛民
慮遠之心皆出乎法令之外又皆不鄙吾人以為不
足任故吾人得以及是數年之間左提右挈上說下
教遂能為鄉閭立此無窮之計是豈吾力之獨能哉

校注：①俗　②楣　③瀕　④穰

惟後之君子視其所遭之不易者如此無計私害公以取疑於上而上之人亦毋以小文拘之如數公之心焉則是倉之利夫豈止於一時其視而傚之者亦將不止於一鄉而已也因書其本末如此刻之石以告後之君子云

八閩通誌卷之八十二

八閩通誌卷之八十三

詞翰

泉州府

題詠

題雲樹臺　宋王十朋

山生平地樹侵雲，土木多應役鬼神。好向危樓高着眼，閭閻無限困窮人。

洛陽橋　劉子翬

跨海飛梁疊石成，晚風十里度瑤璵。雖如建業虎城峙，勢若常山蛇①陳橫。腳底波濤時洶湧，望中烟嶼晚分明。往來利涉歌遺愛，誰復題橋繼長卿。

宋陳傅良

跨海為橋布石牢，那知直下壓靈鰲。基連島嶼規模壯，勢截淵潭氣象豪。鐵馬著行橫絕漠，玉鯨張鬣露寒濤。纖圖已幸天顏照，應得元豐史筆褒。

題洛陽橋柱　無名氏

百年河洛汚膻腥，何事斯橋浪得名。欲洗胷中不平恨，時来倚柱看潮生。

秦君亭　宋陳讜

世梗賢路塞，達人識窮通。②攙搶天寶後，羨士如飆

校注：①陣　②欃

蓬聘君當此時卷迹雲霞中翩翩稻粱外不學低飛鴻音塵萬方遠軒冕一笑空垂綸釣滄海超然謝樊籠清吟寫其樂孤標激頹風能令千載下嘆息詩人窮登臨忽終日俛仰尋高蹤山麓一囬翫松蓋青重重

姜相峰 王十朋

相國忠如宋廣平危言流落晉江城天資自直無心責何事青山亦得名

南安道中 宋文公

曉澗淙流急秋山寒氣深高撣①多遠韻茂樹有餘陰煙火居民少荒蹊草露侵悠悠秋稼晚寥落歲寒心

知郡傅丈載酒幞被過喜於九日山夜泛之小舟弄月劇飲 宋文公

扁舟轉空闊煙水浩將平月色中流淵秋聲兩岸生杯深同醉極觴罷獨黿驚歸去空山黑西南河漢傾

和林擇之鳳凰山韻 宋文公

木落鬢鬟擁湖平粧鏡空荒亡餘舊事慘澹只悲風興發千山裏詩成一笑中諸君莫惆悵吾道固當窮

寄題九日山廓然亭 宋文公

昨遊九日山散髮岩上石仰看天宇近俯嘆塵境窄歸

校注：①蟬

来岑幾時夢想掛蒼壁閒公結茅地恍復記疇昔年隨流水逝事與浮雲失了知廓然處初不從外得遂憐植杖翁鶴骨雙眼碧永歎月明中秋風桂花白

蓮花峰（宋陳休齋）

多病登臺今古情①□花捺蕩午涼生山前木落石岩出海上潮来秋渚平野興已隨芳草遠歸轂更傍落霞明愧無十丈開花句獨卧禪房心自清

游九日山（元張翥）

寂寞隱君宅岧嶤丞相峰石餘唐日硯樹有晉朝松把酒春陰薄開軒晚翠重遺詩刻高壁留覽更從容

同安客舍夜作（朱文公）

官署夜方寂幽林生月初閒居秋意遠花香寒露濡故國異時節欲歸懷簡書聊從西軒卧塵思一蕭踈□窻户納涼氣吏休散朱墨無事一脩然形神罷拘役暫愒豈非閒無論心與跡

述懷（宋朱文公）

夙尚本林壑灌園無寸資心懷經濟策復愧軒裳姿效官刀筆間朱墨手所持謂言殫蹇劣詎敢論居卑任小才亦短抱念一無施幸蒙大夫賢加惠寬箠笞撫己實已優於道豈所期終當反初服高挹與世辭

再至同安

校注：①藕

假民舍以居示諸生宋文公端居託窮巷廩食守微
官事少心慮怡吏休庭宇寬晨
興吟誦餘躰物隨所安杜門不復出悠然得真歡良
朋夙所敦精義時一一殫壺餐雖牢落此亦非所難
同僚小集梵天寺坐閒雨作已復開霽步至東橋玩
月賦詩宋文公繚閣翔林抄披襟此月闕層雲生薄
晚涼雨遍空山地泂衣裳吟天高澄霽還出
門迷所適月色淵林闕　空山看雨罷微步喜新涼
月出澄餘景川明發素光星河方耿耿雲樹轉蒼蒼
晤語逢清夜
玆懷殊未央梵天觀雨宋文公持身乏古節寸祿久
棲遲蹔寄靈山寺空吟招隱
詩讀書清磬外看兩暮鍾時
漸喜涼秋近滄洲去有期之德化宿劇頭鋪夜聞
社①宇宋文公王事賢勞祇自嗌②一官今是五年
期如何獨宿荒山夜更擁寒衾聽子規安溪
道中泉石奇甚絕類建劔間山水佳處也宋文公驅
車陟連岡

校注：①杜　②嗌

振鬱岀林莽霧露曉方除日照川如掌行行遵曲岸水石窮幽賞跳徧寒篠多澗激淙流響肯祇役未忘倦心神暫蕭爽感兹懷故山何日稅征鞅

留安溪三日按事未竟 宋文公

縣郭四依山清流下如駛居民煙火少市列無行次嵐陰常至午陽景猶氛翳向夕悲風多遊子不遑①寐我來亦何事吏牒古所記奉檄正淹留何當語歸計

紀述泉州儒學忠孝祠記 眞德秀

忠孝祠者祠唐義闕林公攢國朝皇城使贈司空忠勇蘇公緘也二公何以祠曰林公以孝行稱蘇公以忠節顯祠之所以勸臣子厲風俗也昔之君子以是名于世者衆矣寔獨祠二公也二公泉人祠爲泉人立也然則泉人以忠孝著獨二公乎曰不然也泉之士多工於文而言能文者必曰歐陽生詹取其尤著焉者也二公以忠孝名猶是也曰二公之所以尤著焉者何也曰孰不事親林公之於親孝之至者也孰不事君蘇公之於君忠之極者也今夫冬溫

校注：①寐

而夏①清昏定而晨省子之職也而未可以言孝也愉色而婉容承顔而順志可以言孝矣而未可以言至也齋戒以見君奔走以承命臣之禮也而未可以言忠也美焉而將順之閑焉而彌縫之可以言忠矣而未可以言極也然則孰謂至曰事死如生事亡如存者孝之至也孰謂極曰主爾忘身國爾忘家者忠之極也吾觀林公之喪親也水漿不入口五日躬自陶甓而墳之非苟以爲難也親之存也竭吾力旣沒而遂怠焉是死吾親也蘇公之守邕而扞寇也其子曰家可徙乎公曰不可父老曰城可棄乎公又曰不可卒奮其力以戰力不繼死之其家殲焉非惡生而嗜死也吾受君之禄以榮其身以及其家臨難而卹其私焉是孤吾君也夫爲人子而死其親爲人臣而孤其君是犯天下之大戒也二公之所不忍爲也故恩之當報不以存亡貳其心義之當狥不以死生易其節所以盡臣子之分也若乃祥應之格乎天爵號之加于朝褒表於一時焜燿於千載則非二公之所計也蓋以孝而徼福其爲孝必不誠以忠而望報其爲

忠必不篤無所慕而爲之二公所以有功於名教也兹予奉而祠之之意也敢問學二公者將奚先曰事親者人之所同事君者必得位而後可也然豈有二致哉故曰事親孝則忠可移於君蓋孝者忠之基也平居能爲林公則進而委質於朝廷盡節於官守其不愧蘇公也必矣此泉之士當朝夕勉焉者也奉而祠之且刻其事于石者太守真德秀也與其議者郡博士吳實鄉從事李方子也奉其祠者郡之士黄龔也

丞相蘇公祠堂記

宋文公

熹少從先生長者遊聞其道故相蘇公之爲人以爲博洽古今通知典故偉然君子長者也熙寧中掌外制時王丞相用事嘗欲有所引拔公以其人不可用凡非故事封上之用此罷歸不自悔守益堅當世高其節與李才元宋次道並稱三舍人云後得毘陵①鄒公所撰公行狀又知公始終大節蓋章章如是以是心每慕其爲人屬来爲吏同安同安公邑里也以公所爲問縣人雖其族家子不能言而泉人往往反喜道曾宣靖蔡新州吕太尉事以爲盛予不能識其何説

校注：①鄒

也然嘗伏思之士患不學耳而世之學者或有所怵①於外則眩而失其守如公學至矣又能守之終其身一不變此士君子之所難而學者所宜師也因為之立祠於學歲時與學官弟子拜祠焉而記其意如此以視邑人云

高士軒記 朱文公

同安主簿廨皆老屋支柱殆不可居獨西北隅一軒爲亢爽可喜意前人為之以待夫治簿書之暇日而燕休焉然視其所以名則若有不屑居之之意予以為君子當無入而不自得名此非是因更以為高士軒而客或難予曰漢世高士不為主簿者實御史屬漢官御史府典制度文章大夫位上卿亞丞相主其簿書者名秩亦不卑矣彼猶以為浼己而不顧焉故足以為高也今子僕僕焉在塵埃之中左右朱墨蒙犯箠楚以主縣簿於此而以高士名其居不亦戾乎予曰固也是其言也豈不亦曰士安得獨自高其不遭則可亡不為已乎予於其言蓋嘗竊有感焉然亦未嘗不病其言之未盡也蓋謂士之不遭可無不為若古之乘田委吏抱關擊柝者焉可也謂士不能獨自高則

若彼者乃以未覩夫高也夫士誠非有意於自高然其所以超然獨立乎萬物之表者亦豈有待於外而後高耶知此則知主縣簿者雖甚卑果不足以害其高而此軒雖陋高士者亦或有時而來也顧予不足以當之其有待於後之君子云爾

客唯唯而退因書之壁以爲記

大同書院記 元林泉生

孔君師道尹同安之明年政平民信乃謀其邑人曰昔先正朱文公主是邑簿民至今稱之今國家表章理學凡文公舊所講習之地悉爲立學設師弟子員閩中最盛同安獨闕焉非所以致尊崇也吾將興舉墜典何如衆欣然曰唯命乃卜邑學之東偏相土之剛度材之良弘宇峻陛列廡崇堂建禮殿以奉先聖作戟門于殿之外又外爲櫺星門殿之後作别室祠文公以鄉賢樸鄉呂先生大圭配講室齋序如邑學既成名之曰大同書院泉郡上其事於憲師二府適覃懷許公爲閩海憲使即爲上聞請額于朝以列學官邑人榮之他日師道遣儒紳張興學以書來求林泉生記之予嘉其能因民所尊信者而興學立教有

循吏之風記之不辭按傳文公弱冠登進士第授同安主簿即從延平李先生問學往復從游者十年盡得濂洛要領篤信力行悟契古道在同安教人必以格物致知爲言蓋斷然以聖賢之道自任人亦斷然以聖賢之道期之今去之二百年矣予嘗過同安觀所謂高士軒者文公之所作也古老相傳弊則必葺俾勿壞同安多古碑刻九朱子所撰述者邑人能成誦之彼豈爲虛敬哉誠之感人者久而不泯也不然簿之爲官微矣何二年之績有百年之思乎余嘗讀朱子之書而得其所用心者則嘆曰嗚呼心公天下學資後世宜其身沒而道彰世遠而言立也夫孔子之道至孟子而無傳兩漢以来學士大夫孰不欲爲聖賢哉窮理盡性之無其師則知者立異愚者昧焉大道荒聖門塞則強者爭岐柔者畫焉寥寥千有餘年天生周元公於舂陵生二程於河洛生張子於關中相先後以爲師弟朋友傳心講道上繼墜緒燭幽啓鑰盡破群疑孔曾思孟久湮之言一旦皜皜行乎天下天下始知聖賢之可學六經四書之可信也觀

太極圖通書易傳西銘等書皆極性命道德之蘊非東周以後之文也四子之有功於斯道也大矣及龜山楊氏載道而南再傳而得朱子朱子又有功於四子者也盖慮四子之書廣大弘博初學不知所入嘗與呂成公采周程張子之言作近思録聖門近思之教至是始發之朱子之序有曰使窮鄉晚進志學而無師友者得此而玩心焉亦足得其門而入矣嗚呼即斯言也可以見朱子之心矣夫天之生人無窮而生聖賢則曠千載而一二焉人不可一日而無學聖賢不可待而師也朱子有憂之故述古成書擴前聖未發之蘊開後世入學之塗使聖賢不生志道者得由書以悟入非小補也嘗慮人無小學之功遽入大學矯揉致力鮮不憮矣故作小學書使洒掃應對之童服習忠信孝弟之教禮閑情欲學變氣質則其成材也易又慮學者以太學爲大不可升以中庸爲幽深玄遠不可能以聖賢爲天資之高不可到則亦自棄而已矣故作四書集註章句或問使學者持敬以入大學則格致誠正脩齊治平皆一理也由謹獨戒

懼以入中庸則始於日用常行無過不及及其至也天地位萬物育焉學顏子者自無間斷始學孟子者自求放心始故切切以為訓使致力於是者知聖賢可學而到也不惟此耳其他凡所著書欲學者以約得之則用力專而成功易吾黨小子受其成簡可以進道敢忘先儒用功之勤乎予所謂心公天下學資後世者此也今朱子之書布滿天下而戰國秦漢後百氏龎言不攻自廢天之興起斯文必自此始因同安尊崇朱學故詳為之言或者因予言而有得焉不徒祠而祀之之為崇也師道名公後孔子五十三世孫也閩海憲使魏國文公之孫從宣也聖賢之後克濟世德又於是復見之可以書書院作於至正十年之夏成於十一年之秋記於十六年正月邑諸生王芳孫謝宜翁孔克原郁璋邑吏林英皆服集事附列記後云

題詠

送李宣叔倅漳州 宋王安石

閩山到漳窮地與南越錯山川鬱霧毒瘴癘春冬作荒茅篁竹間蔽虧有城郭居人特鮮少市井宜蕭索野花開無時蠻酒持可酌窮年不用客誰與分杯杓朝廷尚賢俊磊砢充臺閣君能喜節行文藝又該博超然萬里去識者爲不樂子聞君子居自可救民瘼苟能樂对物得地無美惡似聞最南方比客今勿藥林麓換風氣獸蛇雕毒螫如漳猶近州氣冷又錯鑾珍足海物味其厚不爲薄章舉馬甲柱固已輕羊酪蕉黃荔子丹又勝柤梨酢縫衣比多士往往在丘壑從容與笑語豈不慰寂寞太守好觴詠嘉賓應在幕想即有新詩流傳至京洛

題月淵亭 宋鄭洋正

仰攀明月輪俯瞰滄海淵乾坤惜形勢此地何其偏靈溪九龍躍仙山一峯圓遊遨攝邦守所樂多林泉

詠漳南俗 國朝王禕①

漳水南邊郡閩鄉到此窮地偏冬少雪海近夜多風百粵山川屬三吳景物同昔賢遺化在千載紫陽翁此地多烟瘴時清喜漸除阻山猶盜賊並海盡鹽魚田稻春

校注：①禕

秋種園蔬伏臘需不才叨郡倅廩禄頗贏餘可是閩南徼陽多氣候先麥收正月盡茶摘上元前緑笋供春饌黄蕉入夏筵南方吾所適久住亦相便 文物如鄒魯斯言信不虚科名唐進士道學宋先儒祠宇依山曲遺書布海隅風流今孰繼林子亦真徒自注云進士謂周匡物先儒謂陳北溪林子名唐臣字元凱

次漳浦驛 唐李德裕

嵩少心期杳莫攀好山①聊復一開顔明朝便是南荒路更上層樓望故關

贈長泰縣尹余良甫 元盧②琦

今尹余良甫應勞撫字心野人争賣劒山縣但聞琴夏半畬田熟秋深瘴霧沉倘懷鐔水客千里寄新吟

紀述 教授廳題名記 宋朱文公

教授之爲職其可謂難矣雖自任重而不爲者知之其以爲易而無難者則苟道也何也曰教授者以天子之命教其邦人凡邦之士廩食縣官而③充弟子員者多至五六百餘少不下百十數皆惟教授者是師其必有以率厲化服之使與學問蹈繩榘出入不悖所

校注：①聊　②盧琦　③充

聞然後爲稱此非反之身而何以哉是可不謂難矣乎不特此耳又當嚴先聖先師之典祀領護學而守其圖書服器之藏其體至重下至金穀出内之纖悉亦皆獨任之嗚呼是亦難矣然凡仕於今者無大小莫不有所臨制總攝其任無劇易必皆具文書使可覆視是以雖甚弛者亦有所難而不敢肆獨教授官雖有統若其任之本諸身者則非簿書期會之所能察至其具於有司而可考者上之人又以其儒官優容之雖有不合不問以是爲便故今之仕者反利焉而喜爲之而孰知所以充其任者如彼其難哉故曰惟自任重而不苟者知之其以爲易而無難者則苟道也予嘗以事至漳其教授陳君與予有故館予於其寓直之舍因得盡觀陳君所施於學者予謂若陳君則可謂知其難矣時陳君方將刻前人名氏於壁屬予記予辭謝不能者再三既不得命乃退而書其所聞見如此以爲記且以厲後之君子云

東溪高先生祠記　朱文公

孟子曰聖人百世之師也伯夷柳下惠是也故聞伯夷之風者頑

夫廉懦夫有立志聞柳下惠之風者鄙夫寬①薄夫敦奮乎百世之上百世之下聞者莫不興起也夫孟子之於二子其論之詳矣雖或以爲聖之清或以爲聖之和然又嘗病其隘與不恭且以其道不同於孔子而不願學也及其一旦慨然發爲此論乃以百世之師歸之而孔子反不與焉何哉孔子道大德中而無迹故學之者没身鑽仰而不足二子志絜行高而迹者故慕之者一日感慨而有餘也然則二子之功誠不爲少而孟子之意其亦可知也已臨漳有東溪先生高公者名登字彥先靖康間游太學與陳公少陽伏闕拜疏以誅六賊畱种李爲請用事者欲兵之不爲動也紹興初召至政事堂又與宰相秦檜論不合去爲靜江府古縣令有異政帥守希檜意捃其過以屬吏會帥亦以讒罷獄中乃得釋被檄試進士潮州使諸生論直言不聞之可畏策閩浙水沴之所繇而遂移檄以歸檜聞大怒奪官徙容州公學博行高議論慷慨口講指畫終日衮衮無非忠臣孝子之言②捨生取義之意聞者凜然魄動神竦其在古縣學者已

校注：①薄　②捨

争歸之至是其徒又益盛屬疾自作埋銘召所與遊及諸生訣別正坐拱手奮髯張目而逝嗚呼是亦可謂一世之人豪矣雖其所學所行未盡合於孔子然其志行之卓然亦足以爲賢者之清而使百世之下聞其風者有廉頑立懦之操則其有功於世教豈可與夫隱忍回互以濟其私而自託於孔子之中行者同日而語哉公没之後二十餘年延平田君瀅爲郡博士乃始求其遺文刻之方版又肖公像而奉祠之以風厲其學者間因郡人王君遇來求文以爲記屬予病未及爲而田君去今太守永嘉林侯元仲至則又與王君更以書來督趣不置予惟高公孤高之節既如彼而諸賢崇立之志又如此則予文之陋誠不宜久以疾病爲解强起書之辭不逮意林侯試爲刻之置祠壁漳之學子與九①四方之士往來而有事於此者讀之果能有所感慨而興起乎哉

四先生祠堂記

宋趙汝譡

漳舊祀郡先賢於學其後始立周程三先生祠新安朱公爲守距今歲月遠矣郡人獨未祠公予至而謁學首問諸生以爲大

校注：①凡

秩滿授教陶孫推官黃桂縣尉鄭斯立亦以爲言乃闢尊道堂之偏爲兩室先賢居其左三先生與公居其右既成將行舍菜禮郡人有學於公者李唐咨陳淳闔門不出予物色得之親訪其家延之入學使奉公祀二子習禮朱氏舍菜之日執事其旁蒼髮布袍容體肅衍人始知公之弟子也退而淳飲堂上諸生獻酬咸大感悅因請記之予雖不足以知公之學獨念爲兒童日則已聞也有大儒師三人公與廣漢張公東萊呂公一時同起名震海內士無愚智聞風而景從其間英才嘗①挼餘論心通而業成者有矣故當乾道淳熙之間人物彬彬號爲最盛是豈非義理薰陶之功歟蓋公與張呂二公皆推本周程氏之說講授學者而公於究極尤精阜陵晚欲用公宰相多不樂數沮之既入爲郎矣旋即去光宗朝稍起帥長沙上初即位丞相趙公汝愚在政府首引公寘經筵公年幾七十矣每進講必懇切爲上陳述孝道屬時多故奸臣得入禁中將危趙公圖國柄以公儒老上所尊敬恐有闢說且非己之利群小人方②嫉正相與乘

校注：①接　②嫉

閬①用計去公未幾趙公遭讒以貶黨論遂大起變異□②出馴至開禧而兵禍作矣彼奸臣雖武夫不學然亦知公爲士類所宗執典訓以事人主不去公則凡其意所欲爲者終憚公而不敢發也嗚呼國其可不用儒哉公蚤歲中進士科一爲同安主簿家居久甚樂也不曰不仕卒少合而歸然得以其間窮經明教任亦重矣此公之本志也張呂先殁予不及識甲寅歲拜公於都城後十七年來守是邦樂問公之行事庶君子之遺風也其綱目尚在可爲治郡法嘗條畫經界甚詳請諸朝矣議竟格不用惜哉

龍巖縣學記

朱文公

漳州龍巖縣學皇祐初置其後遷徙不常遂以廢壞蓋三十有餘年而丞李君永始復營建迨代去不克就溫陵曾君祕來嗣其職乃因其緒而成之凡爲屋若干楹殿堂門廡師生之舍無一不具淳熙九年二月丁未既率其諸生以奠菜于先聖先師而以書來求記且曰願有教也予聞龍岩爲縣斗僻介於兩越之間俗固窮陋其爲士者雖或負聰明樸茂之姿而莫有開之以聖賢之學是以

校注：①間　②疊

自其為縣以來今數百年未聞有以道義功烈顯於時者豈其材之不足哉殆為吏者未有以興起之也今二君相繼貳令於此乃能深以興學化民為己任其志既美矣而曾君又嘗從吾友石許諸君遊是必能誦其所聞以先後之者此邑之士其庶幾乎乃為之書其本①永而因以告其諸生曰夫所謂聖賢之學者非有難知難能之事也孝弟忠信禮義廉耻以修其身而求師取友頌詩讀書以窮事物之理而已是二端者豈二三子之所不知不能哉特怵迫於俯仰衣食之資而不暇顧誘奪於場屋雕篆之習而不至為耳夫狥區區目前近小之利而忘其所貴於己者固已悖矣況其所狥又未必果可求也二三子循己事而觀之則見若慨然反是心以求之而一用其力於吾之所謂者乎使吾孝弟忠信禮義廉耻之行日篤而身無不脩也求師取友頌詩讀書之趣日深而理無不得也則自身而家自家而國以達於天下將無所處而不當固不必求道義功烈之顯於時而根深末茂實大聲閎將有自然不可揜者矣嗚呼是說

校注：①末

也曾君蓋亦嘗爲二三子言之乎二三子其益以吾言相與勉焉而書所謂惟教學半者又曾君所宜深念也其亦由是而勉旃哉

雙節廟碑 元 揭傒斯

皇帝元年江浙行石省言漳州路萬户府知事闕文興死賊其配王氏死其夫邦人既爲之立廟請加褒顯以慰邦人思以爲天下後世勸乃下吏部定封太常議謚封闕文興爲英毅侯王氏爲貞烈夫人廟曰雙節之廟令右司郎中范陽張侯七弘爲吏部侍郎時所力行者新安鄭王復持張侯命請纍其事于麗牲之石按江浙所具文書闕文興不知何許人王氏金陵民家女至元十三年從萬户賈將軍戍漳州十七年八月望劇賊陳吊眼夜率爲亂殺招討傅全及其一家官軍死者十八九闕文興力戰死其配爲賊所執逼汚之紿之曰我不幸至此豈敢愛其身願收葬其夫然後唯命賊義而許之得其夫亂屍中置積薪火之遂躍火中併燒死後十八年府始上其事①達帥及部使者郎上行省又九年始聞于朝下禮部議部請訪王氏族里旌其門閭復恤其家仍以事付

校注：①連

史館事下江浙求之六年無所得乃用漳守言表其
故營曰烈女之坊然無及文興者一年士民言之不
已以有今日之請於朝二人之死卓卓如此尤歷五
十有四年始獲五鼎之封雙節之錫且必待張侯贊
之人之伏巖藪沉下寮砥名勵操欲聞于天下亦難
矣乎況數十年之間有司之請朝廷之議皆為王氏
止王氏信莫及也闞文興詎可少哉天下綰符仗節
擁萬夫之衆鎮千里之地者不知其幾一旦四方有
急天子之命未及于境閉閤稱疾者有矣委衆而去
者有矣當是時變起倉卒使闞文興第守簿書期會
之常負妻子踰垣而避人亦孰得而議之而臨難忘
身見危授命蒙凶威蹈白刃奮不顧身之勇死而無
悔者何則禍亂作於前忠義激於內不暇擇地而死
也至於王氏決死生於俄頃不辱其身烈丈夫有弗
逮矣故君子曰人皆死於危二人獨死於安以皆有
苟免之道而不由也然微張侯審綱常之重英毅必
不侯貞烈之封亦不及而二人之死亦豈欲求廟食
與褒寵要譽於天下哉誠不忍棄君臣夫婦焉耳傳

金闓門死難有司之請朝廷之議皆不及者武臣死事國有常恩云其詞曰

世道升降視綱與常綱常弗紊國乃吉昌仡仡闞侯夙佐戎幕匪矛伊戟而薄書攸托婉婉王姬来①殯于闞夙興夜②寐惟警戒是監元有南國受鎮于漳閩山巖巖以海爲疆謂國既平謂威德既加弗戒弗備而内生蘖芽盜夜所城侯亦戰死王姬既執入火如水五十四年民請弗卻廟有新號而封有新爵載念歎初夙教未立三綱如此大命胡不集唯侯齊而家而婦配尔德生雖不融没有遺則民心孔懷廟食孔宜式著烈辭爲臣妾之規

漳浦學校文廟碑記 王禕

洪武二年正月庚申漳浦縣新作孔子廟成縣大夫張侯以書來請曰願有記也始侯將爲廟以其事言郡府禱適忝佐郡許爲之記及是廟成而禱迫於　召命將還　京師因辭其請侯復使來言曰廟成而記之執事嘗墜言矣願無卒辭辭既不獲迺爲書其成績以爲記按郡志漳爲州始於唐垂拱二年實治漳浦縣後以其地有瘴癘州移

校注：①嬪　②寐

治龍溪而漳浦爲縣如故其縣之有學則自宋慶曆四年始蓋自漢以來孔子有廟不出闕里唐制天下州縣始皆立廟祀孔子然漳浦之有學雖始於宋而學之有廟同始於唐矣國家既定天下廟學兼備悉尊近代之制洪武改元漳既入職方 朝廷揀賢才以牧遠人而吾張侯被選宰漳浦既至用故事謁孔子廟見其棟撓柱折頹弊已甚慨然嘆曰事有急於此者乎即圖簡材募工而重作之以十一月庀事僅兩月而廟已成列楹二十有八以間計者三其崇三十有二尺廣五十有五尺而深如廣之數輪奐具美規制聿加既又治其門廡脩其墻垣於是始稱其爲聖人之居而講經之堂肄業之所與庖湢之屬皆易其舊使之新而學制咸備矣迺二月丁卯侯率僚屬及爲士者行釋菜之禮又俾民之子弟游于學而延名儒爲之師凡可以崇教道而敦俗化者侯無不究心也蓋漳浦爲縣界乎閩廣之交其境阻山而負海姦宄所出沒其俗悍其民易以動嶺海之間厥爲岩①巴故必得長民者舉聖人之道以導之使之復其仁

校注：①邑

義禮智之性而明乎君臣父子夫婦長幼朋友之倫然後俗易以化而政易以成也侯通今愽古夙以文學名其爲漳浦勤於政理而亡汲汲焉學校是興可謂知爲政之本矣所可書者詎止工役之勤而已哉是役也廟之費爲最重故禕舉其重者特書之使刻之石用以志漳浦之學其興自張侯始侯名理字玉文番易①人由徽之黟縣令以承事郎再調來漳浦佐其事者丞金華陳堯民典史錢唐方好文也

汀州府

題詠

送汀州元使君 [唐]張籍

曾成趙北歸朝計因拜王門最好官爲郡暫辭雙鳳闕全家遠過九龍灘山鄉秖有輸蕉户水鎮應多養鴨欄地僻尋常來客少刺桐花發共誰看

題道山樓 [宋]陳曉

南澗吹雲過北園北山飛鳥入南山區區雲鳥緣何事未以樓頭太守閑

題南樓 [宋]郭祥正

樓外青山似故人雨餘山色淨無塵青山依舊人還老一片離愁掛曉春

題蒼玉

校注：①陽

洞郭祥正片片冰崖裂淙淙雪浪深舉頭看白鷺相伴洗塵心宋蔡襄向来曾醉呼猿洞亂石穿雲擁坐隅誰料七閩煙瘴底半巖風物似西湖

題寧化縣顯應廟宋李綱不愁芒發長南謫願靈旗助北征酹徹一杯揩淚眼煙雲何處是三京

寧化縣作盧琦觸熱来寧化居人巳賣瓜田園優五邑市井近千家孤塔倰空聳青山對縣斜①瀟條兵火後撫景重咨嗟

紀述

汀州重建譙樓記劉克莊汀古郡也官守皆百年老壁廩廩覆壓紹定六年建安李公出守稍徹而新之由堂②寢至門廡由庳廐至亭榭皆煥然改觀獨譙樓以費夥未③皇及公益務節縮得錢二萬緡將改作適當路牟和左右望而豪奪公廪是役之費禍移錢糴米若干斛為均惠倉汀人始免貴糴之患會上親政放絀貪濁用貞公德秀為帥視屬部如家公臨郡滋久所積又萬緡廼申初志六閱月而役成手詔頒春亭舊覽以廡屬城南門後廢郡葺居民胥侵對列邸肆中通綫路公別給以

在官田宅復兩廡併城南門樓高大之郡治之前可立鳥馬館麗如是然備作募而使材庀市而致六邑之民不知有役焉初庚寅辛卯間閩為盜區禍起於汀四封之內大抵皆盜而營卒亦因執郡將欲戕害人情視汀猶毒虺鷙獸之窟宅也公以偏師襲磔而巨憝禽單車入城而叛卒誅天子嘉獎就畀符竹或者尚為公慮曰兵驕也民悍也財乏也既而公在郡四年前之恣睢犯上不可調柔者皆駢首順令兵果驕耶前之①彊獷負固未易拊循者皆革面慕化民果悍耶亂離創殘之後練兵積粟猶有餘力以②飾蠱壞美輪奐財果乏耶昔春秋書新作南門以示譏蓋清風至而修城郭營室中而土功始司空填人以時受功周制具存不待其敝而後改也僖公治魯二十年而有斯役則國內之事闕遺不及舉者多矣公歲月視僖公孰久近樓視一門孰難易竊意夫子復生將特書大書之矣而又奚譏公名華字實夫資忠義而輔以材智計而戰戰則克慮而動動必誠余從真公久見其尚論當世人物如公僅屈一二指故因斯樓

校注：①彊　②飾

之成具書之以諭後人云

上杭縣新城記

國朝柯潜

上杭爲汀之屬邑舊號樂土而無反側之虞正統己巳沙尤寇發延蔓旁邑而上杭①披其害爲尤深時知縣德慶岑嵩奏請築城以民力罷憊不果作景泰壬申知縣永嘉黄希禮申前請得俞旨於是右布政雲中石公瑁臨視其邑知縣率其邑人鄭仕敬林祖禎孔文昌等二十餘人協心供事以成保障之功天順壬午溪南里愚民嘯聚剽掠②人巡按御史安城伍公驥左布政使桐廬姚公龍副使四明錢公璡僉事豐城游公明同撫捕之因民請謂城郭宜守以兵乃奏調汀州衛右千户所官軍捍禦其地成化丙戌巡按御史六安朱公賢③石參政文江許公振叅議洛陽張公雄僉事西蜀牟公俸豫章劉公子肅以城狹隘不足以居軍乃更斥大之以知縣古嵊胡鉞任其事丁亥巡按御史劒江涂公棐又委成於本府同知新安程熈通判四明吴桓而以邑人盧紀等二十餘人佐之繼而右參政宣城趙公昌副使盱江何公喬新僉事金川周公謨都指揮新蔡吴公

校注：①被　②令　③右

呆各出意見經畫其未備者而周公勸督之力尤勤遂以壬辰正月畢工高廣堅壯邑人喜其可恃以為安也謂宜有文以記其成周公乃遣邑庠生林廷瑞具始末來屬筆於余余惟君子之任官貴於勤其政①溥其利於民使民傾心仰戴可也苟得民心雖畫地而限植表而守效死者不去冒死者不能入否則封疆之界不足以為域山谿之險不足以為固而況於城郭乎雖然城郭者先王創制立法所必有王公設險見於易商邑翼翼歌於詩蓋防患立極皆政治所當先者其可置而不問乎巡按及藩憲諸公皆朝廷之所掄選以為賢者敷宣政教得本末先後之宜是固有以得民心矣又以為防患立極有不可緩者此上杭之城所以作也然自肇建迄今二十餘載功始告備蓋役民之力欲其紓用民之財貴有節而民心亦恰然承順未嘗以為勞也以此心而守此城則上杭又將號為樂土以復其初而凡與謀為此城者其勳烈並著於永久而不隕矣春秋之法重民力凡有興作必書譏不時也上杭之城作於寇難之後而

校注：①溥

又施爲有序不失其時異乎春秋之所譏者余故爲之記俾刻右①置于城隅以告後之人焉

延平府

宸章我

憲宗淳皇帝御製同仁橋碑

朕寅紹丕圖統臨萬邦宵旰惓惓思欲濟斯世斯民於生養安全之域一夫不獲中心惻然故允足民衣食有農桑之政廸民禮義有學校之教至於橋梁利涉亦王政之一端要勅有司時加修建無非所以廣仁愛於天下也頃者朕之內臣司禮監太監黃賜御用監太監潘瑛頓首言臣等居閩之南平邑長安北里武步鄉舊有黃龍橋一座莫知其創造所始比四譙童牧子弗戒於火焚毀殆盡行者病之臣等荷蒙恩賜金帛日積月累弗敢他用玆欲附歸俾臣鄉間好義之士同臣兩家子弟鳩工鑿石重建斯橋以利往來則一方之利皆上之賜也敢請朕嘉其意復賚

校注：①石

助之未幾橋成以圖來獻特賜名曰同仁橋其橋皆石布下爲四洞以釃水上爲屋若干楹以憩息行旅中爲碑亭皆極於宏壯所費雖鉅非出勸募故畧而弗述若賜若瑛可謂有濟人利物之志不忘鄉邑者矣夫篤近舉遠者仁之序也一視同仁者仁之量也朕方期於天下之大皆歸吾仁況聞見所逮可無勸奬之道乎故於是橋之建既爲名之而復述之於碑庶幾遠近之間有所感化以興起其爲善之心凡可以利濟於人者靡不竭力爲之尚何仁政之弗廣仁澤之弗慱①哉孟子曰古之人所以大過人者無他善推其所爲而已若謂一橋之建夫何容心焉得人人而濟之則非古人之意云耳　成化七年五月初五日

題詠

劍潭　唐胡曾

延平津路水溶溶峭壁危岑一萬重昨夜七星潭底見分明神劍化爲龍

釣臺　楊時

君不見釣璜溪上白髮翁一竿西去追宜鴻畋車同載非羆熊鷹揚烈氣如飈風又不見

校注：①溥

羊裘石瀨垂綸叟爽氣淩天動星斗萬乘故人親訪求卧對鑾輿忍回首聖賢遇合自有時潔身亂倫非所知高風寥寥古已往較然得失知者誰君有釣臺臨潏水潏溪不與桐溪比收身欲蹋老渭蹤笑撚髭鬚照清泚澄潭夜月秋光浮撇波小艇沿汀洲長繩巨石不能繫飛帆片席歸蓬立巨鈎沉餌牽九①午一釣直掣金鰲頭翻鱗擺鬣浪山起霜鵬飛動題西林陽千里跨雲憑風上青冥一點孤燈照箕尾

題西林院壁 朱文公

觸目風光不易裁此間何似舞雩臺病軀若得長無事春服成時歲一來

題西林可師達觀軒 朱文公

巾屨翛然一鉢囊何妨且住贊公房却嫌宴坐觀心處不奈簷花抵死香自注云簷前有②袖花

窈窕雲房深復深層軒俄此快登臨卷簾一目遥山碧底是高人達觀心

再題并序

紹興庚辰冬予来謁隴西先生退而寓於西林院惟可師之舍以朝夕往来受教焉閱數月而後去可師始嘗為一室於其居之左軒其東南以徙倚瞻眺而今鉛山尉李兄端父名之曰達觀軒盖取

校注：①牛　②柚

賈子所謂達人大觀物無不可云者予嘗識爲之詩以示可師既去而遂忘之壬午春復拜先生於建安而從以来又舍於此者幾月師不予厭也且欲予書其本末置壁間因取舊詩讀之則歲月逝矣而予心之所至者未尺寸進焉爲之三歎自發願師請之勤勤不得辭於是手書授之而又敘其所以然者如此雖其詞鄙陋若無足稽然予之往来師門蓋未憖也異時復至又將假館于此仰視屋壁因舊題以詩歲月而惕然乎其終未有聞也然則是詩之不設亦予所以自勵者可師嘗遊諸方問佛法大意未倦而歸尚有以識予意也　古寺重来感慨深小軒仍是舊窺臨向来妙處今遺限萬古長空一片心

用西林舊韻 宋文公

一自籃輿去不回故山空鎖舊池臺傷心觸目經行處幾度親陪杖屨来　上疏歸来空皂囊未妨隨意宿僧房舊題歲月那堪數慚愧平生一瓣香

挽延平李先生 宋文公

河洛傳心後毫釐復易差淫辭方眩俗夫子獨名家本本初無二存存自不邪誰知經濟業零落舊煙

霞　閒道無餘事窮吾不計年簞瓢渾漫與風月自悠然　灑落濂溪句從容洛社篇平生行樂①也今日但新阡　岐路方南北師門數仞高一言資善誘十載笑徒勞斬板今來此懷經痛所遭有疑無與折揮淚首頻搔

港灘

宋倪思

長幾韻石三百里險過瞿唐十八灘幸有溪傍平穩路何須欲速冒驚湍

遊龍門洞

宋朱松

阿遊陸沉久亦復太癡絕未成安一技兒乃辦三穴唯予愛山意如水必東折首竄今幾年顧影愧纍決那知龍門客塵底抱關闖壺簷日偃仰蒼壁對横截挂藤危磴響濯足細泉絜束薪取奇觀滴乳當嘉設摩石驚蜿蜒信矣耆舊說歘疑卷風雨凜若踐冰雪遠追神清遊復作武陵別能詩有老休聯句繼前哲相逢快吟哦亹亹霏語胥三山今入手瀛海僅可嵺崎嶇走林谷王事煩此傑擬結汗漫遊更待②攙搶滅

題善山院

宋許安仁

尾爐柏子裊殘煙午夢醒時一暢然不悟功名負終老荒山飢走又三年

陳俊卿題

拄頤長劍上凌煙自古功名亦偶然鍾鼎山林俱不惡一瓢吾

校注：①地　②欃槍

欲盡石壁巉巖驚鬼劃異草幽花吾年

遊黃楊岩〔宋〕鄧肅

鎖春色群山迤邐不能高突兀獨擘霄漢碧芒鞋斤尺上崖嵬手攀星辰腳底雷殷破壁雲得洞户醉眼恐是天門開入門嵯峨森碧玉冷風吹面天香馥箕踞胡床揮②塵尾萬指未充空洞腹我因避地訪名山扁舟夜渡沙溪寒々辛勤博此一笑喜太平猶在水雲間猛將今無三角虎狐狸晝現鰍鱔舞靈巖知有蛟龍潛挽出人間作霖雨

紀述南劍州陳諫議祠堂記〔楊時〕

延平舊有學負城之隅挑西山之巔士之肄業於其中者無虛室建炎四年爲賊所焚知州事劉侯子翼視舊址險而隘故遷之城南就夷曠也方經始未及成而去今太守周侯綰之來也市材鳩工以終其事教授石君公轍實董其役二人相與協力成之又即其西偏立諫議陳公塋中之祠歲時從祀焉堂成屬予爲記余謂周侯之政知所先務矣謹庠亭之教追祀前哲以矜式士類非有尊德樂義之誠心無以及此也世之爲吏者舉以治文書理民訟爲

校注：①鄧　②麈

急而不知使無訟者有在於是也可無述乎乃究其本而爲之言曰自孟子没聖學失傳六經微言晦蝕於異論宋興①鋤類夷叢養息百有餘年名儒繼出至嘉祐治平間文物之盛未有前比也熙寧更新法度以經術造士世儒妄以私智之鑿分文析字而枝辭蔓説亂經矣假六藝之文以濟其申商之術一有奏已則流於竄殛之刑隨其後繼世臣元老禁以四凶之辠目之天下靡然無敢忤其意者故佞諛成風而正論熄矣士氣不振積至于崇宣迷其事而流毒益甚焉當是時橫流稽天而瑩中以身許之幾戕頂而不悔剛大之氣充塞宇宙先知之明爲時蓍龜非命世之才而能自拔於流俗者未之有也實之學校使後生晚進日覩其遺像宜有聳風而興起者異時羽儀天朝使夸諛屏息將必有人矣至是邦人思詠周侯之遺德無窮已也

龜山先生祠記

宋 湯漢

漢來延平郡傅士諸生暨道南之學者咸請爲其所聞②予惡夫空言久矣逡巡未有以發適將樂郡士書來告曰龜山先生之舊宅垂百數十年矣姓

校注：①鋤　②予

者郡守余侯始扶植表章建祠肖像以寄嚮慕之誠
中嘗再葺久復敝漏無以寧風雨今大夫林君式之
拜謁悸嘆亟出緡錢市良材堅甓撤腐敗而新美之
觀瞻改容感發興起不有紀載將無以示後俾勿替
願一言以賜之予惟先生之存也視敝廬厦屋皆可
託宿未嘗有所擇而求安然自建炎大盜過之不敢
犯逮庚寅盜再過焉復大書其門曰此楊先生之居
也不可毁嗟夫先生之殁久矣冠帶佩玉之聲容不
復接於世之耳目而遺風餘烈猶足以服强悍豈學
士大夫而不能為先生保此數畝之宫乎雖百世可
知矣昔鄭康成以大儒為世所敬不惟孔北海能褒
大其閭而黄巾亦為之斂避二儒先之事真所謂曠
千載而相感者若乃先生之學超出於文字之外則
有非康成之所可擬議予不敢不為諸君言也子思
子曰喜怒哀樂之未發謂之中中也者天下之大本
也大道既蝕舉一世倀倀於喜怒哀樂之末而不知
其有本雖日用飲食由之而卒莫識其所從來故雖
有聰明才智閎碩專確之士而大本之不明不免於

醉生而夢死也先生之教使人於宴間①靜一之中體驗夫未發之氣象豫章延平更以此相付授而延平之所以語朱子者深切而著明矣他日論平旦之氣湛然虛明實與未發之旨相爲表裏盖先生之學雖有所受而以此建立宗旨乃其深造而自得之者其有功於天下來世自程門高第罕能及之不但高於漢大儒而已也學者賴其言以得本心者衆矣然而曰體驗云者無乃涉於已發與是心之靈非木槁而灰死也雖其未發必有事焉弗求覩省曷稽中德故曰求則得之又曰不思則不得是思也非意是求也非爲而何已發之疑乎諸君既祗栗先生之宫墻盍亦闚其堂窺其奥反躬以驗夫大本者之安在不至於延平所謂灑然凍釋不止也抑予所欲告道南與泮水者亦若此而已矣

尤溪縣重修廟學記

宋文公

乾道九年九月尤溪縣修廟學成知縣事會稽石君鄫以書來語其友新安朱熹曰縣之學故在縣東南隅其地隆然以高面山臨流背囂塵而挹清曠於處士肄業爲宜中徙縣北源上

校注：①閒

後又毀而復衎然其復也士子用陰陽家說為門外
指寅卯之間以出而自門之內因陋就狹遂無一物
不失其正者墪始至而病焉顧以斆學之初未皇外
事歲之正月乃始撤而新之既使夫門堂齋序庫庾
庖湢無一不得其正而又度作重屋于堂之東以奉
先賢以尊古訓唯殿為因其舊然亦繚以重欄嚴其
陛楯而凡像設之不稽于古者則使視諸太學而取
正焉靡金錢蓋四十萬用人力三萬工不資諸士不
取諸民而事以特就意者吾子亦樂聞之倘辱記焉
以幸教其學者於無窮是則墪之幸也熹惟石君之
為是役也則固已可書矣抑熹嘗得遊於石君而知
其所以學者蓋皆古人為已之學又嘗以事至於其
邑而知其所以教者又皆深造自得之餘是則其為
可書蓋有大於此役者熹雖不敏誠竊樂得推本而
備論之是以承命而不辭焉蓋熹聞之天生斯人而
予之以仁義禮智之性而使之有君臣父子兄弟夫
婦朋友之倫所謂民彝者也惟其氣質之稟不能一
於純秀之會是以欲動情勝則或以陷溺而不自知

焉古先聖王為是之故立學校以教其民而其為教必始於洒掃應對進退之間禮樂射御書數之際使之恭敬朝夕脩其孝弟忠信而無違也然後從而教之格物致知以盡其道使知所以自身及家自家及國而達之天下者蓋無二理其正直輔翼優柔漸漬必使天下之人皆有以不失其性不亂其倫而後已焉此二帝三王之盛所以化行俗美黎民醇厚而非後世之所能及也自漢以來千有餘歲學校之政與時盛衰而其所以為教者類皆不知出此至於所以勸勉懲督之者又多不得其方甚者至或使之重失其性益亂其倫而不悟是不亦可悲也哉至于我宋[1]文治應期學校之官遍于郡縣其制度詳密規摹宏遠蓋已超軼漢唐而娓娓乎唐虞三代之隆矣而有司無仲山甫將明之材不能祗承德意若稽古而使學校之所以為教者卓然有以遠過於近代儒先君子或遺恨焉今石君乃獨能學乎古之學而推之以行於今使其學者惟知脩身窮理以成其性厚其倫之為事而視世俗之學所以干時取寵者有不屑焉

校注：①宋

是則石君所以敷教作人可書之大者其視葺新黌學一時之功爲如何哉然是役也石君之意亦將以尊嚴國家教化之宮而變其學者之耳目使之有以養於外而齊其內非徒以誇壯觀餙①游聲而已也蓋其敷教作人之功於是爲備惜乎所試者小而所及之不遐也故特叙其本末而悉書之蓋非特明石君之志以勵其學者且將以風天下之凡爲郡縣者使其皆以石君之心爲心焉則聖人之道聖人之化將不憂其不明於天下矣

沙縣陳諫議祠記 楊時

建中之初右司諫陳瑩中論蔡氏兄弟忤旨竄嶺表公之南遷不以其罪舉天下憤惜之無敢言者名隸黨籍餘二十年轉徙道途無寧歲卒以窮死初京爲翰林承旨以詞命爲職潜奸隱慝未形於事雖未通顯世之人蓋莫知其非也公於時力言京不可用用之必爲腹心患宗社安危未可知也聞者往往甚其言以爲京之惡不至是已而陰結嬖倖竊國柄矯誣先烈怙②寵妄作爲宗社禍悉如公言於是人始服公爲蓍龜也昔王荆公安石以學行負

校注：①飾　②寵

時望神宗皇帝用參大政士大夫相慶於朝謂三代之治可以立致呂公獻可獨以為不然抗章論之雖文正溫公猶以為太遽欲獻可姑緩之未幾多變更祖宗故事以興利開邊為務諸公雖悉力交攻之莫能奪其流毒至于今未殄也故溫公每謂人曰獻可之先見余所不及心誠服之余以謂公之於京言之於未用之前獻可之於荆公論之於既用之後則公之先見於獻可有光矣二公之言蓋異車而同轍也靖康中朝廷欲盡復祖宗之舊而一時故老無在者天子念公之忠追贈諫議大夫官其四子所以寵嘉之甚厚此非私於陳氏蓋將以風勵臣節也而公之邑人乃相與即縣庠為祠堂以奉公祀堂成屬余為記余曰公之德業足以澤世垂後雖方用於一時而其流風餘韻猶足以立懦夫之志蓋天下士非一鄉可得而擅也然居今之世流離擯斥其施不廣而邑之士大夫誦其書尊其道仗節秉義繼其風烈時有人①為則功施於其鄉為多矣古者有功於人則祀之則公之祠當載之祀典以遺來世是宜書則為之書

校注：①焉

八閩通志卷之八十三

八閩通誌卷之八十四

詞翰

邵武府

題詠

送王子文宰昭武　宋劉掄

樵川古樂國，誰遣生榛菅。往事忍復言，念之輒長嘆。子往字其子，寄任良亦艱。傷哉周餘民，十室九孤鰥。深心察苛癢，摩手蘇瘵瘝。願加百倍功，勿作常時觀。

煢煢匣中龍，爛爛巖下電。紛綸揮霍間，坐了百千變。

雖然事幾微，易矚亦易眩。悞從快①處生，理向靜中見。

健決要安祥，聰明貴韜歛。潛齋有愚言，或可代箴砭。

百鍊或繞指，粹白俄成緇。有初詠非難，其難在終之。道心耿絲粟，易為群物移。不有精一功，誰能勝安危。手令如玉雪，瑩潔亡少疵。願言保令德，歲晏以為期。

勸糶歌　宋王邁

君不見漢州長者李君發，荒年作粥救饑渴。三十餘年辦肯心，幾千萬

校注：①快

人得存活玉皇有籍注姓名寅仲其孫應夢生甦甦堂堂官閣學簪纓世代轉光榮又不見饒州富民段念八聚粟數倉湿憂猾歲增高價計錐刀不顧鄉閭人餓殺天公震怒呼六丁白晝霹靂飛雷霆斧碎其軀火其廪人不能禍天有刑此邦菜色盈田野富民閑羅何爲者淵室貯錢不輸捨留與寵卿騎大馬郡入項禮社尚書乞羅鄰邦拯里閭仁人爲善不徼福天道福善影響如我憂郊夠人無飯顆君爲李不爲段爲李受福段受殃不用勸君君自斷

邵武道中

朱文公

風色戒寒候歲事已淒遲勞生尚行役遊子能不悲林壑無餘秀野草不復滋禾黍經秋成收斂已空畦田翁喜歲豐婦子亦嘻嘻而我獨何成悠悠長路歧淩霧即曉裝落日命晚吹①不惜容髮凋鎮日長空饑征鴻在雲天浮萍在清池微蹤政如此三嘆復何爲

紫雲溪

國朝沈曰禎

羈懷久悽愴士子謀與娛春光正明媚相邀出城隅泛舟撫溪上花柳競紛敷喬林語衆鳥急瀨浮群鳧夷猶蕩兩槳繾綣傾一壺烹魚具茸旨取次供行厨豈

校注：①炊

無渭川筍亦有松江鱸仰觀載俯察春意迷康衢漢陂少陵杜赤壁眉山蘇流觴依曲水浴沂臨舞雩世代雖有興風致良不殊因時且行樂從容在吾儔

遊寶林寺

宋上官佑

野寺無人到春風掃落花重尋舊遊處泉石遠煙霞

鄒應隆

乳燕啼鳩三月暮淡雲陳雨午時天金罌花落無人管斷送韶光文①一年

題大乾惠應廟[illegible]序

元吳澄

大業龍舟竟遠巡義寧狐媚忍欺人北方各署新年號南嶠猶遺舊守臣身合沉湘甘殉楚心知蹈海勝歸秦塵間俛仰幾楊李樵水東流萬古春

隋六業十四年戊寅泉守歐陽公官滿歸至此夫婦俱溺水死時楚林士弘長樂竇建德魏李密定陽劉武周梁梁師都秦薛舉涼李軌梁蕭銑各已僭號割據而唐李淵以代王侑帝于長安是年二月江都有變宇文化及立秦王浩五月李淵王侑而自帝以隋爲唐王世充以越王侗帝于東都公洛人也將安歸乎生蓋不如死矣噫公之心誰其知之後六百七十七年春二月朔臨川吳澄過廟銘壁

天馬山

校注：①又

元黄清老

溪隨天馬西北行半空忽見蓮花生雙鸞欲下却飛去旌旗引入丹霞城攀蘿上到猿啼處恍然曠坐消百慮千山無人雲氣溼絫日徘徊不能去虛空樓閣時自開異香忽起三清臺風吹笑語落天半知是神仙騎鶴来百花潭上春自照白鹿呼人猿亦嘯路迷不敢輕問津恐有賢人隱耕釣蒼崖九折樵逕通絶頂可見西崆峒塵心豁然背欲羽竦身直上凌天風

遊桃花巖

黄鎮成

小僉山中數塊石上出浮雲幾千尺寒泉飛下絶澗響老樹倒掛蒼苔碧巨靈劈斷知何年中有古洞藏神仙蓬萊宮闕浩杳隔世外別有壺中天巉巖磊磈相緣入雲霧晦冥光景集丹房石室淨無塵虎攫龍拏半空濕山人舊說桃花巖山高水絶無由探我来正值桃花發長嘯獨倚春風酣同遊雅士貪幽趣自劚山雲燒筍具兩山流水一川花依稀似是桃源處世上紛紛吹戰塵山中道人都不聞欲從君住不可得一聲孤鶴唳空雲

南田耕舍

黄鎮成

離離南山田禾黍山下綠茲晨涼風發秋氣已可掬美人平生能

零落在空谷頽邑不可見何由踵高躅我耕南山田我結南山茔卜山交桑麻上山友麋鹿還肯過鄰家鄰家酒應熟①

郊行 宋李公晦

遊人忘井邑躭靜步郊原落葉風能掃寒花霜更繁山空樵響答灘淺禪聲喧願結山陽伴長年北灌園

道峰山 國朝周文通

道山崚嶒千丈高群峰向下如奔濤崗巒雲氣互吞吐巖崖瀑布相喧昔石梯蟠亞蒼苔冷山開絕頂瞿曇境樹色深藏虎豹關日光斜抱魚龍影樓閣高撐起遠空微芒②城郊暮煙中一泓海水秋無際萬里關河望不窮嗟余每愛雲松宿盡日登臨看不足秀色高峰若可分擬傍陰崖結茅茔

遊寶蓋巖 元釋應隆

夙有斯巖約今朝喜踐盟路從支澗入人在半空行六月如霜候四時長雨聲願求容膝③地着我過浮生④

雲中度雲際嶺 宋李昌

崚空石磴三千丈匝地瑤林百萬花自有眼來⑤方見此直疑身已到仙家

紀述

和平志序 劉克莊代作

舉一世所共榮者曰科目曰官職曰世家而已然是三者絕

校注：①熟　②微茫　③膝　④生　⑤來

續晦顯常不可必其或縣延一二百載絶而復續晦而復顯顯則通天下以為罕見矣夫舉一世所共榮通天下所罕見而萃於一州一邑謂之甚盛可也况萃於一里乎和平里在邵武縣之南鄉里有危氏上官氏黄氏上官氏尤盛自景祐至嘉定此三姓擢進士第者二十餘人入太學預鄉賦累累不絶書起徒步至顯[1]官因而傳子孫為世家榜籍迭書衣冠襲起者不可以數計也烏乎盛哉然以科目官職世家定榮悴盛衰蓋近世俗人之論嘗聞古之君子所謂發而不矜者不在是也上官氏對策熙寧不附新法晚入元祐黨籍其子留守汴都不屈於虜而死二公所立如此近於天下之善士矣豈特足以重吾里哉先民有言誰謂華[2]高企而齋而既以自勉且勉里人

邵武軍學丞相隴西李公祠記

宋文公

建炎丞相隴西李公邵武人也少有大志言自為小官即切切然以天下事為已憂宣和初一日大水猝至幾冒郡城人莫能究其所自来相與震懼而無有敢以為言者公時適為左史以為此夷狄

校注：①宦　②華

兵戎之像也不可以不戒亟上疏言之遂以謫去數
歲乃得召還則虜騎已入塞而長驅向闕矣公復慨
然圖上内禪之策誠意感通言未及發而大計已决
虜團既迫群小方謀挾至尊犯不測爲幸①兇計公又
獨扣殿陛力陳大義得復城守以退虜兵然自是以
來割地講和之議遂起公又再謫而大事去矣光尭
太上皇帝受命中興疇咨人望首召公爲宰相公亦
痛念國家非常之變日夜圖思所以修政事攘夷狄
者本末甚備盖方誅僭逆以正人心而建遣張守撫
河北②傳亮收河東宗澤守京城遂將益據形便大明
紀律以示必守中原必還兩宫之勢而小人有害公
者遂三謫以去而不復還矣淳熙丙午距公去相適
六十年而永嘉徐君元德命教此邦謂公之忠義籌
略海内有志之士莫不誦而傳之顧其鄉人子弟乃
無有能道其萬一而興起焉者於是闢講堂之東肖
公之像而立祠焉四月吉日合郡吏率諸生進拜跪
奠妥侑如法已事而以書来屬熹記之熹惟天下之
義莫大於君臣其所以纒綿固結而不可解者是皆

校注：①免　②傅

生於人心之本然而非有所待於外也然而世衰俗薄學廢不講則雖其中心之所固有亦且淪胥陷溺而爲全軀保妻子之計以後其君者往往接迹於當世有能奮然拔起於其間如李公之爲人知有君父而不知有其身知天下之有安危而不知其身之有禍福雖以讒間竄斥屢瀕九死而其愛君憂國之志終有不可得而奪者是亦可謂一世之偉人矣①徐君之祠之也非其志之所好學之所講有在於是則亦孰能及之哉故熹喜聞其事而樂推其說以告郡之學者雖病且衰而不自知其感慨發憤猶復悟有平日之壯心也

邵武軍新建郡治譙樓記　劉克莊

世言閩盜所從起必曰汀邵非也盜皆起於汀境邵與之鄰所漸者然耳初寧化賊既殘建泰二邑勢且及郡天子命朝臣某人某人出守皆固辭王侯遂獨奉詔引道未至郡已失守千里爲墟侯露居于野握拳轉戰誅筋竹洞渠魁群醜或殄或降惟下瞿賊猶擾險戕縣令拒官軍侯方聲罪致討會以風聞去詔用趙侯以夫代之慨然以夷

難茸發爲已責一清谿洞再造府朝將吏稟嚴令工師受成撫以紹定四年八月經始明年十一月落成縻錢楮若干緡堂宧顯嚴閎邃如大家甲族之營其居譙樓突兀鉅麗如名藩雄鎮之俗①於力招捕使陳公韡過而歎曰輪奐美哉初朝家以祠牒八十助侯贍兵廩徒之費侯一錢粒粟皆自致歸祠牒於朝而屬記於余余觀世之士大夫雅俗勇怯不同久乎當乘障幹方之任或曰事不可爲辭不拜或曰事尚可爲患力不足求兵與財然後往無雅俗無勇怯其說必同昔越石於并士稚於譙咸無資糧弗給鎧仗不旬月而荊棘復爲官寺夷虜頗爲華人長源於汴弘靖於燕士馬強盛金帛充斥不俄頃而并邑蕩爲戰場部曲化爲讎敵蓋祖劉能疆理荒殘久廢之郡縣張陸不能撫循治安無事之軍府牧守才不才而一方之休戚三軍之生死萬姓之禍福繫焉烏可不謹擇歟故夫諉事於不可爲庸人也有待於資與助中人也無待於資與助豪傑之士也若王侯馳單車橫絕群寇趙侯收餘燼興復一郡孰資而助之哉特其

校注：①裕

忠憤應約有以讋盜賊之氣得軍民之心爾余故著之以關夫謂事之不可為者也且以愧夫謂事雖可為而患力不足者也王侯金壇人趙侯長樂人

光澤縣社倉記

宋文公

光澤縣社倉者縣大夫毗陵張侯訢之所為也光澤於邵武諸邑最小而僻自張侯之始至則已病夫市里之間民無蓋藏每及春夏之交則常糴貴而食艱也又病夫中下之家當產子者力不能舉而至或棄殺之也又病夫行旅之涉吾境者一有疾病則無所於歸而或死於道路也方以其事就邑之隱君子李君吕而謀焉適會連帥趙公亦下崇安建陽社倉之法於屬縣於是張侯乃與李君議畧放①其意作為此倉而節縮經營得他用之餘財市米千二百斛以充入之夏則損價而糶以平市估冬則增價而糴以備來歲又買民田若干畝籍僧田民田當沒入者若干畝歲收米合三百斛弃入于倉以助民之舉子者如帥司法既又附倉列屋四楹以待道塗之疾病者使皆有以棲託食飲而無暴露迫逐之苦蓋其創立規模提挈綱領皆張

校注：①倣

侯之功而其條畫精明綜理纖密者則李君之功也邑人既蒙其利而歌舞之部使者亦聞其事而加勸獎焉於是張侯樂其志之有成而思有以告來者使勿壞則以書來請記予讀古人之書觀古人之政其所以施於鰥寡孤獨困窮無告之人者至詳悉矣去古既遠法令徒設而莫與行之則爲吏者賦斂誅求之外亦飽食而嬉耳何暇此之問哉若張侯者自其先君子而學於安定先生之門則已悼古道之不行而抱遺經以痛哭矣及其聞孫遂傳素業以施有政宜其志慮之及此而能委心求助以底于有成也李君於予善有講學之舊予每竊嘆其負經事綜物之才以老而無所遇也今乃特因張侯之舉而得以粗見其毫末是不亦有感夫故予既書張侯之事而又附以予之所感於李君者來者尚有考云紹熙四年春二月丁巳記

雲巖書院記 虞集

古之長民者治而教之之外無他事也後世有簿書期會徵調①共億趍走逢迎之煩私計之迫而得盡心於民事者或寡矣而舞文殖貨者又不與焉其善者豈無

校注：①供

德慧術智者哉而於先王之法意未知其何如也是
故時之仕者審獄訟時賦役慎保守不大其得罪於民
則已爲難矣豈復有爲治之具而況於教乎若夫以
儒入官者宜有見於此矣或者於道實未有聞於學
實未有得蒙其名以進一旦莅事不闒①葺鹵②莾以取
謬悠之譏則反睢盱恣且竊取時俗之緒餘以苟且
毫末之得而不耻者亦何心哉噫何吾民之重不幸
也如此吾友況侯宥吾則不然自其少壯讀書已有
用世之意及部使者連帥方伯取以爲掾持法嚴明
而能恕蚤有聞於時稍遷鹽筴莞庫乃能從容爲大
府建通融之計使其言盡用所益固不細也泰定末
爲光澤大夫始得其民而用之委曲於當時法令之
所得爲達其能卓如也下車之日富强民素爲長吏
信從畏憚者一不聽入謁獨諸生講學則循循與之
言於是始有延師教子者侯曰然則善人也乃稍以
是得進見訟者在庭一見得其情僞其負者故可立
決也侯曰吾非不能立決立決則傷而閭里親戚之
情矣輒教令退思之是以多不終訟嘗有兄弟爭田

校注：①茸　②莽

侯曰吾視若貌非不恭友若授以伐木之詩身爲之諷詠解說使日誦於學未踰月皆感泣求解知爭田爲深耻縣學弊侯萃儒家若吏脩之曰善爲之吾不以他役溷爾也而富人或請出財以助侯不許曰有公上之供以待汝脩學非爾事也不日而學成合邑之境民聚爲社者皆請建學立師如令而教養之舍或略倣於縣學則又爲義舍以附其旁寘爲之制使民受成而守之侯乃慨然曰訓其子弟而不本諸父兄殆不足使之易知而速肖也即邑南三里有雲巖書院故基在焉故宋國子録通守辰州李先生方子講學之故處也先生祖子孫三世受學朱子之門邑之鄉先生也書院廢李氏有遺田亦侵没於人侯曰退食即其處理泉石斬荆棘徘徊詠歎若將見乎其人者得其遺文數篇民間稍與學者誦說之於是昔之願脩學而不得者造迋①而言曰自侯之至於斯也吾無泚②役而有餘力請更作書堂以成侯之志其許之乎侯曰今可矣聽爲之乃作室象夫子燕居又作祠象先生作一講堂四齋舍以容師弟子門垣庖福③

校注：①庭　②泛　③湢

以次庀工經始於天曆二年二月八月某日成理侵没之田而得之收其入以爲養率其僚吏諸生舍菜落成郡守西公以其事達部使者使者肆之閫帥上其事請列爲學官至順三年侯至京師請予書其事將刻石以示後之人予廼爲之言曰昔周子程子作於聖遠言湮千載之下而程子門人楊中立氏之歸閩也叔子嘆曰吾道南矣宋既南渡中立氏以其學傳之豫章羅氏延平李氏至于朱子而益大顯明焉當是時閩之學者比於鄒魯予從侯得先生所爲朱子年譜序知其於朱氏之學確守而不變所謂毫分縷析致知力行蓋終身焉及其爲縣學記懇懇焉欲其鄉之士息奔趍流浪之志以從事於愛親敬兄之實必也宗族親孝鄉黨親弟經明行修然後謂之成材噫先生之於其鄉之人何其愛之深而慮之遠也鄉之人誠能求先生之言於無窮由是而學焉則可以趍乎聖賢之域而無大過矣嗚呼君子學道則愛人小人學道則易使也寥寥乎求一二於千百而不可得吾況侯乃能篤信①南推用之吾焉得不爲之喜

校注：①而

乎斯邑也由况侯而知先生由先生而知學道則吾况侯之遺愛豈有涯哉四方長民之吏聞况侯之風必有作而興者矧光澤之後至者乎侯名逵廣江人後居高安今為某官其為政若平反冤獄之類有去思碑此因著其教事云

興化府

宸章

我

太祖高皇帝徵吳源詔曩者朝臣薦①卿學行是用召②卿至廷官以四輔而③卿告年老難於步趨遂命還鄉今者朕選公侯子弟入國子學司業缺貧生徒無所矜式④卿其為朕一來講道授經無筋力之勞而有成就後學之益亦儒者之素志其速來勿有所讓

題詠

思賢堂懷薛令（劉子翬）創始人何在空堂草棘侵衡門孤竄急⑤亢柱蠹藏深羽

校注：①②③④卿　⑤穴

化王喬烏壟昏子賤琴獨嗟民困甚誰繼昔賢心

共樂亭 宋陳俊卿

共樂臺前花木深登臨當暑豁衣襟紅番荔子千家熟翠擁貧簹十畝陰老退已尋居士服清歡時伴醉翁吟憑欄四望豐年稼差慰平生負憂國心

題東岩 國朝方懋

石逕蒼苔古長廊白書閑曇花知雨墜獨鳥向人還竺國三千界祇園第一山寧知方外趣祇在市朝間雲影落庭外松陰入座間教童休掃去留伴一僧閑

出郭張守 劉子翬

出郭籃輿載酒隨林邉蕭寺①趂幽期雲依石度遙看久路遶田分欲去疑落日悲風滄海外黄花翠竹晚秋時憑詩一寫登臨勝為報壺山公宇知

遊西門上溪 蔡襄

尋溪因過上溪遊雨後溪渾水亂流因傍堤松郤飛盖為聞山鳥綴鳴鷸平田②擺秠青雲合蒲屋芭蕉碧玉抽開瀲無功須蚤去故時瓜壠有通侯

次韻張守同往華巖寺 劉子翬

淺水荷花開傍橋晚鐘樓殿碧山椒林松遶路行不徹野鳥避人飛更遙喜有高情共丘壑應須長嘯混漁樵老

校注：①趁　②穲稏

僧好事能延客未鷲山房若寂寥

遊將軍山（陳襄）

赤日正停午解衣巖石下石泉殊甘凉野籟亦[①]瀟灑驚猿度嶺雲遺巢墜庭元[①]披軒忽永嘆幽抱不可寫

過蔡忠惠故居（王十朋）

懷章南過蔡公鄉駐馬遥瞻數仞墻州荔株株經品藻喬松葉葉惠清凉四賢詩出人增氣三諫章成國有光真是濟川三昧手清源遊戲作虹梁

城山松隱巖（宋鄭樵）

青嶂迴環畫屏倚晴窓倒入春湖水村村叢樹緑於藍點點行人去如蟻新秧未插水田平高低麥隴相縱橫黃昏倦客忘歸去孤月亭亭雲外生

遊松隱巖（河晉）

大山巍巍插天起小山參差如聚米長[②]峯吹我上高峯一眺乾坤三萬里禪房花木深復深危簷滴露生春陰白雲滿地石苔古老鶴一聲山月沉松窓坐久轉清悄詩思撩人不知曉我欲此地卜幽棲須待他年濟時了

重遊松隱巖

好山無處不追尋行到城山未夕陰呼月臺前看海色興雲洞口聽龍吟孝廉墳古蒼苔合文節祠荒碧草深最喜同遊俱俊彥清風滿座共論心

十五年

校注：①瓦　②風

前此地遊重来正值一天秋好山横碧水窮處落日留紅天際頭萬頃桑麻連沃壤數行鳧鴈下平洲蒼茫遠景看都遍又向松陰漱碧流海天空濶絶纖埃此日登臨氣壯哉老樹如龍當澗立流雲似馬破山来閑隨野鶴行苔徑又跨天風上石臺佳景留人歸未得高燒銀燭倒金罍

題文峯巖　何潛

天作奇峯戴巨鰲葱葱佳氣映宫袍千村草色兼天遠萬壑秋聲挾雨豪海月欲生凉似水磵雲初起湧妬濤興来把筆題新句只恐明朝紙價高

城山國清塘　宋林光朝

燭龍醉倒不開眼遮空萬里雲張纖小舟塘外水溶溶漁歌忽斷荷花風倚巖僧舍爲深户我来跋涉拳肩股喘停更促短笻上怪石週遭卧萬鼓況是秋風到此山惟有孤鴻時往還勞勞百年共纆①縛不似青山長自閑古人古人嗟已遠長歌商須歸来晚

庚午秋廣化寺觀進士入試　宋黄公度

棘圍曉闢萬袍趨鄒魯雖微士所都三獻有人懷楚璞濫吹何事試齊②筞要令度語題齏臼莫把玄文覆醬瓿袖手旁觀

校注：①縛　②竽

君勿怪箇中曾是老於莬

題囊山寺【朱文公】

曉發漁溪驛暮宿囊山寺雲海近蒼茫溪山擁深翠行役倦修程投閑聊一憩不學塔中仙前途定何事【柯潛】下馬松關外行行過虎溪鐘鳴知寺近雲暗覺天低　磵底流泉滑巖頭古木齊何當謝塵鞅此地卜幽棲　都是知心者相隨到古囊雲開山長碧花落水流香　看竹穿苔逕談碁坐石床幽懷不可極吟對晚煙蒼　借榻雲深處風窓夜不扃興来吟弄月睡起坐聽經　鶴舞松陰碎龍歸雨氣腥明朝賦歸去山色爲誰青　睡起夜將半心清詩興豪鈎簾觀海月倚榻聽松濤風送溪聲近樓擎山影高坐来得真趣便欲解青袍【林文】和柯毅元韻乘閑来古寺随意扣巖扃客赴松花供僧翻①具葉經　池清魚隊見樹濕鷺巢腥㝡喜朝来雨群峰分外青　畫壁留珠玉詩名盡俊豪樹紅留夕照山白湧雲濤門枕南壺遠巖臨北斗高興来尋去路露草亂青袍

遊壺山貞淨巖【[illegible]】

六月翠壺山下客淩晨登山踰絕壁支筇徑上②貞淨巖頭上青天纔咫尺高僧十載

校注：①貝　②真

棲巖幽啓扉相見還相留欣然坐我斗室底蒲室嵐氣生清秋開窓一覽數千里蒼海微茫等杯水客帆来往煙雨中人家遠近林巒裏平生讀書苦不多時事如此將柰何蟬頭蝸角付一笑會當結屋山之阿

重遊貞淨巖 十載馳驅兩鬢班① 興来得得訪名山征途萬里風塵暗梵宇三間日月閑澗水疑從天上落洞雲直到海邊還祗今三昧憑誰問一笑高僧爲啓關

松扉迥入白雲中躡蹬捫蘿路可通結社幾人思慧遠登山何處覓壺公五更客夢茅簷雨六月秋聲木葉風獨倚欄干望滄海故鄉應在海門東

和方時舉韻 林下高僧睡得牢春風幾度到園桃龍飛洞口雲猶濕鶴喚峯頭月正高千里溪山無戰壘半江煙雨有漁舠我来還憶方時舉斗酒篇詩意氣豪

國朝陳中 和盧琦韻 樓櫓丹青樹色中巖高疑與白雲通四時有雨地長濕六月多寒天不公夜火人歸黄石路暮潮恍掛太湖風壺仙一去無蹤跡淌洞飛花西復東

大象峯

國朝郭眞 攝衣陟崇岡盤盤路廻繞駕山言何所之招提在深窈徑②陡苔痕滑寺

校注：①斑　②陡

①古石室峭時花爛巖阿幽禽韻林杪御轎星辰近俯瞰江湖小羡彼山中人托身塵世表何當遠相從談玄坐香曉

游瑞龍院

國朝[illegible]

我豈好聲利躍馬塵土間浮生倏能幾不得一日閒經過莆陽郡悵望城西山山中有靜者木石同古顏我今來訪之偶然得追攀花雨濕樵逕松風冷禪關徘徊清晝永興盡始云還

鳳凰山登高

國朝[illegible]正

又是登高第二回功名心事已全灰此時償却山靈債明日放歌歸去来

南山幽阻剩宜秋飛盖時臨最上頭故國五雲囬首是不須重起望京樓

三年不去為誰留十里南山似十洲心性已成泉石癖去年風雨不曾休

不是山人酷愛山杵中誰辭暫偷閑昏昏終日兼終夜百歲能逢幾破顔

南来作教近三秋碌碌何曾展一籌不是湍蕘禾稻熟敢因佳節出郊遊

帝閭群彦總金閨對酒何勞怯日西抹月批風三百首醉来一任竹間題

悄悄幽懷幾日開須知一快在登臺白雲堆裏停朱轂遲尔可人来不来

閭瑩 和岳太守韻

秀擁巖巒叠②畫開望中佳境

校注：①右　②畫

舊摟臺山門我已非生客去歲題糕今又來

蒲弄草堂 何諸 艾軒先生鳴大宋絕世文才豈天縱橫經講道唱莆中別構茅堂向蒲弄蒲弄山高矗天起倒影平湖三十里渡頭頻繫問奇船門巷紛紛響珠履一從觀化去不來舊基零落荒蒼苔高林日暮鳥相語廢圃春深花自開花開花落幾今古風教何曾化塵土綿綿書澤猶在人滿邑絃歌比鄒魯我來曾過山之陬夕陽駐馬空回頭九原之䰟不可作臨風一嘯雲悠悠

題高田院橋亭 晉 鄭良士 到此溪亭上浮生始覺非野僧還惜別遊客亦忘歸月滿千巖靜風清一磬微何時脫塵役杖屨願相依

挽王御史回 宋 陳師道 施報終何在窮通共一空兩言成益友百代仰高風終始無遺恨恩榮托至公不應埋直氣會見吐長虹 良貴官何與長年死不亡身雖𢡃魑魅氣已懾豺狼 不盡胷中蘊猶堪地下郎豈惟吾道憂編簡亦輝光

仙水廟 宋 林雲 天風吹我上瑤臺滿眼煙霞掃不開藥竈無丹人已去洞門有樹鶴還來溪聲時

帶三秋雨山色青無半點埃更愛夜深清夢斷碧紗明月照蒼苔

九鯉湖 宋徐師①仁

晨踰九仙山暮訪九鯉湖何氏兄弟跨鯉魚同時輕舉排天衢山頭雲氣故恍惚三十六鱗今有無瓊漿白日醉天闕②何時華表歸来乎

盧琦③

朝躋何嶺頭暮憩何巖阪平生塵跡未能到今夕何夕登斯樓九仙跨鯉升天去藥竈丹爐幾今古白雲滿地延鶴閑椿木拏空老蛟怒青山四面相縈廻流水百折聲如雷蒼煙長掛壑上樹細雨忽落庭前梅梅花似笑客来晚客来洞底春猶淺躡蹬安知步履危採芝自覺心期遠十年鉛槧誤此生願借一枕通仙靈中霄夢覺飢骨冷似聞王笛空中鳴曙色催人賦離别袖拂松梢墜殘雪相期整屐重来遊共濯滄灣弄明月

遊龍華寺 劉克莊

不見層崗與復④巖眼中夷曠似江南煙收綠野運青障⑤樹闕朱橋映碧潭丞相無家曾往寺聘君有字尚留庵荒山數畝如堪買徑欲誅茅老一龕

柯潛

寶幢峯下煙霞古老樹如龍欲飛舞花氣董⑥成萬壑雲泉聲散作千林雨我愛溪山事事幽錦袍

校注：①師　②闕　③琦　④複　⑤嶂　⑥重

醉踏東風遊題詩净掃巖頭石把酒還登竹外樓空門自與人間別夜擱焚香臥清絕明朝長笑拂衣歸閑却溪風與山月

紀述

甘露述　唐歐陽詹

述甘露昭孝德也貞元壬申歲福州福唐縣尉清源蕭邑人濟南林公攢太夫人終公每一痛哭至水漿不入口或三日或五日內外羸憊殆至殞滅癸酉將與先府君修合葬之禮公之於親事存既竭其力送終思盡其勤含襚品章則有王度不敢越也塋域固護實在我私當塈而行之於是躬開坎室自埏甎甓與兄弟手攻有負以虆以築雖率情性而無愆法度不違典禮而有異常儀載考載理而求之變也春三月二日忽異氣自天氤氳下蒙非雲非煙羃羃綿綿彩耀光鮮馨香馥然朝起及暝排徊不散先是繞壟巳栽松栢洎晨枝葉間遍懸露滴其濃齊大如梧桐子公寄之與兄弟及鄉人時相慰者而嘗之其味甘異於人間所甘之甘日漸高不銷不晞轉堅轉明瑩然珠相鏗然玉

聲如是者三曰覷者爭取或食或齕噫天寘寘其間蓄靈地陳陳其間蓄伸靈無形神無身無形無言無身無聲苟有可褒以物而旌苟無可褒物不虛行其德常其物常其德稀其物稀予聞甘露之説莫覷甘露之實其爲稀也不亦甚乎今爲公而降公之德豈常德歟况殊香駱途異彩相鮮凝結豐圓向日難堅者哉則其至誠所招又多矣予執手禮幸而獲見彌聳不足遂爲之述

圖經序

林光朝

子長多愛愛奇也退之愛奇如司馬子長嘗過曲江借圖經於張史君足跡所及不爲徒然者況四海曲江至是百年矣開元人物或可以想象而得之如探禹①究闕九疑過齊魯以觀諸生習禮之處不獨子長爲如是耳莆之爲邦壤地褊迫由蒜嶺而南有爲諫大夫者居漈林以能詩稱福平山下即歐陽四門之廬又十里有水一帶如寒玉劉牧走卒知有先輩徐君者異時不肯仕作賦夭矯如吳融今斷墻破屋髣髴猶在也太史所書惟頡陽三數處陂池所自出他書可見者有壺山九仙山百丈飛鳥溪轉水臺其餘茫昧不

可知我生三十年嘗一日捫藤蘿直至蟹井又嘗走金谿得蒲弄一席地東望海上遠山出沒又嘗走石門觀九鯉湖髪少齒落纔得一問津於石所麥斜寒遠無人之處及由銅鼎疊大飛其秀傑之狀過於他山莆之大畧唯是耳太守鍾離公以淮海之雋有古昔之聞嘗出河朔涉燕薊所歷爲甚多其於治郡如治劇邑窮日之力爲不足以火繼之公之退然自下非緣斷削每以我爲知言者我有慙色偶一日道人物山川且欲按圖而求之以縣之北三里有故家爲林氏門安綽禊出南郭可五里端明蔡公有舊第熟視雙關者不覺歛容過蔡公之門或立馬低徊不忍去公以南北涌塗數里中乃得此若求之井邑聚落所得又益多此圖經所由出也前時書未成公屬我叙其大畧不敢辭是書訪之名山酌之故老取之佚人得之殘牒遺編續藁舊志論次先後惟出一手乃爲軍學教授長樂陸琰也

興化軍學記

黄公度

閩蜀相距各在西南一隅而習俗好尚實有東州齊魯遺風蜀由漢以來號爲文物善地閩又其

最後顯者莆之為郡踰百有七十餘年咸平初始有
詔立學中更三舍歲貢之法生徒日滋有司病其隘
乃斥而大之未五十年腐蠹漫漶摧壓略盡紹興十
有九年求嘉徐君士龍來居師席始至慨然欲改作
一日進諸生告以今國家稽古禮賢崇①飾學校之意
復白其狀于部使者鮑公廷祖得金錢一千三百萬
以明年冬十一月始事閱月六告成舊學廟巋中峙
旁置諸生之館今茲東廟西學俾祗祠②肄業異焉凡
廟學之制細大畢具廟之前有崇閣以閟御書後有
廣堂以繪三禮名物學之中庭甃石瀦水約諸侯頖
宮之度又設縣學于廟之東偏③傅以廩藏庖湢為屋
九四百八十間復推其餘為教官治舍非特制度宏
偉雄冠一時而規畫有理雖百世不能改既乃合三
縣生員筮日迎賓陳俟介百拜飲酒而諮之相與求
文於公度以識其成公度曰昔者吾夫子一旅人耳
千歲之下享王者號獨處巍巍之宮而無愧者以斯
文所托也吾徒食息學校當求其不畔於吾夫子者
則羣居於此亦庶乎其無愧矣新而敝敝而更循環

校注：①飾　②肄　③傅

之理令之一新焉知久而不復澂乎吾將以徐君行於已者遺于人行於今者遺于後其可也西京文翁稱爲循吏其治蜀也知有所本能使蜀人至今思之下睬趙張龔黃韓平盜賊理獄訟課農桑未免爲從吏乃知一時之功利不足以當萬世之教化徐君樂吾閩之習俗而思古人所以及物者既能成就如此猶以居冷官力難使人爲不足設其勢可以自爲如文翁詎可量哉

興化軍脩學增廩記

王邁

毗陵張侯之治莆也下車之明日令於學曰莆壤①墜褊小賦入薄不敵江浙一大户而家習詩書多出魁人前士爲中州冠吾聞泮宮養士多而廩稍少突不黔者累月吾將爲爾士續食焉主計以其經費闕若干來告籍既上於是捐金錢二十萬賙其乏已而曰是苟紓目前耳如來者之不可繼何會吏白有發剩曰崇福歲租餘三百斛例以供浮費於是又割其田相學變閱三朔遊學見諸生有聲于例者曰先生學既衿佩皇矣亦知十三齋傍風上雨之不可君乎盍請往省之侯且行且顧慨然曰吾責也其

校注：①地

可以鄖計郡宴辭於是力加撙節又得二千楮以葺①洽橫舍郡博士帥諸生②搸侯賜退而職事者相與傳餐課工役亡錙銖滲漏③欀櫨梧柱之朽蠹者新之以良材縈廡輒級之圮缺者易之以堅甓垣壁軒檻之欹傾滮漫者皆支補而楮堊之微而几榻皿器色色備具月五釁竣事邁一日得寓目焉舊同舍林立敬④偕前列僉曰子嘗業於斯職於斯其爲識顛末予去學舍⑤父因詰今生員比前二十年增幾何曰三之一職事增幾何曰三之二予作而曰人物之盛月異歲不同如此微令侯始無所爭館⑥飧矣先是牧吾邦者亦豈無是心心至而力不至輒止間有力可以及之而修宮者或遺於廩士增田者或忽於庥士令侯此舉實兼二美蓋出文俗拘攣之外凡我同志亦盍知侯盛心之所存乎今日學校之士他日朝廷之士也課文程藝非以競華藻也史掖詞林之典冊實基焉談經繹史非以資口耳也廣廈細旃之講論實昉焉領袖頻行能糾正其徒之不帥者爲諫官御史必能以殺虎自許矣會計財用能不取一介之非義者爲

校注：①治　②榛　③櫰　④偕　⑤久　⑥餐

方伯達帥必能以琴鶴自隨矣容止端詳不失尺寸正以習臺閣之儀局度閎濶不立朋比正以學廟堂之量事師忠必能陳善閑邪以事君處友信必能協恭和①裏以處同列此非俟期待吾黨之盛心乎或曰子言爲達仕者設也窮通有命幼而學者安得人人皆壯而行之乎曰不然也孝友其政也仁義忠信其爵也言寡尤行寡悔其祿也豈必圭組軒裳而後謂之達乎人心②涵萬善有不貲之富身並三才有不位之貴衣逢冠章居窮處獨無異庸常而道之高明則可以官天地而府萬物也德之川流則可以澤生民而漸百世也此又非俟大相期待之盛心乎思昔吾邦爲元老大臣則有若正獻陳公正簡葉公莊敏龔公相業光明宗社嘉賴爲耆師鉅儒則有若艾軒林公湘鄉夾漈二鄭公與近世復齋陳公或勳業不竟或肥遯自高或急流勇退皆得以並祠學官清風凜凜百世可仰是惓惓者誰寔使之于以見君子之能爲可貴而秉彝好德之眞在人心未嘗泯也凡我同志而今而後共藏而脩共息而游共趣而求正心以

校注：①衷　②涵

謂其初持敬以固其父孝弟行於家庭信義孚於州里繼而爲公卿則寵勳景鑠彖美鼎彝窮而爲師儒則格言懿德流輝方册庶幾不負我侯修學增廩之德意不然則不養大體不居廣居未仕者衒才而宗於德輕環躁擾以苟賤吾父生師教之身既仕者岳學以諂於世讇譎柔邪以狹小吾聖賢傳畀之道使往哲得專美於前來者得訾議於後其不負侯之教育也幾希學宮修於淳熙之戊戌中間雖小小葺理非經久計今又一戊戌矣而復大修之豈亦有關於氣數乎侯名友文靖之元孫傃齋之孫嗜學好修趨向近正刊艾軒傃齋文集以惠邦人凡事關雅道者爲之忘倦諸生肖侯之像而祠之申告後人有引勿替

興化軍名賢合祀記 宋黄灝

祭法有功烈於民者皆得祀今之祠堂蓋倣焉或以功或以德或以名位非有貴賤尊卑品節之限凡人情所喜慕皆得爲之惟祠于學宮者不敢以僭孔門之學以操履趨向爲先必有玷缺謬戾皆聖門之罪人雖一日不能安其側況同堂合席百世並祀而

不毀哉故凡立祠于學不以功德名位諸不在六藝之科者不在列不知君臣父子兄弟夫婦朋友之義者不在列不知正心誠意修身謹獨之道者不在列必欲其對越聖賢而無毫髮愧怍者也莆邦文學號鄒魯學宫壯偉甲於閩郡其嵬峩岌嶪可望而不可親者夫子之宫墻堂奥也當時及門之賢左右後先咸得配食踵其後而濟濟衣冠者又有鄉之善士曰孝子林公攢殿院林公藴侍郎林公藻著作方公儀端明蔡公襄主客林公卝之提幹林公郁丞相葉公顒湘鄉鄭公厚夾漈鄭公樵丞相陳公俊卿參政龔公茂良艾軒林公光朝著作劉公夙正字劉公朔觀文鄭公僑凡十有六人合是邦典刑文物之盛而萃於一堂鄒魯之風彬彬在是矣歲時率諸生敬拜祠下企遺躅揖典刑以革浮薄以激廉耻崇鄉黨之化莫尚焉

艾軒祠堂記　陳俊卿

淳熙壬寅夏四月永嘉林侯元仲來守此邦政尚嚴明以厚風俗①敦敎化爲本閱數月闔郡之士咸造于庭曰莆雖小壘儒風特盛自紹興以來四五十年士知洛學

校注：①敦

而以行義脩①飭閭于鄉里者艾軒先生實作成之也先生學通六經旁貫百氏蚤游上庠已而思親還里②闢門教授四方之摳衣從學者歲率數百人其取巍科登顯仕甚衆先生之爲人以身爲律以道德爲權輿不專習詞章爲進取計也其出入起居語默問對無非率禮蹈義士者化之閭有經行井邑而衣冠肅然有不可犯之色人雖不識望之知其爲艾軒弟子也莆之士風豈無所自先生殁已六年人思其矩範願得立爲祠宮春秋薦以苾芬以慰邦人之慕而垂後来之勸敢以爲請太守喜曰言會于心其可後乎古所謂鄉先生殁而可祭於社者非斯人其誰乃擇城南隙地爲屋十六楹丹雘一新像貌煥然崇德尚賢聞者興起越明年二月丁酉太守率諸生有事③祀下一郡之人莫不奔走瞻歎因謀刻歲月謁記於予予與艾軒游四十年所謂三益之友其可辭先生諱光朝字謙之艾軒蓋其自號也少有聲場屋年五十始擢太常第天子聞其名召試館職入著庭爲吏部外郎國子司業兩學士人服其素行矜式惟謹出使

校注：①飭　②闢　③祠

廣東以儒生平劇賊朝廷嘉其能增秩召還爲國子祭酒車駕幸學命講中庸王音嘉奬賜以金章不旬日除中書舍人以繳駮不當爲御史者遷工部侍郎請外以集英殿修撰知婺州待次逾年得疾三日不起天下之士莫不傷其才有餘而用未究也况邦人群弟子乎昔楊厚歸揵①爲以黄老教人門人猶爲之立祠今艾軒之學行文章爲吾里宗師可無祠乎然則守侯之政亦可謂知所先務矣

朱文公祠記 宋陳宓

孔子所以爲萬世師者學不厭誨不倦而已此二者若易而實難其功若小而甚大非至聖大賢不足與此近世有儒宗其好學也不唯獨得於師而傳采四方士友之長不唯自有諸已而下取一介賤微之善大而天地陰陽之運小而鳥獸草木之情精而道德性命之源粗而度數儀文之末二帝三王之道孔孟周程之心既有以默叅其奥下至諸子百家天官地志兵機律暦莫不窮其理其誨人也無知愚敏鈍貴賤踈戚隨其才性曲加誘掖平生宦游之日少家居之日多自朝至暮自少至老孜孜

校注：①犍

磕磕應接不休有問斯答如響應聲著書兼訓易贊而後已嗚呼若文公朱先生者可謂之學不厭誨不倦非耶此祠堂所怱作也先生所著書數十種而尤切於世教者曰大學中庸章句或問語孟集註近思錄家禮小學家傳而人誦之莆雖蕞爾邑昔稱士鄉先生初仕于泉及淳熙間凡三至焉越□[1]承教之士不少先生沒廿二年矣前輩往往凋謝晩生益知嚮慕校官陳君汲既刊前諸書以惠後學矣謂誦其書不知其人可乎於是即學宮而祠之末學小子瞻望其端莊剛毅寬裕溫和之容反覆其精微詳密深切懇到之誨可以釋師儒不並世之憾矣苟讀其書而不體諸己敬其像而不師其心過斯堂寧無愧乎陳君謂宻嘗登先生之門宜記作祠之歲月云

興化軍新城記

劉克莊

莆爲郡且三百年猶不克有城皆曰樂土也緩事也一日盜起汀邵他州皆增陴浚隍惟莆四封蕩然破扉不闔未幾盜寖南侵勢且及境富家窖寶物窶人挈空身咸欲潰去郡人陳公宻始倡板築之議士民和之臺郡是之會

校注：①風

王侯克恭病委其責於通守趙君汝盥事方有緒而王趙相踵即世趙侯汝固始至顧郡力已屈則拜疏求助于朝有旨賜祠牒五十未至而趙侯去陳公與郡人太息曰城其中輟乎於是天子擢魯侯用虎知軍事侯愽訪于衆或謂城①庳且薄不足恃或謂費雜且廣無以繼侯奮然曰庳者可高也薄者可厚也役不可以已也且吾患無政不患無財益市木石益械工徒先是官畫丈尺畀僧幹築僧有能否有勤惰而官無賞罰侯斥逐其不勉者向之苟簡悉趨堅好既成長一千二百九十八丈高一丈八尺表裏以石覆以磚五門樓堞冊至煥然②馮高望之鉅麗突兀疑化人之所爲畫史之所摹也凡用石以丈計者五萬七千一百七十二甎大小六十七萬八百夫五萬一千四百靡緡錢二萬四千六百七十七楮幣六萬六千八百内楮四萬朝家所③朌錢楮各千漕臺所助餘悉出郡帑昉於紹定三年之春訖於四年之冬蓋三百年不克爲者一朝而就然則城果緩事乎樂土果可當恃乎夫敵無脆有備者勝國無小善守者全樂毅

校注：①卑　②憑　③頒

能下齊而不能拔莒即墨之二城佛狸能飲江而不能克盱眙之孤壘往事之明驗也先朝懲儂寇之患城黄城邕城桂嶺海之民始奠其居嘉定鑒開禧之迹大城江北樓櫓相望然後並邊郡邑各能自立近事之已效也玩常而忽變喜逸而憚勞華元之謳子罕之扑人之常情也以習安爲懼以恃陋爲戒墨翟之智子囊之忠侯之盛心也侯治郡尤清苦省逢迎之厨傳罷游觀之土木獨民間有大利病必勇於興除不以役巨費夥而沮城成之明年歲豐盜熄乃下令蠲夏稅一年以撙節之贏代輸噫侯知築是城又知所以守是城矣初役之興陳公最盡力且率大夫國人各相斤斸其後通守趙君汝騆判官趙君汝蔟與有勞焉莆人喜守備之固美蕃宣之勤復悲陳公之不及見也某亦版籍一民貲不足以豪鄉閭力不足以荷畚鍤茲獲以筆墨小技記事之成顧非幸歟

仙游縣學進士題名記 蔡襄

閩粵自唐歐陽詹始舉進士以文章與時聞人亢聲名爲世所貴重後有慕詹者繼以仕進及五代亦世

有人焉然文章愈衰薄無能與詹比者宋興復以文辭官人四方學者緬然而起其以名聞南方者鄭成之其尤者也爲道專一使詹者存或有所推以先之其餘爲名進士歷縣官日益加衆興化軍屬縣三仙游纔爲中縣然鄉閭幼學後生不儒衣冠不得與良子弟齒歲時即先生舊德以指授經術其爲詞章相與講導鍜成一律進取科第若逢蒙之射陶朱之賈其失中而莫售者鮮矣每朝廷取士率登第言之舉天下郡縣無有絶過吾郡縣者甚乎其盛也哉然古之仕也取人後之人也求仕取人者宜而器之行與能前仕而可知也求仕者惟其才與科合則中焉行與能仕而後知也夫學者豈特屬文辭苟仕宦哉是必先乎己立而後擇於人者也開封掾廖君悉記縣之登第者姓名等級若年月日距今而上斷某年以來俾刻諸石而植夫孔子堂之西偏來者得以嗣而書焉余知後之升孔子堂而觀者必摘名交議曰某者之爲人也德與位宜焉或位雖屈而德伸信乎其吉士也又曰某者之爲人也其德不有加而其位過

之或繆矣著焉信乎其非吉士也苟非其親與他善懸必明是其來觀也既嚮其善者而病其不善者使之一日載名其上必能思而畏乎後人之指數吾名猶吾之指數前人也率以是而自勉徼廖君潔志尚古又務勉人為善將記以襄有鄉里之舊屬之俾亭其事襄既道其所以非敢專警於人亦將以自省云

福寧州

題詠洪山

唐薛伯修

壁立東南第一峰問名知是葛仙翁丹砂竈逼雲頭近玉井泉流海眼通六字①籀文天篆刻數間洞屋石憐懞我來整履層巔上環視群山盡下風

鼓樓山

唐楊志

興發何年事無由問老成化為兜率地留得鼓樓名石塔添朝影銅壺斷漏聲我來空弔古恨不賦蕪城

題支提寺

宋陸游

高名每慣習鑿齒巨眼適逢支道林共語不知紅燭短對床空嘆白雲深現前鐘鼓何曾隱匝地毫光不用尋欲識天冠真面目鳥啼猿嘯總知音

題鶴林宮

元白玉蟾

王鄧

校注：①籀

諸公安在哉雲林煙嶂鎖蒼苔大千世界飛雙舄第
一洞天遊兩廻太極光陰忙刼數九重瑞氣接蓬萊
煙花隨分眼前綠
惹起朝猿暮鶴哀

怡雲堂次韻

蔡伯原

無賴惟能
發酒顛幾來仙館借
霄①眠閑遊謾費登山屐欲隱慚無負郭田深徑鳥啼
苔寂寞野橋日暮水濺濺題詩未得如椽筆惱亂春
風一
惘③然

遊香林寺

國朝林聦②

一逕入幽林香風散鳥音
逢僧時說偈坐石獨鳴琴翠擁層巒
合流分曲澗深興闌
歸路杳處處暮蟬吟

紀述

福寧州學記

程鉅夫

子爲孫君駪記寧德縣學
之三年而又以記福寧州學爲請
按長溪唐武德昉爲望縣閩王氏析爲寧德宋末又
析爲福安皇元一統肇州福寧二邑隸焉初惟夫子
廟在縣治之東慶曆癸未遷城東南取④始有學自元
祐庚午更新而堂宇備自師古鄭公樵教授而經
術明自鄉儒先游紫陽之門而絃誦衣冠盛歲久屋
且敝至元丁亥白侯壁⑤改作而颶風壞之元貞乙未

校注：①宵　②聰　③惘　④陬　⑤璧

樊侯忠又改作而颶風又壞之丙申陳侯翼請于省臺命同知州事孫①壁董其事協謀悉力樹戟門作禮殿續從祀祠先賢會講有堂肄業有齋畚土輦石燥②溼崇卑翼翼嚴嚴規宏而工密可書已然予前記學其說殊未竟校庠序古矣明倫之外無他說也詞章勝德行微先儒有憂之歸而求之性命大雅不作假性命之說以媒利達而世道與人心俱往矣夫詞章性命之學猶不能無弊則夫管攝人心扶植世道必有攸在不然羣居終日翕翕訿訿相與商功利而較智術弊又甚焉聖朝一視遠邇制度考文嘉惠儒者隸名者不役于有司其以德行文學進者胥此途出新州者新學之兆也新學者新士習之機也士無科舉之累盡亦思古人所謂明人倫者爲何事修其孝弟忠信於家爲孝子於鄉爲善人於國爲忠臣斯無負於國家設學之意若夫工詞章而不窮其理談性命而不踐其實其不爲功利智術之歸者無幾矣吾爲此懼

寧德縣學先賢祠堂記

宋　趙汝騰

寧德邑學有祠以祀先賢尚矣前令

校注：①璧　②濕

尹李君澤民趙君侁之先進五人坎翁張公翰童溪王君宗傳拙齋高君顧大著余君復信齋楊君復令令尹徐夢發至則曰是一鄉之善士也盍亦進而尚友古人乎乃於殿之左架祠宇於其中祠周元公邵康節張獻公程純正公司馬文正公五先生程張之門人若游廣平呂藍田謝上蔡楊龜山尹和靖羅豫章朱韋齋李延平祔焉又祠乾淳三先生張宣公朱文公呂成公右則祠朱文公之門人蔡西山黃勉齋陳北溪真西山左則祠黃公景仁益以林君駉祠成與邑之士友二十餘人書来謁記予曰何邑之小而祠之盛歟豈欲在人識其小而因識其大歟遂爲之秉筆盖嘗誦魯論之訓十室之邑必有忠信如夫子而未如夫子之好學也夫忠信可以受道猶甘受和白受采然質美矣而不務學則不能無所蔽故有好仁而蔽於愚好智而蔽於蕩好信而蔽於賊好直而蔽於絞好勇而蔽於亂好剛而蔽於狂學者所以去其蔽也他日夫子又曰我非生而知之者也好古敏以求之者也亦此章之旨也孔子之於門人惟稱①顔

校注：①顏

子爲好學顏殁好學者曾子子思孟子三人而已孟子殁千有百年其間豈無忠信之士未有如顏曾思孟之好學也天祚聖宋運值文明篤生大儒以任斯道時則元公以聖學自任自無欲入而幾於靜虛動直明通公溥秉節以皇極經世之學自觀物入而幾於窮神知化純公自乾之存誠入而幾於德博而化正公自坤之敬義入而幾於直方大獻公自知禮入而達於知性知天文正公自不妄語入而推於篤恭而天下平是六先生者可謂能繼曾思孟之好學也是其學豈不足爲百世之師歟厥後宣公得於高明而守以中庸文公得於廣大而約以精微成公得於博厚而持以悠久是三先生者可繼周程邵張司馬之好學者也是其學亦足爲百世之師矣夫學未始不由於好好則樂樂則生生則惡可已聖人之所以爲聖人也蓋亦若是而已矣夫子之言豈欺我哉寧德之邑何止十室忠信之姿何止一士能於游學之際睹諸儒之如在致正學之宗元則必有躍然會於心者科舉非所以槪駕而記問詞章詭謀功利一切

曲學瞭然見之如稊稗之害嘉穀則舍九先生其誰歸歟子曰就有道而正焉可謂好學也已茲非諸儒先之所望於後學歟賢令尹立祠勸學之意歟又豈非衰拙之望於同心歟記成而授令尹以刊于學

寧德縣重修學記

程鉅夫

福州舊領縣十有二二百年来士學為東南最寧德較他縣若弗及雖然此以科舉之士言也初無與乎人才之實閩故家星錯棊置邇来潛深伏隩不見人而人不見者多矣若余所及見寧德孫君駪者又豈敢以科舉之士例視之哉君少年游太學方衆人汲汲進取之時獨能師其同舍之先輩俞君晰從事於經學世務及既成進士官于浙往来猶造其師之廬而考業焉今老矣務學如少年時一日詣予請曰寧德自宋嘉祐始有學近歲邑再燬於寇火將及孔廟輒息異哉若或相之者宋末割長溪之半置福安縣國朝遂升長溪為福寧州而以寧德隸焉至元二十六年州之守行縣視廟學弗脩畀金俾前邑令葺講堂新四齋兩廡三十年冬提學者命駪掌教事學無廩養士

之費減貯于私家非便首營搆之而縣大夫議大脩究乃捐俸以倡諸生亦各出力以助縣主簿董其役鳩工度材成先聖殿眎昔加崇朶室回廊靡不更理繚以宮牆二百八十堵有奇從祀金鄉侯以下舊圖于殿壁兗公郕公沂公配饗西面坐而三公之父立于後於禮為未協廼遵彝式分繪于左右廡以今年五月告成欽遇皇帝御極播告于天下上承祖訓嘉惠學校士類莫不聞風以興然勉勵宣明部使者之職也盍與本原古者建學造士之意以誨飭①于邑之諸生乎為是敢有請某竊惟朱子以道鳴于建閩之士家藏其書人誦其說而能實傳其道者蓋鮮前此猶曰有科舉之累也而今無之有能一曰實用其力者乎謂朱子之後不復有朱子余不信也寧德鑾下邑居若是其近世若是其未遠而孫君又嘗於科舉之外有所講聞矣余何言哉余何言哉惟聖朝之敦儒崇化州縣之為政知本與夫孫君之不失其所以教是則可書已邑尉高顯主簿李榮令甯柄其長汀抄兒亦前令方秀仁守白壁②也孫黕云

八閩通誌卷之八十四

八閩通誌卷之八十五

拾遺

誌所以誌一方之事凡可以裨益世教者無巨細皆可誌也閩為東南文獻之邦載籍所紀事蹟其夥亦既以類相從而悉誌之矣其有不可以類分者不幾於遺乎夫天下之物稍可以資世用者一有遺焉人必拾之以為用矣況事關文獻而可以裨益世教者其忍遺耶乃誌拾遺

福州府

晉郭璞遷州記叅由為海人事更改六旬甲子當見其害更重着衣周廻重載鄭國歸朝童関為待鳥出木空千載不昧前有雙眉重施粉黛溪澗水來盡歸于海主揖其客客住主在穩首東白高山鎮寨本自添金因成右兗但見蛇影莫知坐亥事過方知知而未會龍山高山光照其代巧婦能裁得令人愛若觧修心得其終涪市籠放火聚集磊磊有一老翁手把竹筒重添新寧在言不在銘曰泰東之載遷插甌基四邑牢城層巒三遝洪許南流端龍北雁其主螺女覽

對花峰千載不雜世代興隆諸邦萬古繁盛仁風其城形狀如鸞似鳳勢氣盤拏遇兵不饉遇荒不掠逢災不染其甲子滿廢而復興（詳見三山舊志）

太康三年太守嚴高圖越王山南之形勢以咨郭璞璞曰方山秀拔于前三山環峙于後八百年後大盛又有讖曰中間窄兀創危亭八百年前兆此名天降元精如漢佐岳陶靈氣似周臣中坻不見客舠路古渡應無病涉人好是褰裳待今日營浦坊中人挺生（按三山志嘗有人得石刻於城南釣龍臺其文如此也）

唐

興元元年蕭復為福建宣慰安撫使

貞元四年四月福建軍亂逐其觀察使吳詵大將郝誠謚自稱留後上二事出唐書

陳通方閩縣人貞元十年第四人及第與相國王播同榜時播年五十餘通方戲拊之曰王老王老奉贈一第言日暮途遠同贈官也播後入相通方因之仕宦不達竟以困躓而終出閩中記

元和四年禁福建掠良民為奴婢者出唐書

陳彥博字朝美唐元和五年及第初夢至一公庭帷幄

熒煌杌榻上有尺牘煥然若金字主者曰此明年進士名將奏之上帝彥博前觀有三十二人其名在焉及榜出果符前夢官至信州貴溪令

陳蜀字文郁唐乾符五年及第初夢神人謂曰當在山下水邊及第至是主司乃□澹者豈非前兆乎舊記乃下缺一字疑崔字也上二事俱出閩中記

乾符五年十二月黃巢陷福州

景福二年五月王潮陷福州范暉死之潮自稱留後是年建州刺史徐歸範汀州刺史鍾全慕俱叛附于王

潮上二事出唐書

初潮之未至也閩人謠曰潮水來巖頭沒潮水去矢口出其後潮入閩而觀察使陳巖卒及潮卒而其弟審知代之是其驗也

王審知身長七尺六寸面紫色方口隆準初潮之幽緒也植劍於地與衆盟曰拜而倒者為帥至審知拜劍躍而起衆遂推之審知讓潮而已副焉其營上常有紫氣識者曰此軍中必有貴人既總府事時四方竊擾或勸其建國審知曰寧為開門節度使不作閉門

天子在位二十九年卒

初王氏甃城日陶甎者悉以錢文印其上後城入錢氏人以爲先兆云上三事出閩中記

宋雍熙二年七月遣使按閲福建刑獄仍察官吏勤惰以聞

至道二年閏七月詔福建民負人錢没入男女者還其家敢匿者有罪

四年除民歲丁錢

大中祥符四年七月詔以兩浙福建荆湖南北廣南東

路六路尚循僞制輸丁身錢歲凡四十五萬四百貫
民有子者或棄不養或賣爲童僕或度爲釋老悉除
之　按蔡襄有劄子奏免漳泉興化軍丁錢之半盖引用上件詔令

天聖二年詔禁福建巫覡挾邪術害人者

六年除福州民逋官莊錢十二萬八千緡　上六事出宋史

嘉祐五年二月禮部貢院言准祫享赦書諸路州軍解
進士絕少處量增解額內福建泉南劍漳汀州邵武
興化軍共增四十五人　出仁宗實錄時江浙福建川廣諸州軍共增解額一百三十五人

永泰俗嗜屠牛徐確為尉將禁止甚嚴會令之子病思啗牛心屠者不敢已市一犢且將鼓刀犢逸嚙刀徑趨尉治確適在縣廳犢亦走庭下確驗問為治屠者送承天寺為長生牛提點刑獄祖無頗刻石記其事

出壺山集

元厚之平生嗜冨貴不喜處外外補多缺望及以給事中領長樂親舊祖道都門勉以東閩盛府百貨所聚永嘉之柑烏石荔子珍絕天下絳下車作詩謝之云丹荔黃柑北苑茶勞君誘我向天涯爭如太液池邊

看池北池南總是花出名賢清話

福州泉州興化軍瀕海七八月多大風俗云癡風亦云颶風其來風雨俱作蜚瓦拔木甚者再宿乃止食頃有風自南來其勢力益甚名爲報風出遯齋閑覽

盱江李覯一日與處士陳烈同赴蔡君謨飲時正春營妓皆在後圃賣酒君謨因命以佐飲烈已不樂酒行衆妓方歌烈踰牆而遁覯坐上賦詩有山鳥不知紅粉樂一聲檀板便驚飛之句後烈聞之遂投牒云李覯本無士行輒造僞詭釋氏爲妖狐指孟軻爲非

聖授吾聖經云非聖人者無法合依名教肆諸市朝

君謨覽牒咲謂來者云傳語先生今後不復使弟子

也出道山清話

慶曆六年十二月蔡襄知州日作太平聖惠方後序親

書於碑其略曰太宗皇帝一平宇內集古今名方與

藥石診視之法敕國醫詮次類分百卷號曰太平聖

惠方詔頒州郡傳於吏民州郡承之大率嚴管鑰謹

曝晾而已吏民莫得與利焉閩俗左醫右巫疾家依

巫索祟而過醫門十纔二三故醫之傳益少余治州

之明年議錄舊所賜書以示於衆郡人何希彭者通方伎之學凡聖惠方有異域瓌怪難致之物若食金石草木得不死之篇一皆置之酌其便於民用者得方六千九十六希彭謹愿自守為鄉閭所信因取其本謄載於板列牙門之左右所以尊聖主無窮之澤又曉人以巫祝之謬使之歸經常之道亦刺史之一職也其碑時在府宅堂之右希彭家太平公輔坊有墨寶軒藏蔡公真蹟

襄又作五戒其一曰觀今之俗為父母者視巳之子猶

有厚薄迨至娶婦多令異食貧者困於日給其勢不得不然富者亦何為之蓋父母之心不能均於諸子以至此不可不戒二曰人子之孝本於養親以順其志死生不違於禮是孝誠之至也觀今之俗貧富之家多是父母異財兄弟分養乃至纖悉無有不校及其亡也破產賣宅以為酒肴設勞親知與浮屠以求冥福原其為心不在於親將以誇勝於世是不知為孝之本生則盡養死不亡費三曰兄弟之愛出於天性少小相從其心懽忻豈有間哉後因娶婦或至臨

財憎惡一開即成怨隙至有興訴訟刑獄至死而不息者殊可哀也蓋由聽婦言貪財利絶同胞之恩友愛之情遂及於此四曰娶婦欲以傳嗣豈為財也觀今之俗娶妻不顧門戶直求資財未有婚姻之家不為怨怒原其由蓋婚禮之廣靡費已而校奩朝索其一暮索其二姑辱其婦夫虐其妻求之不已若不滿意至有割男女之愛輒相棄背習俗日久不以為怪此生民之大弊也五曰凡人情莫不欲富至於農人百工商賈之家莫不晝夜營度以求其利然農人兼

并商賈欺謾大率刻剝貧民罔昧神理譬如百蟲聚居强者食啗曾不暫息求而得之廣爲施與冀滅罪惡其愚甚矣今欲爲福孰若減刻剝之心以寬貧民去欺慢之行以畏神理爲子孫之計則亦久遠居鄉黨之間則爲良民其義至明不可不誌

襄又作山頭齋會戒曰使州體問自來風俗被喪之家言有靡用破賣產業置辦酒食齋筵名爲孝行至有亡歿之人舉家不敢哭臨先將田屋出帳典賣得人就頭商量打了定錢方敢舉殯外拘人情中抑哀毀

是不孝之人也出殯之夕隣里識與不識盡來吊問恣食酒肉包携歸家至使喪家費用無極其於人情隣里當有贈遺以資喪家慰吊之際豈可恣食酒肉以爲宴樂是無禮之人也山頭齋筵僧俗之中本非知識齋食不足每人散錢二百文如有少闕便即忿怒送葬之禮雖出於古豈有本無哀情只趂齋食喪家竭力不給所求此與乞丐何異是無耻之人也若不斷絶民間轉見不易禮義之日遠右仰喪葬之家喪夜賓客不得置酒醼樂山頭不得廣置齋筵聚會

并分散錢物以充齋價如有輒敢罪在家長并藏外僧院不得與人辦置山頭齋及坊虞候耆長常切覺察

襄又作教民十六事　一應有無徒輩欺誑是知州親知於州縣打索關節乞取財物許人告　二市買買物虧減價例及不畫時還錢仰行人陳告　三行人於諸官廳幹當廚庫公人及市買等處每月若有行用錢物罪在行人　四巡欄告稅不得擅入人家搜檢稅物須申州取候旨揮　五市行見行銅錢如有

夾雜砂鑞新錢許人告　六銀行輒造吹銀出賣許人告捉　七人户居停賭錢本罪科斷外必定拆屋納官　八僧人不得止宿俗家婦人不得聽講及非時入僧院　九諸官除依條本廳并專轄處科決外不得擅行決罰　十巡檢使臣非承使州旨揮不得帶甲領兵搜圍人家檢索違禁物色若窩藏強劫并殺人賊明有蹤跡許收捉　十一諸縣擅行科斂修造及諸色鄉人斂掠人户錢物入已許人陳理　十二在州坊虞候所由并外縣公人所受情弊放散公

事未送州縣許人告　十三推司當直司并外縣公
人因勘公事廣有所受許人因事報復　十四諸坊
只許管本地內爭鬥火燭姦盜賭錢殺牛公事　十
五在城裏外喪葬之家喪夜不得置酒肉宴樂以虧
孝道山頭不得廣置齋筵違者罪在家長　十六士
庶家不肖子弟盜賣家產并轉倩出利買客人貨賣
買賤賣貴如本人無錢勒牙保人賣業填還上四事出三山舊志
慶曆以前福建廂軍差在廣南諸州屯駐及當回人數
比之去時大半死損蔡襄知福州乞廂軍屯駐廣南

係營差者只於比近軍州節次那移對替年歲計之存救人命不可勝數其後本軍只差廂軍於福州屯駐合泉州邵武軍共一百五十人令罷又熙寧八年以福建廂軍駐泊邕州一千候邕州招填澄海土兵替換五百人令轉運就整差撥替換令後福建承例差赴廣西屯戍更不差撥出曾師建記及長編

蔡君謨知福州以疾不視事者累日每夜中即夢登鼓角樓憑鼓而睡通判有恠鼓角將累日不打三更者因對數夜有大蛇盤繞鼓上不敢近君謨既愈與通

判言所夢正與鼓角將所說同遂以君謨為蛇精（出東齋記事）

襄為閩漕日禁絕蓄蠱甚嚴凡破數百家自後稍息八年仁宗閱福建奏獄多以蠱毒殺人者福建醫工林士元能以藥下遂詔錄其方又令太醫集法方之善治蠱毒者為一編命參知政事杜衍復為序頒之嘉祐六年郡守范師道乃牒諸縣各以其方雕板揭於縣門云應中蠱毒不拘年代遠近先煮雞子一枚將銀釵一隻及熟雞子內口含之待一飯久取出釵及雞

子俱黑色是中毒也可用一方五倍子三兩木香丁香各一十文甘草三寸一半炮出火毒一半生用糯米二十粒輕粉三分硫黃末一錢重麝香一十文右八味入小沙瓶内用水十分同煎七分候藥面上生皺皮是藥熟用絹濾去滓取七分小椀通口服須平旦仰卧令頭高其藥須三度上來闇心即不得動如吐出則用桶盛之若魚腥類乃是惡物吐後用茶一盞以止如瀉亦不妨瀉後用白粥補忌生冷油膩鮓醬十日後服後藥解毒丸三二丸補之更服和氣湯

散十餘日平復解毒丸若如人中毒十日以前則此藥可療五倍子半斤甑中蒸炮令熟丁香三兩焙黄焦色預知子半斤一半蒸令熟一半焙令黄色木香三兩一半炮令黄色一半焙過麝香三文甘草二兩一半炮黄色一半生用水銀粉一盂子朱砂一兩細研為末右件擣羅為細末用陳米爛飯為丸如彈子大用藥時研令細同酒一盞溫服紹興二年秋連江古田民有查佐等畜蠱殺人其家來訴張守為帥依條斷遣仍榜十二縣委保正副結五家為保互相覺

察知而不糾其罪與其均仍頒勑令賞格散榜要處出三山舊志

蔡端明與屯田員外郎劉昇約婚厥後端明登禁從而屯田既沒家益落劉世為福州候官人端明出知福州就尋前約其家力以非偶為辭端明曰古人掛劍尚有心許吾與劉君氣義相求兩家之好雖在髫齓媒聘未行然一言豈可食耶今其所不足者不過謂奩具爾凡女家資遣延悉自為治辦遂使其子旬受室以歸出何紘所編莆陽人物志

陳烈先生幼嘗與蔡君謨言硯席後君謨鎮福唐勵精為郡嚴肅吏治毫髮不容合境大化一日先生往見焉維舟庭下聞公之嚴察不往謁留詩曰溪山龍虎盤溪水鼓角喧中宵鄉夢破六月夜衾寒風雨生殘樹蛟螭喜怒瀾慇懃祝舟子移棹過前灘庭吏錄詩以呈公公見遽命以記謝過曰先生既以詩誨之不若耳提面教之也先生竟去公為之少霽威（出翰府名談）

重和元年詔閩監司督責州縣還集流民

宣和三年八月曲赦福建路

靖康元年八月福州軍亂殺其知州事柳廷俊上三事出宋史

葉夢得云陳烈行恠多偽蔡君謨毋死烈往吊自其家匍匐而進入問之烈曰此詩所謂凡民有喪匍匐救之者也其所為類如此出石林燕語　考之於史王陶為福建提刑亦嘗詆烈貪詐乞奪所受恩司馬溫公為諫官率同列力辯之陶之說遂不行以是觀之夢得之言蓋亦陶之類耳大抵流俗之見善同惡異君子之所為決非流俗之所能為也流俗既不能為君子之所為於是乎惡心生焉惡心一生則謗訕詆毀將無

所不至矣陶蓋俗吏無足道者而夢得以文雅名一時其言亦如此可恠也夫

鄭所南工寫蘭不妄與人邑宰求之不得因脅以他事所南怒曰頭可斫蘭不可得嘗寫一幅自題其上云純是君子絶無小人深山之中以天為春又過齋子芳書壁題云此世但除君父外不曾別受一人恩又題寒菊云御寒不藉水為骨去國自同金鑄心其忠義之發於詞章者多類此出連江縣志

鄭俠聞子姪誦考槃之義曰弗諼者弗忘君之惡弗過

者弗過君之朝弗告者弗告君以善顧人之於君有惓惓之不忍也故求矢以絶之俠嘆曰是何言歟古之人在畎畝不忘君況於賢者一不見用而忿戾若是哉蓋弗諼者弗忘君也弗過者弗以爲君過也弗告者弗以告他人也其存心如此出福清縣志

吴元美字仲寔永福人宋宣和六年進士由太常寺簿出爲福建憲司機宜文字作夏二子傳其略云天以商代夏是以伊尹相湯伐傑①而聲其刻剥之罪當是時清商飂起義氣播揚勁風四掃宙宇清廓夏聲終

校注：①桀

于嗚條二子之族無大小長少皆望風殞滅殆無遺類天下之民始得安食酣飲而鼓舞於清世矣夏二子謂蚊蠅也其鄉人進士鄭瑋得之持以告本路提點刑獄公事權福州孫汝翼汝翼惡之抵瑋罪瑋怒走行在訴元美譏毀大臣元美家有潛光亭商隱堂瑋上奏檜啓曰亭號潛光蓋有心於黨李堂名商隱實無意於事秦他皆類此檜進呈上令有司究實取旨法寺等言元美指斥國家譏毀大臣法當死上特宥之除名容州編管再謫南雄州以死死後五年楊椿

洪遵等爲言于朝特旨官其子出永福縣志嗟乎方秦檜得政時士大夫欲求速化者爭奔走其門炙手可熱璫諂媚傾險小人之尤者固無足道而一時法寺亦希檜旨以陷害無辜吁可畏哉

歐陽文忠公曰唐之晚年詩人無復李杜豪放之格然亦務以精意相高如周朴者搆思尤艱每有所得必極其雕琢故時人稱朴詩月鍛季鍊未及成篇已播人口其名重當時如此而今不復傳矣余少時猶見其集其句有云風暖鳥聲碎日高花影重又云曉來

山雨閙雨過杏花稀誠佳句也出歐公詩話按幕府燕談以風暖鳥声碎日高花影重爲杜荀鶴詩歐公則以爲周朴詩必有所據

建炎元年八月遣使撫諭閩諸路及體訪官吏貪廉民利病

三年四月詔減福建歲上供錢三之一上二事出宋史

鄭首字晉信福清人少年强記能文年十九魁鄉薦朝廷新頒溫公通鑑有鬻于門者首一覽輒能默識高宗南渡大赦天下首以赦書不文別撰數語遺弟子二百人馳宣於水南山下躬致縣官跪拜又以鄉人

借地架屋首戲荅之曰近來土地窄狹無處可借遂為人所告訐有詔賜死臨刑之際天霧黲黑太史奏東南文星墜上有旨赦之而首已死矣平生著述有六經解及榕溪文集行于世（出福清縣志）嗚呼首雖有文才而狂誕浮淺自取夷戮無足道者誌之以為世之輕俊者戒

林仲嘉福清人留題長溪之虎溪曰山閣青連海溪長繚遶城規模唐故郡絃誦晉諸生又曰白日經營短風霜吹客衣梅梢驚歲晚沙際有春歸其所作多類

此出福清縣志

紹興元年六月禁福建轉運司抑民出助軍錢

二年四月釋福建諸州雜犯罪以下囚　是月賜福建宣撫司賞軍錢十萬緡　七月悉蠲福建諸州被兵之家田稅　八月賑福建饑民　是月遣監察御史明槖等五人宣諭江浙湖廣福建諸路仍降詔諭官吏以遣使按察勸懲誅賞之意

五年五月減福建貢茶歲額之半　八月蠲福建州軍借撥常平錢米　十二月賑福建饑民命監司帥臣

分選僚屬及提舉常平官躬行檢察

六年四月命福建安撫司發水軍討海賊鄭慶

十年五月以福建廣東盜起命兩路監司出境共討

十四年六月賑福建被水之民

二十四年八月罷福建貢荔枝

二十五年禁閩浙川廣貢真珠文犀

二十六年蠲閩浙諸州歲供軍器所物料三之一減諸
工匠千人

二十七年減福建鹽鐵錢歲八萬緡

乾道四年二月罷福建路賣鈔鹽轉運司歲發鈔鹽十五萬緡（上十七事出宋史）

魏几字天隨福清人少師事艾軒賞賦丹霞夾明月詩有半白在梨花之句人以半白梨花郎目之後潛德弗耀其昆仲有雪堂天遊亦名士也

黃直卿與李道傳（字貫之隆州井研人）書云向來同學之士今凋零殆盡閩中則潘謙之（柄三山人）楊志仁（復福安人）林正卿（學蒙）林子武（夔孫俱三山人）李守約（閎祖）李公晦（方子俱邵武人）江西則甘吉父（節）黃去私張元德（洽）江東則李敬子（燔）胡伯量

永蔡元思浙中則葉味道賀孫潘子善時舉黄子洪士毅其先莆田人大約不過此數人年來得尊兄并大府陳寺丞宓莆田人相與接續尤覺此道之不孤也出勉齋文集愚按文公高第因此書可以考見其一二故録之

浦舍人初至闕時往見林子羽子羽不出使二玄問所爲來浦舍人乃書送人之荆門一詩授之曰以此相評耳二玄讀至雲邊路遶巴山色樹裏河流漢水聲大喜曰此吾家詩也遂以白子羽子羽始出相見甚讙因留連久之蓋多所唱和浦舍人之詩名於是大

謀士使於知已屈於不知已此固其理歟出劉欽謨岳臺集浦會人名源字長源吳人二玄謂周又玄黃玄之也

辥弼紹興中帥福州儀門外夾道榕木鷺巢其上弼欲盡伐之是夜參議曾悟夢介冑者懇云府主惡鷺穢可去之明日大雨鷺群悉空出大明一統志

海寇鄭廣陸梁莆福間驅馭兵犀雲合亡命無不一當百官軍莫能制自號滾海蛟有詔勿捕命以官使主福之延祥兵以徼南溟延祥隸帥閫廣旦望趨府群僚以其故所為徧賓次無與立談者廣鬱鬱弗言一

日晨入未衙群僚偶語風聲或及詩句廣矍然起于坐曰鄭廣麄人欲有拙詩白之諸官可乎衆屬耳乃長吟曰鄭廣有詩上衆官文武看來總一般衆官做官却做賊鄭廣做賊却做官滿座慚噱章以初好誦此詩每曰今天下士大夫愧鄭廣者多矣吾儕可不知自警乎出程史

鄭性之丞相府清風堂石階上有卧屍迹天陰時尤顯蓋其嘗宋季以暮年登科未幾拜相時侵漁百姓至奪其屋廬以廣第宅有被逼抑者遂自縊於此見南村輟

耕錄

黑虎王醫師者繼先之別名也富甲一郡世業醫其大父居京師以黑虎丹自名因號黑虎王家及繼先幸於高宗積官留後通國稱為醫師初秦檜擅權而未張頗賂上左右以固寵繼先寔表裏之當其盛時勢焰與檜等諸子至列延閣金紫盈門掄顧財寵攘市便腴抑民子女為妾侍罪不可勝紀而依憑城社中外不敢擬者三十年紹興三十一年蜀人杜莘老欲擊之而未發會邊釁啓繼先首輦重寶為南遁計都

城為之騷然上聞之不樂劉錡帥京口請以先發制人之策決用兵上意猶隱忍不決但欲以兵應繼先素怯猶幸和議之堅以竊安因間言于上曰邊鄙本無事蓋新進用主兵官好作弗靖欲邀功耳各斬一二人和可復固上不答徐謂侍貂曰是欲我斬劉錡耶莘老遂上疏列其十罪初進讀帝猶怫然莘老扣榻曰臣以執法事陛下不能去一醫死不敢退猶未許因密言外議謂繼先以左道幸恐謗議叢起臣且不忍聽上始變色首肯詔繼先居于福子孫勒停都

城田宅皆沒官奴婢之强鬻者從便令下中外大悅繼先以先事聞詔多藏遠徙雖籍不害其富也迄今其故居華棟連甍猶號巨室一傳而子弟蕩析至不能家或者謂其致不以道宜於厚亡

胡銓乞斬秦檜黨新州一時士大夫畏罪箝舌莫敢與立談獨王盧溪廷珪詩而送之檜怒坐以訕謗流夜郎又有朝士陳剛中三山寓公張仲宗亦以作啓與詞為餞而得罪時論韙之上二事出程①史

寶祐六年七月詔前福建漕臣髙斯得已奪職鐫官其

校注：①桯

贓百餘萬嚴限徵償以懲貪吏
德祐二年正月福建路馬軍總管沈世隆降于元 八
月以王積翁爲福建提刑招捕使兼知南劍州備禦
上三郡九月元阿剌罕寇建寧府執守臣趙崇鐖積
翁棄城去走行都遣人納欵于元十一月元軍寇福
州積翁爲內應遂與知州王剛中以城降元軍引還
留潛悅友爲福州宣慰使積翁副之淮兵在福州者
謀殺積翁以應張世傑事覺爲積翁所殺祥興元年
元延海經略司左副都元帥劉深言積翁既已降附

復遣諜于張世傑心懷兩端積翁亦上言兵力單弱
若不暫從恐為閩郡生靈之患元主原其罪
祥興元年三月元以蒙古帶唆都蒲壽庚行中書省事
于福州鎮撫瀕海諸郡上三事出宋史

元

至元十七年唆都部下顧總管聚黨於海道劫奪商
貨范文虎招降之
十八年十二月獲福州叛賊林天成戮于市免福州路
今年稅二分十八年已前租稅俱免徵
二十年免福建歸附後未徵苗稅

二十九年八月福建行省參政魏天祐獻計發民一萬鑿山鍊銀歲得萬五千兩天祐賦民鈔市銀輸官而私其一百七十錠臺臣請追其贓而罷鍊銀事從之

三十年正月勑福建毋進鶻　七月詔免福建歲輸皮貨及泉州織作紵絲

至順二年立福建道廣教總管府以掌僧尼之政秩正三品府設達魯花赤總管同知府事判官各一員宣政院選流內官擬註以聞總管則僧爲之

至正十八年八月江浙行省平章政事三旦八道于福

建先是三旦八討饒州貪財玩寇久而無功遂妄稱遷職福建行省至福建為廉訪僉事般若帖木兒所劾拘之興化路

二十二年五月泉州賽甫丁據福州路福建行省平章政事燕只不花擊敗之餘衆航海還據泉州

二十七年

大明兵由海道取福州守臣平章政事曲出遁行宣政院使朵耳死之上十事出元史

邵京實字仲堅閩縣人務學而尚隱　國初名勝若葉

鉞林玉鍾耆德鍾明德任宗仁林廷孫吳忠皆為道誼交有過從即相與唱和為樂詞皆清雅為一時鄉邦之所推重惜其遺稿皆散逸弗傳惟明德為京實所題山居十六詠僅存今錄三二首以附于篇其他亦可槩見矣山屏秋月詩有云浩歌起舞不成眠清寒入骨疑欲仙山風吹夜露華滴一聲孤鶴秋連天赤石暮霞詩有云巖前昔日仙人家仙人結廬煉丹砂火光照石石為赤秪今暮暮流雲霞巫頂飛雲詩云白雲飛去山色深白雲飛歸山色陰時來時去自

今古山亦無語雲無心有人結廬占巫頂白石支頭
卧雲影清宵雲起隨飛龍行雨歸來人未醒出福州府新志

鄉飲酒禮古賓興賢能察其德行道藝後世因之用爲
養老尊賢之禮而推有齒德者獲與焉又後更益以
有官而致仕者要之亦須有德有藝者也
高皇帝大誥頒行鄉飲以爲移風易俗之本言則古昔
稱先王上自府縣下至鄉都　勑令奉行惟謹或者
昧於風化謾不加省一切委之儒學逓委諸生因循
苟簡遂致賢愚不辯齒爵無分其於賓主百拜之禮

王道易易不知爲何說也往年閩鄭璐守寧波歲鄉
飲必選諸列邑中齒德尊者爲賓特以定海陳端禮
先生爲之陳固介特者也僅一行而次年禮雖有加
陳堅卻不赴若鄭可謂知體而陳信非泛然芻豢者
矣主賓不苟其於風化有足裨哉出杭州志

建寧府

南唐 張陳二將者閩太傅章氏之愛將也後奔南唐爲
唐主命查文徽征閩以二將爲副屯軍於五夫里有
吳翁者善卜二將召翁占之曰吉未幾王延政降二

將同文徽歸復次五夫因石翁與語賚遺甚厚翁辭焉二將曰不意有大賢居此因名其山曰居賢謂翁曰吾欲棄人間事與翁爲林泉交可乎翁乃爲大將卜居隱仙巖之旁今曰大將村爲小將卜居於賢山之側今曰小將村其駐馬之地曰馬鞍山埋鼓角之地曰鼓角峰藏刀劍之地曰劍山棄旗鼓之地曰鼓亭一日文徽辭二將餞之於鵝山之陽文徽顧巖石奇磊登巖長嘯聲出金石後人因名其巖曰將軍二將從翁學長生久視之道皆百餘歲而卒紹興間邑人張崗爲

（記出崇安縣志）

宋

陳升之建陽三桂里人將生毋①荊國夫人嘗聞楪榻有聲者累日索之無所見既産升之其聲遂輟得大蛇蛻於蓐下鱗甲首尾俱備惟腹下脫一鱗升之既長腹亦有一鱗可磨指甲仕宋封秀國公（出本志）

章子厚初生時父母欲不育浸於水盆後復育之長工詩文爲時所重出守湖州嘗以詩寄東坡坡用其韻和二首云方丈仙人出渺茫高情猶愛水雲鄉功名誰使連三捷身世何緣得兩忘早歲歸休心共在他

校注：①母

年相見話偏長只應未報君恩重清夢時時到玉堂

絳闕雲臺總有名應須極貴又長生鼎中龍虎黃金賤松下龜蛇綠骨輕雲泉未渾纓可濯弁峰初見眼應明兩危春酒眞堪羨獨占人間分外榮此二詩甚佳前詩言其出渺茫而終貴顯後詩言其好爐火而餌茯苓皆善謔也子厚得詩不樂數日出菊坡叢話

章才邵性喜賦詩嘗題嚴子陵釣臺有云短棹夷猶七里灘人亡依舊水光寒漢家名節君知否盡在先生一釣竿時以爲佳作出本志

京師景德寺僧房①壁題云明月斜秋風冷今夜故人來不來敎人立盡梧桐影世傳乃回仙所作及柳耆卿作傾盃詞云愁緒終難整又立盡梧桐碎影蓋竊前語也耆卿一夕忽夢婦人來謝云妾非今世人嘗作一詞數百年無人稱道公能用之夢覺因記其事出古今詞話

范鏜字宏甫嘗被酒自邑歸寢於溪橋上夜半微醒聞有言者云學士在此後鏜果官至龍圖閣學士云

陳蒙正送退齋東歸序有云孔子天之孝子也朱子孔

校注：①壁

子之孝子也孝子者以父母之心爲心者也世之學者能以盡己爲學而又能推以及人則可謂孝朱子者矣退齋熊先生之言曰斯道也何道也全體大用之道也管商權譎無體之用也佛老虚無無用之體也以是觀之則先生所自得者微矣其孝於朱子者歟上二事出本志

胡寅夫人翁氏邵州司戶燧之女也生之前一夕其祖殿撰夢有通謁者曰吾婺女星也當生君家翌日而翁氏生紅光滿室殿撰曰此必清貴而壽者也長歸

于寅以婦德聞見元孫者三累封太原寧郡太夫人出胡氏內傳

建守陳覺民過武夷詩昇真洞口接天門靈草丹桃皆日春聽說列仙來瑞世三朝德業在斯民盖章聖函自武夷神考哲廟亦武夷君應世故此有三朝德業之句出方輿勝覽

熊博兵部尚書秘之子也爲建州刺史寓治建陽嘗舟江上見山崖崩嚙處有棺將墜使人往視之則有銘焉其辭曰筮卦吉龜卦凶三十年後洪水衝欲

陷不陷被滕縛欲落不落被沙閣五百年後遇能博
博感歎為移墊他里中有八詠詩其一曰唱義扶唐
室同時此握兵風高鴈行失遺像凛然如生博後仕至
工部尚書出本志
楊億之初生也母章氏夢羽衣人自言武夷仙託化既
誕則一鶴雛也盡室驚駭貯而棄之江其叔父曰吾
聞閭世之人其生必異如姜嫄有棄簡狄有契乃追
至江濱開視之鶴已蛻而嬰兒具焉體猶有紫毳尺
餘既月乃落出浦城縣志

蔡元定貶道州疾革俄有星若大石墜於牖間墳之元定遂逝後數月所寓之隣曰何八公者夢元定云汝可別賃屋我居此間不便將為都護所擾矣踰旬果有新任都監來僦居焉又一日州人歐陽春夢元定曰汝為我雇六七僕能轎着我得旨許歸葬春異之往郡中問焉則歸葬之命已下矣

劉珙少時嘗謁夢於大乾惠應祠夢金牌上有曲巷勤回風五字未曉所以迨登第除諸王宮教一夕上幸宮邸問諸王何業珙答以屬對時月照窓隙上曰可

令對斜窓掬明月諸王方思索間烘邊以曲巷勤面風對上曰此神語也（上二事出本志）

世言團茶始於丁晉公前此未有也慶曆中蔡君謨為福建漕更製小團以充歲貢元豐初下建州又製密雲龍以獻其品高於小團而製益精矣曾文昭所謂莆陽學士蓬萊仙製成月團飛上天又云密雲新様尤可喜名出元豐聖天子是也（出韻語陽秋）論者謂君謨學行政事高一世獨貢茶一事比於宦官宮妾之愛君而閩人歲勞費於茶殆未有窮已是亦所謂君子

而未仁者故雖一事之失而衆善不能掩之云出吳源甫陽名公事述

故老相傳建陽縣南興上里山谷中水極清冽嘗產白鱔有直行之異遇歲旱鄉人入谷以盆貯之迎而歸即雨

翁邁年十三為本郡舉首邑宰歐陽棘欲試其能俾之聯對云筍出鑽鑽天邁即荅云菫生釘釘地人以為奇對郡守元陳易其幼而不禮且扣之曰小解元所讀何書荅曰無書不讀日下所講者詩之相鼠耳守

雖知其譏已猶疑其未能文遽宴鹿鳴復命小妓就
之覔詩邁即戲題云年來十三四嬌羞懶舉頭你心
還似我全未識風流守大稱賞
咸溪童鏞家畜二犬一白一花共出一毋性狡獪善知
人意後白者雙目俱盲弗能進穿而食主家作草窩
卧于簷外花者日啣飯吐而飼之夜則卧於其旁白
者既死主憐之埋於門前山麓閒花者朝夕往埋所
遶數匝若拜泣狀卧其旁少頃始返上三事出本志
建炎二年九月建州軍校張員等作亂執守臣張動轉

運使毛奎為其所殺判官曹仔嬰城自守二年五月轉運判官謝如意執員等六人誅之　是年六月建州卒葉濃等作亂寇福州陷之七月入寧德縣復還建州命御營中軍統制張俊同兩浙提點刑獄趙哲率兵討之十二月哲大破濃兵于建州城下濃遁而降復謀為變張俊擒斬之

三年四月以韓世忠為江浙制置使討苗傅劉正彥于浦城縣獲正彥傅遁走其裨將江池殺苗翊降于周望傅走建陽縣土豪詹摽執之以獻

四年三月宣撫司節制軍馬李允文部①兵至鄂州御營
前軍將楊勍叛由浙入閩六月勍等焚建州七月勍
受劉光世招安尋復叛去迫泉州
是月建州民范汝爲作亂命統制李捧收捕復命福建
安撫使程邁會兵討之捧擊汝爲於建州官軍皆潰
捧遁去十月遣前御史臺檢法官謝嚮招汝爲十月
復命神武副軍都統制辛企宗討之十二月汝爲降
詔補民兵統領紹興元年正月嚮率汝爲討平建陽
賊劉時舉二月以企宗爲福建制置使詔企宗及嚮

校注：①部

罷遣汝為兵汝①不為聽命六月崇安民廖公昭合汝為餘黨熊志寧作亂殺既散志寧復與建陽民丁朝佐合兵陷二縣八月遣企宗移軍福州討志寧及胡江等諸賊尋遣御史胡世將督捕十月汝為復叛入建州守臣王浚民棄城走企宗退屯福州汝為犯邵武守臣吳必明統制李山率兵拒之衆潰退保光澤縣十一月以孟庾為福建江西荊湖宣撫使神武右軍都統制韓世忠副之是月汝為犯光澤縣李山走信州十二月汝為遣兵徼衝劍州守臣張觷拒戰

校注：①為不

大破之正宗罷仍追三官率兵赴軍前自効二年正
月韓世忠圍建州拔之汝為自焚死斬其二弟餘黨
悉平二月以施逵謝嚮陸棠黨汝為逵除名婺州編
管嚮棠械赴行在俱道死出宋史按朱文公語錄施逵後改名宜生與歐陽穎士吴宗俱善文章多材藝或已登科穎士及宗時亦從賊棠龜山先生子婿也為士人時極端重似有德器者嚮亦有鄉譽俱不獲已從賊又按岳珂①程史宜生後逃入北虜仕至翰林侍講學士詳見邵武府拾遺志
紹興元年六月蠲建劒汀州邵武軍租
四年七月罷建州茶蠟

校注：①桯

二十年六月建州民張大一作亂上八事出宋史

王純字長肱福州人紹興二十六年知崇安縣事凡事覆案發之若神吏憚其嚴一日食炊餅未半亟入宅堂仆地而卒後二日有小婢忽狂言舉止言語與純無異踞榻而坐呼小吏招丞簿及尉既至錄事吏亦來命左右杖之曰殺我者此人也吾數日前嘗面數其罪彼懼乃賂庖者置毒餅中食其半方覺亟歸未及語妻子而絕幸為啓棺視之吏遽服并庖者送于府以正其罪邑人祀之出崇安縣志

乾道四年建寧府饑民嘯聚遣官措置賑濟

端平元年四月建陽縣盗發衆數千人焚刧邵武麻沙長平詔殿司選精銳千人命統制婁拱統領楊辛討捕之七月權邵武軍王埜以平建陽寇有功官兩轉餘推賞有差

景定五年九月建寧府教授謝枋得校文宣城及建康漕闈發策十餘問言權奸誤國趙氏必亡左司諫舒有開劾其怨望騰謗大不敬竄興國軍

德祐元年賈似道謫建州居住翁合上言建寧實朱熹

講道之闕里雖三尺童子亦知向方聞似道名咸欲嘔唾況見其面乎乞遠投荒昧以禦魑魅遂責授高州團練副使循州安置籍其家遣使監押之貶所會稽縣尉鄭虎臣以其父嘗為似道所配欲報之忻然請行似道時寓建寧之開元寺侍妾尚數十人虎臣至悉屏去撤轎蓋暴行秋日中令舁轎夫唱杭州歌謔之每名斥似道窘辱備至舟次南劍州黯淡灘虎臣曰水清甚何不死于此似道曰太皇許我不死俟有詔即死一日入古寺壁上有吳潛南行所題字虎

臣呼似道曰吳丞相何以至此似道慚不能對至泉州洛陽橋遇葉李自漳州放還李賦詞贈之似道俯首謝焉十月至漳州木綿菴虎臣曰吾爲天下殺似道雖死何憾遂拘其子與妾別館即廁上拉其胸殺之陳宜中至福州捕虎臣斃于獄

二年九月元福建宣慰使行征南都元帥唆都遣招討使白家奴丁廣取建寧之崇安等縣及南劍州上五事出宋史

蔣粹翁政和人宋季爲太學生元混一天下遂歸隱于

滿月山嘗言其先世家九峰山下畜一牝馬舍側有龍潭馬入浴其中龍與之媾而生駒焉龍首馬身狀如負河圖者有父老語先人曰昔仲尼筆削六經而麒麟出今晦翁表章四書而龍馬生聖人之瑞也先人聞之甚喜尤謹芻秣後放於山林竟失所在（出本志）

元

至元二十年七月蠲建寧路至元十七年以前未納苗稅　十月建寧路管軍總管黃華叛衆幾十萬號頭陀軍僞稱宋祥興五年犯崇安浦城等縣圍建寧府詔卜鄰吉帶史弼等將兵二萬二千人討之二十

一年正月華自殺

二十六年十一月建寧賊黃華弟福結陸廣馬勝復謀亂事覺皆論誅

延祐四年建寧等處流民群聚持兵抄掠勑所在有司其傷人及盜者罪之餘並給粮遣歸

至正二十八年正月

大明兵取建寧延平二路陳友定被執（上五章出元史）

八閩通志卷之八十五

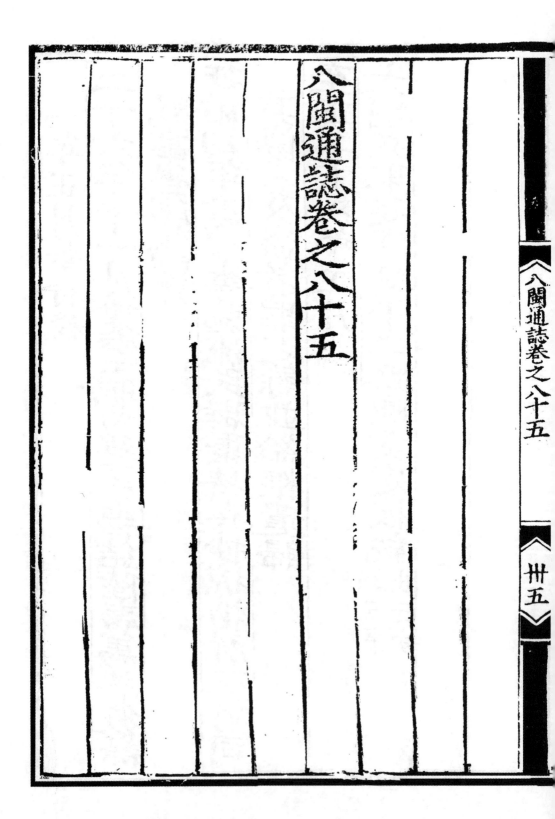

八閩通誌卷之八十六

拾遺

泉州府

紫極宮三清殿前有古檜一株圍一丈六尺高七丈餘枝如虬龍香葉蓊鬱如幢舊誌云晉時植傍有石刻晉朝檜三字許彌安晉檜行紫極宮中晉朝檜故老語我今千年根盤厚地龍蛇走幹薄霄漢星斗懸玄冬飛雪斷人跡貞資不改平時妍虬枝如香葉翠如幢一子不落含蒼烟胡爲大夏搆梁棟如此大材能棄捐伊昔晉朝紛亂日衣冠南渡依江壖風流王謝更幻化所膽鈇石茲挺然○出本志

始泉州楊廷式字憲臣唐末明經昇第爲京官求太常

博士及除太子舍人恚怒將詣貴守相翁承贊爲同里人聞之曰吾進士及第宏詞登科求一直館學士不可得廷式何人敢望太常博士貽書賀之廷式亦悟曰黃浦村中何嘗有太子舍人乃辭命廷式既遭亂南歸頗能以清苦名節自立云詳見十國紀年

陳洪進據漳泉二州有沙門行雲者謂人曰陳氏當有五侯之象去此五年後有戎馬千萬衆前歌後舞入此城喜而不怒泉人聞之議洪進所管二州何以容五侯當克汀建以自益耳後洪進入朝獻其地改鎮

徐州文顥通州團練使文顗文珂文顯三人並受諸州刺史王師入城作笳鼓爲樂悉如其言（出本志）

南安縣劉店馬鋪之西有劉王墓即廣州僞漢劉龑之祖葬於此蓋龑祖安仁自上蔡從閩中商賈南海因家焉（出清源志）

陳洪進在泉州日方晝有蒼鶴翔集内齋前引吭向洪進洪進視之有魚鯁其喉即以手探取之魚猶活鶴馴擾齋中數日而後去人皆異之（出宋史）

宋 太平興國八年三月金部員外郎奚嶼言奉詔相度

泉福建劍汀州邵武興化軍鹽貨請許通商官爲置場驗商旅以金銀錢帛博買每斤爲錢二十五文可省盤鹽脚錢復免散失從之出宋朝會要是年四月宋太宗嘗覽福建版籍謂宰相曰陳洪進只以泉漳二州贍數萬衆無名科斂民所不堪比朝廷悉已蠲削民皆感恩朕亦不覺自喜出續長編

南安縣有黃龍江相傳有黃龍見於溪南而會是公會爲進士第二乾道四年龍復見石起宗亦爲第二出方輿勝覽

皇祐三年十二月減泉州漳州興化軍丁米出宋史

按宋史謂江公望嘗編管南安軍即今江西南安府是也泉州志遂誤以公望爲編管南安縣又見公望所作多暇亭記有云東山之中有西蜀隱者居焉危坐不寐二十年遂以西蜀隱者亦載於泉州仙釋志今考之　大明一統志載公望於南安府流寓志而所謂東山者亦南安府之山也則公望與西蜀隱者俱未嘗至泉州明矣新增

韓魏公生於州治陳了翁兩隨侍來守郡二名賢生長

於此此郡人所喜談者出方輿勝覽
仁宗朝蔡君謨以便養知泉州架洛陽橋先是君謨爲
閩部使者夾道種松以蔽歊毒閩人即橋旁作堂以
祠之又作詩二章俾歌以祀公一曰道邊松大義渡
至漳泉東閩誰植之我蔡公歲久廣蔭如雲濃甘棠
蔽芾安可同委蛇夭矯騰蒼龍行人六月不知暑千
古萬古長清風一曰洛陽橋一望五里排琨瑆行人
不憂滄海潮衝衝往來乘仙飈蔡公作成去還朝玉
虹依舊橫青霄考之溱洧功何遼千古萬古無傾搖

出方輿勝覽

紹興四年十月後宮官溫州泛海如泉州

端平元年六月詔蠲泉漳興化三州丁米錢

德祐二年二月元伯顏遣不周青招泉州蒲壽庚壽宬兄弟景炎二年三月漳泉二郡蒲壽庚印得傳李珏李公度及建寧府通判郭纘皆以城降行中書省承制以福泉汀漳劍建寧邵武興化諸郡降官各治其郡

德祐二年十一月元兵寇閩陳宜中張世傑奉帝航海

至泉州招撫使蒲壽庚來謁請駐蹕世傑不可初壽庚提舉泉州舶司擅番舶利者三十年或勸世傑留壽庚則凡海舶不令自隨世傑不從縱之歸繼而舟不足乃掠其舟并沒其貲壽庚乃怒殺諸宗室及士大夫與淮兵之在泉者帝移潮州十二月壽庚及知州田真子以城降于元七月張世傑以元軍既退自將淮兵討壽庚時汀漳諸路劇盜陳吊眼及許夫人所統諸峒畲軍皆會兵勢稍振壽庚閉城自守世傑遂傳檄諸路陳瓚起家丁民義五百人應之世傑使

謝洪求進攻泉州南門不利壽庚復陰賂畬軍攻城不力得間道求救于畯都九月畯都來援世傑遂解圍還上四事出宋史

宋季益廣二王從福州行都航海幸泉州駐蹕港口守臣蒲壽庚拒城不納壽庚武人寡謀其計皆出於兄壽晟所籌畫部署決策既定佯著黃冠野服歸隱山中自稱處士示不臣二姓之意而密俾壽庚以蠟丸褁降表命善水者由水門潛出納欵於畯都既而元以壽庚歸附之功授官平海省於泉州富貴

冠一時壽歲亦居甲第忽二書生踵門自云從潮州來求謁處士閽人以處士方晝寢弗爲白書生曰願得緡筆書姓名俟覺敢煩一投華甚閽人乃遺以紙筆遂各賦詩一首其詩曰梅花落地點蒼苔天意商量要入梅蛺蝶不知春去也雙雙飛過粉墻來劒戟紛紛扶主日山林寂寞閉門時水聲禽語皆時事莫道山翁總不知書畢不著姓名拂袖而去壽歲既覺閽人以詩進惶汗失措大恚不早白遂遣人四出追之竟不復見出李志

祥興元年八月　元詔兩淮運粮五萬石賑泉州軍民

二年五月元以泉州經張世傑兵減今年租稅之半 上二

事出宋史

元

至元十七年正月勅泉州行省所轄州郡山寨未即歸附者率兵拔之已援復叛者屠之

二十五年十二月湖頭賊張治囝掠泉州免泉州今歲田租

二十六年五月泉州南安縣賊陳七師反討平之

至大元年大尉脫脫奏泉州大商合只鐵即剌進異木

沉檀可構宮室者勑江浙行省驛致之

至治三年正月泉州民留應揔作亂命江浙行省遣兵捕之

泰定元年十月泉州饑賑之

至正二十八年二月泉州漳州皆降于

大明　上七事出元史

漳州府

隋末盜賊蠭起自劉武周而下四十有九處唐太宗漸次芟夷獨閩廣間猶有遺孽嗣聖元年徐敬業起兵

維揚潮梅間又有梁感者爲之羽翼朝廷遣玉鈴衛大將軍梁郡公李孝逸提三十萬衆以破之而梁感之徒尚在也陳元光父子奉命討賊興建營屯掃除寇醜方數千里間無桴鼓之警又爲之立郡縣置社稷篳路藍縷以啓山林至捐軀隕命而後已唐史傳闕而不載使元光之豐功偉烈無傳焉因志于此以待後之補唐史者宋呂璹威惠廟詩當年平賊立殊勳時不旌賢事忍聞唐史無人修列傳漳江有廟祀將軍張翥詩功名不到凌烟閣讀盡豐碑淚欲流劉濤詩史書失記當年事野老豐碑語不同張導詩莫道盖棺方事定將軍身後更封侯

開元中漳泉地界未平訟于臺省數年有州官虔禱于神俄而迅雷甚雨崖壁裂爲一逕去地丈餘有古篆六行二十四字字皆廣數尺貞元初有李協者①辦曰漳泉兩州分地大平永安龍溪山高氣淸千年不惑萬古作程盖永安龍溪乃兩州首鄉名也今長泰有石銘里上二事出本志

光啓元年正月王緒陷漳汀二州出唐書

福建下四州如泉興福州軍府之額皆用②眞書漳州之額用古篆體故老相傳謂漳字從泣從早在書法當

校注：①辨　②真

忌不得已爲篆書然偽閩刺史董思安嘗改爲南州若奏改爲南州何有不可否則去水獨用章字名州亦不失爲存古蓋水以漳名取其清濁相雜而有文章者也沈存中筆談水以漳名者最多畧舉數處趙晉之間有清漳濁漳當陽顫上亳州安州皆有漳水鄣郡有漳江漳州有漳浦此槩舉一一耳其義則清濁相雜爲章章者文之別也

宋慶曆中呂璹爲漳浦令因市人陳氏死於虎命爲穽於縣東虎坑嶺榜之曰暴害民者入吾穽居三日虎自投於穽中上二事出本志

紹興十四年十二月汀賊①華齊冠漳州長泰縣安撫司

校注：①華

遣兵捕之爲所殺將佐趙成等死之十五年四月遣後軍統制張淵討捕福建盜賊十六年九月賞張淵韓京等討捕福建廣東諸盜功各進官有差宋史

淳熙十三年草寇楊勍等五百餘人突入縣境民居官舍秋毫無所犯繼是有筆①齊寇閩諸朝命韓總管追捕獲俘首以獻又有鹽商廖官沈射等寇迄就招降

沈彬同安人嘗指葬穴於長泰縣恭順里高山之旁以示家人後開壙見有漆燈一盞以石爲臺壙頭有銅牌篆文云佳城今已開雖開不葬埋漆燈猶未滅留

校注：①華

待沈彬來出詩話後有狀元沈晦者即其苗裔也

紹定元年冬鹽商寇龍巖近境縣令趙善政調爐丁黃輝部槍手防捍縣治輝到縣庭參謁吏楊悅需求弗獲白于令以後至挺之輝怒去殺牛釃酒集惡少貫夜殺鋪卒突至縣廨抄掠無所獲出西門刧居民馮氏從龍門里過汀州界逸去官司分路追躡自次名而下皆就獲獨輝賊網漏由是有庚戌甲午之變

三年三月汀寇殺掠人民焚蕩屋宇所僅存者朝天坊一帶耳自是邑民皇皇無日無警報自李竹湖書東

門曰武勝取止戈爲武之義民始獲安居淳祐三年秋寇徒過縣界皆望風遁去竹湖蓋李韶之號也李韶曾祖彌遜以禮部侍郎①厈秦檜和戎之非出知漳州後韶亦以禮部侍郎知是州其來也士民咸喜韶於春日揭桃符於門曰方千里內一六守二百年間兩侍郎

淳祐四年七月虎嶺寨兵湯興爲權縣丞廳差遣至期不還遂從寇徒吴七三聚黨行刼至縣表政里白土張坊村與巡尉鄉兵遇殺巡檢官及弓兵等若而人

校注：①斥

遁八月吳七三之黨復至龍門里赤水坑東村所過
殺傷者甚衆郡守章大任檄虎賁寨權巡檢江武會
巡尉隅總兵掩捕生擒湯興吳七三戮于市賊黨遂
平上六事出本志

清漳楊汝南少年時以鄉貢試臨安待捷旅邸夜夢有
人以油沃其首驚而寤榜既出輒不利如是者三竊
怪之紹興乙丑復與計偕懼其復夢也榜揭之夕招
同邸者告以故益市酒殽明燭張博具相與劇飲期
以達旦夜向闌其僕曰劉五卧西牖下呻呼如魘亟

振而呼之醒乃具言初就枕忽有二人者扛油鼎自
樓而登顧見主之在坐也執而注之我怒而爭是以
魘汝南闈之大慟曰二千里遠役今復已矣同邸亦
相與嘆咤爲之罷博及明漫强之觀榜而其名儼然
中焉視榜陳于地黯若有跡振衣拂之油漬其上蓋
御史泣書淡墨以夜倉猝覆燈盌吏不敢以告觀此
則人之科第有定分非可以知力求也出①程史
德祐二年八月漳州亂以陳文能爲閩廣宣撫使討之
尋以黃佺爲同提刑招捕使兼知漳州備禦下三郡

校注：①桯

而以文龍知興化軍出宋史

元

至元十七年陳桂龍據漳州反唆都率兵討之桂龍亡入畲洞

二十一年二月漳州盗起命江浙行省調兵進討

二十五年三月循州賊萬餘人寇漳浦泉州賊二千人寇長泰汀贛畲賊千餘人寇龍溪皆討平之

二十六年正月蠲漳汀二州田租　是年畲民丘大老集衆千人寇長泰縣福州路達魯花赤脫歡同漳州路總管高傑討平之　十月廣東賊江羅等以八千

人寇漳州　十一月漳州賊陳機察等八千人寇龍巖執千户張武義與楓林賊合福建行省兵大破之陳機察丘大老張順等以其黨降

大德元年福建平章高興言漳州漳浦縣大梁山出水晶乞劃民百户取之帝曰不勞民則可勞民勿取

後至元六年三月漳州賊李志甫作亂義士陳君用襲殺之赦漳潮二州民為李志甫劉虎仔脅從之罪褒贈軍將死事者　是月龍巖縣尉黄佐才獲李志甫餘黨鄭子箕佐才因與賊戰妻子四十餘口皆遇害

以佐才為龍巖縣尹上十事出元史

汀州府

唐志云開福撫二州山洞置汀州自今考之州之南境舊爲新羅縣隸泉州北與石城南豐將樂建寧泰寧爲鄰南豐隸撫州而建邵猶未郡諸縣所隸非撫即福特閩中止福建泉三郡耳故以福撫二州言而四山崇峻盤互交鎖其民獰獷郡盜屢作當時謂之山洞固宜

宋鄭文寶嘗過緱氏山有作詩云秋陰漠漠秋雲輕緱氏

山頭月正明帝子西飛仙馭遠不知何處夜吹笙後晏殊守洛過而見之取樂天語書其後曰此書在在處處有神物護持又題綠野堂詩水暖鳧鷖行哺子谿深桃李卧開花歐陽脩謂不減王摩詰杜少陵惜其全集不傳膾炙諸公談藪者僅此存耳

吳簡言嘗經巫山神女廟題絕句云惆悵巫娥事不平當時一夢是虛成只因宋玉閑唇吻流盡巴江洗不清是夜夢神女來見曰君詩雅正當以順風為謝明日解纜一瞬數十里上三事出本志

紹興元年二月虔州賊李敦仁犯汀州

十四年三月蠲汀漳泉建四州經賊殘蹂民户賦役一年

十五年六月免汀漳二州秋稅

十九年五月以汀漳泉三州民田被賊蹂踐蠲其二稅

是月賞平福建郡盜功以選鋒軍統制劉寶爲武泰軍承宣使餘將士遷秩有差三十一年寶落節①鉞福建路居住

二十五年五月以前知泉州宗室令衿譏訕秦檜遂坐

校注：①鉞

交結罪人汀州居住
淳熙十三年減汀州鹽價歲萬緡
德祐二年六月命文天祥為同都督七月開府南劍州經畧江西十月帥師次于汀州景炎二年正月元兵破汀關天祥欲據城拒敵汀守黃去疾聞車駕航海擁兵有異志天祥乃移屯漳州未幾去疾及吳浚降元二月浚至漳州說天祥降天祥責以大義斬之上八事出宋史

元至元十七年四月汀漳叛賊廖得勝等伏誅

十八年十一月敕誅汀漳陳吊眼首惡者餘並收其兵仗繫送京師十九年征蠻元帥完者都等平吊眼巢穴吊眼父文桂及兄弟桂龍滿安納欵命護送赴京師其黨吴滿張飛迎敵就誅之二十年流桂龍於憨答孫之地

二十五年四月廣東賊董賢舉等七人皆稱大老聚衆反剽掠吉贛瑞撫龍興南安韶雄汀諸郡連歲擊之不能平

延祐二年八月贛州賊蔡五九陷汀州寧化縣僭稱王

號詔遣江浙行省平章張驢等率兵討之九月五九爨潰伏誅餘黨悉平勑賞軍士討捕功并官其死者子孫

至正六年六月汀州連城縣民羅天麟陳積萬叛陷長汀縣福建元帥府經歷真寶萬户廉和尚等討之八月命江浙行省右丞忽都不花江西行省右丞禿魯統軍合討天麟九月克復汀州閏月賊徒羅德用殺天麟積萬以首級送官餘黨悉平

十八年十一月陳友諒陷汀州路二十二年福建行省

參知政事陳有定復之
二十八年二月汀州路總管陳谷珍以城降于
大明上七事出元史
延平府
晉庸嶺下北隰有巨蛇長八丈餘圍一丈土俗懼以爲
神立廟祀之歲用童女一人前後已用九女矣里人
李誕女名寄應募至期手一劍以犬并米餈置石穴
口蛇聞香氣出噉之寄即放犬斬蛇蛇躍出至庭而
死東越王聞而壯之聘以爲后

宋崇寧二年春沙縣有異鳥集陳正敏舍明年巢天王院如嬰兒聲僧惡甚探巢得一雛烹而食之是歲正敏喪父隣居人與寺僧死者數十或云即賈誼所賦鵩鳥也

羅輩沙縣人大觀間肄業太學中有神祠甚靈輩以前程事默禱之夕夢神告之曰子已得罪於幽冥宜亟還鄉前程不須問也輩懇之曰某平生操守惟謹鮮有過舉愿告獲罪之由神曰無他過惟父母久殯不葬耳輩曰家有兄弟獨罪輩何也神曰以子習禮義

爲儒者獨任其咎諸子碌碌不足責也輩竊悔恨遂
速裴遽歸甫及家而卒

政和間沙縣龔隆吉家瑞花生於庭狀如牡丹紅瑩不
謝建炎中隆吉第進士衣錦歸名其堂曰瑞花

宣和初尤溪東市榕樹騰異光經三日夜邇樹居者盧
安邦吳士逸李仕美相繼第進士

五年春順昌縣文溪廖懋以奉議大夫家居役夫解柿
木爲薪木中有文曰聖元天何四字字體製端楷墨
色瑩然上六事出本志

紹興元年十二月虔賊龔富等圍南劍州
二年八月順昌縣賊余勝等作亂通判南劍州王元鼎
捕殺之
三年十一月蠲南劍州所負民間獻納錢十六萬緡
德祐二年益王廣王入閩時黃萬石降元以嘗爲福建
漕使欲取全閩爲已功汀建諸州方謀從萬石送款
閩二王至復閉門以拒萬石南劍守臣林起鰲遣軍
逐之萬石敗走其將士多來歸兵勢稍振

元

至元十七年四月中書省臣言唆都軍士擾民故南

剱𡵢路民復叛及杞 古帶往招徠之民始獲安詔以
怯古帶仍行省福州 是年鎮守南劍路萬户呂宗
海籍兵亡去詔追捕之
國朝正統十三年沙尤二縣民鄧茂七等作亂僭稱王
號僞署官職攻陷郡縣八郡爲之騷動 詔遣兵討
之而以都督劉聚爲總兵都督陳①劉德新爲左右
參將僉都御史張楷監軍賊猶未下十四年復 命
寧陽侯蔣懋爲總兵保定伯梁珤平江伯陳懋爲副
總兵都督范雄都督僉事董興爲左右翼總兵太監

校注：①缺“榮”字

吉祥陳梧監軍刑部尚書金濂參贊軍務是年茂七
爲亂兵所殺福建始平景泰元年其餘黨復寇沙縣
朝廷又命范雄及太監廖秀奉御馬　討平之新增

邵武府

宋大中祥符五年七月賜邵武軍被水者錢粟出宋史

神宗時閩中患苦鹽法獻言者衆郡人黃履適以禮部
尚書召上謂履自閩來恃以為決履乃陳法甚便遂
不復革鄉論鄙之

黃伯思頗好道家自號雲林子別字霄賓政和間爲詳

定九域圖志所編修官丁外艱宿范羸瘵因喪尤甚服除至京夢人告曰子非久人間上帝有命典司文翰覺而書之不踰月卒

朱震初以八行薦時謝上蔡在西京震謁之曰先生何以教謝曰待說一部論語已而具酒日暮無一語震復請上蔡拱手誦子見齊衰與師冕見兩章曰聖人之道無顯無隱無內無外以至於天道本末一貫一部論語只恁地看又嘗訪胡文定以出處之宜文定曰世間惟講學論政則當切切博問至於行已去就

語默如人飲食飢飽遲速可否冷暖自家斟酌不可決之他人他人亦不能決也上三事出本志

施宜生邵武人岳珂①程史以為福人少游鄉校有僧善風鑒過其家援手周視曰子有奇相他日當語子又數年遇諸塗宜生方躓塲屋不勝困因以所向扣之僧復援其手曰面有權骨可公可卿而視子身之毛皆逆上且覆腕然則必有合乎此而後可貴也時范汝爲訌建劍宜生心欲以嚴莊尚讓自期而未脫諸口聞其言大喜杖策徑謁干以祕策汝爲②亟尊用之亡何而汝

校注：①桯　②亟

爲敗變服爲傭渡江至泰有大姓吳翁者家僮數千指宜生傭其間者三年一日翁屏人問曰我視爾非傭必以實告不然且捕汝于官宜生初不服翁曰余日者燕客執事咸餒汝獨孫諸儕撤器有噫聲若歎然不怡此魚服而角也我固將全汝而何以文爲宜生遂告之翁曰官購方急汝安所逃龜山有僧余交之舊矣可托以心汝宜往投之介以入北①筞之良也至寺主僧出儼然鄉校之所見者留之餘數句持橈夜濟宜生于淮曰必得志毋忘中國逆而順天所

校注：①策

祐也虜法無驗不可行遂殺一人于道而奪其符至燕上書自言道國虛實不見用而縻之黃龍會赦得釋因以教授自業虜有附試畔歸之士謂之歸義試連捷逆亮時有意南牧校獵國中一日而獲熊三十六廷試多士遂以命題宜生奏賦曰聖天子講武功雲屯八百萬騎日射三十六熊亮覽而喜擢為第一不數年仕至禮部尚書紹興三十年虜來賀正旦宜生以翰林侍講學士為之使朝廷聞之命張燾以吏部尚書侍讀館之都亭時戎盟方堅國備大弛而諜

者傳造舟調兵之事無虛日上意不深信館者因以首丘風之至天竺徹問其的宜生忽廋語曰今日北風甚勁又取几間筆扣之曰筆來筆來於是始大警及高景山告釁而我粗有備矣歸爲介所告烹而死夫逆而顯順而戮豈其相然耶稚埋於先一折枝而贖其惡固神理之所不容也出①程史

紹興六年五月盜入邵武出宋史

葉武子擢甲科注岳州教授不待次有貧而毋老者名在武子下乃亟遜於其人而已後之遂授彬州出李志

校注：①桯

德祐二年十一月元軍入邵武軍景炎二年張世傑遣將復之九月元參政也的迷失將兵復取邵武軍出宋史

元

至元十八年正月邵武民高日新擾龍樓寨爲亂擒之賞忻都等戰功日新尋復叛十月降日新及其弟鼎新等至闕以日新兩爲叛首授山北路民職文慶之屬遣還泉州

至正十二年四月江西宜黄賊塗佑與邵武建寧賊應必達等攻陷邵武路總管吳按攤不花以兵討之千

户魏淳以計擒佑必達復其城
十八年五月陳友諒遣康泰趙琮鄧克明以兵寇邵武
路
十九年十一月陳友諒兵陷杉關
二十七年十二月
大明兵入杉關取邵武路時邵武建寧延平福州興化
泉漳汀潮諸州皆陳友定所據上五事出元史

興化府

晉永嘉二年中州板蕩衣冠始入閩者八族所謂林黃

陳鄭詹丘何胡是也今福州有黃巷云宋嘉中黃氏所居復有黃兼巷亦云黃鄭二姓兼居之又泉州有晉江者亦是晉時八族来居江側故名既以中原多事畏難懷居無復北嚮者故六朝間仕①宦名跡鮮有聞也唐大曆中李椅觀察福建泉漳汀五州軍事始至興學校於是獨孤及所為新學碑乃有比屋為儒俊選如林之辭而莆人林藻猶以其纓胡之纓化為青衿之語為可憤自是歐陽詹詹雖為晉江人而莆之靈巖寺福平山乃詹讀書之所其子孫多錯居莆田林蘊陳嶠許稷徐寅黃滔相繼成名廣明之亂王氏父子據有全閩雖號不知書然一時浮光

校注：①宦

士族多與之俱南其後頗折節下士開學館以育才爲意其從子王延嗣者以道義自任蓋當時目之爲唐五經而內翰范淳夫嘗爲之立傳矣其人以啓迪人才爲重凡唐末大夫士避地而南者王氏率皆厚禮延納作招賢院以館之所以閩之風聲氣習往往浸與上國爭列出閩中記及五代史九國志

梅妃姓江氏莆田人年九歲能誦二南詩語父仲遜曰我雖女子期以此爲志父奇之名曰采蘋開元中高力士使閩妃以選入侍明皇大見寵幸妃能屬文自

比謝女嘗淡粧雅服而姿態明秀纖穠中度性喜梅所居欄檻悉植數株上牓曰梅亭梅開賦賞夜分尚顧花下不能去上以所好戲名曰梅妃有蕭蘭梨園梅花鳳笛玻瓈盃剪刀綺窗等賦上嘗與妃鬭茶顧諸王戲曰此梅精吹玉笛作驚鴻舞一一光輝今鬭茶又勝我矣妃應聲曰草木之戲誤勝陛下設使調和四海烹飪鼎鼐萬乘自有憲法賤妾何能校勝負也上大悅會楊妃得寵頗忌之遂遷於上陽東宮因作東樓賦以寓意已而上在葉①萼樓命封真珠賜妃

校注：①華

妃不受以詩謝之曰桂葉雙眉久不描殘粧和泪汙紅綃長門自是無梳洗何必真珠與寂寥上得詩悵然令樂府度爲新聲名一斛珠後安禄山犯京闕失妃不知所在乘輿東還得其屍於温泉池側梅樹下上自製文誄之以妃禮改葬焉此傳同葉石林得之宋遵度家乃大中二年七月所書云

林藻省試珠還合浦賦賦成假寐①若有告者曰何不敘珠去來竊而增之曰珠之去兮山無色兮氛霧冥冥海無光兮空水浩浩珠之來兮川有媚兮祥風習習

校注：①寐

地有閏考生物振振果中第及謝主司杜黃裳曰亭珠去來若有神助出唐①摟言

林蘊仕不稱意縱酒自適多忤時政刑部尚書白居易贈詩戒之曰世上如今重檢身吾儕恃酒似狂人西曹舊日多持論慎莫吐他丞相裀

許稷挾策入闕遇舍人陳詡四門助教歐陽詹校書郎邵楚萇侍御林藻在京師閩川舉子醵酒食會諸先達詹以稷爲鄉人親故特與之藻酣乃戲曰今日之會子何人斯輒冐其間稷投杯憤悱曰男子患不能

校注：①摭

立志霄漢豈有僑鏑王奐出處豈必常邪吁此一飡
稷之過矣遂戲酒而去深入終南山隱學三年出就
府薦遂擢第上二事出閩中名士傳
唐宗室世系表李丹尚書祠部郎中朝議郎行泉州莆
田令咸通十五年以金州刺史召還而卒勅葬松嶺
苐洋山瑯琊王審邽撰墓銘曰崑山玉碎漢水珠沉
天喪賢宰號慟民心其子孫今家於後埭出舊志
僧黃涅槃生於唐末出言成讖嘗曰生吾前者非聖人
生吾後者非聖人吾去世六紀之後有無邉身菩薩

來治此國聽吾辭曰走月小爍爍千聚復萬落處處鳳雛巢家家種葵藿至皇朝肇造混一區宇其讖始驗見囊山院碑

曹山釋躭章泉州莆田黃氏子幼而奇逸年十九棄家爲僧名冠叢林南州帥南平鍾王雅聞其有道禮致之不赴但書偈付使者曰摧殘枯木倚寒林幾度逢春不變心樵客見之猶不採郢人何事苦搜尋

徐寅唐末號能賦謁朱全忠誤犯其諱全忠色變寅狼狽走出未及門全忠呼知客將責以不先告語斬于

界石南寘欲遁去恐不得脫乃作過太原賦以獻其略曰千金漢將感精魄以神交一眼胡奴望英風而膽落全忠大喜遺絹五百疋全忠自言夢見淮陰使受兵法一眼胡奴指李克用也見東坡志林又張齋賢記云梁祖讀至此令軍士諷誦之敕字酬一縑不責前事上二事出舊志

昭宗開寒進路乾寧二年刑部尚書崔凝知舉放張貽憲等二十五人但是子弟無問文章厚薄皆行考落其間屈人不少孤寒中惟程晏黃滔擅塲之外其餘

以程試考之濫得亦不少矣見唐撥①言二月八日昭宗御武德殿宣翰林學士陸扆重試曲直不相入賦詢于蒭蕘詩考落九人重放狀頭趙觀文以下十有五人勅趙觀文程晏崔賞封渭才藻優贍義理昭然深窮體物之能曲盡緣情之妙所試詩賦詞義精通皆合本意其盧贍盧嵩黃滔崔仁寶沈松王貞白李龜禎張蠙陳饒章希震盧膺等十人所試詩賦義理精通宜躋異級用振儒風其趙觀文四人并盧贍等十人並與及第其張貽憲孫浦李途李光序李樞等五人

校注：①摭

所試詩賦不副題目兼詞句稍下宜付有司許復再舉其崔礪杜承昭鄭稼蘇楷等四人所試最下兼纇頗甚不及格式曾無守業敢竊科名付有司落下不許再入舉場其崔凝爵秩已崇委託殊重司吾取士之柄且乖慎選之規豈朕明恩自貽伊咎委中書門下商量處分可使持節合州諸軍事合州刺史出廣摭言及唐登科記

黃滔在閩中爲威武軍推官王審知讀之魚滔方與賓對談寅代爲謝牋其畧云衒諸斷索纔從竿續懸來

列在雕盤便到馮驩食處時人稱之出五代史補黃滔遊東林寺詩云平生愛山水下馬虎溪時已到終嫌晚重遊預作期寺寒三伏雨松偃數朝枝翻譯如曾見白蓮開瀟池方萬里云此詩三四舉唐人無此淡而有味之作五六佳出瀛奎律髓又楊萬里序其集云詩至唐而盛至晚唐而工御史黃公之詩尤奇如聞鵑一聲初觸夢半白已侵頭餘燈依古壁片月下滄州如遊東林寺寺寒三伏雨松偃數朝枝如退居青山寒帶雨古木夜啼猿此與韓致光吳融輩並遊未知何人徐行後長也

【南漢】劉隱世家隱之祖安仁居上蔡以販鬻爲事避亂徙居莆田再遷番禺遂占籍焉出九國志

陳鄭泉州仙遊人家貧力學通五經王仁達功高居宿衛言事未嘗避忌閩王猜惡之竟誣以謀叛族誅鄭掌仁達牋記收鄭屬吏使者籍沒仁達家惟得鄭歌詩文稾閩王嘉伏不誅擢爲管徽使出十國紀年

宋

曹修古知興化軍夏日清心堂睡起日方停午因成絶句云天府鞫囚三節日前年爲開封判官凡在京百官正冬寒食皆休務惟判官刑獄倍多不得休霜臺待漏五更時去年知雜御史故事鐘鳴先百官到待漏院薰風一覺清涼睡莫問浮名高與卑太常卿知軍事許當跋云諫議大夫曹修古明道前知雜御史是

時明肅臨朝以直言忤旨授刑部員外郎出守莆川壬申夏六月留詩一絕于齋之壁後三十七年當以便親得請叨牧此郡覩公詩筆欲想風槩惜夫歲久墨跡漫滅異日人思之而不可見遂別寫之鑱于石出舊志

淳化元年五月詔興化軍在陳洪進僞命日以官牛賦於民歲輸其租牛已死州縣以長生牛米爲名督之自今並除放仍以官牛給租户出宋朝會要

慶曆四年秘書丞張綍出宰莆田再新縣中堂其基太

高不與他室等治之使平得一石銘長五尺闊亦如之驗之無刊鏤痕乃墨迹焉其文曰石敢當鎮百鬼壓災殃官吏福百姓康風教盛禮樂張唐大曆五年四月十日縣令鄭押字記并有石符二枚具存自唐大曆五年至今幾三百年符記皆墨迹如故物之隱伏豈不待時而後出耶昔歲號大曆今號慶曆昔五年四月令五年四月及所得之日一無差異其契合有如此者出青瑣集石銘記

王安石所作陳執方神道碑云興化多進士就鄉舉者

常八九百人而學舍弊小無文籍公至則新而大之爲之講書而國子之所有者皆具時慶曆中也今三歲一詔就試凡六千九百三十四人幾七倍也

諫議大夫方慎言初赴廷試宋仁宗爲太子年尚幼因覩慎言所用硯謂之曰以是與我慎言期以試畢至暮仁宗又至慎言以衣袖潔硯跪而進之仁宗持入以奏眞宗嘉其有禮唱名之目①仁宗立御案傍指慎言曰此多髯者是也已而慎言旋躋貴顯說者謂實基於此

校注：①日

都官郎中方慎從守嘉州日嘗於公圃手植荔枝賦詩云留取清陰待子孫其後曾孫禧以殿中侍御史持節蜀部巡歷至嘉父老擁車誦慎從所作之句以爲禧賀

御史中丞杜衍判審官院嘗奉詔舉屬官即乞方偕殿中侍御史朝廷以資淺不如詔又請御史裏行以其官久廢罷之衍奏曰臣之所知無如偕即不如例願令他官舉薦於是除推直官上四事出舊志

方偕善飲酒後聰明尤過常時北番每宴人使勸酒器

不一其間最大者剖大瓠之半托以金受三升前後使人無能飲者唯偕一舉而盡戎爲大喜至今目其器爲方家瓢每宴南使即出之出東軒筆談

范仲淹貶知饒州余靖上疏論救尹洙請與同貶歐陽脩移書責司諫高若訥皆坐貶蔡襄作四賢一不肖詩以記其事四賢謂淹靖洙脩不肖謂若訥也其詩播于都下士人爭傳寫之鬻書者市之頗獲厚利契丹使至密市以還後張中庸使北幽州館舍中有寫襄所作歐陽脩詩於壁若出宋仁宗政要

慶曆初歐陽永叔余安道王素俱除諫官君謨以詩賀曰御筆新除三諫官喧然朝野競相歡當年流落丹心在自古忠良得路難必有謀猷裨帝右直須風采動朝端世間萬事俱塵土留取功名久遠看三人以其詩薦於上尋亦除諫官時號為一棚鶻（出記聞及王鞏見聞近錄）

慶曆中蔡君謨自福建轉運使召為諫官時王逵知福州作詩送行不記其破題後六句云好將公道口去沃聖君心民困魚思水兵驕準①在林天涯一樽酒不

校注：①隼

爲別離卦出呂原明雜記

始蔡襄爲諫官宰臣晏殊罷政因薦富弼代殊仁宗怒以爲進用宰相臣下不宜有所指陳遂相陳執中旣極言不聽則相與求罷爲外官時杜衍爲相奏諫官無故出終非美事乞且仍舊上可之不得請遂自陳上曰卿等言一不聽則求去令朕有逐言者名自爲計則善也襄亦以養親爲言先是襄嘗乞告至莆田迎親而親不果來至是上乃曰卿昨迎親不來何不遂留侍養襄皇恐不能對孫甫徐進曰襄所以辭親

遠來事陛下若冀萬一有裨補今言既不行襄是以須却思歸出南豐雜志

張堯佐以姪女爲脩媛一日而遷四使御史唐介上疏引楊國忠爲戒復請逐文彥博而相富弼又言諫官觀望挾姦而言涉宮掖語甚切直上趣召兩府以疏示之王音甚厲衆恐禍出不測是時襄立殿陛即進曰介誠狂直然納諫容言人主之美德必望全貸介以此貶春州別駕尋改英州梅堯臣所爲書竄詩其畧曰即敢救者誰襄執左史筆謂此黨不容盛美有

所咈是也出魏隱居東軒筆録

蘇子容云歐公不言文章而喜談政事君謨不言政事而喜論文章各不矜其所能也出蘇氏談訓

王禹玉曰蔡君謨草詩有時平生戰地農情入春田之句其言干教化非野火燒不盡春風吹又生之比出舊志

歐陽文忠公論書云蔡君謨獨步當世此爲至言君謨行書第一小楷第二草書第三就其所長求其所短大字爲少踈也天資既高又輔以篤學其獨步當世

宜哉余評近歲書以君謨爲第一而論者或謂不然殆未易與不知者言也書法當自小楷出而世或有未能正書而以行草稱也君謨年二十九而楷法如此可知其本末矣世之書篆不兼隸行不及草殆未能通其意者也如君謨書眞行草隸無不如意其遺力餘意變爲飛草自言有翔龍舞鳳之勢可愛而不可學非通其書意能如是乎見東坡志林又韻語陽秋云本朝書米元章蔡君謨爲冠餘子莫及君謨始學周越書其變體出於顔平原元章始學羅讓書其變體出於王子敬君謨泉州橋①柱題記絶逼平原元章鎮江焦山方丈六板壁所書與子敬行筆絶相類藝志於此亦難矣

校注：①柱

蔡君謨既爲余書集古目録序刻石其字尤精勁爲世所珍余以鼠鬚栗尾筆銅緑筆格大小龍茶惠山泉等物爲潤筆君謨大笑以爲太清而不俗後月餘有人遺余以清泉香餅一篋者君謨聞之嘆曰香餅来遲使我潤筆獨無此一種物兹又可笑也出六一歸田録

韓獻肅公守成都時蔡君謨與之書曰襄啓歲行甫新魯鈍之資日益衰老雖勉就務其於精力不堪勞苦念君之生相去旬日如聞年来補治有方當愈強健果如何哉襄於京居尚留少時佇君還軫伸眉一笑

傾懷之極令因樊都官西行奉書問動靜不一一襄上子華①端明閤下此帖語簡而情厚初無寒溫之問寢食之祝頌德之佞也今風俗日以偷薄士大夫之獧浮者於尺牘之間益出新巧習貫自然雖有先達篤實之賢亦不敢自拔以速嘲罵每詒書多至十數紙必繫銜相與之際悉忘其真言語不情誠意掃地相呼不以字而云某丈僭忝官稱無復差等觀此其少愧乎出容齋隨筆

興化有壺公山古讖曰水遶壺公山此時方好看壺公

校注：①華

山欲斷莆陽朱紫半蔡君謨興水利灌民田引水遶壺公山而登第者於前爲多繼興利者鑿山而濬通遂多通顯者故雖山川之鎮流亦有因人之窮通時之否泰以兆於災祥者矣出搜神秘覽○按舊志李宏剏木蘭陂遂疏渠導水障東流而南注以遶壺山此云君謨興水利蓋誤也

八閩通志卷之八十七

拾遺

興化府

慶曆元年四月賜布衣朱復號沖晦處士（復世為郡人今以為建州人非也）初復遊京師舉進士不中退而學易通流衍卦氣法自筮知無禄遂亡進取意游淮浙間以學易為事凡數年益通陰陽天文地理遁甲占射諸家之說他日聽其鄉人林鴻範說詩且言詩之所用於樂者忽若有得因以聲器求之遂悟大樂於七音十二律

清濁次序及鍾磬後奪匏竹高下制度皆洞達仁宗方留意於樂詔天下求知樂者大臣薦胡瑗瑗作鍾磬文變古法復笑曰聖人寓器以聲今不先求其聲而更其器其可用乎後瑗制作皆不效范仲淹過潤州見復問曰今以衍卦占之四夷無變異乎復剋①西方當用兵推其月日後無少差於是與郭京俱召見仁宗問天時人事復對曰以京房易卦推之今年所配卦月日當小過也剛失位而不中其在強君德乎仁宗又問變故與前世何若復對曰如唐德宗居奉

校注：①言

天時仁宗驚曰何至此復曰雖然君德不同陛下無深慮也仁宗問何故復曰德宗惟忌刻好功利欲以兵伏天下其德與運會故奔走失國僅乃能免陛下恭儉仁恕不難蚤已容①納西羌之變起自元昊陛下不得已應之雖兵連不解而神人知非陛下本心時與德宗同而德與之異卦氣雖不得無他也不久定矣仁宗稱善又問明年主何卦復曰乾卦用事說至九五盡而止命為大理評事固以疾辭乃賜處士號復後歸隱杭州萬松嶺與林和靖同時稱二處士

校注：①物

其後沈遘知杭州牓其居曰髙士坊出龍川志石林避暑録及續通鑑長編

揚州察推宋堂於端明蔡公君謨爲友端明嘗有句云堂中偕老百年婦膝下含飴五代孫盖是時堂之父寺評及其母年皆九十五六故云敷文閣待制渠堂之曾孫也出莆陽居士集

故事館職皆試詩賦各一篇熈寧元年召試王介安燾陳侗蒲宗孟朱初平始命攺冊論各一道於是始出勅天之命惟時幾論古用民歲不過三日策出石林燕詔①

校注：①語

僩甯人也後知陝州東坡以詩送之其警句云甘棠古樂國白酒金巨羅知君不久留治行中新科過客足嗔喜東堂記分鵝此外但坐嘯後生工揣摩出東坡文集又劉忠肅有送陳侗知湖州詩其畧云使君磊落襟度大得失喜慍心能忘安貧樂聖士之分十年逢館親縹緗口無一語論飢飽九尺曼倩空堂堂周旋朋友絶芥蔕遇酒快飲能百觴請符賜節愜所願開府正得東南鄉稍留里社上楸隴錦衣晝日生輝光招延故老費呉酎正是鱸肥柑子黄守居清絶水精

國洲渚四面蘋花香席前海物滋味足宴客不恨無肥羊平日所懷儻盡試定有美政傳循良離群索居不足道及時功業其自彊①（出本集）

初寇萊公準知歸州巴東縣手值雙栢於縣庭至今民以比甘棠謂之萊公栢元祐九年巴東大火栢與公祠俱焚明年莆陽鄭貢贛來為令悼栢之焚惜公手值②不忍翦伐因種凌霄於下使附幹以上以着公遺跡且慰邦人之思（見澠水讌譚）

方峻謫監潤州茶稅其子元寀適與伊川先生同處于

校注：①彊　②植

潤學伊川寔生於明道二年癸酉與元寀為同甲而月居長遂相友善其後元寀歸莆伊川歸洛書問往來不絕或以方第呼之今方氏所藏伊川真蹟凡十有二紙其三紙朱晦翁已刻石于白鹿書院且題云後一帖乃嘉祐二年語時先生之年纔二十有五其語曰比得二書皆有與世背馳求合古聖賢之語足下其非混俗之流而志道之士乎甚善甚善顧愚無他能斷斷聖人之道有年矣非徒自盡其心而已思欲天下之心吾心也故聞足下之言探足下之意欣

然不能已頗足下精心致志期於至而後已聖人之道坦如大路學者病不得其門耳得其門無遠之不可到也求入其門不由於經乎今之治經者亦衆矣然而買櫝還珠之蔽人人皆是經所以載道也誦其言辭解其訓詁而不及道乃無用之糟粕耳覬足下由經以求道勉之又勉異日見卓爾有立於前然後不知手之舞足之蹈不加勉而不能自止矣相去邈數千里無以將意姑以此言為贈云見白鹿書院石刻

方子容南圭為惠州太守適東坡謫居於此雅相善其

詩刻猶存今東坡集中有和方南圭寄迓周文之三首最後一首云此生真欲老牆陰却掃都忘歲月深椽雖已覩賢守政摘疏聊慰故人心風流賀監常吳語憔悴鍾儀獨楚音治狀兩邦俱第一潁川歸去肯重臨

出東坡大全集又東坡志林云余在惠州忽被命責儋耳大守方子容自携告身来且弔余曰此固前定可無恨吾妻沈素事僧伽謹甚一夕夢和尚告別沈問所往答曰當與蘇子瞻同行後七十二日當有命今適七十二日矣豈非前定乎

紹聖初王鞏謫官簽書榮州判官廳公事過別殿中侍御史陳次升當時曰且緩行上意未可知余深叩之

陳曰早來請對上語我曰章厚文字不要絶了余問曰公何以報陳曰唯唯余曰朝不曰臣為耳目之官帝王猶心也心所不知耳目所以傳道之也心既知之何用耳目陛下既知厚何不能斥更待臣等文字陳謝曰甚是待數日再對又數日陳召余曰早來對如公言但上曰未有以代厚者（出王鞏甲申雜記當時次升字也）

陳次升始為諫官時奏事殿中哲宗顧問近日有何議論次升力言曰宣仁皇太后保佑聖躬始終無間願勿聽小人銷骨之謗恐傷國體上慰聖德下及無辜

上首頷之再及呂升卿為廣南按察使以升又言陛下欲保全元祐臣寮升卿天資慘刻甚丈過今將使指於元祐臣寮遷謫之地非便卒不遣劉安世聞之嘆曰陳當時有德於元祐人深矣見讜論集序。侍御史陳次升乞罷言官並自內批不由三省進擬曾布力爭不得乞降黜范純禮徐進曰次升所陳不過防執政官引用親黨及罷黜不附已者苟執政官無所私固所不恤言之若無罪聞之者足以戒安用深責之也上以為然又殿中侍御史龔夬兩上章言尚書左丞蔡卞操心深險前則陳次升因事被逐後則鄒浩以言獲罪已而夬又言翰林學士蔡京朝廷不以夬言為然夬將去位陳瓘上疏言紹聖以來七年間五逐言者常安民孫諤董敦逸陳次升鄒浩五人者皆與京異雖間以他罪遣而京之所惡無不去者出徽廟實録

鄒浩聞歸田之命懷同廢諸公詩云同時廢逐十餘人我是冊書第一名方向嶺邊思往咎忽聞天上許歸耕諸公想亦茅連茹此日宜皆水濯纓覆載恩深約

劄報從今充在㙜精誠同發諸公謂龔夬江公望陳瓘陳祐任伯雨張庭堅馬涓李深豐稷王覿張舜民謝文瓘陳次升也獨予出於特旨名姓仍在諸公之上出鄒道鄉文集

方亩提舉京西常平日有奏劄云伏見通直郎權判西京國子監程頤博學好古躬行仁義夷險一節老而益堅頤於元豐間以錢數百千市汝州户絶荒田二十餘頃躬耕以贍親族逾十六年開①墾灌溉成熟土至紹聖元符之際頤得罪遠謫而舊佃人乘隙爭

校注：①墾

買户部以聞朝廷兩奪之下汝州出牓重賣按顒初以處士召用又侍哲宗于經筵今蒙恩復官既老且病將辭禄以歸而貧窶特甚幾無以為生竊見前世高士如顒等輩多蒙朝廷賜田給粟以養成其節況顒本自有田於法當得而有司不為申理使之與親族百口濱於飢餓殆非國家所以優賢奬善敦勵風俗之意也顒田被奪雖在臣未到任已前然賣户絶田乃臣所領職事既有所見不敢緘默乞下汝州依元買價給還顒田出舊志

蘇軾稱林豫爲利器之資將薦於朝其後軾以作詩下御史獄豫適賜對神宗問誰所薦豫曰蘇軾問何以識之曰臣始經由杭州時軾爲太守因會客識之又問是日所談何事豫頓首曰臣子所談無非忠孝識者韙之見玉泉先生俞傳記

元祐間朝廷設經明行修科郡以黃頴應詔頴堅卧不起所知或勉之頴曰吾幸以恩免儻有仕進意則就之豈俟經行之舉耶時天下弗就者裁二人頴其一也宋哲宗閱所舉之籍以不至者爲問御史中丞孫

覺舊邑於廣德知頴爲詳因對曰若黄頴臣實識之遂條其學行之醇懿詔授以官降袍笏即其家賜之見阮畧所作黄頴傳

方惟深字子通隱居不仕以詩知名嘗吟古栢詩云四邊喬木盡兒孫曾見吴宫幾度春若使當時成大厦也應隨例作埃塵又舟下建溪詩云湍流怪石礙通津一一操舟若有神自是世間無妙手古來何事不由人荆公一見大愛之出李元文雲齋廣録

王荆公喜方惟深詩如客帆收浦月黄昏野店無燈欲

閑門半出岸沙楓欲死繫舟猶有去年痕至書之坐間遂印在荆公集中出曾公卷南游紀舊

錢正老云近時士大夫中若使蹈鼎鑊臨白刃而不回者除是方子通時流但以詩爲見稱此蓋其末事耳嘗與飲酒曰借令老兄立朝剛風勁氣足以聳動朝野須還老兄然一句撞倒墻亦須是老兄做得子通大笑曰論立朝則吾豈敢然一句撞倒墻亦誠是有此耶出胡珵蒼梧集

郢州別駕黄泳字宋永年三歲書一過目輙成誦大觀

二年應童子科得吉赴闕十二月引見徽宗適毛詩如南山之壽之句以發誦詠應聲曰不騫不墜上以墜字為問對曰詩人之言不識忌諱臣安敢復道上大悅時尚垂髮以儒冠見有一侏儒①傳粉戲於上前脫其冠曰闍梨子乃求官耶詠即頓首跪謝曰臣何罪而免冠乎且臣實非僧故以儒冠見此曹非男子耶安得為婦人飾上笑而奇之乃命歷見后嬪爭遺以金錢菓餌越明年賜五經及第

余祖奭舊名祖禹通判蘭州會地大震摧陷山川城郭關塞

校注：①傳

公私廬舍摧壞殘盡陷溺者不可勝計祖龕當顛危之際若有神物護持置之隙地人甚異之上二事出舊志

方梅州漸嘗謂閩人無植産恃以爲生者讀書一事耳所至以書自隨積之至數千卷皆手自竄定就寢多不解衣林艾軒賢之公曰解衣擁衾會有所檢討則懷安孰寐矣增四壁爲閣以藏其書牓曰富文出朱舍人翌富文閣記

宣和四年燕雲初復召陳淬字君銳授河北第一將明年女真入陳許舉蔚州降命淬部千人守之隸譚稹鄜

制虜酋烏陸鉢巾大王以二十萬圍城積下令曰兩國已通好敢有取虜級者死傷者刑虜諜知之沿城而上者纍纍淬不得已乃突重圍而出直抵雲中與虜相論曲直且請死節于此虜相義之遣五千騎送淬南還拜忠州團練使真定府路馬步軍副都統兵馬鈐轄時粘罕傳檄州縣惟淬降書不可得真定城陷淬之妻孥死者凡八人尋知恩州虜有王善者乃擁衆數十萬長驅兩河遂襲恩淬與長子仲剛出戰飛刃傷淬仲剛以身蔽刃死之建炎元年解恩郎

來京師二年善復擁衆屯陳留留守杜充授淬諸軍都統制領兵四十討之善懼退守其城淬遣卒持婦人巾幘罵辱之善不能堪乃出戰大敗胔骸相藉二十里拜康州防禦使三年車駕渡江詔淬捍禦建康杜充奪其兵柄乃請祠提舉江州太平觀自題其像曰數奇不是登壇將竹杖芒鞋歸去來俄而李成舉泗州叛爲虜嚮道犯滁和游騎深入充不得已授淬御營使司六軍都統制淮南路招撫副使與招撫使王𤫉合兵以禦之初戰于眞州六合再戰于長蘆追

奔逐北至滁州破其木寨國威方振會北兵繞出其後犯采石充檄淬還援建康淬請扼采石渡伏兵南岸逆擊之力諍不從板橋失守倉卒出戰連日大捷復出北兵益至不可當三軍皆潰淬據胡床大罵杜充而死詔贈拱衛大夫明州觀察使仍與兩資恩澤出舊志

左史林震自號介翁長於集句其所用詩凡三百八十家介翁嘗記一日與客飲視壁間有題陽關辭者客曰試用勸君更盡一杯酒以侑尊因舉而屬曰與爾

同消萬古愁可乎又嘗晚春至山光寺覽觀陳迹則日青山有恨花初謝有間得之云流水無言草自春前後所集釐爲七卷徐著作師仁跋其後云會次應餘五色線世間寧認百家衣見中橋居士吳敏集句序

興化邑人黄畸翁年八十餘卒喜作詩嘗云流落人間一萬篇有句云高牙閑不入紅塵市夢好頻驚畫角聲春日閑居云日高三丈宿酒醒鳥喚一聲春夢驚出方什告詩話

鄭樵家譜後序云吾祖出滎陽過江入閩皆有沿流孰

為光州固始人哉夫閩人稱祖皆曰自光州固始來實由王潮兄弟以固始之衆從王緒入閩王審知因其衆克定閩中以桑梓故獨優固始人故閩人至今言氏族者皆云固始以當審知之時貴固始也其實濫謬（見夾漈集）

閩人鄭生（褒字成之）舉進士來輦下會詔罷去枉趾滁上是歲日官置曆閏在孟秋暑之煩酷前一月為甚其因留褒俟秋而行生曰褒有母老向之去數千里別數百日者欲干名而顯親故雖遠且久若褒之在母左

右也今詔下將及闔則鄉人必以告吾母必筭①程數日以待褒也後一日必貽母之憂用是不敢聞命矣其曰生有純孝歟為生泣而賦詩亦足以警世之爲人子者詩曰褒也甌閩士文高行益修于名逢詔寵歸計逼親憂鷗鳥終相狎公卿謾欲留刺桐花下宅蘭蕨奉晨羞出王黃州元之文集

黃公度秋夜獨酌詩云溪山態足身無事天地功深歲有秋投老相從管城子平生得意醉鄉侯捲簾清坐月排闥橫笛人家風滿樓可是離人更遺物何緣身

校注：①算

世两無求方萬里云公度字師憲莆田人紹興八年大魁思陵在御丁未至壬午三十六年首甲科十有一人梁克家丞相陳誠之樞使三尚書曰汪應辰劉章王佐五從官曰李易張九成趙逵張孝祥王十朋獨師憲以忤秦檜得正字即被論與祠後倅肇慶紹興二十五年檜死始得召爲考功員外郎而卒年不逮五十洪景盧序其知稼集有句曰雨意欲晴山鳥樂寒聲初到井梧知景盧謂大曆十才子不能窺藩又有句曰還鄉且盡田家樂舉世誰非市道交醉鄉

歸去疑無路詩筆拈來似有神是可以言詩矣出瀛奎律髓

蔡楙少好學問時出秀句若竹靜深留月花多不辨香曙分林影外春盡雨聲中皆人所膾炙又工於字①盡能世其家論者以本朝名能書端明為天下第一而楙獨得其用筆妙處云出何紘所編莆陽人物志

趙仲白歲除即事詩云連夜縫紉辦今朝杵臼頻買花簪稺女送米贈鄰家薄宦惟名在年②華與鬢新桃符詩句好恐動往來人方萬里云趙庚仲白寓居興化

校注：①畫　②華

軍趙紫芝為晚唐詩名冠四靈而仲白亞紫芝尾句太自矜出瀛奎律髓

德祐二年十一月王剛中既降元遣使至興化軍文龍斬之而發民固守阿剌罕復遣使招之文龍復斬之使部將林華①伺元兵于境上華②反導元兵至城下通判曹澄孫開門降執文龍欲降之文龍不屈死景炎二年三月文龍從叔陳瓚舉兵誅林華③復之十月唆都至瓚閉城拒守唆都臨城諭之矢石雨下乃造雲梯砲石攻破其城巷戰終日獲瓚車裂之屠其民血

校注：①②③華

流有聲出宋史

元至正十二年三月仙遊民陳君信秦逾甫黃文五等聚衆數百人攻陷縣治達魯花赤倒剌沙主簿要束木皆遁君信等遂肆焚掠謀逼郡城莆田民黃信一等亦聚衆應之未幾信一父子三人先就獲而福建元帥府經歷高本祖率兵至仙遊招捕君信勢窮走永春縣尹盧琦誘獲之俱送元帥府伏誅

十四年夏泉州安溪人李大南安人呂光甫等聚衆為盜七月圍泉州城八月遣其黨劉廣仁等率兵圍興

化攻陷仙遊執達魯花赤倒刺沙殺之脅縣民併驅來攻城爲莆田人陳孫通許必琢黄德寶等民兵所敗獲賊渠數人餘黨奔仙遊萬戶成三寶同知官保合官軍民兵追擊遂退走十月廣仁復驅其衆大至官軍民兵又合擊敗之廣仁等狼狽奔安溪仙遊始平

十八年十二月福州省憲搆兵時前平章三旦八已除行宣政院使寓興化而前總管安童棄官爲道士實宅州峯之下居焉平章普化帖木兒遣官逼三旦八

安童令集兵為己援又賂泉州亦思巴奚謂其兵進
十九年正月三日入莆平章安童稱參政開分省於路
治嚇郡軍民官令各以兵會二月三日入驅興化及
亦思巴奚兵合數十人往援福州安童獨留專興泉
分省之任其意輕亦思巴奚兵以為易制屢挑之於
是亦思巴奚之酋阿迷里丁自領其兵來名為援福
州實欲襲興化也安童亦知之三月阿迷里丁至城
下安童信漳州總管陳君用等謀閉城門陳兵城上
示有戰守且又聚烏合之衆西門外以為可以疑伏

却之也是時三旦八聞阿迷里丁兵且至輕騎至興化勸安童納其兵不從三旦八乃自出城迎之阿迷里丁留之城外縱火焚城門矢亂發射城上城中亟取水沃滅火矢石亦亂下如雨相持一日不決翌日復急攻視城之西近山處稍低射走守者數百人緣而上遂陷之安童狼狽遁走阿迷里丁遂以三旦八入城據之虜獲安童妻子財物縱兵殺掠蹂踐郡境幾一月聞安童在興化縣龍紀寺起兵而郡民亦隨處屯結欲與之抗無肯附者阿迷里丁頗內懼四月

遂執三旦八及驅所虜獲男女奔回泉州
二十年正月興化路推官林德隆集民兵陳于黃石脅
府判柳伯祥走之德隆遂以兵入城時廣東元帥苫
思丁以福建省平章便宜檄陞右丞分省興化觀伯
祥德隆相讎惡既不之問及伯祥走德隆驅兵入城
亦不之阻莫知何意也　是年秋惠安人陳從仁以
軍功累陞興化路同知其冬莆田人林德隆亦以軍
功累陞興化路總管二人素以豪不相下又屢以嫌
隙交惡各擁兵自衛而從仁之黨衆且強其弟同又

潜以其兵入遂密與右丞苫思丁謀誅德隆十二月德隆以事出從仁遣兵執之繫於獄誣以謀爲不軌之罪搒掠無完軀既而囊沙壓殺之明日以病死告出其屍檢驗令數卒舁至西山爐而燎之復遣兵蕭禧沒其財產德隆長子琪奔福州賽甫丁次子許瑛奔泉州阿迷里丁祈哀於二酋欲有所圖二酋既受其賂亦憐德隆寃死且受戕虐太甚朝夕遣人至苫思丁所潜議復讎

二十一年　四月琪自賽甫丁所回大集民兵陳於湖頭

諸處阿迷里丁又急遣兵擊同於惠安而苦思丁已與二酋有密約遂以計殺從仁於分省之後堂亦以謀爲不軌罪之解其屍時阿迷里丁兵至楓亭琪兵奔突黄石得苦思丁傳至從仁首與臂乃各退去同亦以兵來救從仁至南門外聞從仁已死遂奔漳州羅良未幾苦思丁囬福州行省復遣參政忽都沙元帥忽先分省興化六月同等自漳州航海還惠安陷縣治殺官吏盡驅其民爲兵聲言爲從仁復讎琪得報即以劉希良林子敬陳縣尉等民兵趨楓亭①迎攻

校注：①迎

為所敗於是同之姊夫柳伯順與其黨楊九黃國輔等率兵追琪至吳山下林諸處流血波道飛焰熏天所至毒甚賊客兵深入久之不克攻則與忽先通七月伯順以杜武惠胡慶甫林全李德正等兵襲郡城由西門梯而入突至忽沙都家脅取除授及討琪文字於是伯順稱府判據城威逼官軍民兵與柳子儀等驅以攻琪許瑛又急奔泉州乞兵於阿迭里丁八月扶信以亦思巴奚等兵進至城下連日急攻伯順兵少力弱度不能支先送忽先回福州而後併其黨

夜遁去九月扶信以其兵入城自稱元帥而珙亦以兵入城自稱總管據城守之亦思巴奚之兵既殺掠無禁而許瑛又日以兵哨莆之南北洋為暴馬合謀以亦思巴奚等兵陷仙遊縣胡興祖上官惟大又領兵窮追伯順等至興化縣郡人遭其慘酷無一方免者

二十二年二月泉州阿巫那殺阿迷里丁將窮其黨扶信懼林珙送之奔福州賽甫丁令珙還興化仍以總管據之三月柳伯順由永福潜兵陷興化縣殺官吏

驅縣民逼郡城與陳同約夾攻而同未至伯顏自以兵突至寧真門外珙兵斬其黨殲潰適泉州亦思巴奚兩騎至珙厚賂之聲言泉州兵大至乃以兵從泉州兩騎鼓譟而出伯顏以為泉州兵實來又其兵方飢勞休以待食出其不意直攻之遂大敗僵屍以千計伯顏等慚憤退四月福州平章燕只不花會諸軍攻圍賽甫丁因調珙兵珙辭以故六月伯顏復驅興化縣民兵來攻兵一交即大敗僵屍又以千計自是遂不復出珙據城數月而余阿里自海道還得燕只

不花便宜檄守禦興化既而尚書李士瞻誘賽甫丁扶信登海舟參政魏留家發殺亦思巴奚兵數百人燕只不花克復省治余阿里以江西行省左丞在興化遏賽甫丁扶信奔敗之兵開分省立官府餘民稍有生意未幾而參政鄭旼代余阿里分省爲兩家解仇珙始還莆禧而同及伯順亦各罷兵莆四百年文物郡自陳從仁林德隆作難兵連不解遂引異類肆其慘毒前後戕殺二萬餘人焚蕩三四萬家雖已解仇罷兵而陳同猶據仙遊縣柳伯順猶據興化縣

林珙許瑛亦據有新安合浦等十餘里分省所治惟附城數里而已　其年陳同柳伯順等勢既窮蹙走仙游求謝必恭助粮與兵必恭不從五月同及伯順率兵千餘人突至必恭所居謝岩攻敗之燬其室廬俘獲其妻孥財物遂陷仙游縣遣所設縣尹林規據守十一月必恭自尤溪招誘寇徒百餘人至仙遊殺縣民陳子仁等趨龍華寺襲同所稱鎮撫詹伯顏為所敗二十三年十二月必恭再與土官鄭深甫錢鑑等驅尤溪寇黨二百餘人由九座山間道進方謀攻

襲而同及伯順得覘[illegible]已知之前其未至親率勁卒迎擊於縣之廉潔里盡殲其衆追至柘山擒必恭拘於龍①華寺毒殺之必恭仙遊人始因集民兵擊敗陳君信等繼又聚衆助同知官保擊劉黃仁累以功舉充仙遊縣君乃擁衆居謝巖之阻有桀驁心陵轢郡縣攘取官賦民租脅驅二十六里之民無敢不從者至是凡七八年而敗

二十三年十一月泉州阿那巫遣其黨白牌大闊等率官軍民兵攻陳同惠安寨搜之不獲追至仙遊遂陷

校注：①華

縣治殺官民又追至興化縣龍紀寺搜捕伯顏無在者遂肆殺掠回聚其兵楓亭怒分省左丞鄭旼黨伯顏及同明年正月進兵逼郡城分省官吏皆挈其妻孥遁去而禁民不得動人心惶惶最後用其掾史任子禮謀殺伯顏所遣數人而福建行省亦遣左右司員外郎德安往泉州喻阿巫那令退師二月兵還

二十四年四月福建行省左丞觀孫自京師至奉旨分省興泉提調市舶軍馬恃有朝命及鑄降印信遂輕視阿巫那等以爲皆當稟屬於己遣所設員外郎任

立徃泉州封市舶庫及檢討倉庫錢穀阿巫那空市
舶庫待之又沮止不與封視就用觀孫提調軍馬之
文遣湖州左副千百户領軍三百至興化聽調陽為
尊奉實示悖慢且以覘之觀孫處之無法聽其爲暴
而不能禁制故適以啓其桀驁之心自是使傳無日
不來然皆侵上生事為不遜語又曰縱兵往來惠安
之境以恐脅之觀孫惶惑不知所為遂繕城浚河日
役萬夫竒政滋出民不堪擾至觀孫罷分省還京師
德安以郎中攝分省事阿巫那乃召其兵退民始安

息
二十五年三月福建行省左丞帖木兒不花分省興化
前攝分省事郎中德安仍參贊之四月泉州阿巫那
復用恐脅觀孫故智遣湖州左副奕軍三百至興化
又遣同知石家奴推官林宗和來追取軍儲出入城
内外公行為虐無所顧忌至帖木兒不花罷歸行省
德安仍以郎中攝分省事乃召其軍去　其年十一
月前左丞觀孫又以皇太子命分省興泉行省平章
燕只不花密令德安自為計拒之德安遂大集民兵

而行省復與孟孫兩同僉兵併力守禦德安又用照磨余宗海謀遣人達意於泉州阿巫那求兵為助於是阿巫那遣其通事哈散惠安縣尹黃希善率官軍民兵至郡城外哈散意欲攻走兩同僉兵而孟同僉急縱兵逐之殺二人哈散等奔還於是城中官民皆以為亦思巴奚兵必至無貴賤夜挈家走明日德安亦適去既而哈散黃希善果以亦思巴奚等兵突至時分省官既去無敢主其事者哈散黃希善遂以兵入而馬合謀白牌亦以兵繼至明日白牌等遂出兵

大掠涵頭江口新嶺諸處直至蒜嶺宏路逼近福清所至焚掠行省乃急遣兵拒截常思嶺而令左丞鄭旼郎中易里雅思至白牌等軍喻令退師不從最後乃以阿巫那之命始還

二十六年正月白牌金阿里等議留哈散黄希善兵守城而自以兵攻陷興化仙遊二縣所至殺掠毒甚二月林珙柳伯順合謀乘城中单弱遣李佛保許應元等潛兵至城梯而上與哈散等兵戰城中大敗之殺亦思巴奚數十人執哈散至蒲禧殺之縱黄希善道

去不追於是李佛保許應元各稱珙伯順所僞署官據守興化而伯順又追其黨杜武惠等脅驅民夫千人築寨涵①頭民不勝勞擾白牌馬合謀在仙遊聞城中已變遂各引兵還泉州三月白牌馬合謀金阿里等復領其兵由楓亭沿海直趨吳山攻珙及許瑛於是珙據守所築蠣前寨與之抗而許瑛率衆航海往來援之白牌馬合謀金阿里等先攻許瑛海上許瑛戰敗困蹙盡其黨溺水死白牌馬合謀金阿里等遂率兵蕭禧大搜盡獲許瑛妻子財物既而珙聞許瑛

校注：①涵

敗亦遁去白牌馬合謀金阿里等遂蹤[①]兵夷琪家墳墓并燬其屋宇營寨而新安武威奉國醴泉合浦諸里之民亦皆被其殺掠掃蕩一空亦思巴奚兵方暴海濱而分省全左丞急回福州伯順乘城內虛遂入據之時陳有定已得行省討捕番寇之文擁兵南下伯順得報始有固心城中官民亦幸有主事者可以定計戰守故皆樂附之白牌馬合謀金阿里等聞伯順據城中急回其兵疾驅迫城三月進至懸鐘橋遂圍東南西北四門而置寧真門不攻以故城内外得

校注：①縱

相接應爲計四月白牌馬合謀金阿里等始移營烏石山謀攻寧真門而不知陳有定之子宗海已領兵夜入城中明日宗海開西門南門縱其兵出白牌馬合謀金阿里等見城門驟開已疑又見兵出者旗幟衣裝鮮明進退步趨整肅益恐亦思巴奚所恃者弓箭刀牌而宗海兵併心協力直前摶①執之於是亦思巴奚之兵皆倉卒無所施遂大敗僵死數千追擒白牌馬合謀金阿里等殺之餘星散鼠竄所在農民亦以鋤梃亂殺無得免者惟逸四騎去是日有定師至

校注：①搏

撫集軍民完復路治聲勢赫然伯順已在城中聽號令而同及琪亦皆斂兵入奉約束遂命宗海督伯順及同等兵合琪水軍進討泉州有定亦以其師往五月諸軍克泉州擒阿巫那等至是興泉二郡始獲免亦思巴奚之禍

二十七年十二月　國朝征南將軍兵下福州明年正月前參政袁仁遣宣使閔住至興化喻陳有定所設府判徐昇經歷鄭元明及元帥王思義葉萬等令納欵王思義葉萬遂與徐昇密謀殺閔住及元明盡取

豐盈庫銀帛驅其兵走泉州於是興化無主事者軍民惶懼莫能為謀皆推李子誠吳彌明等討議二人首倡迎降之説然必前其未至往福州納欵差可救觧兵禍不然未可測也於是衆皆願出道途所費亟集城内外老者數十人從之往福州全城歸附（上十五事出吳源至正近記）

元季莆諸先輩相與結社以文字為樂號曰壺山文會初會者九人曰宋貴誠（見薦辟志）方時舉（見人物志）朱德善丘伯安（見薦辟志）蔡景誠陳本初楊元吉（名嘉號原素以醫名）劉晟（字性

存見薦辟志陳廷俊續會者十三人曰陳維鼎號李叔英篤實好古博學多聞當元季隱居不仕其父早卒事母盡孝母卒哀毀盡禮獨居三年絺綌不至於身酒肉不入於口吳源嘗作述孝以美之郭維貞名完號滄洲工詩陳必大吳元善建安人工畫元末棄官居於莆方用晦見人悔①志鄭德孚以醫薦為興化縣醫學訓科黃性初黃孟仁名安陳熙字虛中號雪巢上三人俱見薦辟志方垣字復道葉原中其一人曰清源方外士也合之凡二十有二人約月必一會坐以齒飲以禮酒無定筭食無常品過豐者罰會而不至者罰會之日或詩或文或琴或奕或書或畫或清談雅歌惟以陶冶性靈消滌世慮志

校注：①物

不玩乎物也次會者或命題請賦後會則衆出所述共商確①焉一時風流文雅有足尚者而復過相規善相資貧相周難相卹足以激近世澆薄之俗也故録之新增

福寧州

宋真宗時天下乂安王欽若丁謂導帝以封禪眷遇日隆欽若自以深達道教多所建明而謂附會之與陳彭年劉承珪等蒐講墜典大修宫觀以林特有心計使爲三司使以幹財利五人交通蹤跡詭秘時號五

校注：①榷

鬼（出續綱目）特州志以為長溪赤岸人而延平志又云特之祖揆宰順昌因家焉二說不同未詳何謂豈揆初家順昌而其子孫復遷長溪歟

淳祐八年二月福安縣民羅毋年過百歲特封孺人復其家敕有司歲時存問以厚風化（出宋史）

元至正十二年七月徐壽輝偽將王善康壽四江二蠻等陷福安寧德等縣（出元史）

八閩通誌卷之八十七終

八閩通誌跋

成化庚子予奉
命鎮閩欲知其風土俗尚始求八郡
之誌觀焉然事多疊出文無統紀
搜考之餘令人厭倦乃欲鼎新修
纂顧難其人也廵按暨藩臬二司
合謀而欲成之以大理寺副莆田
黄仲昭先生薦予因致書幣敦請

屬以是書其事皆因八郡所修之誌而采輯者然始而分類立例終而刪潤去取皆出於先生之手自成化甲辰至弘治己酉凡六閱歲而始成夫郡國有誌實史氏之所資也其所載善可勸惡可懲全閩風土之美文物之盛咸有足徵其所繫豈小也哉然自宋季迄于我

朝至於今日數百年全誌始得纂輯通為一書一覽在目先生之功亦大矣予嘗曰非予無以成先生之功非先生無以成予之志信矣哉後之來者能相續而修之俾傳羡於無窮不亦韙歟鏤板既成用識其始末云

弘治三年歲在庚戌孟夏望日奉

勅鎮守福建御用監太監五羊陳道書

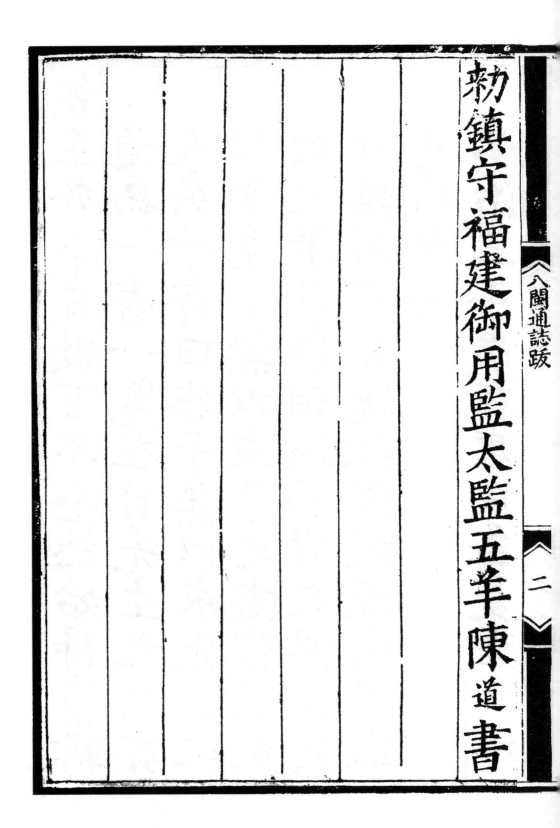

編後記

福建編修地方志歷史較早。據統計，自晉至中華人民共和國成立前，福建省共編修省、府（州）、縣（廳）志六百三十七種。最早見諸記載的有《甌閩傳》一卷，作者及年代無考。東晉太元十九年（三九四年），晉安郡守陶夔修纂的《閩中記》，則爲福建已知最早有確切年代與作者的方志。其後，見於著録的還有南朝蕭子開之《建安記》、顧野王之《建安地記》，唐林諝之《閩中記》、黄璞之《閩川名士傳》，惜皆已散佚。

宋代時福建各地普修方志。南宋淳熙九年（一一八二年）梁克家纂修《三山志》爲福建現存最早的志書，因志出名家手筆，且存全帙，被世人視同拱璧，而現存之《仙溪志》《臨汀志》兩志亦受世人珍視。元代時福建方志編修進入低谷，未有存世者，據考佚志十部，其中府志七部、縣志三部。僅可見從《永樂大典》《八閩通志》等類書、通志中輯出的部分佚文。

明清至民國是福建地方志編修的繁榮時期，全省有大批方志問世，其中不乏精品佳作。明黄仲昭所纂之《八閩通志》，在編修體例及著録内容上，對之後福建的通志及府、縣三級志書的編修都產生了重大的影響。明王應山等纂《閩大記》、何喬遠纂《閩書》、周瑛及黃仲昭纂《興化府志》、馮夢龍纂《壽寧待志》，清陳壽祺纂《重纂福建通志》、徐銑纂《龍巖州志》、李世熊纂《寧化縣志》、周學曾等纂《晉江縣志》，民國陳衍纂《福建通志》、李駒主纂《長樂縣志》、吴栻主修《南平縣志》、丘復纂《武平縣志》等堪稱名志。

臺灣長期隸屬福建，直至清光緒十一年（一八八五年）纔由清政府同意設立行省。歷史上，許多有關臺灣的資料、歷史都被搜集、記載于福建方志中，許多臺灣方志亦爲閩籍人或福建官史所撰。清初臺灣建置後，修志活動尤爲頻繁。自蔣毓英於康熙二十三年至二十七年（一六八四年至一六八八年）受命任臺灣知府期間親自主持纂修《臺灣府志》起，至乾隆時期的八十多年間，又編修了五部《臺灣府志》，這在修志史上堪稱奇迹，類似的情況還體現在澎湖志書的編纂上。臺灣歷代地方志的編修，亦正好可以證明中央王朝對該地區實施永久而持續的行政管轄權力的過程。

歷代閩臺兩地志書的編修，保留了諸多珍貴的歷史資料，特別是記述了海峽兩岸先民闖蕩海上『絲綢之路』的艱苦歷程，血濃於水的骨肉親情，歷久彌堅的經貿交往等，以史爲據，以志爲證，向世人展示了閩臺歷史文化的深厚底藴，深深地印證了海峽兩岸同屬一個中國的歷史命題，從而受到專家學者的高度評價與社會各界的廣泛關注。

爲搶救、保護閩臺歷史文化遺産，服務福建文化强省建設，深化海峽兩岸歷史及命運共同體的共識，促進兩岸和平統一，二〇一四年末，福建省地方志編纂委員會提出了整理出版大型文獻叢書《閩臺歷代方志集成》（簡稱《集成》）的工作設想，規劃收録福建現存的歷代舊志三百零七種（其中省級通志八種、圖志三種，府州志四十七種、附録兩種，縣廳志二百四十七種），臺灣自清初至清光緒二十一年（一八九五年）編修的志書三十九種、圖志一種，分地域編排，系統整理出版。項目得到了中共福建省委、福建省人民政府及中國地方志指導小組的高度重視和支持。福建省人民政府在《關於進一步加强地方志工作的若干意見》中明確提出『實施《集成》整理出版項目』的要求；中國地方志指導小組組長王偉光、常務副組長李培林，政協福建省委員會副主席李紅，我國著名文史專家陳祖武、張海鵬先生，應邀出任《集成》學術委員會顧問。中國地方志指導小組秘書長，中國地方志指導小組辦公室黨組書記、主任冀祥德出任學術委員會主任。學術委員會的諸位專家對本叢刊的整理及出版出謀獻策、提供指導，省財政廳在《集成》的經費上給予充分保障，中國國家圖書館、福建省圖書館、福建師範大學圖書館、廈門大學圖書館、福建社會科學院臺灣文獻中心等省内外諸多圖書館提供大量的舊志底本；福建省地方志編纂委員會馮志農、陳秋平、俞傑、林浩等領導精心組織、具體指導，陳叔侗、管句輝先生與社會科學文獻出版社、《集成》編輯部的全體同志爲《集成》的整理出版付出了艱辛的努力，終爲我省舊方志整理再添碩果。藉此，謹向各位領導、專家學者與工作人員表示衷心感謝！

因《集成》篇幅頗鉅，雖經多方互校修版整理核補，然限於水平，遺漏不當之處或仍難免，敬請專家讀者不吝指正。

福建省地方志編纂委員會

二〇一七年十二月